MEASURING COMPLIANCE

Assessing Corporate Crime and Misconduct Prevention

金
Golden Line
线

合规评估与测量

基于企业犯罪与不当行为的防范

[美]梅丽莎·罗里　[荷兰]本杰明·范·鲁伊　主编
朱　庆　范晓亮　译

当代中国出版社
Contemporary China Publishing House

This is a Simplified Chinese Translation of the following title published by Cambridge University Press:
Measuring Compliance: Assessing Corporate Crime and Misconduct Prevention
ISBN 978-1-009-28011-2 Paperback
This Simplified Chinese Translation for the People's Republic of China (excluding Hong Kong, Macau and Taiwan) is published by arrangement with the Press Syndicate of the University of Cambridge, Cambridge, United Kingdom.
Contemporary China Publishing House 2023

版权合同登记号 图字:01-2023-2809

图书在版编目(CIP)数据

合规评估与测量 : 基于企业犯罪与不当行为的防范 / (美) 梅丽莎·罗里, (荷) 本杰明·范·鲁伊主编 ; 朱庆, 范晓亮译. -- 北京 : 当代中国出版社, 2023. 12

书名原文: Measuring Compliance: Assessing Corporate Crime and Misconduct Prevention

ISBN 978-7-5154-1304-4

Ⅰ. ①合… Ⅱ. ①梅… ②本… ③朱… ④范… Ⅲ. ①企业法—研究 Ⅳ. ①D912.290.4

中国国家版本馆 CIP 数据核字(2023)第 231864 号

出 版 人　王　茵
责任编辑　刘文科　刘　照
责任校对　贾云华
印刷监制　刘艳平
封面设计　鲁　娟
出版发行　当代中国出版社
地　　址　北京市地安门西大街旌勇里 8 号
网　　址　http://www.ddzg.net
邮政编码　100009
编 辑 部　(010)66572744
市 场 部　(010)66572281　66572157
印　　刷　中国电影出版社印刷厂
开　　本　710 毫米×1000 毫米　1/16
印　　张　31.5 印张　3 插页　436 千字
版　　次　2023 年 12 月第 1 版
印　　次　2023 年 12 月第 1 次印刷
定　　价　128.00 元

中文版序言

得知我同梅丽莎·罗里合作编写的《合规评估与测量:基于企业犯罪与不当行为的防范》被翻译成中文并出版,我感到非常欣喜和荣幸。对于我个人来说,这是一个非常重要的时刻,因为我在职业生涯的前 15 年里都在研究中国的合规问题。诸多的传统方法在研究遵守和违反合规规则的过程中都遇到了挑战,而我对该问题的理解大多是源于在中国语境中的研究。

编写这本书的目的,是以一部单卷本的形式,就企业合规研究中的不同方法进行归纳。本书的中心思想在于,合规研究具有内在的困难性,在使用任何一种研究方法时,都会遇到不得不取舍和权衡的问题,因为没有任何一种单独的研究方法可足以应对面临的所有挑战。合规研究的难度很高,首先,违反合规的行为通常并不明显、难以察觉或调查,合规研究需要在这样一种背景中进行。其次,有很多的变量对作为研究对象的合规行为的形成具有潜在的影响,对变量和合规行为之间的因果联系的研究也非常困难。

本书的特点之一,是由顶尖学者在不同的章节就不同的定性和定量研究方法进行分析。每一章都首先列出特定研究方法的基本前提,然后从细节上来分析这些方法是如何应用于实际研究之中，并分析其具有哪些优势和局限。且每一章都以既适合学术界也适合实务界人士阅读的方式进行写作。

我相信这本书将会引起中国学者和执业者们的关注。近年来，随着中国学术界和实务界对合规的兴趣愈加浓厚，与之相关的执法和司法实践也在迅速发展。改革开放政策在过去的45年里推动了中国立法体系和法治建设的构建，为了实现立法者制定规则的目标，需要加强合规，这一点变得越来越明确。更重要的是，为了提升合规水平，我们不能仅仅依靠自上而下的执法措施来遏制违法者，迫使其遵守法律。要实现真正有效而长远的合规，需要对违反或遵守特定规则行为背后的驱动因素进行分析。在此基础上，监管机构和企业可以采取最有效的干预措施来加强合规。

中国学术界目前对合规的研究已经有了快速的增长，尤其是在法社会学、法人类学、犯罪学和法经济学等领域。然而，到目前为止，对合规研究的不同方法进行明确讨论的文献还很少。通常，学者们会采取传统上最适合他们所习惯的学术规范和所受的学术训练的研究方法。然而，在合规研究中所面临的挑战，使我们有必要尝试不同的研究方法，并进一步明确哪一种方法最适合合规研究的目标。因此，最重要的是去了解有哪些不同的研究方法，以及如何对这些方法进行权衡和取舍。此外，学者们需要了解在混合方法研究之中，以何种方式对不同的研究方法进行组合可以达到最佳的效果。

本书有针对性地提供了上述信息。虽然本书的大多数内容来源于在中国境外的研究，但对不同方法的具体内涵和使用经验的研究成果都可以应用于中国的语境之中。本书有一整章的内容是通过对中国的餐饮和建筑行业的实证研究来分析合规民族志问题。在这一章中，我们可以获得如何将这些方法在中国语境中进行研究的第一手资料。

我由衷希望这本书可以帮助到那些在中国研究和评价合规的人。并且，我希望这本书可以为合规在中国语境中的学术和实务的发展起到促进作用。我迫不及待想看到中国学者和执业者进一步推动这个领域的发展,并分享他们最新的见解和发现,不仅仅对合规问题的本身,也包括研究合规问题的方法。

从个人来说,我希望在此对梅丽莎·罗里表示感谢,她同我和本书其他章节的作者们共同编辑此书,是一位极为优秀的合作者。同样的,我希望感谢自 2000 年的北京开始,曾经指引我在合规研究的道路上前行的所有中国学者和执业者。

本杰明·范·鲁伊

本书各章作者介绍

莉塞洛特·比斯科普(Lieselot Bisschop),鹿特丹伊拉斯谟大学法学院公共与私人利益学教授、犯罪学副教授,也是伊拉斯谟“包容性繁荣”计划的核心成员。她研究的核心领域是环境损害、公司犯罪、有组织犯罪和环境治理。具体研究集中在电子废物贩运和电子产品计划报废、野生动物、黄金和木材贩运、拆船以及沿海土地流失问题。

弗洛伦丁·布兰克(Florentin Blanc),莱顿大学法学博士,在世界各地的监管政策和监管交付领域有超过16年的工作经验。他撰写或参与了多份有关监管检查、执法和合规的出版物,包括《经合组织原则》(2014年原则和2018年工具包)。他关于基于风险的监管检查的专著(《从追逐违规到管理风险》)由爱德华·埃尔加出版社(Edward Elgar Press)于2018年出版。在世界银行集团工作15年后,他于2019年加入经合组织,领导监管交付和技术法规(食品、职业安全健康、环境等)方面的工作。

陈慧(Hui Chen),美国司法部首位合规专家,撰写了《企业合规机制评估》,该书于2019年被美国司法部采纳并作为制定政策的依据。她目前担任美国夏威夷州总检察长部首席廉政顾问,也是新西兰奥克兰大学的高级研究员。她最初在美国司法部担任联邦检察官,后来在世界多个地区的微软公司、辉瑞公司和渣打银行的高级法律和合规岗位就职。

保拉·科莱蒂(Paola Coletti),墨卡托勒姆大学政治学副教授,博洛尼亚大学兼职教授。她在帕维亚大学获得公共政策分析博士学位,获得了米兰理工大学公共政策分析博士后研究奖学金(2007—2010)。她的研究兴趣包括监管改革过程和监管质量工具改进、公共政策分析和公共管理,2013 年在帕尔格雷夫·麦克米伦出版社(Palgrave Macmillan)出版了名为《公共政策设计的证据:如何从最佳实践中学习》的著作。

托德·霍(Todd Haugh),印第安纳大学凯利商学院商法和伦理学副教授,也是亚瑟·M. 魏默商法系研究员。霍教授的研究重点是白领犯罪、企业合规和行为道德规范,并在《西北大学法律评论》《圣母大学法律评论》《范德比尔特法律评论》和《麻省理工学院斯隆管理评论》等顶级法律和商业期刊上发表作品。目前是波因特伦理与美国制度研究中心的董事会成员,此前是美国最高法院的研究员。

亚历克桑德拉·乔丹奥斯卡(Aleksandra Jordanoska),伦敦国王学院潘迪生法学院的高级法学讲师。她的主要研究领域是金融市场的监管执行、合规和治理、金融和企业犯罪以及金融技术监管等。作为法律与社会协会监管治理合作研究网络的联合主席,她于 2021 年在《监管与治理》杂志发表了《针对组织内部人士的监管执法:追求个人问责的互动》。

李娜(Na Li),云南大学法学院副教授,研究并讲授执法与合规课程,曾经在核心中英文学术期刊上发表论文。

尼古拉斯·洛德(Nicholas Lord),曼彻斯特大学社会科学学院犯罪学教授。尼古拉斯的主要研究领域在白领、金融和有组织犯罪,如腐败、欺诈和非法金融,以及它们的监管和控制方面。他是欧洲犯罪学学会下属的欧洲组织和白领犯罪工作组的主席,出版了《欧洲白领犯罪:探索欧洲现实背后的本质》一书。

米歇尔·C. 鲍茨(Michelle C. Pautz),戴顿大学政治学教授和共同学术项目助理教务长。她的研究主要集中在美国环境政策在地方层面的监管互动,电影、观众对政府的看法,以及习得和教育学。她发表了30多篇文章、出版了9本书,包括于2017年由莱克星顿图书/罗曼和利特菲尔德出版社(Lexington Books/Rowman & Littlefield)出版的《银幕上的公务员:好莱坞对政府和官僚的描绘》。

里卡多·佩拉丰(Ricardo Pellafone),合规设计公司Broadcat创始人,该公司专注于通过将抽象的法律概念转化为实际的日常业务指导来简化企业合规。他与Broadcat公司的合作被《天普法律评论》列为“行为合规的最佳实践”。在加入Broadcat公司之前,他是加州一家科技公司和阿拉伯联合酋长国一家国有公司的内部调查律师,同时也是私人执业诉讼律师。

萨拉·R. 林弗莱特(Sara R. Rinfert),蒙大拿大学鲍卡斯研究所亚历山大·布莱维特法学院公共行政与政策系教授兼副院长。她的主要研究领域是政策制定和执行(环境政策、法规和合规性)、教育学和习得学等,发表了30多篇文章,并出版了6本书。她的政策研究考察了在州、联邦或国际层面的行政规则制定阶段的利益集团参与、妇女或公众舆论的作用。

梅丽莎·罗里(Melissa Rorie),内华达大学拉斯维加斯分校刑事司法学副教授。她的研究方向主要是考查正式和非正式控制对白领和公司犯罪的影响,以及对精英犯罪和公司不合规做出理论解释。她因其学术成就获得了3个奖项,包括2018年美国犯罪学协会的白领和公司犯罪部门颁发的“青年事业”奖。自2009年以来,她已经发表了23篇经过同行评审的文章,并于2019年秋负责编辑出版了篇幅长达30章的《*Wiley Handbook of White-Collar Crime*》。

娜塔莉·谢尔-布塞(Natalie Schell-Busey),罗文大学法律与司法研究系副教授。她在马里兰大学帕克分校获得犯罪学和刑事司法博士学位。她的主要研究方向为白领与公司犯罪、性别与犯罪、荟萃分析。

在最近一篇题为《法外变量是否会影响职业安全与健康管理部门的事后检查》的文章中,使用了多层次分析方法,测试职业安全与健康检查中如何用部门、公司和州一级的变量预测后续检查。

尤金·索尔特斯(Eugene Soltes),哈佛商学院工商管理学教授,重点研究领域是企业诚信和风险管理,利用数据分析来识别企业文化和合规系统,可以有效预防、检测和响应声誉和监管威胁。索尔特斯教授是2016年《他们为什么这么做:白领罪犯的内心世界》一书的作者,也是《哈佛数据科学评论》编委会成员。

萨拉·L. 斯塔福德(Sarah L. Stafford),威廉与玛丽学院经济学、公共政策和法学教授,在乔治城大学获得外事服务理学学士学位,在约翰斯·霍普金斯大学获得经济学硕士和博士学位。她在经济学、公共政策和跨学科期刊发表了很多经同行评议的文章,也发表了很多法律评论文章。她的主要研究兴趣是评估环境法规的有效性,其大部分研究集中在美国危险废物管理计划。

本杰明·范·鲁伊(Benjamin van Rooij),加州大学欧文分校法学院法学和社会学教授,主要研究法律对个人和组织行为的影响。他的研究成果发表在一些主要学术期刊以及《纽约时报》《洛杉矶时报》《赫芬顿邮报》和美国全国公共广播电台的网站上。

卡琳·范·温格德(Karin van Wingerde),鹿特丹伊拉斯姆斯大学法学院公司犯罪与治理学教授、犯罪学副教授。她的研究重点是监管治理与公司犯罪及危害之间的相互作用,并对政府、企业和市民社会在促进企业遵守规章制度方面的合作原因及方式进行研究。她的研究主要集中在环境、职业健康与安全、(反)洗钱、腐败和不同类型的欺诈等多个领域。

马修·韦斯特(Matthew P. West),南伊利诺伊大学卡本代尔司法和公共安全学院的助理教授,拉斯维加斯内华达大学犯罪学和刑事司法博士,主要研究方向是法律决策和应用定量方法。他和合作者在《定量犯罪学杂志》最近发表的一篇文章《犯罪学分析的“可塑性”:使用蒙特卡洛模拟评估回归估计中的偏差》中展示了类似的模拟研究应用。正如本书中所描述的,有更多技术细节和可用于研究成果可复制性的补充材料。

吴云梅(Yunmei Wu),云南省社会科学院副研究员,在阿姆斯特丹大学法学院荷兰中国法律中心获得了博士学位,曾在《商业道德杂志》《中国日报》和《佩斯环境法评论》等多家英文杂志上发表了多篇与中国合规和监管问题相关的论文。

目　录

第二部分　企业合规测量的定量研究方法

第四部分 建立在现有合规研究基础上的混合方法

第一章　测量合规：在评估和理解法律与企业不当行为相互作用时所面临的挑战*

本杰明·范·鲁伊　梅丽莎·罗里

第一节　引　言

2017年，负责监管医疗欺诈和滥用的美国卫生与公众服务部（Department of Health and Human Services）发布了一份新的政策文件，题为《测量合规机制有效性：资源指南》。[1] 该文件对如何最好地测量有效合规

* 这项研究得到了欧洲研究委员会的慷慨资助（ERC-2018-CoG-HomoJuridicus-817680）。作者也要感谢章节作者和其他帮助形成本书内容的团体——无论是通过评论、技术支持还是精神支持。

特别感谢剑桥大学出版社马特·加拉维、新加坡利物浦大学的约瑟夫·格林纳、拉斯维加斯内华达大学的肖恩·里德、我们的匿名审稿人以及一路上支持我们的许多其他人。

[1] https://oig.hhs.gov/compliance/101/files/HCCA-OIG-Resource-Guide.pdf.

机制的各个核心要素进行了说明,[1]提供了总共 401 个指标来测量有效合规机制的 7 个核心要素。

同年,美国司法部(Department of Justice)刑事司反欺诈科发布了一份新的题为《企业合规机制评估》的政策性文件,用以指导联邦检察官开展针对诈骗行为的工作,并在 2019 年被更新为指导性文件。[2] 该文件虽然没有提供类似于 2017 年《测量合规机制有效性:资源指南》的详细指标,但确实为检察官提供了许多提示,以帮助他们评估正在接受诈骗行为刑事调查的公司合规管理计划的质量和有效性。检察官要考虑的问题包括但不限于:(1)公司如何测量其培训课程的有效性;(2)公司使用何种"信息或指标"来发现不当行为;(3)以及公司测量合规文化的频率和方式应当是什么样的,等等。[3]

美国卫生与公众服务部和司法部发布的相关文件大都是政府机构对合规测量加以重视的典型事例。在此之前,大多数国家的监管机构和检察官激励(有时甚至是直接要求)受监管的公司改进内部程序以确保其遵守法律和监管规则。这种法律层面上的激励中最著名的例子是《美国量刑指南》(*The United States Sentencing Guideline*),它于 1991 年首次通过,并在此后多次进行修订。《美国量刑指南》建议对那些拥有"预防和发现违法行为的有效机制"的组织给予宽大处理。在某些法域,企业具备上述内部程序可能会使其得经受更少的监管和监督检查。在美国,包括职业安全与健康署(Occupational Safety and Health Agency)、环境保护局(Environmental Protection Agency)和农业部(Department of

---

[1] 这 7 个要素在早期的文件"有效合规计划的 7 个基本要素"中列出,它们是(1)实施书面政策、程序和行为标准;(2)指定合规官和合规委员会;(3)进行有效的培训和教育;(4)发展有效的沟通渠道;(5)进行内部监督和审计;(6)通过广为宣传的纪律准则执行标准;(7)对发现的违法行为迅速做出反应并采取纠正。参见 https://oig. hhs. gov/compliance/provider-compliance training/files/Compliance101tips508. pdf.

[2] www. justice. gov/criminal-fraud/page/file/937501/download.

[3] www. justice. gov/criminal-fraud/page/file/937501/download pp. 3,5,15.

Agriculture）在内的一些监管机构已经参考了这一政策。[1] 一些法律甚至更进一步，规定企业必须规定有合规管理机制。比如2002年的《萨班斯-奥克斯利法案》（*Sarbanes-Oxley Act*）[2]和2012年的《多德-弗兰克华尔街改革与消费者保护法案》（*Dodd-Frank Wall Street Reform and Consumer Protection Act*）。[3] 此外，所有希望在纽约证券交易所上市的公司都必须规定有此机制。[4]

法律上的要求和激励促使许多私人和公共组织开始采用合规管理机制。它刺激了一个全新的"合规行业"的兴起，推动了不同类型的项目和需求、合规管理行业协会以及专业化的研讨会，当然，还有伴随着这些行业发展而产生的巨大就业市场。根据最近的市场分析，2019年全球企业治理、风险和合规的市场规模约为312.7亿美元。[5]

在合规管理的快速发展进程中并非一帆风顺，许多学者质疑这些合规机制是否能有效实现其最初的检测和防止不当行为发生的目标。一些观点认为，公司只是表面上采用合规管理机制，将其作为一种"装点门面"的形式，以此提高他们的声誉并试图减轻他们的责任（McKendall, DeMarr, & Jones-Rikkers, 2002, p. 379; Parker & Nielsen, 2009b）。同时也存在这样一种风险，即这些机制只是产生了一种"表面合规"的效果，在纸面上看起来不错，但在现实中对防止不当行为的发生几乎没有作用（Krawiec, 2003, p. 487）。学者们在20世纪90年代末进行的一项研究

---

〔1〕 Coglianese, Cary and Jennifer Nash. 2021. Compliance management systems: Do they make a difference? In Benjamin van Rooij and D. Daniel Sokol, eds., The Cambridge Handbook of Compliance. Cambridge, UK: Cambridge University Press. Coleman, Clive and Jenny Moynihan. 1996. Understanding Crime Data: Haunted by the Dark Figure, Vol. 120. Buckingham: Open University Press.

〔2〕 2002年《萨班斯-奥克斯利法案》（上市公司会计改革和投资者保护法案），出版法律编号107-204, 116 Stat. 745（在美国法典第11、15、18、28和29篇的零散章节中进行了修订）。

〔3〕 多德-弗兰克华尔街改革和消费者保护法。法律编号111-203, 124 Stat. 1367（在美国法典第7、12、15和31篇的零散章节中进行了修订）。

〔4〕 Coglianese, Cary and Jennifer Nash. 2021. Compliance management systems: Do they make a difference? In Benjamin van Rooij and D. Daniel Sokol, eds., The Cambridge Handbook of Compliance. Cambridge, UK: Cambridge University Press. Coleman, Clive and Jenny Moynihan. 1996. Understanding Crime Data: Haunted by the Dark Figure, Vol. 120. Buckingham: Open University Press.

〔5〕 www.grandviewresearch.com/industry-analysis/enterprise-governance-risk-compliance-egrc-market.

中发现,美国大多数公司都制定了低成本的合规管理机制,但其中很多只包含了合规管理机制的“最低标准”,仅仅体现了合规管理机制中的象征性元素(Weaver,Treviño, & Cochran,1999)。另一项研究警告说合规管理机制只不过是“一系列形式主义和机械的训练”(Chen & Soltes,2018,p. 119)。这种“纸老虎”或形式主义(checking-the-box)的机制实际上可能会使不合规问题变得更糟:它们以减轻法律责任和监管规制来作为合规的不当激励,这样做会抑制真正改善组织合规的努力(Laufer,1999)。

上述这些问题的核心是,建立合规管理机制是否能有效地发现和预防不当行为,这一观点正面临极大挑战。正如一位对合规管理机制持批评态度的学者所解释的那样:“……有效合规机制的表面特征很容易被模仿,但法院和监管机构很难确定这些模仿的合规机制是否具备真正的有效性。”(Krawiec,2003,pp. 491-492)因此,现在人们对于测量合规机制有效性的兴趣越来越大。

上述美国卫生与公众服务部发布的《测量合规机制的有效性:资源指南》和司法部发布的《企业合规机制评估》指导文件是两个很好的例子,表明了监管和检察机关关注合规测量的趋势。我们现在处于合规实践新时代的开端,旧视角下的合规很可能会受到越来越多的审视与批判。同时,对合规机制在检测和防止违法行为方面的实际有效性进行证明的需求将会增加。在这当中,《新公共管理》一书中所描述的旧有原则(Schedler & Proeller,2000)和使目标可测量化(Doran,1981)也发挥了作用。此外,转向实验以及在监管和治理中对行为洞察方式的采用(这促进了在监管机构中行为洞察团队的发展,van der Heijden,2019)进一步推动了合规管理中侧重于从实证角度来测量干预措施的效果。

在监管和企业实践中,合规管理的趋势遵循了学术界长期以来对企业合规进行实证研究的传统。在这类研究中,无论是以纯粹的定量形式进行测量还是以定性形式进行讨论,对合规进行评估总是至关重要的。因此,学术界开始注重开发评估和测量合规的方法,并且取得了很大进展,但他们的实证方法却沿着不同的方法论路线发展。“定量”和“定性”方法之间的界限最为明显。定量方法试图以数字的方式来测量(例如,通过计算行为或对量表上的意见进行评级)合规和影响合规的变量,然后使用统计分析建立两者之间的因果关系。定性方法则是试图通过与参与合规决策的人员进行深入的对话或者观察,来理解更多的抽象问题(例如:合规是什么?人们如何看待合规?它的发展过程是怎样的?对于建立日常合规的影响之间复杂的相互作用,我们可以了解什么?)(van Rooij & Sokol,2021)。

同样重要的是,要注意到在许多不同的学术和实证方法中,对合规研究的确切对象以及研究的目标各不相同。相较于“外源性”的方法,帕克和尼尔森于 2009 年在关于企业合规的研究中大致地描述了“内源性”方法。内源性合规研究旨在理解企业对法律的反应是如何影响这些法律的含义和解释的,而外源性方法则试图理解哪些因素对企业遵守法律的决定产生影响。到目前为止,对企业合规进行实证研究的不同方法仍处于“学科茧房”(disciplinary silos)中,很少有学者对它们的相对优势和劣势进行比较与反思,也没有学者反思如何将它们结合起来以取得最好的效果。

因此,无论是合规实践还是学术研究,都迫切需要对测量和评估合规的各种方法进行综合反思。在实践和学术上追求合规的核心目标,是更好地理解哪些机制和程序在塑造对法律规则成体系的反应方面发挥作用,以及在激活这些机制和程序时,什么类型的干预具有什么样的效果(van Rooij & Sokol,2021)。然而到目前为止,学界对于评估合规的不同方法如何适应不同的实践和理论需求几乎没有进行综合思考。对此进行反思有助于对研究问题的进一步明确,并且有助于确定针对特定类型调查的最佳策略。

本书汇集了各种观点,首次综合讨论了学者以及相关从业者测量和评估企业合规的不同方式。本书涵盖了最广泛的合规测量方法,包括调查、实验、访谈、焦点小组、民族志和监管评估等关键方法。本书将每种方法均置于特定测量或评估的目标中,从评估诸如法规合规管理机制等干预措施是否有效,到了解惩罚对合规的影响,再到了解合规流程是如何在组织中生成的,均有涉及。

综上所述,本书回归到公司合规测量中的两个核心挑战。第一个挑战是评估被研究的组织(或该组织中的人员)遵守或违反法律达到了何种程度,这是一个非常困难和敏感的问题,也是重大的道德挑战。第二个挑战是如何以一种明确因果关系的方式定位组织中的合规行为以及合规的潜在影响之间的相互作用,以一种既有效,又能代表不仅限于研究案例的方式建立因果关系,这是极具挑战性的。任何合规测量的方法都必须应对这两个挑战,本书可以帮助我们了解与上述考虑因素相关的各种特定方法的优势与局限。

最后,这本书旨在面向合规领域的从业者以及学者,以便他们能够更好地了解测量和评估合规的各种选择。这本书不是为了展示或论证何种方法是最好的,因为所有方法都有其优缺点。相反,它试图让读者更好地理解如何对特定方法进行权衡取舍,针对特定的目的可以达到最优的效果,以及如何恰当地处理它的缺点。该书还希望推广一种混合方法来解决企业合规问题,即从业者和学者通过结合本书所展示的更多更广泛的方法,从而运用一种超越认知或是超越以前使用过的方法来解决企业合规问题。通过使用混合方法,每一种方法所具有的优势和局限便可以在多种方法中互相弥补。

引言的其余部分将就本书中所讨论的合规测量的不同方法进行概述。包括这些研究方法是怎么样的,以及它们是如何适用于不同的研究目的的。之后,对它们在评估和测量合规方面如何应对不同的挑战进行讨论,并概述如何对不同合规方法进行权衡和取舍。

第二节　本书各章节概述

本书第一部分中的章节包括如下内容:描述合规行业的发展,监管机构和政府通常是如何描述或授权合规测量的,以及合规研究者和从业者需要考虑的许多重要测量问题。陈慧在第二章中指出,政府机制通常倾向于根据企业所投入的努力来测量合规机制的有效性,而不是根据这些计划是否实际产生了预期结果。第三章是由卡琳·范·温格德和莉塞洛特·比斯科普合著的,其主要探讨监管方法的变化是如何影响合规方法和数据的,而这些方法和数据通常是用于评估国家、企业和其他更多承担着监管责任的实体。他们以环境认证计划和反洗钱为例,指出合规监管的日益私有化将会使合规测量变得更加困难。在第四章中,托德·霍对工作环境中的"合规分布"进行了研究,指出大多数测量工作都是从假设环境中的每个人都同样有可能参与不合规行为而开始的。他在这一章中提出了一个令人信服的论点,说明为什么实际情况并非如此,以及数据收集和分析需要如何考虑异常的不均衡分布。

在第二部分中,不同的作者论述了通过数字来评估与处理合规的具体方法——最合适的时机,它们的优势以及局限。梅丽莎·罗里撰写了关于试验方法和调查方法的章节,展示了最常用方法之一的已知优势(第五章中的"调查")以及最少使用的方法的潜在优势(第六章中的"实验")。与一般调查方法中使用更为普遍的理论依据,但与实际联系更薄弱相比,这两章中采取了通过实验和因果推理(强调特殊性)并置的方法。在第五章讨论的一种调查形式(即因子调查,使用场景调查方法,允许通过实验来建立因果关系)中,提供了一个潜在的折中方案。在第七、八、九和第十章中,作者里卡多·佩拉丰、尤金·索尔特斯、萨拉·L. 斯塔福德、弗洛伦丁·布兰克和保拉·科莱蒂描述了次级数据(各方出于自身目的收集的数据,但不一定是专门用于研究或者是监管目的)在评估公司内部合规方面的效用(第七及第八章),公司的合规性(第九章中的"由外部机构评估"),以及在整体层面上检查合规(第十章)。里卡多·佩拉丰不仅解释了为什么处于工作环境中的从业者应该更加谨慎地测量合规,还清楚地说明了合规从业者如何利用容易取得的数据来对合规进行测量。尤金·索尔特斯使用企业风险评估的真实例子来说明一些企业如何在这样的活动中利用他们的数据。萨拉·斯塔福德以美国环境监管为背景,回顾了政府检查和审计数据在评估目标公司合规方面的优势和局限,并评估了最近未接受检查的公司的合规可能性。弗洛伦丁·布兰克和保拉·科莱蒂在本部分的最后一章解释了如何使用大规模的结果测量方法(例如,由于食品污染、工伤或者疾病所导致的食源性疾病或死亡的数量)来检查行业层面的合规情况,并评估监管机制是否如预期的那样发挥作用。

第三部分论述了测量的定性问题,即使用访谈和观察来检验合规决策是如何制定的,以及各方对合规的看法。在第十一章中,萨拉·R.林弗莱特和米歇尔·C.鲍茨讨论了在监管者和被监管者对合规进行协商时,如何利用访谈和焦点小组的方式来检查他们之间的互动效果。在第十二章中,范·鲁伊和罗里更深入地对合规访谈程序进行了研究,研究访谈者如何能够鼓励他们的受访者谈论不合规这样一个敏感话题。在第十三章中,范·鲁伊等人讨论了民族志方法在合规研究中的优势。在这些章节中,纯粹的定量研究方法的局限性显而易见。访谈、焦点小组和民族志方法更适合评估合规中的细微差别,这些方法不但可以检查在一个环境或不同的场景条件下有多少合规要求存在,而且可以告诉合规研究者和从业者为什么会产生合规问题,人们在合规决策和工作方面有何不同,以及使合规措施更有效或更无效的情况。

本书的结尾部分对上述三种方法进行了进一步讨论,以此改进前面所探讨的方法论。亚历克桑德拉·乔丹奥斯卡和尼古拉斯·洛德在第十四章中讨论了"混合方法",指出它们对于敏感合规研究的独特优势。他们以(撰写本章时的)新冠肺炎疫情为例,证明了混合方法的功效,即它在相关法律限制方面能够获得更丰富、更完整的图景。在第十五章中,娜塔莉·谢尔-布塞对"系统评价"和"荟萃分析"做出了描述,即将以前的研究结果努力结合起来,以提供在特定主题下"知识状态"的概述。她回顾了多个学科的综合研究,以说明这种方法的优势和局限性,并利用这些结果为普遍改进企业合规研究提供了建议。最后,在第十六章,马修·韦斯特和梅丽莎·罗里讨论了蒙特卡洛模拟方法的使用,它能够更全面地评估将现有的研究成果用于调查问题时可以从中获得的信息。所有的研究方法和研究内容都有其局限性,但使用模拟方法可以帮助合规研究者理解和克服导致研究出现主要困难的常见问题(例如,知识与经验的可复制性问题)。

第三节 合规测量所面临的挑战

总体而言,本书展示了合规研究者和从业者更全面地检查实际合规行为的惊人潜力——也就是说,不仅思考测量怎么做合适(例如,培训计划的数量、在合规机制上的花费),还开始评估合规过程是否实际产生了所预期的结果。也就是说,在我们看来,我们必须在本书的开头讨论合规测量所面临的四个核心挑战:不同领域之间的概念问题,测量不合规犯罪黑数(dark figure)的困难,在合规策略和行为之间建立因果关系的困难,以及使用他人数据的困难。

首先,企业合规领域存在概念上的模糊性。在范·温格德和比斯科普的章节中(以及帕克和尼尔森在 2009 年的著述中)有详细描述,一个人赋予"合规"的含义通常取决于以下几方面:定义该术语的人是权威人物,又或者是受监管实体和其他利益相关者(如私人当事方),它们所涉及的监管或法律部门有哪些(例如,遵守污染标准或财务法规),以及他们所需遵守的法律类型(例如,"非正式"或"正式"法律,民事的、行政的或刑事的)。所有这一切的核心问题是,任何法律都会留下解释的余地,因此,什么被视为遵守或违反法律,合规或不合规,都取决于对法律的解释。其次,治理模式的转变加剧了这个术语的复杂性,因为政府允许越来越多的公司和私人监督者根据自己的立场来定义和测量合规。正如范·温格德和比斯科普所述,这种趋势意味着合规数据不仅在从一个来源过渡到另一个来源时存在很大的异质性(例如,非政府环境组织记录的内容可能与政府记录的内容有很大不同),还反映了来源的基本(潜在)假设和偏见,从而使评估数据的有效性和可靠性存在困难。

第二个挑战是犯罪学家通常称之为“犯罪黑数”的问题(Bulcer & Dalling,1836 as cited in biderman & Reiss Jr. ,1967. footnote 2;Colemean & Movnihan,1996),这意味着在对违规行为的官方测量中忽略了许多实际发生的犯罪。简而言之,当某人成为罪行的受害者时,若他们向警方报告,该罪行就将出现在官方记录中。而在合规调查中,许多公司和企业不会向监管机构报告违规行为,因为它们希望在内部解决问题,这导致了一个在合规测量中的特殊问题的出现。在犯罪学中,学者们倾向于通过调查人们的受害情况来获得“犯罪黑数”(许多受害者并不向警方报告他们的遭遇,因此这些调查有助于了解实际发生的犯罪与警方记录中的犯罪之间的数量差距)。然而,在企业合规方面,许多“受害者”甚至不知道自己是受害者,因为当不合规行为发生时,它往往不会对个人产生直接的和实际的影响(Croall,2007)。即使确实因为公司的不合规行为而产生实际影响(如造成工伤),也很容易被描述为“意外”,或可将责任归咎于员工(Pearce,1993)。简而言之,任何测量标准的核心挑战都将是如何确定非法行为的数量,因为,其中大部分行为是保密的,不仅对外部监管机构或研究者是这样,甚至对公司内部的参与者也是如此。本书的部分目的是分析学者和从业者在多大程度上可以真正了解这个潜在的不合规“犯罪黑数”。正如范·温格德和比斯科普,罗里(第五章)和范·鲁伊(第十二章)所解释的那样,让人们承认自己所做的不合规行为是困难的。原因显而易见,即使是那些意识到自己在公司内部遭受伤害的人,如果他们害怕公司内部其他人的报复,也可能不愿意谈论它。因此,对公司内部个人的访谈和调查必须谨慎行事,以便从“违规者”和受害者那里引出不合规报告。与此相关的是,即使在与公司内部的人员交谈时,对不合规行为的测量也会被常见的误解所混淆,而这些误解与不合规行为的来源有关。正如霍在第四章中所讨论的那样,在职场中不可能每个人都有同样的可能性从事不合规行为,因此应当将重点放在发现那些易从事不合规行为的人(另见索尔特斯在第八章中的讨论)。

第三个挑战与不合规的预防和纠正有关,大多数学者和从业者并不是为了获取知识而研究合规测量,他们更想知道如何在实践中减少此类事件。为此,研究并确定企业合规和不合规的驱动因素是非常重要的。然而,最常用于测量合规的方法(如横断面研究和次级资料分析)通常难以使研究者建立科学意义上的因果关系。正如第六章中所描述的那样,要建立“因果关系”,仅仅看到个别因素的变化与合规变化之间的关联性是不够的,这里也可以引用“相关性不等于因果关系”这句格言。除了证明存在实证中的关联关系外,还必须确定关联关系的时间顺序(即哪个先出现,是合规行为还是所谓的预测因子),并消除其他的对立解释(也被称作“去除假性关系”)。唯一可以真正实现去除假性关系的研究方法是“随机对照试验”,它往往比其他方法费用更高,更耗时且更难以实施,因此很少用于合规研究。但即使采用随机实验方法,它们相对合规来说也比较简单,因此不足以理解复杂因果关系中的“原因”。合规中许多因素在同时起作用,一些从高度复杂到一般程度的测量方法对其均毫无用处,例如,组织文化等因素(van Rooij & Fine,2018)。正如乔丹奥斯卡和洛德所解释的那样,有时需要多种方法来全面了解合规及其来源。

最后,关于合规测量所余下的挑战是(有点讽刺意味)需要测量的内容太多了,正如范·温格德和比斯科普所描述的,以及此书中描述的研究来源所证明的那样,有许多关于企业合规的数据来源,而每个来源都有独特的优势、局限性和偏见。此外,其中一些数据(特别是来自监管机构的数据)非常复杂,需要通过很多复杂的统计方法才能使用。与此相关的是,现有的企业合规研究依赖于不同的合规定义、不同的合规研究方法和不同的研究人群等,因此不同学者针对同一问题的研究往往可能会得出不同的答案,这使得理解现有的研究文献所想包含的总体内涵变得非常困难。谢尔-布塞在研究系统综述和荟萃分析时为这种解决方案提供了一种可能的补救措施,使研究者能够综合信息并定量地全面理解合规。

第四节 合规测量方法和目标的权衡

虽然上述挑战乍一看似乎是不可克服的,但本书的主要贡献之一就是汇集了一系列基于方法论的解决措施。克服上述挑战的关键是,需要认识到并非所有的研究问题都面临着相同的挑战,并且不同方法能够克服不同挑战(同时也在某些方面受到限制)。例如,随机实验可以在企业特征和合规之间建立因果关系,但通常我们无法将其推广到社会层面。相比之下,定量方法能够从大批人群那里获得信息,但其推断因果关系的能力本身就受到限制。定性方法,如密集访谈和民族志,是获得与主题或特定案例相关的丰富而详细的信息(特别是对未经充分探索的主题)的绝佳机制,但它们建立因果关系或广泛应用的能力往往有限。政府机构或公司对其所收集的数据进行合规测量是一种相对便宜而简单的方法,一些研究问题可以通过上述数据回答,但是可能会受到他人对哪些数据值得或不值得收集的决定的影响。

表 1.1 提供了本书中所介绍的方法的一个快照,以及该方法的优点、缺点和二者的权衡。在右侧的最后一列中,我们还简要描述了每种方法最适合研究的问题类型。表 1.1 还描述了与各种方法相关的成本与收益,使用更形象的方法将它们相关联。为了配合此表,在这里我们通过文字简要描述了哪些方法最适合解决前述的四个挑战,以及每种方法的可推广性和可行性。

表 1.1 各种方法的优点、缺点、权衡和适宜的研究问题类型表

方法(章节)	优点	缺点	权衡	适宜的研究问题类型
自我报告调查(第五章)	允许在许多不同的组织和不同的组织子单位中，在有直接了解和了解日常合规实践的大量参与者样本中，测试对合规的广泛的个人层面的影响。 与其他方法相比，资源需求量(在时间和金钱方面)更低	社会期许性偏差可能会削弱答案的有效性。 在大多数调查中，除了那些有实验设计的调查，没有真正的因果关系测量方法	可以得到非常一般化的结果(这可以适用于一大群人)，也解释了与合规相关的许多不同因素，但结果可能不能准确地反映实际行为或真正的因果关系	在大量人群中测试关于依从性的知觉和个人水平因素的现有理论的研究。 寻求个人对合规相关问题意见的研究
随机实验(第六章)	在合规的处理方式和影响之间允许有一个有效的因果推理	比其他方法更耗费资源，因为它往往不可能直接进行随机试验和观察合规结果。一般来说，只能测试有限数量的变量(调查设计除外)。实验(特别是实验室实验，但也有许多现场实验)可能是人工的，不能捕捉到实际的行为，因此只有有限的外部有效性。实验也可能受到观察者效应的影响。人们可能会有不同的行为	通常，这是真正评估一个因素是否导致某种行为的唯一方法，但这需要耗费大量资源，泛化能力有限，研究微妙/复杂关系的能力通常也有限	旨在评估干预措施效果的研究，在有限数量的变量和合规之间建立因果关系

续表

方法(章节)	优点	缺点	权衡	适宜的研究问题类型
企业业绩数据(第七章)	允许对特定公司设置中的合规结果有一个有效的理解。 数据可以涵盖多个部门和更长的时间范围。 在可以进行准实验或自然实验的情况下,也可能允许对因果关系有一些理解。 也允许在公司内进行风险评估,看看哪里可能存在更高的不合规风险。 比其他方法更少的资源需求量(在时间和金钱方面)	(他们知道自己正在被研究),因此内部效度较低。 只允许测试有限数量的变量的影响(即只允许那些与公司数据具有相同数据级别的变量)。例如,没有个人和感知数据	可以得到非常一般化的结果(例如,可以应用于整个行业或公司),以及"在实践中"检查合规,但是结果可能不能准确地反映实际行为或真正的因果关系	试图理解企业层面特征和政府干预对企业层面合规影响的研究。 在公司内部,可以评估不合规风险可能更高的地方,或者可以评估干预措施的有效性(利用干预前后的数据)
风险分析代理(第八章)	允许有效地了解特定公司环境中的合规结果。 数据可以覆盖多个扇区和更长的时间框架。 允许在公司内部进行风险评估,看看哪里可能有更高的不合规风险。 与其他方法相比,资源密集型(在时间和金钱方面)更少	只允许测试有限数量的变量的影响(即只允许那些与公司数据具有相同数据级别的变量)。例如,没有个人和感据数据	可以在"实践"中检查合规,但结果可能不能准确反映实际行为或真正的因果关系	试图理解企业层面特征和政府干预对企业层面合规影响的研究。 在公司内部,能够评估不合规风险可能更高的地方,或者俞多评估干预的有效性(利用干预前后的据)

续表

方法(章节)	优点	缺点	权衡	适宜的研究问题类型
政府和审计数据(第九章)	允许基于实际执行和审计数据对遵从性进行分析,从而真正了解检测到的违规行为。 数据可以涵盖更长的时间段和多个部门和司法管辖区。 在可以进行准实验或自然实验的情况下,也可能允许对因果关系有一些理解。 比其他方法更少的资源需求量(在时间和金钱方面)	难以区分检查和审核的质量和不符合的程度;这使得特别难以在执行和遵守之间建立因果关系。 只允许测试有限数量的变量的影响(即只有那些与政府执行数据具有相同数据水平的变量)。例如,没有个人和感知知数据。 数据还会受到观察者效应的影响(即被观察的人可能会改变他们的行为),这取决于它所基于的检查/审计类型	可以得到非常一般化的结果(例如,可以应用到整个行业或大的地理区域),以及“在实践中”检查合规,但是结果可能不能准确地反映实际的行为或真正的因果关系	试图理解企业层面特征和政府干预对企业层面合规的影响的研究,特别是在一个大的地理区域或行业内。 能够评估哪些地方不合规的风险可能更高(例如,哪些公司可能更需要监测/援助),或者能够评估干预措施的有效性(利用干预前后的数据)
汇总结果数据(第十章)	允许对特定司法管辖区的预期结果有一个有效的理解。 数据可以涵盖多个部门和不同的时间范围。 根据设计(即如果可能进行准实验或自然实验),可能允许对特定法规或预防机制的有效性进行因果评估	不能显示公司级别或个人级别的合规变化。 只允许测试有限数量的变量的影响,这些变量的数据水平与汇总结果数据相同。 无法直接评估公司内部或个人之间的合规流程	可以“在实践中”检查合规,但通常在研究细微/复杂关系的能力上受到限制。 通用性可能是有限的,这取决于宏观级单元的抽样	旨在了解监管对其预期结果的影响的研究,特别是在一个大的地理区域或行业内

续表

方法(章节)	优点	缺点	权衡	适宜的研究问题类型
访谈和焦点小组(第十一章和第十二章)	允许被研究组织内的参与者的感性理解。 允许个人层面、变量分析和合规过程的案例研究分析。 可以覆盖许多不同的组织和组织中的不同人员。 设计允许建立信任和三角测量,以提高有效性和克服社会期许性偏差问题	难以扩大规模,因此泛化能力有限资源需求量更大(在时间和成本方面)。 难以全面接触有关各方。 可能会因为“社会期望”而面临获得真实答案的挑战。 无法评估因果关系或如何最好地制定干预措施	精确理解微妙/复杂的关系和更有效的测量。 “实践”中的合规(由于三角测量和更深层次的信任),但资源需求量高且泛化性有限	研究旨在评估合规过程如何在特定情况下发挥作用,并了解个人层面的看法以及“群体思维”。 试图归纳地了解被研究组织中的个人对合规的看法以及是什么形成了合规的研究
民族志(第十三章)	允许对合规实践、过程、价值和“在实践时间内”的交互进行有效的理解,因为它们每天都在发生。 从组织中不同的角度理解合规性,以及组织与外部参与者之间的交互	难以扩大规模,因此泛化能力有限。资源需求量更高(在时间和成本方面)。很难达到做一个真正的民族志的水平	对微妙/复杂关系的精确理解,以及“在实践中”更有效的合规测量,但是资源需求量高且有限的可泛化性	试图从被研究的组织内部理解合规的观点的研究。 旨在评估组织内部不合规的深层原因的研究。 基于深刻的内部视角,质疑其他合规数据来源有效性的研究

续表

方法(章节)	优点	缺点	权衡	适宜的研究问题类型
混合方法(第十四章)	通常情况下(但取决于所使用的方法),允许在“实践中”对合规实践、过程、价值和相互行为进行有效的理解,因为它们是在日常基础上发生的。 通常(但取决于所使用的方法),允许在具有直接知识和洞察日常合规实践的大量参与者样本中测试广泛的个人层面对合规的影响,这些参与者跨越许多不同的组织以及组织的不同子单元。 设计允许三角测量来提高有效性和克服社会期望。 通常(但取决于所使用的方法),允许对变量进行个人层面的分析,也允许对合规过程进行案例研究分析。 根据设计(即如果可能进行随机或准实验),可能允许对特定法规或预防策略的有效性进行因果评估	资源需求量更高(包括在时间和成本方面)	对微妙/复杂关系的精确理解,以及“在实践中”更有效的合规衡量,但是非常耗费资源	由于方法的灵活性和不同方法的集成,几乎适用于任何研究课题
系统回顾和荟萃分析(第十五章)	可以使用多个现有的研究来综合一个主题的已知内容。 设计允许三角测量来提高有效性和克服社会期望。 根据所包括的研究(即如果包括随机实验),可能允许对特定法规或预防战略的有效性进行因果评估	依靠现有的研究和研究的局限性,研究人员没有机会收集最适合他们研究问题的数据	可以测量一个大的研究领域测量的合规程度,但通常在研究细微/复杂关系的能力上受到限制。 概括性和因果推理取决于所纳入研究的抽样策略。 概念上的模糊性可能在理解结果方面发挥重要作用,但往往没有得到评估	旨在了解某一特定主题或兴趣关系的“知识状态”的研究

续表

方法(章节)	优点	缺点	权衡	适宜的研究问题类型
数据模拟(第十六章)	可以改进现有数据,以了解该数据中缺点的含义。能够计划研究,以提高他们得出有效结论的能力	依靠现有的研究和研究的局限性。研究人员没有机会收集最适合他们研究问题的数据	可以根据以前的研究来测量合规,但研究细微/复杂关系的能力可能有限(取决于所使用的数据)。概括性和因果推理取决于所使用数据的抽样策略	旨在批判性地检查以前的研究,利用现有数据更广泛地回答相关问题,并计划新的研究

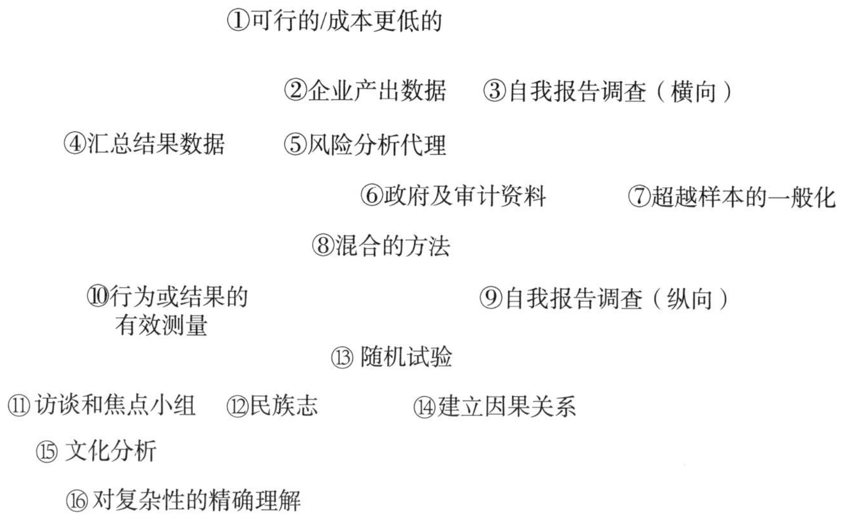

图 1.1　权衡方法概述图

注:"系统评价""荟萃分析"和"数据模拟"方法虽然在上文中有所提及,但不是直接的数据收集策略,因此本图中没有进行描述。尽管表中列出的权衡方法很重要,但为了简单起见,与综合或重新分析其他研究成果相比,该图仅列举了直接从利益相关的实体处收集数据的方法。

一、术语"合规"中的概念模糊性

如本章之前和第三章所述,关于公司合规的研究受到对其进行定义的问题的困扰,"合规"一词对不同的人来说有着不同的含义,而具体的含义取决于他们具体的目标是什么。研究者对合规的定义可能与公司中的合规从业者不同,后者对合规的定义又可能与监管机构或其他监督人员不同。但最终,如何在给定的研究计划中定义合规,这取决于数据的来源,并且还将影响这些数据的调查发现和解释(Rorie, Alper, Schell-Busey, & Simpson, 2018)。为此,有必要直接从负责合规的人员那里收集数据,并向多方征求从不同角度来定义合规的观点,从而确定最适合用于定义利益导向的模糊性概念,具体研究方法包括民族志、访谈、焦点小组以及混合方法等。

基于研究者的目标,有两种方法可以用来检验模糊性概念。根据研究问题和所使用的指标,访谈方法非常适合从不同方面研究多数群体如何定义“合规”,以及什么因素影响这些定义。根据定义,系统评价和荟萃分析方法综合了多个来源(通常是跨学科)所做的研究,可以用来检验概念差异是如何影响从特定研究中得出的结论的。然而,上述研究一般无法评估概念的模糊性是如何影响合规测量的方式以及其结果的(Rorie,et al. ,2018)。

最后,使用现有数据(公司上报数据、监管/审计数据、汇总成果数据)必然意味着研究者依赖于对这些数据所进行的概念化(见第三章;Paker & Nielsen,2009a)。研究者应该试图了解,这些数据的概念化如何使原始数据收集者对进行合规测量的方法作出决定——但他们没有机会使用自己偏好的指标来引导数据的收集。

二、测量“实际”的合规行为和隐藏的不合规行为

有些方法比其他方法更善于揭示包括不合规行为在内的隐藏行为,特别是研究者将自己“嵌入”到被研究环境中的方法,这将使他们能够获得相关各方的信任(然后他们更有可能和相关各方讨论敏感话题),并自行观察各种行为(如第十三章所示)。这些方法包括民族志和文化分析,有时还包括混合方法(如果该种混合方法包括观察或民族志的成分)。虽然一般来说,访谈是在发现合规问题中的混合方法中的一种(如下一段所述),但值得注意的是,“密集访谈”在这方面具有独立作用。在第十二章中,范·鲁伊和罗里讨论了如何利用访谈方法来发现隐藏的不当行为。

有一些方法可能会涉及隐藏行为或敏感话题,包括调查和访谈,因为被调查人或被访谈人会被问到自身行为以及他人行为。如第五章和第十二章所述,如果研究者使用某些手段,他们可以激励被调查人或被访谈人举报不合规行为。此外,如果实验有时可以通过对研究的性质进行“伪装”,以通过特定的设置对不合规行为进行测量(Gino,Ayal, & Ariely,2009;Eckerd,DuHadway,Bendoly,Carter, & Kaufmann,2021),或

者使用现有数据来评估合规操作后的结果(例如,在公司实施新培训计划后,使用美国安全与卫生署报告中所载的该公司数据)。

同样,来自第三方的数据在用于不合规行为的能力方面有一定局限性,因为现有的公司数据、政府或审计数据,以及汇总结果数据都会受到“观察者效应”的影响,即人们知道他们正在受到观察,并且可能在被观察时不自觉的处于“最佳行为”的状态。当然,上述限制通常不适用于一些不易隐藏的具有客观物理表现形式的次级数据(例如职业伤害和食品污染死亡)。

虽然在焦点小组的调查方式中是直接从个人那里收集信息(遵循的原则与调查和访谈相同),但每个人是在小组中实名发言,这会严重限制他们谈论敏感话题的能动性(Gill, Stewart, Treasure, & Chadwick, 2008),并且他们可能会根据其他参与者的回答调整他们的答案(参见第十一章)。

三、在预测变量和合规结果之间建立因果关系

如前所述,并在第六章中讨论的是,对唯一可以完全确定预测因子(例如,培训计划或新的法律)导致(在科学意义上的)合规义务变化的研究方法是“随机对照试验”。然而,值得注意的是,尽管试验方法可以在研究中对任何混淆变量进行“假设”,但试验设计的程度较为简单,这使得试验除了纳入受关注的主要预测因子之外,并不真正允许研究者考虑、评估和解释其他相关因素的影响(Fine & Elsbach,2000)。[1]

如果荟萃分析包括“随机对照试验”,或者混合方法包括了试验成分,那么这些方法也可以说是建立了因果关系。因为混合方法可以确定潜藏在外部关系背后的因果机制,因此其更适合于确定因果关系(见第十四章)。

尽管调查方式和获得的数据通常无法避免对预测因子与相关结果

---

〔1〕 参见艾克(Eck,2003)对这一理论如何应用于复杂的监管领域的研究。

之间因果关系作出不同解释,但它们依然可以为因果关系的证明提供依据。也就是说,当调查的本质是纵向的,可以具备明确因果关系所需的五个强推断标准中的四个(如“语境”和“因果机制”),这有时比“随机对照试验”的效果更好。在条件允许之下,可以以自然实验的方式收集时,现有数据可用于推断因果关系(Craig,Katikireddi,Leyland, & Frank Popham,2017)。

虽然民族志方法在对因果关系的推导效果方面通常可以获得更高的认可度,但其可以在非常具体和特定的场景中确立因果关系。这是因为民族志研究在特定的场景中可以筛选一些详细数据,这些数据可以确定之前的行为合规与否,使其在一个设定的场景中通常能够确定行为的合规与否,讨论可能影响因果关系的替代性解释,解释为什么预测因子会影响具体行为,并确定在什么条件下形成因果关系(Katz,2001)。

另外,访谈和焦点小组通常只在一个特定的时间节点进行,并没有达到民族志方法的那种深度。因此,它们因果关系的确定符合科学标准的能力通常是有限的。然而,它们有助于(特别是在使用混合方法的过程中)建立因果关系机制,以及发现在预测因子之外可能预料到或没有预料到的合规情况。

四、综合多种测量方式

随着合规领域的不断发展,想要获得丰富数据以测量合规只会变得越来越困难。除了认识到不同的数据所带来的帮助外,还需要了解不同数据的局限与偏见。事实上,解决任何研究问题都需要多重来源的数据。合规问题非常复杂,通过数据的组合来从不同角度进行观察才能完全理解相应的结果(见第十四章以及 Greene,2007)。

本书中讨论的两种方法特别适合对现有的合规措施进行综合,并研究每个数据源的独有特征对结论带来的影响。如第十五章所述,系统评价/荟萃分析能够利用现有研究,得出对某个主题的更广范围的理解,以及调查对该问题的理解如何受到各种方法学或抽样决策的影响。混合方法允许研究者直接从多个来源收集数据,这意味着可以利用不同方法的优势互补来克服个别方法的局限性(见第十四章)。

五、可推广性

对许多问题进行的研究所得出的结论可以应用于大规模的目标人群,包括那些没有被作为直接研究对象的人群。当想要研究大规模目标人群(包括整个国家的人民)时,定量调查是最好的方法,因为这样一种调查的方式很容易应用于广阔的地理区域(Deutskens, de Jong, de Ruyter, & Wetzels, 2006; Gaeddert et al., 2020; McHorney, Kosinski & Ware, 1994)。随机或概率抽样设计方法往往也较为容易地应用于定量调查之中(例如,使用随机数字拨号,获取随机的邮寄地址样本),这意味着研究者可以更好地假设他们对样本的调查结果适用于更广泛的人群。

现有的数据、荟萃分析和混合方法具有被推广的潜力,而潜力大小取决于收集数据的人对抽样所作出的决定。例如,就现有数据而言,如果监管机构仅公布风险最高公司的污染指标,那么可推广性(将这些发现应用于该行业所有人的能力)就会很低。如果监管机构公布随机选择的公司的数字,那么可推广性将很高。同样的原则也适用于荟萃分析和混合方法——结论的可推广性取决于收集原始数据的人做出的随机抽样决定。

对于那些耗费大量财力和时间的方法,可推广性往往较低,因为其向大规模人群收集信息更加困难,而且抽样决定的对象往往更侧重于能够提供最佳信息的人。实验可能耗时长且成本高昂,因此许多实验都是在研究者易于获得的样品上进行的(但请参阅第五章,了解将实验方法整合到调查中的讨论,这可以增强可推广性)。民族志、文化分析、访谈和焦点小组方法也需要耗费大量的时间和财力,但在信息收集者看来,也许最重要的是需要不受干扰地接触目标人群。在可以收集到详细信息的前提下,使用上述方法的研究者会对将其适用于哪些经过精心挑选的人群或场景更感兴趣。

六、可行性

最后,与上述关于可推广性的讨论相关,有些方法更耗费资源。显然,使用第三方收集的数据可以减少招募参与者的时间和成本。为此,在使用现有数据的基础上,进行系统评价或荟萃分析来进行数据模拟,通常被认为最具“可行性”。虽然定量调查通常比其他形式的数据收集更可行,但这取决于调查的方式,在线进行的调查非常容易且成本低廉,而进行“面对面”的线下调查(研究者必须前往受访者的居所)的成本可能过于高昂(例如,国家人口普查)。

如前所述,需要面对面调查的直接数据收集方法在时间和金钱方面显得更加“低效”。实验、民族志、文化分析、焦点小组、访谈和混合方法通常都需要研究者至少进行某种形式的差旅或时间投入。在混合方法中,除了第二种形式的数据收集方法之外,其所使用的其他方法通常也都需要进行某种形式的差旅或时间投入。

第五节　合规测量的未来

在企业合规管理的学术研究和实践中,测量已成为关键问题。在本书中展现了进行测量的多种方法。但是,每种类型的测量方法都有其固有的局限性,任何方法都无法获得完全有效、可推广和精确的合规全景视图,从而正确理解合规问题的根本原因,并以可负担、可扩展的方式进行。本书展示了与各种类型的测量方法相关的权衡措施。在此过程中,它指导研究者和从业者选择最适合的方法,以满足各类测量所要达到的目的。对于各种测量方法,本书都概述了进行此类测量的最佳方式,以及如何减少其固有的局限性。然而,即使采用最好的研究设计,合规测量也总会有缺陷。与其追求无法实现的完美,不如放弃,去做更简单的事情。我们需要考虑如何最好地实现我们特有的目标,并考虑哪些权衡措施是值得进行的。

本书还表明,通过使用多种方法,可以在一定程度上减少使用权衡方法的必要性。正如上一节所述,可以通过混合方法进行优势互补。在第十四章中,乔丹奥斯卡和洛德更多的对“混合方法”可能是何种表现形式从细节上进行描述,如对制造业员工的样本进行调查,并询问他们在工作场所发生的不合规行为以及原因。该调查可以提供规模化的合规信息,但无法评估这些员工是否准确地描述了工作场所的具体环境,或者当有其他因素影响时,是否还可得出因果关系。为了验证调查中工人所描述的细节,研究者可以对一些生产地点有目的地进行选择,并进行现场访问,采访这些生产地点的领导者,并亲自观察合规机制。在这个例子中,我们解决了概念清晰度的问题(即通过在现场访问地点调查员工对管理者的合规性的看法),更好地了解调查中是否存在社会期许性偏差问题(通过对制造现场进行亲身观察),并且能够通过深入的访谈和观察来增强有关因果关系的调查结果。当然,不能保证使用混合方法会促进对问题的认识,因为若上述例子中对制造现场的观察结果与调查结果相矛盾,那就产生了更多的问题,而不是答案。不过这种并发症也是研究过程的一部分,可能是在现实中达到合规目标所必需的过程,正如法恩和埃尔斯巴赫(Fine & Elsbach,2000,p. 61)所指出的那样,验证性(演绎性)和探索性(归纳性)研究的综合方法“比仅使用其中一种策略的研究方法更有可能捕捉到社会群体不断变化的本质。”

除了使用多种方法可能产生相互矛盾的调查结果外,另一个问题是进行此类工作的成本和时间的巨大耗费。越来越多的学者期望发表更多的论文来获得职位或晋升(De Rond & Miller,2005;Rawat & Meena,2014),这使获得经费来进行研究和出版的难度越来越高(Eastlack,2017)。可以理解,需求增加和资源减少可能会导致许多研究者进行资源耗费程度较低的研究。正如在本书的许多章节中所述,公司(第七章和第八章)以及政府机构和私人监督机构(第三章、第九章和第十章)正在创建大量数据,这些数据非常适合进行研究,并且一旦研究者获得访问权限,这些数据就很容易且低廉地被使用。然而,在上文中我们已经检视了这些数据的局限性,即我们是否能够从这些数据中真正捕获隐藏的不合规行为,而这是我们主要所关注的。

因此,研究者必须能够真正进入公司,接触到做决策的人和受他们影响的人,并总结他们的发现,而不必担心付出代价。为了实现这些目标,我们鼓励研究者和合规从业者合作。互相合作会使合规从业者能够更系统彻底地记录和了解合规所需的数据,而研究者能够获得并亲身验证实验结果(Landon-Murray & Caceres-Rodriguez,2020)。当然,合作关系引起了人们对"利益冲突"的担忧,这些担忧需要从合作之初就得到解决,但很少有研究者会被置于作为研究对象的公司的对立位置。大多数大学的研究伦理审查委员会(Institutional Review Boards)有处理这些潜在棘手事件的丰富经验,因此研究者在开展研究时应取得上述委员会的帮助。不过总体来说,学者和从业者大多数目标一致,即了解如何改进合规并保护人们免受损害。我们认为,只要双方就合规意义(见第三章)以及如何以透明并合乎伦理的方式就不合规处理问题达成一致,在企业合规研究中便不会形成对抗关系。[1]

参考文献

Afif,Zeina. 2017. "Nudge units"-where they came from and what they can do [Blog Post]. Last Modified October 25.

Biderman,Albert D. and Albert J. Reiss Jr. 1967. On exploring the "dark figure" of crime. *The Annals of the American Academy of Political and Social Science*, 374(1),1-15.

Bulwer,William,Henry Lytton Earle,and Baron Dalling. 1836. *The Monarchy of the Middle Classes: France, Social, Literary, Political: 2nd Series*: London:

---

〔1〕 在政府"助推小组"的全球运动中可以找到一个合作方法在实践中能够发挥作用的例子,其中各级州政府招募研究人员和专家与政府雇员合作,以促进有效的政策变化,改变公民行为(Afif,2017)。

Richard Bentley.

Chen, Hui and Eugene Soltes. 2018. Why compliance programs fail and how to fix them. *Harvard Business Review*, 96(2), 115–25.

Coglianese, Cary and Jennifer Nash. 2021. Compliance management systems: Do they make a difference? In Benjamin van Rooij and D. Daniel Sokol, eds., *The Cambridge Handbook of Compliance*. Cambridge, UK: Cambridge University Press.

Coleman, Clive and Jenny Moynihan. 1996. *Understanding Crime Data: Haunted by the Dark Figure*, Vol. 120. Buckingham: Open University Press.

Craig, Peter, Srinivasa Vittal Katikireddi, Alastair Leyland, and Frank Popham. 2017. Natural experiments: An overview of methods, approaches, and contributions to public health intervention research. *Annual Review of Public Health*, 38, 39–56.

Croall, Hazel. 2007. Victims of white collar and corporate crime. In Pamela Davis, Peter Francis, and Chris Greer, eds., *Victims, Crime and Society*. Thousand Oaks, CA: Sage Publications, pp. 78–108.

De Rond, Mark and Alan N. Miller. 2005. Publish or perish: Bane or boon of academic life? *Journal of Management Inquiry*, 14(4), 321–9.

Deutskens, Elisabeth, Ad de Jong, Ko de Ruyter, and Martin Wetzels. 2006. Comparing the generalizability of online and mail surveys in cross-national service quality research. *Marketing Letters*, 17(2), 119–36.

Doran, George T. 1981. There's a SMART way to write management's goals and objectives. *Management Review*, 70(11), 35–6.

Eastlack, Steven. 2017, March 20. How scarce funding shapes young scientists [Blog Post].

Eck, John. 2003. Police problems: The complexity of problem theory, research and evaluation. *Crime Prevention Studies*, 15, 79–114.

Eckerd, Stephanie, Scott DuHadway, Elliot Bendoly, Craig R. Carter, and Lutz Kaufmann. 2021. On making experimental design choices: Discussions on the use and challenges of demand effects, incentives, deception, samples, and vignettes. *Journal of Operations Management*, 67(2), 261–75.

Fine, Gary A. and Kimberly D. Elsbach. 2000. Ethnography and experiment in social psychological theory building: Tactics for integrating qualitative field data with quantitative lab data. *Journal of Experimental Social Psychology*, 36(1), 51–76.

Gaeddert, Laurel A., Alexandra L. Schneider, Christin N. Miller et al. 2020. Recruitment of women veterans into suicide prevention research: Improving response rates with enhanced recruitment materials and multiple survey modalities. *Research in Nursing & Health*, 43(5), 538–47.

Gill, Paul, Kate Stewart, Elizabeth Treasure, and Barbara Chadwick. 2008. Methods of data collection in qualitative research: Interviews and focus groups. *British Dental Journal*, 204(6), 291–5.

Gino, Francesca, Shahar Ayal, and Dan Ariely. 2009. Contagion and differentiation in unethical behavior: The effect of one bad apple on the barrel. *Psychological Science*, 20(3), 393–8.

Greene, Jennifer C. 2007. *Mixed Methods in Social Inquiry*, Vol. 9. San Francisco, CA: John Wiley & Sons.

Katz, Jack. 2001. From how to why: On luminous description and causal inference in ethnography (Part I). *Ethnography*, 2(4), 443–73.

Krawiec, Kimberly D. 2003. Cosmetic compliance and the failure of negotiated governance, *Wash. ULQ*, 81, 487.

Landon–Murray, Michael and Rick Caceres–Rodriguez. 2020. Building research partnerships to bridge gaps between the study of organizations and the practice of intelligence. *The International Journal of Intelligence, Security, and Public Affairs*, 1, 13–33.

Laufer, William S. 1999. Corporate liability, risk shifting, and the paradox of compliance. *Vanderbilt Law Review* 52, 1341.

McHorney, Colleen A., Mark Kosinski, and John E. Ware Jr. 1994. Comparisons of the costs and quality of norms for the SF–36 health survey collected by mail versus telephone interview: Results from a national survey. *Medical Care*, 32(6), 551–67.

McKendall, Marie, Beverly DeMarr, and Catherine Jones–Rikkers. 2002. Ethical compliance programs and corporate illegality: Testing the assumptions of the corporate sentencing guidelines. *Journal of Business Ethics*,37(4),367–83.

Parker,Christine and Vibeke Lehmann Nielsen. 2009a. The challenge of empirical research on business compliance in regulatory capitalism. *Annual Review of Law and Social Science*,5,45–70.

Parker,Christine and Vibeke Lehmann Nielsen. 2009b. Corporate compliance systems:Could they make any difference? *Administration &Society*,41(1),3–37.

Pearce,Frank. 1993. Corporate rationality as corporate crime. *Studies in Political Economy*,40(1),135–62.

Rawat,Seema. and Sanjay Meena. 2014. Publish or perish:Where are we heading? *Journal of Research in Medical Sciences: The Official Journal of Isfahan University of Medical Sciences*,19(2),87.

Rorie,Melissa, Mariel Alper, Natalie Schell-Busey, and Sally S. Simpson. 2018. Using meta-analysis under conditions of definitional ambiguity:The case of corporate crime. *Criminal Justice Studies*,31(1),38–61.

Schedler,Kuno and Isabella Proeller. 2000. *New Public Management*. Stuttgart: UTB.

van der Heijden,Jeroen. 2019. *Behavioural Insights and Regulatory Practice: A Review of the International Academic Literature*. State of the Art in Regulatory Governance Research Paper-2019. 01. Wellington: Victoria University of Wellington/Government Regulatory Practice Initiative.

van Rooij,Benjamin and Adam Fine. 2018 Toxic corporate culture:Assessing organizational processes of deviancy. *Administrative Sciences*,8(3),23–61.

van Rooij,Benjamin and D. Daniel Sokol. 2021. Compliance as the interaction between rules and behavior. In Benjamin van Rooij and D. Daniel Sokol,eds. ,*Cambridge Handbook of Compliance*. Cambridge,UK:Cambridge University Press.

Weaver,Gary R. ,Linda Klebe Treviño,and Philip L. Cochran. 1999. Corporate ethics practices in the mid-1990s:An empirical study of the Fortune 1000. *Journal of Business Ethics*,18(3),283–94.

第一部分

行业与国家对合规测量的需求

第二章　合规机制在法律和监管领域的应用和测量*

陈　慧

第一节　引　言

在商业和组织环境中使用的合规，是指遵守法律、法规和其他官方要求的行为。数千年来，不同的社会和国家一直试图通过规定商业组织行为的界限和标准来平衡有组织商业活动的利益和风险。在过去的半个世纪里，一些国家的政府，特别是发达国家的政府，不断激励商业组织进行自我管理以达到合规要求。这些激励措施包括：强制建立企业合规机制；通过灵活机制来减轻对企业不当行为的罪责和惩罚；对合规机制进行外部监督以防止不合规行为的再次发生；以及允许使用合规机制作为对减轻法律责任的辩护依据等。

监管机构如何测量这些激励措施的效果，如何测量这些激励措施包含的公司合规机制？正如下文所讨

---

* 本章的大部分研究是在我担任罗格斯大学法学院杰出研究员期间在多米尼克·莱昂内和帕特里克·J. 梅迪奥的有力协助下完成的。

论的，这些激励措施大都明确了与独特的合规结果相关的具体目标，如对违反法律和法规的行为进行预防、检测和补救。然而，以上措施没有一个真正根据这些结果来测量公司的合规机制。相反，对公司合规机制的测量侧重于针对公司为合规所做的努力或所做工作的文件：提供的培训、进行的沟通、投入的资源等。这种方法类似于推进一个公共卫生项目，它不测量预期寿命、婴儿死亡率或疾病趋势等结果，而只测量医疗记录的数量和医护人员的工作时间、工作报酬或教育活动和海报的数量。

本章将首先回顾商业组织的监管简史：几个世纪以来是如何对商业组织进行监管，如何让商业组织承担刑事和民事责任，以及在过去的半个世纪推动企业合规在美国发展的力量所在。然后，本章将探讨如何就不同的法律和监管制度对合规机制进行使用和测量：作为一种法律或监管的要求、作为一种减轻对企业惩罚的手段、作为一种确定企业刑事责任的依据、作为一种企业犯罪后对其进行监管的形式，和/或作为企业所享有的一种积极的辩护。还将通过实例审查一些政府部门所接受的合规标准。本章将通过论证从以过程为中心测量转向以结果为中心测量的必要性来结束，以验证当前企业合规机制是否实现了这些计划的明确目标。

第二节　商业组织监管与责任承担简史

数千年来，人们一直试图建立商业组织体系来平衡商业活动所带来的风险。一般来说，这种对商业和社会利益的平衡以预防和反应这两种形式进行运作：预防形式体现为通过规范行业和商业组织，使其满足一定标准；反应形式体现在当商业组织的行为造成损害时，追究其民事和刑事责任。

早在公元前 450 年，希腊人就开始通过具备安全审查内容、具有法律约束力的规章制度和税收来管理商业组织（Zane，1998；Moore & Lewis,2000;Griffin,2016)。在中世纪的欧洲,由行会来对特定商业活动实施监管(Mohammadi,2018;Micklethwait & Woolridge,2003)。当公司未能按照任意性或强制性的行为标准行事,并且给他人造成损害时,就会产生谁应该为这些公司行为负责的问题。当个人通常是为了公司的利益而代表公司从事侵权或犯罪行为时,公司是否应该承担责任?如果是,在多大程度上承担责任?启蒙运动时期,英国学者倾向于要求公司为其代理人的侵权行为承担民事责任(The King v. City of London,1682;Yarborough v. Bank of England,1812;MacDonell,1908;President,Dirs. & Co. of Bank v. Dandridge,1827),但不相信公司有能力进行刑事犯罪。正如布莱克斯通勋爵曾经提出的理论:"公司不能以其公司身份犯叛国罪、重罪或其他罪行,尽管其成员可以以其特别的个人身份犯罪"(Blackstone,1765)。

在19世纪,商业在刚独立的美国的发展开创了一个新时代,巩固了监管、民事和刑事方面的合规激励。随着美国率先通过联邦机构来对工业企业实施监管,并为应对强盗式资本家和大萧条等重大事项而立法,现代监管和法律责任体系开始发展。很快,美国与英国布莱克斯通勋爵在企业犯罪问题上开始表现出不同立场,美国倾向于以承担刑事责任为目的而起诉违法企业。

在19世纪的美国联邦立法中,1890年的谢尔曼法案(26 Stat. 209,1890)以禁止反竞争协议和禁止垄断的形成来规范公司行为。1914年,《克莱顿反托拉斯法》进一步禁止诸如排他性交易协议、捆绑安排、价格歧视以及"可能极大地削弱竞争或倾向于创造垄断"的并购活动(38 Stat. 731,1914)。有些大型知名公司——包括通用电气、西屋电气、艾利斯-查尔默斯、开利(General Electric,Westinghousc,Allis-Chalmers,Carrier)——未能遵守这些反垄断法规则,并参与操纵价格、操纵投标和分割市场。1960年至1962年间对这些案件的起诉给公司和个人带来总共将近200万美元的罚款,并以实际执行和缓期执行方式对30名企业高管实施监禁(Armentano,1972;Pitt & Groskaufmanis,1990)。这些处罚比美国此前 70 年的反垄断执法中任何一个案件都要严厉,而“对提出无罪申诉的知名企业主管最终判处监禁,更是颠覆了半个多世纪以来的传统”。(Watkins,1961,p. 100)

在上述案件中,通用电气公司被施加了最高额的刑事罚款,该公司“曾考虑援引其反垄断合规机制进行辩护”(Pitt & Groskaufmanis,1990,p. 1580)。通用电气公司 1954 年通过的第 20. 5 号决策要求公司人员避免与竞争对手讨论价格、条款或市场份额等问题(Watkins,1961)。若该决策的目的是预防通用电气首席执行官被起诉“共谋安排”(conspiratorial arrangement)罪行,那么可以同时提出一个问题:即该政策是否也可用以减轻公司及其高管对其试图控制市场,以及公司(包括其高管也间接的)从未经授权的秘密通谋中获益违法行为的法律责任(Watkins,1961,p. 105)?

此外,鉴于通用电气公司在过去几十年里曾多次违反反垄断法的事实,通用电气工作人员是否会从与同事和上级的日常接触中获得这样的印象:即公司第 20. 5 号决策仅仅是表面和形式上的? 基于长期的经验,这些工作人员是否有理由相信,公司和现任的高管会支持他们的市场控制计划,并给他们带来丰厚回报,而对第 20. 5 号决策的规则予以忽视(Watkins,1961,p. 106)?

这是关于公司合规决策设计和有效性的问题:它是为了防止反竞争行为而设计的吗? 通用电气工作人员在公司的多次违规行为中积累了“长期经验”,而这似乎暗示了这项决策实际上未能发挥其阻止反竞争行为的作用。

针对此起彼伏的起诉,通用电气公司利用其自身合规决策在法庭上进行辩护,但最终还是以失败为结局,这刺激了反垄断合规机制的进一步变革(Pitt & Groskaufmanis,1990),然而,这却使合规问题变得更为复杂。美国 20 世纪 60 年代和 70 年代的社会运动推动了针对垄断行为更深入的行业监管和执法措施,于 1970 年成立多个监管机构并发布多项法规,成立环境保护局是为了加强对环境监管责任的监督,包括水、空气质量和排放准则;在对工作场所和安全方面的监管经历了近一个世纪的发展后,职业安全与健康管理局(Occupational Safety and Health Administration)正式成立。为强化对银行的记录存储与报告的要求,《银行保密法》(Bank Secrecy Act)得以颁布(84 Stat. 1114-2 aka 84 Stat. 1118,31 USC 5311)。1972 年,美国证券交易委员会(The Securities and Exchange Commission)成立执法司。1974 年的商品期货交易委员会法案(88 Stat. 1389)创建了商品期货交易委员会,以加强对期货交易的监管。水门事件听证会对美国公司海外贿赂行为的曝光,促成了 1977 年《反海外腐败法》(Foreign Corrupt Practices Act)的通过。20 世纪 70 年代的能源危机促使 1978 年公共事业管理政策法案的颁布,以促进电力行业的竞争。上述这些进展只是 20 世纪 70 年代发生在美国几十个行业中众多监管和执法扩张的一小部分。但是,这些新的监管制度并没有指导公司如何设计和实施合规机制,更不用说理解如何完善测量机制来促使公司遵守合规。

然而,20 世纪 80 年代初出现了一种放松管制的趋势。在这 10 年间,出现了多个企业丑闻,造成了重大的财务后果,出现了包括储蓄和贷款行业欺诈的指控和案件(Moysich,1997)以及国防采购丑闻,例如,采购价格高达 435 美元的锤子和 600 美元的马桶座圈(Mothershed,2012)。不出所料,钟摆在 20 世纪 90 年代再次转向严格监管和执法,并在此期间取得了两项重大进展,刺激了企业合规的增长。第一项是在 1991 年《美国量刑准则》中增加了关于对企业进行量刑的一章,在本章下一节将进一步对其进行说明。第二项是 1996 年特拉华州衡平法院做出的卡马克国际公司股东代位诉讼的判决[698 A. 2d. 959(Del. Ch 1996)]。

卡马克国际公司(Caremark International)是一家医疗保健公司,其两名高管在美国司法部调查后,因支付非法回扣而被起诉,公司的股东提起代位诉讼,而该公司与司法部和其他联邦机构达成和解,承认有罪,并支付了超过 2.5 亿美元的罚款。股东在代位诉讼中称,董事会违反了注意义务,未能对高管进行监督,从而使公司面临民事和刑事责任。在此之前,特拉华州法律的标准规则在 1963 年 Graham v. Chalmers Manufacturing Co.(188 A. 2d 125)案中确定。它规定,在没有明确证据的情况下,董事并没有监督合规的明确责任。然而,在卡马克公司案中,法院则将监督合规明确为董事应承担的责任。

法院卡马克公司案的判决中明确:董事的义务包括确保公司构建有效的信息和报告系统的诚信义务,如果未尽此义务,在理论上,董事将对因不合规造成的公司损失负责(Caremark,698 A. 2d,970)。卡马克公司案对造成了显著影响,有学者认为,它"增加了公司及其董事因未能规定公司合规机制而被发现负有责任的明确风险"(Haugh,2018,p. 618)。然而,卡马克公司案并没有将合规责任定义为超越"善意尝试"(attempt in good faith)之外的任何行为。作为合规标准的"有效的"或"有效"("effective"or"effectiveness")这两个词在判决中没有出现。

尽管有了上述发展,但企业丑闻仍在继续。2001 年,安然公司(市值 700 亿美元)因会计欺诈而破产,2002 年,世通公司(市值 1070 亿美元)因会计欺诈而破产,其高管也因刑事指控而被定罪。美国国会于 2002 年通过了《萨班斯-奥克斯利法案》(Sarbanes-Oxley Act),进一步推动了现代商业模式中的企业合规机制。该法案强制要求上市公司采用伦理规范来管理其员工和高管(Haugh,2017),设立了上市公司会计监督委员会来监督公共会计师事务所和审计师,加强报告要求和公司高管对财务报表准确性的责任,并明确证券分析师的行为准则。这些要求是在没有经验证据的情况下实施的,没有证据表明它们能够解决安然和世通等案例中出现的问题,而且与之前相似的是,没有人试图去测量这些要求是否真的能防止或更好地检测出公司欺诈行为。

虽然没有测量方法来测试诸如《萨班斯-奥克斯利法案》规定的合规要求是否确实减少了公司的不当行为,但在法案颁布后的十年中,对公司犯罪的刑事罚款和处罚是可测量的。在 21 世纪的第一个十年中,一些公司被处以历史上最多的刑事罚款。2010 年 4 月,英国石油公司(British Petroleum)位于墨西哥湾的深水地平线(Deepwater Horizon)钻井平台发生爆炸，造成 11 名船员死亡，并造成巨大的环境破坏。英国石油公司承认犯有过失杀人罪和破坏环境罪，并支付 208 亿美元的罚款。金融服务业一些最知名的公司——美国银行、摩根大通、花旗集团、高盛——为他们在 2008 年金融危机中扮演的角色支付了数十亿美元的罚款。此外，辉瑞、葛兰素史克、强生、礼来、雅培（Pfizer，GlaxoSmithKline，Johnson & Johnson，Eli Lilly，Abbott Laboratories）等主要制药公司也支付了数十亿美元的罚款，因为它们通过支付回扣来销售未经临床试验的药品，或推动其用于标签之外的用途。如果用公司罚款来测量合规机制的成功与否，则上述数字并不是一个好的征兆。

近几十年来不断出现的监管事件和诉讼刺激了企业合规行业的显著增长：根据一份市场报告可知，全球“企业治理、风险和合规”市场的估值为 350 亿美元，预计到 2027 年将增长至 880 亿美元，复合年增长率为 14%。合规市场份额的量化增长，以及法律和法规对合规的要求和指导准则数量的不断增加是否可以让商业组织预防、发现和纠正违法行为的能力量化提升？没有人能够真正地回答这个问题，除非实际地根据特定预防、检测和补救的目标来测量公司合规机制的效果。

第三节　法律、监管制度应用和测量合规的方式

随着合规本身的历史演变，公司合规在法律和监管制度的发展中发挥了不同的作用。正如古希腊和中世纪欧洲的行业协会监管行业行为一样，现代的监管机构经常要求他们所监管的行业实施合规机制。要求企业拥有符合预期的实践标准的机制，是合规监管制度最常规和最基本用法。随着对公司不当行为民事和刑事责任制度的发展，合规机制在起诉、辩护和纠正由不当行为引起的法律案件中发挥了作用。尽管通用电气在 20 世纪 60 年代的反垄断刑事案件中未能利用其公司合规决策作为辩护理由，但现在的公司仍然可能会利用公司的合规机制以说服检察

官不起诉,并希望即使在被定罪后也能够减少惩罚。在一些国家和地区,公司甚至可以利用其合规机制作为完全规避责任的辩护理由。一些国家和地区的政府监管机构和执法部门还利用合规机制在公司被定罪或和解后进一步纠正公司的不当行为,要求和监督公司加强合规措施,以防止不当行为的再次发生,表 2.1 列出了合规机制的不同用法。

表 2.1 合规机制的使用表

如何使用合规机制	使用实例
作为对受监管实体的要求	《受管制物质法》规定的受管制物质转移监测和报告要求;《银行保密法》规定的洗钱监测和报告要求;美国卫生与公众服务部规定的医疗保健合规规定
作为一种争取在犯罪后减轻处罚的措施	《美国量刑指南》
作为检察官在刑事案件中做出指控时决定是否有罪的一个因素	美国司法部的政策和备忘录
作为一种事后监督防止再犯的形式	在公司刑事案件的和解协议中,合规要求和强制执行监督
作为避免责任承担的有力抗辩依据	英国《反贿赂法》下的“充分程序”辩护理由

尽管合规机制的这些不同用途已经开始变化和发展,但每个用途都仍保有其特定目的,比如,满足特定的监管要求或防止不合规行为的再次发生,但在监管和执法部门如何根据既定目标来对合规进行测量这方面仍然没有取得什么进展。监管机构、执法部门和合规专业人士都在努力寻找具体方法,以回答 50 年前在通用电气反垄断案中提出的问题:我们如何知道公司的合规机制是否只是粉饰门面?我们如何知道公司高级管理者是否真的执行了其合规策略?我们如何知道一个公司合规机制在实现其既定目标方面是否有效?

下面回顾了合规机制在不同制度中的应用,并审查如何根据其声明的目的来进行测量。

一、作为法律和监管规则所规定的管理或监督企业的要件

合规机制可能是法律或法规要求的作为企业经营的一个要件。如前所述,《萨班斯-奥克斯利法案》将合规要求强加于上市公司,如伦理规范、财务报告和内部控制。除此之外,还有特定行业的合规需求,例如《受管制物质法》要求某些受管制物质的制造商和分销商保持“将特定受管制物质转移到合法的医疗、科学和工业渠道以外的渠道进行有效控制”[21 U. S. C. §823(b)]。联邦法规进一步要求这些受管制物质的制造商和经销商“设计和运行一个系统来披露可疑的受管制物质订单”[21 CFR §1301. 74(b)]。《银行保密法》要求金融机构报告可能表明有洗钱、逃税或其他犯罪活动的可疑活动。在医疗保健行业,美国卫生与公众服务部的监察长办公室(Office of the Inspector General of the US Department of Health Services)负责监督该行业中医疗保健欺诈和滥用法律的情况。美国卫生与公众服务部监察长办公室是美国联邦监管机构中第一个向被其监管企业提供正式合规指导的机构,并于 1997 年发布了第一个合规实验指南。它也可能是已知的第一个公布含有类似于合规机制测量标准文件的美国监管机构,对此我们将在下文中进行研究。

在过去的 20 年里,美国卫生与公众服务部监察长办公室已经为在美国运营的医疗保健行业发布了一系列的合规指南,其核心是“有效合规机制的 7 个基本要素”:

(https://oig. hhs. gov/compliance/compliance-guidance/index. asp)

1. 执行书面政策、程序和行为标准

2. 指定合规官员和合规委员会

3. 进行有效培训和教育

4. 建立有效沟通渠道

5. 进行内部监督和审核

6. 通过公开的纪律来执行标准的指导方针

7. 及时对发现的问题做出反应并采取纠正措施

美国卫生与公众服务部明确规定了合规机制的宗旨:“实现公共和私营部门减少欺诈和滥用的共同目标;加强卫生保健提供主体的运作能力;提高保健服务质量;降低卫生保健服务的总成本”(监察长办公室补充合规部医院计划指南,2005 年,第 4859 页)。监察长办公室还承认“合规机制或许并不能完全消除特定组织的不正当或不道德的行为”,并将“有效的合规机制”等同于“采取诚信的努力以符合所应适用的法律、法规和其他联邦医疗保健项目的要求”(监察长办公室补充合规部,2005)。换句话说,合规的有效性可以通过对合规的投入程度来进行测量。

2017 年,美国卫生与公众服务部发布了《测量合规机制的有效性:资源指南》(《卫生与公众服务部资源指南》)。文件指出,这是 2017 年 1 月 17 日“由 4 组,每组 10 人”工作的成果。除了声明参与者是“来自卫生与公众服务部监察长办公室的合规专业人员和工作人员”外,该文件没有以任何方式指明参与者,甚至没有透露头衔或隶属关系,也没有透露参与者是如何被选中的。该资源指南没有指明或重申整体合规机制或单个要素的任何目的;相反,它列出了一系列“指标”,分别测量上述 7 个要素。在每个要素下都有一个操作列表,通过各种操作方法来验证要素是否存在。例如,对于“要素 1:标准、政策和程序”,在表格中列举了 18 个行为标准,使用包括诸如“验证”或“确保”某物“存在”或“维护”等术语。例如,“验证是否存在适当的规则化的组织政策和程序”“确保存在非惩罚或非报复的组织政策”“保有一套行为准则”。这个验证列表后面是一个图表,列出了每个要素“要测量什么”和“如何测量”,这也倾向于关注基础设施的存在。在“合规问题的沟通、教育和培训”中,建议包括诸如“为员工提供沟通和培训机会……”的政策和流程,以及作为一个单独的项目,需要规定培训政策。

在《卫生与公众服务部资源指南》中所列出的401个指标中，只有不到20个指标具有定量性质。这些量化测量的示例包括：通过审计策略上的“点击”数量来测量对策略和过程的访问以及程序；通过培训后的测试分数来测量员工对政策和程序的理解；通过跟踪出勤率来测量合规委员会成员的参与度；通过员工培训出勤率来测量领导责任，根据组织制定的标准检查程序；通过跟踪结束调查所需时间来跟踪事件响应的及时性。若将其他一些类别的指标以“定量”为标准来进行解释的话，其具有一定的模糊性，本书将这一类指标归纳入“存在一定的定量标准”的类别之中：如“以热线举报电话的设置来作为测量政策有效性的依据”，通过文化调查测量内部报告系统，通过某些类型的认证测量合规人员的能力，以及“年度评估、指导、纠正行动、专业发展”等。

《卫生与公众服务部资源指南》的绝大多数“测量”方法严重依赖于对文件和程序的审查和审计，较少地依靠对人员的调查和访谈。最重要的是，在检查被测量的内容和方法时，可以注意到在上述文件中存在几个严重缺陷。

《卫生与公众服务部资源指南》也存在许多不足。第一，显著的缺陷是它未能定义所测量的目标。许多要测量的“内容”并没有被充分地定义，一些术语和概念，如“法律顾问在合规机制中的角色”（2.66）、“组织评估政策和合规失败，并为特定的员工提供再教育”（4.10）、“风险评估”（5.27）、“充分审计”（5.41）、“合规激励”（6.10）、“调查过程的有效性”（7.2）等都过于宽泛，因定义不清而无法测量。例如，如何测量“法律顾问在合规机制中的角色”？是依据法律顾问们的影响力程度还是他们的参与程度，亦或他们参与的频率？如何定义“合规失败”或“调查程序的有效性”？测量“风险评估”或“合规激励”的哪个方面？什么样的内容和标准构成“充分的审计”？

第二，主题上的不清晰造成了测量“内容是什么”和“具体怎么做”之间的不匹配。在许多种情形中，计划中的指标并无法测量所声明的对象。例如，指标3.2提出通过“审计利益冲突需要信息披露的完整程度和那些需披露信息的人实际披露的程度”来测量“是否披露了潜在的利益冲突”。“然而,审计披露的冲突并不能测量甚至检测到未被披露的冲突。指标4.14建议通过审查培训计划和审核培训记录来测量“组织是否考虑了最有效的合规培训部署”。第一,测量的内容并不明确——是组织对合规培训的部署,还是培训带来的效果。第二,不但没有定义“效果”,而且对培训计划的考察,也可能只会揭示哪些内容是被考虑和被接受的,而不是哪些内容虽可供使用但没有被实际采用的。第三,培训记录只反映了计划的实施,而不反映计划所考虑的目标以及其可用性或有效性。对“文化”的测量方式也很多(2.43,2.45,4.46,5.17,6.17,7.21,7.58),但都是通过员工调查的方式,这不足以作为组织文化的测量方式(Huising & Silbey,2018)。

第三,根本缺陷是许多建议实施的测量方法并没有实际进行测量,许多在实践中只不过是检查文档,以确认某些事件是否正在进行或已经发生。

例如,标准2.39建议通过“审查文件和正式会议记录”来测量一个“确立程序权限的文件”。标准3.37试图通过审计供应商被具体排除的情况来验证对“禁止供应商在组织系统中工作的政策”的遵守情况。标准4.19旨在通过“文件审查以对培训后的测试或评估进行评价”,并通过审核以确定“培训后的测试或评估已经被评价或追踪”,最后“根据对培训后测试或评价的结果进行培训资料的修订”。

第四,许多测量方法缺乏清晰度和针对性。一些测量方式只是简单地重复被测量的内容,而没有提供清晰或具体的测量标准,甚至没有审查方法。例如,标准4.18建议通过审查是否存有相关文件来作为“组织是否已经设立了评估合规培训有效性的方法”的测量标准,但没有定义“有效性”,也没有明确要审查哪些文件,更没有明确要根据哪些标准进行审查。标准7.17试图通过“审计调查档案的抽样范例”以“保证作出充分和及时的调查结果”,但值得注意的是,“充分”和“及时”没有定义,也没有提供抽样方法或标准以供审查。

在美国卫生与公众服务部的合规措施中最值得注意的一点是,这些指标中没有一个试图测量美国卫生与公众服务部提出的合规机制的明确目标:减少欺诈和滥用;完善卫生保健提供机构的运作;提高保健服务质量;降低医疗服务的总体成本。

相反,在上述文件中更侧重于通过记录“有诚意的努力过程”来遵守所适用的法规。测量集中于制定工作计划、推动特别倡议、提高认识、参加会议等活动的过程,而没有测量这些活动是否达到预期结果。正如我们将看到的,对合规过程而不是结果的关注是不同法律和监管制度的一致主题。

最令人感到困惑的是,美国卫生与公众服务部监察长办公室的医疗保健合规机制的核心目标已经得以明确:即防止欺诈和滥用、加强医疗保健运营、协调医疗质量和成本。作为经济学一个分支领域的卫生经济学致力于研究和测量这些主题。关于欺诈和滥用的相关数据还可从美国卫生与公众服务部监督办公室对这些事项的调查中获得(测量欺诈和滥用),也具有操作性的标准,如问题处理的时间线和测量操作结果的诊断影像等,以及再入院率和死亡率等卫生保健结果指标(测量护理质量),以及所有级别的账单和财务数据(测量成本)。监察长的地位决定了他能够获得直接测量合规目标所形成的现成数据,这令人羡慕。如果美国卫生与公众服务部监察长办公室和医疗合规行业考虑使用这些标准,并以此来测量近二十年的医疗合规机制是否建立在实际上完成了减少欺诈和滥用、改善运营、护理和经济的预期结果的七个核心要素上,那么将会有很大的成效。为了在这些方面更进一步,美国卫生与公众服务部监察长办公室将会召集一个对医疗数据、经济和质量有深入了解的跨学科工作组,以知识的严谨性和透明度研究和分析现有数据。

只有当美国卫生与公众服务部监察长办公室能够开始使用实证数据,并根据明确的目标来测量医疗保健合规机制时,才能够知道这些符合 7 个要素的合规机制在实现其目标方面是否“有效”。

二、将合规作为犯罪后减轻处罚的依据:《美国量刑指南》

如前所述,现代合规制度的最重要的发展之一是 1991 年《美国量刑指南》(United States Sentencing Guidelines)引入了关于组织量刑的新章节。要理解这一发展的意义,就必须了解联邦刑事执法机构在起诉公司犯罪方面所起到的突出作用。

虽然公司治理法律和监管规则通常是在州一级制定的,但针对公司的刑事起诉在联邦一级更为重要,主要有两个原因。其一,某些类型的法律只存在于联邦一级,因此只能由联邦执法部门起诉。这些法律包括针对联邦政府资助项目的欺诈、外国贿赂、证券法、州际和国际金融交易、州际通信等。这些法律为起诉进行州际和国际经营的公司的不当行为提供了强有力的工具。其二,联邦政府有更多的资源可以用于刑事执法。尤其是美国司法部比各州司法部拥有更多的资源,如 2018 年司法部预算为 277 亿美元,包括提供 10 万个职位的直接预算。相比之下,加利福尼亚州司法部 2018 年的预算不到 10 亿美元,仅约有 4600 名员工。联邦政府垄断了对联邦犯罪的追诉,而充分的资源确保了在大规模和/或知名企业案件中联邦政府作为首要起诉主体的地位,例如,司法部有足够工具和资源去追查安然公司和英国石油公司,然后将这些案件向联邦法院起诉。

传统上,联邦法院的法官在给刑事被告人定罪并作出判决时有很大的自由裁量权,只受已定罪罪行的法定最高和最低刑期的限制。量刑方面的差异推动了美国在 1984 年出台《量刑改革法案》,并成立了量刑委员会,由量刑委员会发布量刑指导准则。委员会工作重点集中于对个别罪犯的量刑。尽管早在 1986 年,委员会就曾举行过一次公开听证会,讨论“对被判犯有联邦罪行的公司、企业、工会或其他组织适用的和适当的制裁”(Jackson & Grilli,2021)。然而,该听证会只就在缓刑的情形下适用合规机制进行了探讨(Jackson & Grilli,2021)。在随后于 1988 年举行的两个听证会上,与会人员提出了“以公司内部监督作为遏制组织犯罪的手段的重要性”,并提出了将合规机制作为减轻处罚的依据的观点(Jackson & Grilli,2021)。在上述推进会结束之后,量刑委员会通过工作组和公众咨询的方式持续推进工作,并最终于 1991 年在《美国量刑指南》中增加了第八章“组织量刑”的内容。

原则上,《美国量刑指南》为联邦法官计算严重案件的处罚结果提供了公式(USSG § 2X5. 2),并依据犯罪级别和被告的犯罪历史进行分类。对于以组织为被告的案件的处罚,1991 年的《美国量刑指南》明确了这一原则:罚款的额度应根据犯罪严重程度和组织应承担责任程度而定。犯罪的严重程度一般体现为犯罪所得最高额、经济损失最高额,或体现在规定犯罪级别与罚款指南列表中的数额。罪责的大小一般由组织在犯罪发生前采取的预防和监测犯罪行为的措施、特定人员参与犯罪或容忍犯罪的程度以及犯罪发生后组织的行为决定。(USSG Ch. 8, intro. Comment)

《美国量刑指南》§ 8C2. 5(f)以扣减分数的方式来体现合规对组织罪责程度的影响,规定在“若组织有有效的预防和发现违法行为的程序,但仍发生违法行为”的情况下,可对组织的分数扣减 3 分。相比之下,只有在“组织充分配合调查,明确表明承认并积极承担其犯罪行为的责任”[§ 8C2. 5(g)(2)]的情况下,组织才会被扣掉 2 分。因此,组织对犯罪行为的事先预防,或进行预防的尝试,比在犯罪后进行忏悔更重要。

《美国量刑指南》将“预防和发现违法行为的有效方案”定义为“经过合理设计、实施和执行的方案,使其在一般情况下能够有效预防和发现犯罪行为”[USSG § 8A1. 2,Comment n. 3(k),1991]。尽管此类项目的目的是预防和检测犯罪行为,《美国量刑指南》更多的是通过以下努力来测量一个组织实现这些目标的成就:“一个有效的预防和发现违法行为的合规机制的标志是,该组织在寻求预防和发现其雇员和其他代理人的犯罪行为方面进行了尽职调查。”1991 年的《美国量刑指南》要求采取以下具体“步骤”:

设立“合理地能够减少犯罪行为可能性的合规标准和程序”[3(k)(1)]。

指定特定的“高级别管理者全面负责监督这些标准和程序的遵守情况”[3(k)(2)]。

使用“应有的注意,不要将实质性的自由裁量权授权给组织知道的,或通过尽职调查应该知道的,有从事非法活动倾向的个人”[3(k)(3)]。

采取步骤,通过要求培训或分发出版物来传达其标准和程序[3(k)(4)]。采取“合理步骤以实现对标准的遵守”,例如使用“监督和审计系统”以及刑事行为报告系统[3(k)(5)]。“通过适当的纪律机制,包括适当时对未能发现违法行为的个人进行纪律处分”执行标准[3(k)(6)]。对发现的违法行为采取“所有合理的步骤以作出适当的反应”,包括修改预防和检测程序[3(k)(7)]。

2018 年版的《美国量刑指南》阐明了与 1991 年版类似的罪责认定原则,特别指出“有效的合规和伦理计划的存在”是减轻处罚的两个要素之一,另一个是“自我报告、合作或承担责任”(USSG Ch. 8, intro. comment)。此类计划也可能是组织的试用条件之一[§8D1. 4(b)(1)]。“有效的合规和伦理计划”现在在§8B2. 1(a)中定义为包括:

(1)做出应有的努力,预防和监测犯罪行为;

(2)除此以外,提倡鼓励员工伦理行为、遵纪守法的组织文化。在 1991 年申请说明中所述的 7 个要素基本保持不变,并在§8B2. 1(b)中进行了阐述:

①设立“预防和监测犯罪行为的标准和程序”[(b)(1)]。

②确定了三级权限:“最高管理层”应“了解”合规机制,并对其“进行合理监督”[(b)(2)(A)];“高级别管理者”应“确保组织设有有效的合规和道德项目”,该级别中的特定人员对该项目负有“总体责任”[(b)(2)(b)];以及其他人员对计划[(b)(2)(c)]负有“日常运营责任”。

③使用“合理的努力”不包括在组织的“掌握实质性权力者”中“从

事非法活动或其他与有效的合规和伦理计划不一致的行为”的个人[(b)(3)]。

④向“最高管理层、高级管理者、实际管理者……雇员……代理人”提供定期通讯和“有效培训”[(b)(4)]。

⑤监督、审计、定期评估项目的“有效性”,以及允许匿名的举报系统[(b)(5)]。

⑥通过激励和纪律来持续的实施合规方案[(b)(6)]。

⑦通过对合规方案[(b)(7)]“作出任何必要的修改”来对已发现的犯罪行为作出回应。

此外,2018 年版还要求组织“定期评估犯罪行为风险”,作为合规方案具体实施的组织部分[§8B2.1(c)]。

因此,《美国量刑指南》一贯将合规机制的目标定义为预防和发现犯罪行为,但没有具体规定结果的测量标准,例如,有多少次犯罪行为被预防或发现。最接近这一结果焦点的是 2018 年版的一篇评论:“类似不当行为的再次出现让人怀疑该组织是否采取了合理措施来满足本指南的要求”(USSG §8B2.1 comment.[n.2(D)])。此外,《美国量刑指南》采用“合理努力”和“合理步骤”等概念作为测量标准。

即使在项目的具体组成部分这个层级上,《美国量刑指南》也没有就“有效”等术语提供测量标准。例如,§8B2.1(b)(4)(A)要求组织实施“有效的培训计划”,但没有进行任何提示以表明一个有效的培训计划应该完成什么任务,或如何测量这种培训计划的有效性。§8B2.1(b)(5)(C)要求组织“设计并公布一种制度……组织的员工和代理人可以报告或寻求关于潜在或实际犯罪行为的指导,而不必担心遭受报复”。但是在《美国量刑指南》中没有就如何对合规系统、记录或发现报复机制的实际感知、使用或信任度进行测量提出建议。

因此,尽管《美国量刑指南》使得组织所付出的预防和发现违法行为的努力显著减轻了对其的刑事处罚,但无论是对努力的过程还是对处罚所减少的结果,《美国量刑指南》都没有提供可测量的指标和可量化的术语。《美国量刑指南》中有一个引人注目的内容特别强调了对合规机制作用的认可,即只有在一个组织被认定犯有严重罪行后,量刑指南才会发挥作用。实质上,这属于一种例外:该组织已经拥有一个如此好的预防和监测犯罪的系统,因此这种犯罪是该组织在其他方面工作系统所造成的例外。然而,令人惊讶的是,对于组织来说并没有义务去证明合规系统在其他方面发挥作用。如果组织所付出的努力只有在这些努力失败后才会给组织带来回报——至少在一个组织被定罪时,以合规来作为减轻处罚理由的事例中如此——那么这种回报为何不能作为在其他事例中组织所付出的努力有多成功的检验呢?为何不要求该组织展示在其他多少情况下,它实际预防和发现了的犯罪呢?

在审查包括《美国量刑指南》第八章的制定和修订的过程中,让作者震惊的是,其缺乏一种试图测试、量化和证明某些东西确实有效的实证态度。几乎没有证据表明,经验数据或对照实验为七要素的设计提供了依据。以"预防和发现犯罪行为的标准和程序"为例,这部分采用了哪些实证研究来证明标准和程序可以预防和发现犯罪行为?标准、程序与刑事违法行为之间是相关关系还是因果关系?其他六项要素中的任何一项或全部——以及其他因素——对于标准和程序在预防和侦查犯罪行为方面起到何种作用、有什么影响?以上疑问均无法从《美国量刑指南》中找到答案。

如何测量或证明一个标准或程序已经在发挥防止和发现犯罪行为的作用?在量刑委员会宣布标准和程序是"有效"合规机制的首要要素之前,这些问题似乎都没有得到彻底的研究和测试。作者认为,有必要让量刑委员会用经验数据和证据来寻找这个问题的答案:在基于《美国量刑指南》的七要素清单以减少企业犯罪行为的三十年里,实际上是否减少了企业犯罪行为?或者是否更及时地发现了企业犯罪行为?

三、合规:作为检察官决定是否指控企业有罪的一个因素

"企业合规机制的设立和有效性"成为量刑计算依据的组成部分,

美国联邦检察官开始将其作为考虑如何起诉企业的一个因素，包括是否应提起刑事控告、在没有先例的情况下刑罚应当如何计算。连续多届的副检察长曾作出了一系列备忘录，并以 2008 年的《司法手册》(*Justice Manual*)的修订本作为顶峰，其中建议美国司法部派出的检察官在“对企业进行调查、确定是否作出处罚、达成辩诉交易或其他协议”时考虑如下因素：

(1)罪行的性质和严重性；

(2)公司内部不法行为的普遍存在；

(3)公司有过类似的违法行为；

(4)公司配合调查的意愿；

(5)在违法行为发生和作出指控决定时，公司合规机制的充分性和有效性；

(6)公司对不当行为的及时和自愿披露；

(7)公司的补救措施，包括努力实施充分和有效的合规机制或改进现有的机制；

(8)附带后果，如对股东、养老金领取人、雇员的伤害，以及对公众的影响；

(9)民事或监管救济的充分性；

(10)对犯罪人的起诉是否充分。

尽管在因素 5 和因素 7 中对公司合规机制进行了具体的关注，但在如何测量公司合规机制的“充分性和有效性”方面，《司法手册》只提供了有限的指导。根据手册内容，合规机制的目标是“预防和发现不当行为，确保公司活动按照适用的刑事和民事法律、法规和规则进行”(《司法手册》,9-28.800.A)。但是，《司法手册》没有建议对这些具体目标进行测量。相反，它主要关注的是这些计划是否“设计充分”，以及它们是否得到执行。在回答这些问题时提到了一些可测量的指标，包括“刑事不当行为的程度和普遍性；所涉及的企业员工的数量和级别；不当行为的严重性、持续时间和频率；对先前合规机制中发现的违法者采取纪律处分,并根据所吸取的教训修订公司合规机制,及时向政府披露任何不当行为”(《司法手册》,9-28.800.B)。手册还提出了一些定性问题,如公司董事是否“毫无疑问地批准了高级管理者的建议”,以及“内部审计职能的执行程度是否足以确保其独立性和准确性”(《司法手册》,9-28.800.B)。

在企业执法领域对企业合规增长产生显著贡献的一个法案是美国《反海外腐败法》。《反海外腐败法》于1977年颁布,在最初的三十年里,它是一部大多时间里都处于休眠状态的法律。依据该法对公司的执法数据,平均每年略多于一个案件,而且在某些年份里,无论是针对个人还是公司都根本没有任何执法记录。在2008年,情况发生了变化,执法力度加大,出现了20多起《反海外腐败法》诉讼,其中包括针对德国工业巨头西门子的案件。西门子向美国和德国相关部门支付了总计16亿美元的罚款、罚金和返还利润,这是迄今为止针对违反《反海外腐败法》的最大一次处罚。从针对西门子的法庭文件中可以看出,强调最多的是对公司合规机制不足的批评。数十亿美元的罚款刺激了全球合规活动的增长,企业纷纷建立覆盖全球业务范围的合规机制,以应对海外贿赂风险。2012年11月,美国司法部刑事司和美国证券交易委员会联合发布了《反海外腐败法资源指南》(FCPA Resource Guide)。《反海外腐败法资源指南》专门有一节描述了“有效合规机制的特征”,这在很大程度上与《美国量刑指南》和美国卫生与公众服务部监察长办公室所列举的7个因素相似。它采纳了《美国量刑指南》的观点,即合规机制旨在促进“鼓励道德行为和承诺遵守法律的企业文化”[《反海外腐败法》指南,第56页,引用USSG § 8B2.1(b)]。它进一步明确了合规机制的目标,即“保护公司的声誉,确保投资者的投资价值和信心,减少商业交易中的不确定性,并保障公司的资产”(《反海外腐败法资源指南》,第56—57页)。最后,它重申了帮助“预防、发现、纠正和报告不当行为……”的目标(《反海外腐败法资源指南》,第57页)。就像美国量刑委员会和卫生与公众服务部的同行一样,美国司法部和美国证券交易委员会没有提到任何测量这些预期结果的指标：合规文化、声誉、投资者价值和信心、资产保护、预防、检测、补救和报告。与其他政府指南一样，《反海外腐败法资源指南》侧重于对努力进行合规行为的展示：设计、应用和执行（《反海外腐败法资源指南》，第 57 页）。

以下是《反海外腐败法资源指南》确定的十大特征，以及美国司法部和美国证券交易委员会如何评估这些特征的示例：

（1）“高层管理者的承诺和明确的反腐败政策”——明确的公司标准和“明确”的沟通；“严格”地遵守政策；在公司内传播。

（2）“行为准则和合规政策及程序”——“公司是否已采取措施”以确保这些文件得到更新；概述和详细说明合规责任、内部控制、审计实务和纪律处分程序。

（3）“监督、自主权和资源”——如何分配合规监督和实施责任、“适当的权力”“充分的自治”和“充分的资源”。

（4）“风险评估”——“诚信”实施“全面的、基于风险的合规机制”“公司是否以及在何种程度上分析和解决其面临的特定风险”。

（5）“培训和持续建议”——“……公司是否已采取措施”来将政策和程序进行沟通；信息是否“以某种适合目标受众的方式呈现”；制定“适当措施”以提供指导。

（6）“激励和纪律”——是否存在“适当和明确的纪律程序”，是否“可靠和迅速地应用”，以及是否“与违规行为相称”。《反海外腐败法资源指南》声称：“许多公司发现，公开纪律处分可以产生重要的威慑作用。”它促进了将“遵守合规作为影响管理层奖金额度的重要指标”的实践，而没有建议可能使用什么类型的合规指标。

（7）对第三方进行尽职调查——司法部和美国证券交易委员会提出 3 个具体的期望：公司应当①“了解第三方合作伙伴的资质和关联情况”；②“了解第三方秉承的商业原则”；和③“对第三方的社会关系进行某种形式的持续监控”。

（8）“机密报告和内部调查”——保有一个机密报告机制和“一个有

效、可靠、资金充足的用于调查指控和记录公司对指控的回应的程序”。在改进内部控制和合规机制的过程中考虑从违规报告和调查结果中吸取的经验教训。

(9)“持续改进:定期测试和审查”——公司是否对合规机制进行“定期审查”和改进;公司是否“批判性地考虑其潜在的弱点和风险领域”;它承诺“如果后来发现了公司运行中的问题,司法部和美国证券交易委员会将给予公司创建可持续合规机制的深思熟虑的努力有意义的赞扬……”同样,鼓励在问题出现之前对合规机制进行主动评估,并将其作为降低潜在处罚的一种方式。

(10)“并购:收购前的尽职调查和收购后整合”——迅速整合内控机制,包括合规机制。

尽管《反海外腐败法资源指南》只关注一种类型的合规——在美国境外的反腐败行为——但其合规规划指南总体上与之前的美国司法部备忘录、《司法手册》和《美国量刑指南》保持一致。2017 年 2 月,美国司法部刑事司反欺诈科将一份名为《企业合规评估机制》的文件添加到其起诉指南体系中,该文件随后在 2019 年 4 月被更新和重新整理成为刑事司的《指导文件》。《指导文件》及其之前的相关文件提出了检察官在评估公司合规机制时应提出的一系列问题,但同样没有提出任何具体测量措施。与其他政府指导文件类似,这些问题关注的是努力过程而不是结果:关注的是决策是如何做出的、谁参与其中、人们如何知道等。以下是《指导文件》中的一些示例:

公司收集和使用了哪些信息或标准用于发现不当行为的类型?(第 3 页)

该公司已经做出了哪些努力来监督和实施政策与程序,以反映和应对其所面临的一系列风险,包括法律和监管格局的变化?(第 4 页)

(高级别领导)采取了哪些具体行动来展示公司在合规和补救工作中的领导作用?(第 9 页)

公司对进行合作的第三方的管理流程如何与公司所识别企业风险

的性质和级别相对应？公司如何确保合作的第三方有适当的商业原则？（第7页）

谁对被收购/合并的实体进行风险评估，如何进行？（第8页）

董事会和高级管理层在对不当行为进行监督时审查了哪些类型的信息？（第10页）

谁对合规功能的表现进行评审，评审过程是什么？（第11页）

谁参与制定纪律决定，包括决定有争议的不当行为的类型？（第13页）

公司多久更新一次风险评估？多久审查一次合规政策、程序和实践？（第15页）

公司对不当行为采取了哪些纪律措施，是否及时？（第17页）

作为《指导文件》发布前相关文件的编写者，我可以证明，在起草和编辑过程中，我和一起工作或咨询的人都没有考虑过测量整体结果这个概念。所有与政府、律师事务所、企业合规职能和组织以及学术界的专业人士进行的讨论都集中在验证企业的合规努力上。我设计了一些问题用于检验政策和程序是否经过深思熟虑的设计和得以实际执行；公司领导层是否承诺遵守，而不只是口头上遵守；培训是否达到了具体目标，而不是强制性地浪费时间；员工是否信任并真正使用公司的热线（举报）电话等。

然而，在测量公司对合规的努力过程方面，《指导文件》及其发布前的相关文件确实开始从抽象的形容转向具体的测量方法。例如，它建议检察官评估“该公司如何测量其培训课程的有效性”（第5页），要求提供用于检测不当行为的“信息或指标”（第3页），询问调查“确保响应性的时间标准”（第6页），并询问“公司多久测量一次合规文化？是如何测量的？”（第15页）。然而，《指导文件》还留下了许多其他迫切需要测量的项目。例如，《指导文件》提出了许多与第三方管理措施中的“适当控制”有关的问题，但没有提及如何测量所列举的管理措施是否曾经实际预防或发现任何合规问题（第7页）；《指导文件》处理了合规自主性和资源的问题,但没有参考人均合规支出等基本指标(第 10、11 页);《指导文件》强调了合规审计过程,但没有提及审计异常率和补救时间(第 14 页)。换句话说,《指导文件》在推动组织努力进行测量这一方面只采取了一些初步步骤,而没有认识到考察测量结果的必要性。

上述美国司法部文件在很大程度上借鉴了《美国量刑指南》,并且与其一样缺乏结果测量和定量测量机制。我认为,缺乏实证主义的思维模式是又一次造成这种情况的促成因素。与美国卫生与公众服务部监察长办公室一样,美国司法部容易获得研究成果和数据,其司法项目办公室既为研究提供经费,又具备收集犯罪数据的职能。美国司法部的领导层一般会鼓励严谨的研究,并接受实证检验的研究结果和数据分析,并以此作为制定政策或指导方针的重要依据。

与《美国量刑指南》适用的情况相类似,美国司法部的合规政策通常在一个组织已经出现合规问题,需要进行联邦刑事调查时才会发挥作用。如果这样的组织因其预防和补救措施而受到奖励,那么,若这些预防和补救措施在实际预防和发现导致调查的情况之外的犯罪方面取得了成功,则更应予以奖励。

四、防止再次发生犯罪的事后监管——和解与监管协议

检察机关、监管机关和法院把企业合规机制作为对公司的事后监管手段,以此来防止公司违法行为的再次发生。例如,卫生与公众服务部和医疗保健企业签订了企业诚信协议(corporate integrity agreement),作为因各种民事虚假索赔法规引起的联邦医疗保健计划调查的和解协议的一部分。(https://oig.hhs.gov/compliance/corporate-integrity-agreements/index.asp)。在企业诚信协议规定的期间内(通常为 5 年),公司要做到以下几点:

(1)聘请合规官员或任命合规委员会委员;

(2)制定书面的标准和政策;

(3)实施全面的员工培训计划,保留独立的评审机构进行年度

评审；

(4)建立机密信息披露程序；

(5)减少雇用不合格的人员；

(6)报告超额付款、应报告的事件以及正在进行的调查、法律诉讼；

(7)就企业的合规活动状况向监察长办公室提供执行情况报告和年度报告。

企业如果违反诚信协议的规定，将可能会招致额外的处罚。卫生与公众服务部的企业诚信协议没有明确对结果提出要求，在诚信协议固定格式的开场白中表明，诚信协议的目的是“促进对医疗保险、医疗补助和所有其他联邦医疗保健项目的法规和书面指令的遵守……”。[1] 协议要求清单仅体现对合规的推进措施：招聘人员、制定计划、培训员工等。

美国司法部检察官也会通过强制设立或加强公司合规机制的方式来解决案件。美国司法部用认罪协议、暂缓起诉协议(deferred prosecution agreement)和不起诉协议(non-prosecution agreement)解决对企业的刑事调查问题。这些协议通常包含要求公司持续多年履行特定义务，有时会包括加强或维持针对犯罪领域的公司合规机制的义务。例如，2018年美国诉汇丰控股有限公司案(United States v. HSBC Holdings PLC)的暂缓起诉协议中的附件C，以“公司合规机制”为标题，阐明了公司的合规义务，即要保持：(1)有效的内部控制系统，以确保账簿、记录和账目合理、准确的制作和保存；(2)严格的合规机制，用来及时发现和有效阻止公司在全球市场业务中违反美国有关欺诈和市场操纵的联邦法律的决策和程序……

附件C进一步列出了公司需要制作的合规机制的“最基本的内容”：包括高层的承诺、公司政策和程序、以风险为对象的定期审查、适当的监督和独立性、培训和指导、内部报告和调查、执法和处罚。显然，这

---

〔1〕 马克(Marc)这个名字是虚构的。上述例子和引述来自第一作者于2009年11月20日对一名环保督察员进行的采访，该采访是在一个关于荷兰废物工厂环境合规的项目中进行的。

2018年，国际互世认证标签与雨林联盟合并，成立了世界上最大的可持续农业和林业项目之一(rainforest-alliance. org)。

些内容与《美国量刑指南》所载合规机制的内容是相似的。除了“有效”“严格”“强力”和“适当”等形容词外,协议中没有提及任何类型的测量标准。类似的附件可以在其他的不起诉协议和辩诉协议中找到。[1]

在某些情况下,检察官、监管机构和法院已经任命了独立的监督者,以确保公司遵守这些协议中规定的合规义务。正如美国律师协会所指出的那样,“美国律师协会……已成为一种共同的司法、监管和冲突解决工具”(ABA Monitor Standards,2020)。监管人员的任命通常是出于“担心欺诈、不当行为或违反监管规定的行为”,旨在帮助不遵守规定的公司通过遵守某些合规义务,“减轻、暂停或避免政府的行为或处罚,如禁止、行政指控或起诉”(ABA Monitor Standards,2020)。

监管人通常由他们所监管的公司支付报酬,他们在对公司进行监管方面拥有广泛的权力。法院和其他机构并不总是阐明它们选择任命监管人的理由,它们给出的理由会因具体任命机构或案件的不同而有差别。但是,美国司法部说明了其任用监管人的理由,也说明了如何决定是否在特定案件中任命监管人。这种任命监管人的决定主要取决于美国司法部对公司合规机制的评估,特别是对该计划防止重新犯罪的能力的评估。在2008年的一份备忘录中,美国司法部阐明了使用独立企业监管人的理由:“企业会受益于监管人在企业合规领域的专业知识。公司、股东、雇员和公众都会受益于公司不当行为再犯率的降低以及市场诚信的维持”(Morford Memorandum,2008)。它进一步指出,“监管人的主要职责是评估和监督公司对协议条款的遵守情况,协议旨在解决和减少公司不当行为再次发生的风险,而不是对公司进一步的惩罚”(Morford Memorandum,2008)。美国司法部刑事司在2018年的备忘录进一步补充了这份2008年的备忘录,该备忘录列出了检察官在决定是否任命监管人时需要考虑的4个因素:

第一,潜在的不当行为是否涉及对公司账簿和记录的操纵,以利用

[1] https://ec.europa.eu/taxation_customs/general-information-customs/customs-security/authorised-economic-operator-aeo/authorised-economic-operator-aeo_en#heading_2.

不充分的合规机制或内部控制系统；第二，有关不当行为是否在整个公司普遍存在，是否得到高级管理层的批准或协助；第三，公司是否对其合规机制和内部控制系统进行了重大投资和改进；第四，对合规机制和内部控制的改进是否经过测试，证明它们能预防或发现未来发生的类似不当行为。（Benczkowski Memorandum，2018）

在美国司法部，特别是其刑事司主管反欺诈的部门明确拒绝使用监管人的情况下，它会以公司合规机制的情况来说明："基于公司的补救措施和合规机制的状况……反欺诈科和办公室认为没有必要使用独立的合规监管人。"（United States v. Technip FMC PLC，2019）

在上述每一种协定中，都没有看到作为评估这些协定所要求的目标是否达到的具体客观的测量标准。

用于犯罪后监督的合规机制的目标很明确：防止再犯。这一点似乎很容易测量：在实施合规机制的改善版本后，该公司是否再次犯罪？然而，在两个问题的影响下，公司再犯率可能不那么容易测量。首先，与确定刑期的判决不同的是，合规机制的改进是一个持续的过程，而重新犯罪的时间起算点应该怎么计算？这是一个有争议的问题。其次，公司犯罪通常很复杂，涉及很多步骤，这些步骤是否每一步都可能构成再犯罪，或者是否必须完成一整个犯罪行为才构成再犯，这可能是另一个有争议的问题。像"英国石油公司深水地平线钻井平台爆炸案"这样的环境犯罪案件就是由于维护、安全以及人为判断等多重失误造成的。安然案、富国银行案和抵押贷款危机等金融欺诈案件均牵涉到多个系统和金融的控制失灵。是否每一次安全或控制失灵问题的出现都应被视为再犯？还有一个问题是，为了测量补救性合规机制，什么类型的再犯罪应该被视为累犯，它必须是完全相同的犯罪吗？如果不是，必须是类似的罪行吗？如果英国石油公司在完成对深水地平线钻井平台项目的监管程序后被发现有财务欺诈行为，这是否应该被视为累犯行为？据我所知，还没有人探究过这些问题，我也尚不知道有任何犯罪后的合规机制可以测量任何形式的再犯。

五、作为规避法律责任的积极抗辩

除了帮助公司减轻因犯罪行为或违反法规后受到的处罚,合规机制在某些情况下还可以作为积极抗辩的依据,使公司得以完全避免承担法律责任。

作为一条一般性的法律规则,法律合规虽然可以为当事人提供“非过失行为的证据”(《侵权法重述(第三次)》第 16 节:“法令的遵从性”),但并不能完全免除当事人的民事责任。然而,特别法可以允许以当事人的合规来规避法律责任(《侵权法重述(第三次)》第 16 节,注释a)。例如,《职业健康与安全法》(Occupational Health and Safety Act)允许公司对“不可避免的员工不当行为”辩护,即如果满足以下条件,公司可以免于因此而产生的罚款和处罚:(1)公司有“充分的”工作准则,旨在防止违规行为;(2)公司已有效地将这些规则传达给员工;(3)公司有办法发现违反工作规则的行为;(4)公司在发现违规行为时有效地执行这些规则(《职业安全和健康管理局现场操作手册》,2019 年)。但对于这 4 种情况的具体实施与效果,仍然没有任何测量方法。

适当的工作规则:若满足提供培训手册、张贴关于危险设备的警告和说明、召开关于安全问题的会议这些要求,就足以实现以“不可避免的员工不当行为”作为辩护的这一要素。(Sec'y of Labor v. Floyd S Pike Elec. Contractor, Inc. , 1978)

有效的沟通:这一内容需要证明“员工受过良好的培训,经验丰富,了解工作规则”(Sec'y of Labor v. American Engineering & Development Corp. , 2010),然而该案中法官们发现对于这一要素只找到了员工“接受过培训”的证据。其他法院则要求提供更多的证据,如培训大纲和出勤名册(P. Gioiso & Sons, Inc. v. OSHRC, 1997)。

发现违规行为的方法:这要求公司证明其对员工进行了积极的监督,测试了其合规系统,并寻求改善其工作场所的安全政策和程序(Dana Container, Inc. v. Sec'y of Labor, 2017; Penn. Power & Light Co.

v. OSHRC,1984)。但重复出现的不合规行为可能足以使法院否定这一辩护(Labor v. Gem Indus. ,Inc. ,1996;Sec’y of Labor v. Tunnel Elec. Constr. Co. ,1980)。有效监测工作场所的安全性是满足这一辩护理由的关键因素(P. Gioso & Sons,Inc. v. OSHRC,1997;Brock v. L. E. Myers Co. ,High Voltage Div. ,1987)。

规则的执行:这一要素要求公司遵守规则并拥有对发现的违规行为采取行动的证据(P. Gioiso & Sons,1997;Hamilton Fixture,1993;Sec’y of Labor v. Stark Excavating,Inc. ,2014)。

“不可避免的员工不当行为”这一辩护理由即使被提出来,也很少能成功。从2017年到2019年,职业安全与健康审查委员会在57个公开案例中只接受了一个“不可避免的员工不当行为”抗辩。当违规行为涉及损害,特别是严重损害时,“不可避免的员工不当行为”抗辩从未被接受;即使在潜在伤害很大的情况下,职业安全与健康审查委员会似乎也不愿意接受“不可避免的员工不当行为”抗辩。在2018年Sec’y of Labor v. Meadows Construction Co. 案中,职业安全与健康审查委员会驳回了该公司提出的关于预防跌倒的“不可避免的员工不当行为”辩护。他们发现,该公司满足了“不可避免的员工不当行为”辩护的前三个要素,因为:(1)它有一个关于正确使用动力装置的明确政策;(2)它在每天早上的“咖啡谈话”中向员工传达这些规则;(3)它的主管积极采取措施以发现和防止违规行为。尽管有这些调查结果,职业安全与健康审查委员会还是拒绝了这项抗辩理由,因为该公司没有满足第四个要素,即它没有提供任何文件证明该公司过去曾对有过类似违规行为的员工采取过惩治行动。这意味着,即使在公司历史上首次出现这种损害,公司仍不太可能对职业安全与健康审查委员会认为严重的违规行为主张“不可避免的员工不当行为”抗辩。

职业安全与健康审查委员会解释“不可避免的员工不当行为”抗辩要素的情况和方式以及他们选择支持辩护的时机表明,委员会可能主要关心的是《职业健康与安全法》的结果和总体目标,而不是一致性或宽大处理。然而,对个人条件或结果的测量却没有被提及。

在刑法领域,英国的2010年《反贿赂法》为合规辩护提供了一个例子。《反贿赂法》第7节允许商业组织通过证明"已制定了适当程序来防止与其有关联的人进行此类行为"来抗辩该人代表其进行的贿赂行为。该法规没有定义什么是"适当程序",但英国司法部发布的一份指导文件《2010年反贿赂法指南》解释了这一概念,该文件列出了此类合规机制的设计和实施的六项原则,其中"适当的程序应与组织所面临的贿赂风险相称",并应"明确、切实可行、可实现,并被有效实施和执行"。然而,关于测量贿赂风险、透明度、可获得性和有效性的指标却没有涉及。以下为六项原则的具体内容。

最高管理层承诺:公司的最高管理层要"致力于防止贿赂",并"在公司内部培养一种绝不接受贿赂的文化氛围"。该原则强调"公司反贿赂立场的表达与沟通"和"公司员工适当参与制定防止贿赂程序"。但对于测量文化、整体沟通、对管理层承诺的看法或管理层对程序的违反等情况没有被提及。

风险评估:公司应"定期、知情和用文件记录的方式"评估"其代表自身面临的外部和内部贿赂潜在风险的性质和程度……"各种类型的常见风险有:国家、部门、交易、商业机会和伙伴关系。跟踪数量和事务类型、业务机会和合作伙伴等指标没有被提出来。

尽职调查:公司将"对执行或将要执行公司职务的员工进行尽职调查,以降低被识别出的贿赂风险"。《2010年反贿赂法指南》没有指明"尽职调查"的具体构成,只是说明其目的是"充分告知为防止贿赂而设计的相应措施的应用情况"。也没有提及任何标准,如(作为尽职调查的结果)被拒绝的人员或交易的比例。

沟通(包括培训):这一原则的重点是努力寻求确保公司的"防止贿赂的政策和程序在整个企业中深入实施和得到理解……"司法部的指导方针认为,"沟通和培训通过提高对商业公司程序的认识和理解,以及该组织对适当应用这些程序的承诺,从而阻止贿赂"。目前没有文献可以用来支持这个因果关系，也没有实际测试来评估这个因果关系的假定效果。《2010年反贿赂法指南》还声称，“培训提供了使用组织程序和处理任何与贿赂相关的问题或可能出现的问题所需的知识和技能”。然而，没有提及如何验证或评估这些知识和技能在公司运作中的实际开展进程，以及这种部署是否能够防止贿赂。指导方针还将培训与反贿赂文化联系起来，指出“培训很可能有效且牢固地建立反贿赂文化……”但没有提到测量“反贿赂文化”或所提到的因果关系的指标。

监管和审查：公司要持续监管和审查其合规机制，以评估其“有效性”。评估可以通过“为阻止、发现和调查贿赂，监督交易的道德质量而建立的系统”、员工的调查和反馈，以及根据“行业协会或多边机构独立确认的反贿赂标准”进行的认证来进行。但是，《2010年反贿赂法指南》没有提到用任何方法来测量这些程序在多大程度上实现了对贿赂行为的防范。

有趣的是，司法部明确表示，这六项原则是“以结果为中心”，然而，它关注的“结果”似乎是程序本身的质量——“结果应该始终是强有力和有效的反贿赂程序”——而不是程序应该达到什么程度的防止贿赂的目的。

截至2020年4月，在唯一的一项记录在案的诉讼中，被告提出了充分的程序抗辩，但是被法官驳回（R. v. Skansen Interiors Ltd，2018）。2018年2月，尽管主张了“充分程序”进行辩护，伦敦家具翻新公司斯堪森（Skansen）还是被陪审团判定违反了《反贿赂法》中的禁止商业贿赂的条款。2013年，斯堪森公司从一家名为戴德梁行（DTZ）的公司手中赢得了两间办公室的翻新投标，总价值600万英镑。2014年，斯堪森公司新任命的首席执行官了解到，公司的总经理已经安排向戴德梁行（DTZ）的一名项目经理支付了10,000英镑，另外还有29,000英镑尚未支付。这位新任首席执行官怀疑这些付款是为了让公司在投标中获得不正当的优势。于是首席执行官发起了内部调查，设立了反贿赂和腐败政策，阻止了总经理支付29,000英镑的计划，并最终解雇了总经理和另一名员工。斯堪森公司随后向警方报告了此事，并配合警方调查。

尽管采取了这些行动,斯堪森公司和相关人员还是被指控违反了《反贿赂法》。斯堪森公司依靠“充分程序”进行辩护,理由是:(1)公司规模很小,因此不需要复杂的合规机制;(2)该公司没有海外业务或任何其他重大风险;(3)公司认为员工应该诚实行事;(4)该公司有监督和批准付款的系统;(5)合同中有反贿赂条款;(6)公司的控制是有效的,因为29,000英镑的支付被停止(Baines,2018)。但是陪审团驳回了“充分程序”的辩护,判斯堪森公司有罪。

虽然难以了解陪审团拒绝斯堪森公司进行充分程序辩护的具体理由,但可以注意到,辩护的重点是适用于案件特定交易的程序,而不是该程序是否有效的防止了贿赂行为。虽然第二次付款被发现并制止了,但还有多少类似的交易发生过?斯堪森公司的程序所预防和发现的贿赂和贿赂未遂的情况实际上有多频繁?如果没有针对这些程序的目标——防止贿赂——采取有意义的措施,即使不是没有可能,也很难确定程序是否“充分”。

就像《联邦量刑指南》认定的合规作用一样,合规辩护只有在合规失败导致民事诉讼或刑事起诉之后才会发挥作用。事实上,这种辩护提供了比《联邦量刑指南》规定的减刑条款更大的减少处罚的效果,因为它给了违规公司一张“免坐牢”卡,从而使违规公司可以完全逃避惩罚。但作为一种法律辩护,它从根本上令人不安;它认为,组织不应为造成的特殊损害负责,因为组织没有造成其他本可能造成的损害。然而,更令人不安的是,为了提出这种辩护理由,组织甚至不需要证明他们没有造成其他可能的损害。他们所需要证明的是,他们曾试图阻止这种损害,没有人会问他们还成功或失败了多少次。因此,出现法院和有些陪审团在实践中一贯拒绝这一辩护的情况,并不奇怪。

第四节　作为合规依据的合规体系国际认证标准

《2010年反贿赂法指南》特别提到了针对“由行业协会或多边机构

维持的经独立核实的反贿赂标准”的验证和认证，这种认证或验证作为确认“充分程序”的一种方式。其中一个标准就是 ISO 37001。

国际标准化组织（ISO）是一个“独立的、非政府国际组织，拥有 164 个国家标准机构”（www. iso. org/about-us. html）。它制定了绝大部分领域的国际标准：包括道路车辆、食品产品、消防安全、服装尺寸、空气和水质等（www. iso. org/standards-catalogue/browse-by-tc. html）。该组织在 2014 年首次涉足企业合规领域，发布了《ISO 19600 合规管理体系——指南》，旨在为“希望实施合规管理系统或将其框架与标准相对照的用户提供全面的指导，其中包含有用的、易于遵循的示例标准”（www. iso. org/news/2014/12/Ref1919. html）。两年后，它发布了《ISO 37001 反贿赂管理体系——要求及实施指南》。ISO 37001 与 ISO 19600 有两个显著的区别，即 ISO 37001 侧重于反贿赂合规，而 ISO 19600 则更广泛地适用于大部分合规机制。ISO 17001 包含“要求”，而 ISO 19600 只提供“指引”。“要求”提供了可根据其进行合规性认证的具体标准。

ISO 37001 是一个多边的项目，涉及 37 个参与国、22 个观察国和 8 个联络组织，包括经济合作与发展组织和国际透明组织（www. transparency. org. uk/international-anti-bribery-standard-iso-37001/）。但在可获得哪些实际的专业知识、代表了哪些人的利益以及在发展过程中如何补偿参与者等问题上，ISO 37001 并没有作出详细说明。有趣的是，据我所知，那些自称是草案起草过程中的参与者的人要么在做提供合规认证和咨询方面的业务，要么在为大型跨国公司工作。

在方法论上它也同样缺乏透明度。ISO 37001 旨在“体现国际良好行为”。然而，目前还没有说明如何判断一种行为是“良好”的。它是基于多少代表喜欢或使用它，还是基于直觉或传闻，还是基于实证测试或数据分析？反腐败标准缺乏透明度，这似乎具有讽刺意味。

ISO 37001 列出了反贿赂合规机制要求的 6 个具体方面：领导作用、策划、支持、运行、绩效评价和改进：

领导作用：ISO 37001 第 5 节要求管理机构和组织的最高管理层

“展示对反贿赂管理体系的领导力和承诺”。它规定了反贿赂政策应包括哪种内容,以及如何分配和委派权力。不过它没有提供任何测量领导力和承诺的方法。

策划:ISO 37001 第 6 节列出了“反贿赂管理体系目标”的 7 个要求:与反贿赂方针一致、可测量、场景化(对于组织、股东们和被保险人)、可实现、可监督、可沟通和更新。唯一以“如果可行”为标准界定的需求是测量的需求。

支持:ISO 37001 第 7 节涉及资源、能力、聘用过程、意识和培训、沟通和文件。它没有提供测量资源、能力、人员在满足合规目标、意识或培训方面的有效性的方法。

运行:ISO 37001 第 8 节涵盖运行的策划与控制、尽职调查、财务和非财务控制、商业伙伴的反贿赂承诺、礼物、款待和捐赠、加强关注和调查。它没有提及任何试图测量尽职调查或控制的有效性、员工的承诺、对内部报告系统的使用或信任、报复事件或调查结果,以及补救措施。

绩效评价:ISO 37001 第 9 节讨论了绩效评估,唯一提到测量的是,该组织被要求“确定……监视、测量、分析和评价的方法……以确保有效的结果”。本节还包括审计,但没有提到如何度量,即使是对异常率或补救时间等容易度量的项目也是如此。

改进:ISO 37001 第 10 节讨论了对“不符合”和“持续改进”的对策。同样,没有指明评价方法。

ISO 37001 承诺它“可以帮助组织实施旨在预防、发现和应对贿赂的合理和适当的措施”。然而,它并没有试图对这些预防、检测和反应的目标进行测量。尼尔·斯坦斯伯里,是 ISO 37001 发展委员会的领导者,他声称“你不能像测量疫苗接种一样测量如何预防贿赂行为”(Cutter,2017)。这一说法与多年来在公共卫生和预防犯罪等领域开展的预防措施工作相矛盾(贿赂毕竟是一种犯罪)。有许多测量方法有助于测量对贿赂的预防:感觉、成本、风险防控、高风险交易的数量和比率、审计异常、检测时间、报告和调查数据等。ISO 37001 中并没有提到这些测量方法。实际上，ISO 37001 是一长串需要努力去做的事情的清单，但其并没有试图引导这些努力如何取得成果。

测量反贿赂合规体系的实施如何影响整个组织以及对其他合规体系的影响？这个问题也应该被提出来。假设资源是有限的，对一个系统的投资意味着一种可能影响组织其他部分的资源分配。专注于一种类型的合规体系（例如，反贿赂合规）是否可能以另一种合规体系为代价，或者以公司运营的其他关键方面为代价？追求一种类型的合规认证是否从其他同等重要的项目中占用资源和关注，或者它是否具有积极的乘法效应？据我所知，学术界没有进行过这样的对合规体系全方位影响的研究，以此测量合规系统对整个组织的影响，但我相信这些信息对于确定任何合规系统的可持续性及其对组织的价值都是至关重要的。

尽管缺乏测量和实证研究，但 ISO 37001 还是已经获得了某些政府的认可。印度尼西亚、马来西亚、新加坡和秘鲁的政府“正式认可了该标准”，而新加坡同巴西和丹麦一道，要求将 ISO 37001 认证作为解决贿赂诉讼的方式。秘鲁和新加坡等国家已采用 ISO 37001 作为合规体系认证标准（Mac Murray，2019）。

ISO 37001 本可以作为一个很好的机会，以为追求基于证据和结果的合规体系树立榜样。ISO 37001 在多边体系中发展，具有几十年经验教训的积累，并受益于已有的系统数据，它开始成为一个组织在制造业和技术领域中发展的目标，而数据和实证检验也证明了自身的价值。它可以考虑到经验研究和先前存在的数据，并可以在不同行业、地区和组织的试点研究中使用确定的方法和可测量的指标进行经验测试。遗憾的是，由于本章所研究的所有国家都在合规领域缺乏以实证为研究依据的观念模式，迄今为止这种机会已被浪费。

第五节　总　结

自千禧年以来，社会对商业组织规定了诸多的规则、标准、禁令和规章。随着商事活动在公共和私人生活中越来越普遍,商业组织的规模和领域也在不断扩大,特别是自工业革命以来,商业活动可能造成的潜在危害变得越来越大:安全、污染、共谋和腐败等问题不再只影响少数人或部分区域,而是影响着整个国家乃至全球。社会在努力寻找方法,使这些组织实体本身——以及它们的代理人,如投资者、合伙人和雇员——在遵守既定的规则、标准、禁令和规章方面负责。各国政府制定了规章和执行制度,以管制商业组织的行为和活动,并在它们出现不当行为和不合规的情况时予以处罚。这些制度使用各种方法来激励商业组织预防和发现违反法律法规的行为:在某些行业要求合规机制能够在违法行为发生后减少对公司的处罚、在决定是否起诉中提供有利的辩护,执行犯罪后合规机制的要求以防止再次发生犯罪,甚至在某些情况下能够免除责任。国际化的标准也已经在这些法律和监管制度的要求和期望下开始被制定。

尽管明确了公司合规机制的目标是预防和检测违反法律法规的行为,但本章审查的政府标准和指南都没有在规划层面提供对这些结果的衡量标准:规划作为一个整体是否可以预防和检测违规行为?相反,它们将注意力集中在管理层承诺、培训、政策和程序、报告机制、第三方尽职调查等方面。这些工作是典型的合规机制的组成部分,它们可以根据单独的效果来测量:管理层的承诺是否有助于形成更合规或更道德的组织文化?培训是否改善了绩效?政策和程序的实施达成了哪些预防和检测成果?报告机制被使用的频率是多少,由谁使用,用于什么?第三方尽职调查指明了哪些类型的问题?然而,在本章所研究的任何标准和指南中几乎都没有提到这些评估标准。相反,人们关注的是这些工作是否已经做到?有无培训?政策和程序是否存在?多久更新一次?是否具有报告机制?

下面的表 2.2 总结了不同法律制度所规定的合规机制的各种目标,以及该制度针对这些目标提出的测量措施。

表 2.2 针对目标的评估方式总结表

法律和监管制度	既定目标	目标的衡量建议
监管要求卫生与公众服务部监察长办公室补充医院合规机制指南,70 Fed. Reg. 4858 (2005)	“一个成功的合规机制达到了减少欺诈和滥用行为;加强医疗保健提供者的运作;提高医疗保健服务的质量;降低保健服务的总成本的目标。”	“有效的合规机制阐明了……真诚地遵守法律、法规和其他联邦医疗保健计划的要求……”
减少处罚 《联邦量刑指南》 S8B2.1(a)(2018)	“合规和伦理规范程序应合理地设计、实施和执行,以便该程序在预防和发现犯罪行为方面总体有效。”	“(1)做好预防和发现犯罪行为的工作;(2)在其他方面促进营造一种鼓励道德行为和守法承诺的组织文化。”
起诉决定中的检控考虑 司法指南 9-28.800	“合规机制建立了……防止及发现不当行为,并确保公司的活动符合……法律、法规和规章。”	“……该计划是否被充分设计,以最大限度的有效预防和发现员工的不当行为,公司管理层是否在执行该计划……”
再次犯罪的监督 卫生与公众服务部监察长办公室 企业诚信协议	“以促进遵守医疗保险、医疗补助和所有其他联邦医疗保健项目的法律、法规和书面指示。”	无
再次犯罪的监督 美国司法部刑事决议文件	“……发现和制止违反(特定的)美国联邦法律……”	无
再次犯罪的监督 美国司法部墨福德备忘录(2008 年)	“……减少企业的累犯和保护市场的完整性。”	无
逃避责任 英国 2010 年《反贿赂法》	“……防止人员与有关商业组织的贿赂。”	六个原则:均衡的程序、高层承诺、风险评估、尽职调查、沟通、监测和审查
国际标准 ISO 37001	“……预防、发现和应对贿赂事件。”	无

以我作为合规专业人士和美国司法部的独家合规顾问专家时(协助检察官评估公司的合规机制)的经验来看,合规行业一直在努力测量具体的工作:通过管理层提供支持合规的信息的频率来测量管理层承诺,通过培训频率和参加人数来测量培训,通过数量来测量政策和程序,通过信息公布的方式来测量报告机制,通过有多少第三方实施了这个程序来测量第三方尽职调查。但上述指标中没有一个能说明合规机制的单个部分或合规机制作为一个整体的有效性:它们只确认了组织已经做过了有关工作。

每当我与公司合规从业者讨论评估方式时,都会发现对于测量组织付出的努力所可能完成的特定部分成果方面,最初他们持有一些开放态度,但对测量合规机制的总体结果方面表现出强烈抵制。在测量特定部分结果方面,他们倾向于认为有必要测量每个组成部分具体完成了什么有意义的内容(依据所完成的指标)。他们承认,从概念上来说,通过绩效来测量培训比测量出勤率更有意义。然而,他们不愿意改变测量方法,因为改变后所完成的指标更难确定或获取,出勤率指标对组织培训的人来说很容易获取,但要获取绩效数据需要首先定义改善的绩效是什么,而这些数据通常属于合规以外的部门。更重要的是,合规从业者也没有动力去改变测量方法,因为没有人要求他们这样做。监管机构和执行者似乎都对组织所展示的"有诚意的工作"这样一种传统证据感到满意。因此,为满足监管机构和执行者而存在的合规机制的功能停留在只跟踪组织的"有诚意的工作"。

在以合规机制达成的实际预防效果和检测到违规的情况来测量计划成果的问题上,现实阻力非常大。针对我对 ISO 37001 的批评,尼尔·斯坦斯伯里(Neill Stansbury)的回应是"你无法像测量疫苗接种一样测量对贿赂的预防",这是一种典型的回应。合规专业人士和相关学者多次告诉我,"预防是无法测量的"。我把这种对测量预防和检测违规的情况的本能排斥归因于三个方面。第一,公司合规从业者没有关注其他预防和检测行业,如健康和安全,甚至没有注意到犯罪预防,因此没有考虑到已经存在的、可能适用于公司合规的测量框架。第二，商业组织中的公司合规部门通常无法得到（或意识到）实现测量所需的数据类型：如操作事件、财务交易、控制违规等。第三，我相信可能还有恐惧的因素：如果程序结果测量显示，传统的程序实际上没有产生防止和发现违法行为的功效，该怎么办？如果如此，这个发现可能会使之前几十年的工作成果付诸东流。

现行制度无法/或不愿测量任何组成部分或规划的结果，也阻碍了以经验检验公司合规机制的标准、指导和公式的能力。因为没有客观的标准来测量合规机制的有效性，所以没有手段来测试各种方法是否有效。为了使公司合规机制的既定目标和实际绩效保持一致，并满足预防和发现违法行为的公众利益需要，法律和监管制度必须开始在组成部分和规划层面，通过数量和质量两个方面来测量合规机制的有效性。找到和完善此类测量方法还将使实证测试成为可能，以评估合规行业几十年来所依赖的公式是否真的能够预防和发现不当行为。

在推动在组成部分和规划层面朝着基于合规机制目标要求的测量方向发展中，有两个有影响力的角色可以发挥领导作用：美国量刑委员会和司法部。这两家机构在制定标准的工作中，都在组织发生犯罪行为后为其合规机制进行打分，但由于缺乏实证依据，这种方式受到了影响。在持续修订合规标准的过程中，他们可以通过宣布愿意考虑实证依据来改变讨论和预期。这种意愿需要得到科学界以及卫生和安全等其他预防和检测专业界人士的具体参与支持。本章提出的问题——以及更多问题——将需要根据合规机制整体目标和组成部分目标是什么来进行定义，法律人使用的形容词（如“有效的”“适当的”“足够的”）的作用需要通过科学家使用数据的专业知识来加强。美国司法部还应考虑，为合规机制与组织行为之间关系的科学定量和定性的进一步研究提供经费。

投资者和企业领导层也有职责要求采取更多具体措施，来证明不断增加的合规支出是合理的。我认识的许多合规部门的领导都用像推销保险业务一样的说辞来为他们的预算申请辩护，如“我们的竞争对手刚刚缴纳了 X 万美元的罚款,现在只需要给我他们罚款金额 10%的预算,我就会给你一个有效方案,这样当我们遇到类似可能被罚款的情形时,就可以减少罚款”。也许现在是投资者和企业领导层把问题转回合规部门的时候了:在你的职能部门投入了数百万美元之后,你的项目究竟阻止了多少经济损失,从而证明你的投资是合理的?

组织的合规历史告诉我们,合规在本质上是被动的:它是对来自监管机构要求、政府强制执行和施加的惩罚作出被动的反应。因此,测量组成部分和合规机制成果的动力可能必须来自监管机构,因为监管机构要求看到可测量的结果,执法部门仅在取得可测量结果的证据后才会给予宽大处理,所以投资者会厌倦继续为无法实现可测量成果的合规机制投入资金。要做到这些,就需要一种寻求经验证据和证明的思维模式。这种思维模式已经存在于商业活动的核心:一个可持续的企业不能仅仅依赖于人们认为它会盈利,它必须用实际和持续的利润来证明。现在,那些希望确保一种负责任的商业行为的人需要保有这样的思维模式。

参考文献

American Bar Association. *Criminal Justice Standards: Monitors*, www. americanbar. org/groups/criminal_justice/standards/MonitorsStandards/.

American Public Power Association. 2020. *General Issue Brief: The Public Utility Regulatory Policies Act of* 1978. Publicpower. org. January, www. publicpower. org/system/files/documents/PURPA%20-%20January%202020. pdf.

Armentano, Dominich. 1972. The great electrical equipment conspiracy. *Reason*, March, https://reason. com/1972/03/01/the-great-electrical-equipment/.

Baines, Ilana. 2018. Challenging the adequate procedures defence. *Global Banking & Finance Review*, May 25, www. globalbankingandfinance. com/challenging-the-adequate-procedures-defence/.

Benczkowski, Brian A. 2018. To All Criminal Division Personnel, memorandum, Selection of Monitors in Criminal Division Matters, October 11, www. justice. gov/criminal-fraud/file/ 1100366/download.

Blackstone, William. 1765. *Commentaries on the Laws of England*. Oxford: Oxford University Press.

Brock v. L. E. Myers Co., 818 F. 2d 1270(1987).

Caremark International Inc. Derivative Litigation, In re(698 A. 2d 959(Del. Ch. 1996))

Corporate Criminal Liability and Prevention § 3. 02, n. 12.

Cutter, Henry. 2017. The Morning Risk Report: Hui Chen sparks debate over anti-bribery standard. *The Wall Street Journal*, October 24, www. wsj. com/articles/the-morning-risk-report-hui-chen-sparks-debate-over-anti-bribery-standard-1508845307.

Dana Container, Inc. v. Sec'y of Labor, 847 F. 3d 495 500(2017).

Floyd S. Pike Electrical Contractor, Inc. v. Occupational Safety &Health Review Commission, 576 F. 2d 72(1978).

Fortune Business Insights. *Enterprise Governance, Risk, and Compliance (eGRC) Market Size, Share &COVID-19 Impact Analysis, by Component (Software and Services), by Deployment Model (Cloud-Based, On-premise), by Enterprises Size (Large Enterprises, Small and Medium Enterprises), by Vertical (BFSI, Healthcare, Government, Energy & Utilities, Manufacturing, Retail & Consumer Goods, Telecom & IT, and Others), and Regional Forecast*, 2020-2027. October 2020. www. fortunebusinessinsights. com/industry-reports/enterprise-governance-risk-and-compliance-egrc-market-101415.

Graham v. Chalmers Manufacturing Co. (188 A. 2d 125(Del. 1963)).

Grand View Research. *Enterprise Governance, Risk and Compliance Market Size, Share &Trend Analysis Report by Component, by Software, by Service, by Enterprise Type, by Vertical, and Segment Forecasts*, 2020-2027. February 2020, www. grandviewresearch. com/industry-analysis/enterprise-governance-risk-compliance-egrc-market.

Griffin, Benjamin. 2016. Origins of corporate power: The historical growth and transformation of corporations. Honors Thesis. Baylor University.

Hamilton Fixture v. Secretary of Labor, 16 BNA OSH 1889(1994).

Haugh, Todd. 2017. The criminalization of compliance. *Notre Dame Law Review*, 92(3), 1215-70.

Haugh, Todd. 2018. Caremark's behavioral legacy. *Temple Law Review*, 90, 611-46.

Health and Human Services Office of the Inspector General. Corporate Integrity Agreements. https://oig. hhs. gov/compliance/corporate-integrity-agreements/index asp.

Huising, Ruthanne and Susan S. Silbey. 2018. From nudge to culture and back again: Coalface governance in the regulated organization. *Annual Review of Law and Social Science*, 14(October), 91-114.

International Organization for Standardization About Us ISO, www. iso. org/about-us. html.

International Organization for Standardization. 2014. ISO 19600: 2014 (en) Compliance Management Systems-Guidelines, www. iso. org/obp/ui/#iso: std: iso: 19600: ed-1: v1: en.

International Organization of Standardization. 2016. ISO 37001: 2016(en) Anti-Bribery Management Systems-Requirements with Guidance for Use. ISO. www. iso. org/obp/ui/#iso: std: iso: 37001: ed-1: v1: en.

International Organization for Standardization. Standards Catalogue. ISO. www. iso. org/standards-catalogue/browse-by-tc. html.

Jackson, Ketanji Brown and Kathleen Cooper Grilli. 2021. Foundational Materials and Program Infrastructure: The History of the Organizational Sentencing Guidelines and the Emergence of Effective Compliance and Ethics Programs. In Society of Corporate Compliance & Ethics. *The Complete Compliance and Ethics Manual* 2021. https://compliancecosmos. org/history-organizational-sentencing-guidelines-and-emergence-effective-compliance-and-ethics-programs.

Labor v. Gem Indus., *Inc.*, 17 BNA OSHC 1861(1996).

MacDonell, John. 1908. *The Law of Master and Servant: Being a Treatise on the Law Relating to Contracts of Service, Apprenticeship, and Employment*. London: Stevens and Sons.

MacMurray, Worth. 2019. Three Predictions for the Future of ISO 37001. The FCPA Blog. February 13. https://fcpablog.com/2019/02/13/three-predictions-for-the-future-of-iso-37001/.

Micklethwait, John and Adrian Wooldridge. 2003. *The Company: A Short History of a Revolutionary Idea*. New York: Modern Library.

Ministry of Justice. 2011. The Bribery Act 2010: Guidance about Procedures Which Relevant Commercial Organisations Can Put into Place to Prevent Persons Associated with Them from Bribing (Section 9 of the Bribery Act 2010). London. www.justice.gov.uk/downloads/legislation/bribery-act-2010-guidance.pdf.

Mohammadi, Milad D. 2018. The corporate guild order control of the Florentine Republic in the 13th and 14th century. *Grand Valley Journal of History*, 5(1), 1-14.

Moore, Karl and David Lewis. 2000. *Foundations of Corporate Empire: Is History Repeating Itself?* Hoboken, NJ: Financial Times Prentice Hall.

Morford, Craig S. 2008. To Heads of Department Components and United States Attorneys, memorandum, Selection and Use of Monitors in Deferred Prosecution Agreements and Non-Prosecution Agreements with Corporations, March 7. www.justice.gov/sites/default/files/dag/legacy/2008/03/20/morford-useofmonitorsmemo-03072008.pdf.

Mothershed, Airon A. 2012. The $435 hammer and $600 toilet seat scandals: Does media coverage of procurement scandals lead to procurement reform? *Public Contract Law Journal*, 41(4), 855-80.

Moysich, Alane. 1997. The savings and loan crisis and its relationship to banking. In Federal Deposit Insurance Corporation (FDIC). *History of the Eighties: Lessons for the Future. Vol.* 1, *An Examination of the Banking Crises of the* 1980*s and Early* 1990*s*. Washington, DC: FDIC, pp. 167-88.

Occupational Safety and Health Administration. *OSHA Field Operations Manual*. www.osha.gov/sites/default/files/enforcement/directives/CPL_02-00-163.pdf.

Office of the Inspector General. Proclamation, Supplemental Compliance Program Guidance for Hospitals, *Federal Register* 70, no. 19 (January 31, 2005): 4858.

https://oig. hhs. gov/fraud/docs/compliance guidance/012705HospSupplemental Guidance. pdf.

P. Gioiso & Sons, Inc. v. OSHRC, 115 F. 3d 100(1997).

Penn. Power & Light Co. v. OSHRC, 737 F. 3d 350 358(1984).

Pitt, Harvey L. and Karl A. Groskaufmanis. 1990. Minimizing corporate civil and criminal liability: A second look at corporate codes of conduct. *Georgetown Law Journal*, 78(June), 1559-654.

President, Dirs. & Co. of Bank v. Dandridge, 25 U. S. (12 Wheat.) 64, 68 (1827).

R. v. Skansen Interiors Ltd, unreported, Southwark Crown Court(2018).

Secretary of Labor v. American Engineering & Development Corp., OSHRC Docket No. 10-0359(2010), citing *Texland Drilling Corp.*, 9 BNA OSHC 1023, 1026(No. 76-5037, 1980). www. oshrc. gov/assets/1/6/10-0359. pdf? 2833.

Secretary of Labor v. Floyd S Pike Electrical Contractor, Inc. (1978).

Secretary of Labor v. Meadows Construction Co., 26 BNA OSHC 2265 (2018).

Secretary of Labor v. Stark Excavating, Inc., 24 BNA OSHC 2218(2014).

Secretary of Labor v. Tunnel Electrical Construction Co., 8 BNA OSHC 1961 (1980).

Stansbury, Neill. 2016. International Anti-Bribery Standard ISO 37001. Transparency International UK. November 2. www. transparency. org. uk/international-anti-bribery-standard-iso-37001/.

The Bribery Act 2010 Guidance, 2011.

The King v. City of London, 8 St. Tr. 1039(K. B. 1682).

United States v. HSBC Holdings PLC, 18 U. S. C. 8(2018).

United States v. TechnipFMC, 19-CR-278 U. S. 1(2019).

US Congress. *Bank Secrecy Act of* 1970. 91st Cong. 2nd sess. 1970. www. govinfo. gov/content/pkg/STATUTE-84/pdf/STATUTE-84-Pg1114-2. pdf#page =1.

US Department of Justice v. Merrill Lynch Commodities, Inc. (2019). https://

www. justice. gov/opa/press-release/file/1177296/download.

US Department of Justice. 2015. FCPA:A Resource Guide to the U. S. *Foreign Corrupt Practices Act*. www. justice. gov/sites/default/files/criminal-fraud/legacy/2015/01/16/guide. pdf.

US Department of Justice. *Justice Manual*. 2018. www. justice. gov/jm/justice-manual.

US Department of Justice Criminal Division. 2020. *Evaluation of Corporate Compliance Programs*. www. justice. gov/criminal-fraud/page/file/937501/download.

US Securities and Exchange Commission. 2014. Division of Enforcement. Sec. gov. April 14. www. sec. gov/page/enforcement-section-landing.

US Sentencing Commission. *United States Sentencing Commission Guidelines Manual* 1991, by William W. Wilkins Jr. , Julie E. Carnes, Helen G. Corrothers, Michael S. Gelacak, George E. MacKinnon, A. David Mazzone, Ilene H. Nagel, Carol Pavilack Getty, & Paul L. Maloney, § 3E1. 1. www. ussc. gov/sites/default/files/pdf/guidelines-manual/1991/manual-pdf/1991_Guidelines_Manual_Full. pdf.

US Sentencing Commission. *United States Sentencing Commission Guidelines Manual* 2018, by William H. Pryor Jr. , Rachel E. Barkow, Charles R. Breyer, Danny C. Reeves, David Rybicki, & Patricia K. Cushwa, § 3E1. 1. www. ussc. gov/sites/default/files/pdf/guidelines-manual/2018/GLMFull. pdf.

Watkins, Myron W. 1961. Electrical equipment antitrust cases: Their implications for government and for business. *University of Chicago Law Review*, 29(1), 97-110.

Yarborough v. Bank of England(1812) 16 East 6, 14 R. R. 272.

Zane, John M. 1998. *The Story of Law*, 2nd ed. Carmel, IN: Liberty Fund.

第三章　治理时代的合规测量：治理模式转变如何对合规测量产生影响

卡琳·凡·温格德　莉塞洛特·比斯科普

第一节　引　言

首先，让我们认识一下马克。自 1980 年以来，马克一直担任环保督察员。当被问及工作中最显著的变化时，他感叹道："当我刚开始这份工作时，总是在现场检查。我开车从一家工厂到另一家工厂，实地检查设备和环境许可证，并与员工谈论被监管对象如何运作。现在，我大部分时间都在电脑前，评估合规管理系统的设置，检查业务流程和记录。我不再去现场检查合规情况，而更多的是通过查看监管对象的检测仪来评估它们是否超标。"

环保督察制度的演变只是一种例证。过去四十年来，商业行为的规制、监测和强制执行方式发生了根本变化。还有其他例证，比如，越来越多的商业和制造业企业采用自我管理体系（Coglianese & Lazer，2003；Parker & Nielsen，2009；Parker & Gilad，2011）；金融和保险机构要求公司建立合规体系以作为贷款或保险的条件(Gunningham, Philipson & Grabosky,1999);非政府组织、公司或多方利益相关者倡议制定跨国私营标准,并由认证或认可机构对其进行监督(Bartley,2003, 2007;Cashore,Auld, & Renckens,2011);在技术进步和新媒体的推动与加强下,在向企业施压以减少负外部性和揭露各种不道德和犯罪行为等方面,市民社会在发挥越来越大的作用(Grabosky,2013)。

从这些例子可以清晰地看出,国家不再是唯一的管理人(Abbott & Snidal,2009,p. 87)。传统上,国家被认为是规制和强制执行商业行为的关键主体,但近三十年来,规范及标准制定、合规监督与执行的责任和权力日益被授予广泛的私人行为主体,包括企业、非政府组织、地方社区、劳工贸易组织、媒体等民间组织。在文献中,这些发展早已被定义为所谓的"治理转型":过去是以国家为中心的等级控制,现在是政府以外的其他多种行为体日益参与维护公共利益的网络化治理(Black,2001; Shearing & Wood,2003;Lobel,2004;Scott,2004;Ostrom,2010)。

监管治理(Grabosky,1995)、职能监管(Gunningham et al. ,1998)、监管多元化(Gunningham & Sinclair,1999)、监管资本主义(Levi - Faur, 2005)、去中心化监管(Black,2001)、节点治理(Johnston & Shearing, 2003)、多中心治理(Ostrom,2010)、新治理(Lobel,2004)、网络治理(Crawford,2006)等大量的理论被用来强调这一观点,即在治理时代,监管、监测和执行可以有许多不同的来源,不再有一个中心化行为者负责监督和协调整个过程。

这也影响到国家对合规的评估。这意味着,政府在监督合规时不再处于首要地位,而是逐渐依靠其他各方提供的信息来评估规章制度是否得到遵守,以及据此评估公共管制所依据的政策目标正在多大程度上得到实现。在一篇优秀的对治理转型时代社会科学研究者进行合规研究时面临的方法论挑战进行综述的论文中,两位作者帕克和尼尔森(Parker & Nielsen,2009)提出合规评估的两个关键问题。首先,多方主体参与到合规监管中,这可能意味着他们对合规在实践中的含义有不同理解

(Parker & Nielsen,2009,p. 53)。这与各方主体考虑自身及其他相关方在合规监管中的角色密切相关。因此,不同政府机构之间、不同政府机构内部,以及政府和非政府行为体之间,关于合规含义以及监管者发挥何种作用的观点存在差异(Wood & Shearing,2013)。因此,有些主体可能会根据具体输出措施来实施合规,例如,意外或事故的数量,或者排放是否超标;有些主体可能通过制定某些预防不合规的流程、程序和质量保证计划来实施合规;还有些主体可能依据具体输出措施来评估政策目标是否实现。因此,合规不是一个固定的概念,它的含义取决于不同行为体在实践中的具体操作(Parker & Nielsen,2009,p. 48)。其次,过量的合规数据可能使数据源比较、数据汇总以及数据可靠性、有效性评估变得更加困难(Parker & Nielsen,2009,p. 48)。

在本章中我们继续这一讨论,并说明治理转型如何使政府的合规评估遇到更多挑战。这将以治理私有化的两个具体例子来说明:可持续性认证或认可的使用以及全球反洗钱制度的案例。在进行说明时,我们采取了合规评估的广义定义。它需要收集和分析数据(对其有多元的定义),以评估规章制度是否得到遵守,以及公共法规是否对企业行为产生影响。此外,我们将讨论范围限于公共监管机构和调查机关在评估合规时所面临的挑战。

本章将继续讨论治理转型,并通过概述其关键特征来展开论述。接下来的两节分别讨论了刚才描述的评估问题:合规的可操作性和数据挑战。本章并没有详尽地阐述公共行为体在治理时代评估合规所面临的挑战,而只是以认证和全球反洗钱制度为例进行概述。最后,我们从国家层面探讨在评估合规方面的一些关键进展,并考虑在未来的研究中会出现的问题。

第二节　从管理到治理:治理转型

自 20 世纪 80 年代以来,“治理”这个术语更多指的是私人行为体参与公共机关维护公共利益的职能(Rhodes,1996;Lobel,2004)。直到20世纪80年代,政府还被认为是在商业行为治理中不可或缺角色。战后构建福利国家的理想促使了组织经济生活相关的法律法规的扩张,这些通常属于“命令和控制”型的法律法规,其特点为:单方面强加的行为规则,具有详细和精确定义的标准以及对违反这些标准的制裁(Bardach & Kagan,1982;Gunningham,2009)。与此同时,出现负责监督和执行这些规定的独立监管机构,其数量呈指数级的增长(Bardach & Kagan,1982;Levi-Faur,2005)。在1973年和1982年石油危机后,各国政府面临全球性的经济衰退,政府在商业行为治理中的核心作用在此时终结。面对严重的预算赤字和不断上升的失业率,西方国家政府采取了一系列应对措施,比如,结构性地削减监察员数量、限制国家对市场的直接干预以及将公共服务外包给私营部门等(Bardach & Kagan, 1982; Levi - Faur & Gilad,2004;Levi-Faur,2005;Gunningham,2009)。最终,福利国家给主张放松管制、公共服务私有化和市场自由化的新自由主义理想让路(Braithwaite,2005,2008;Levi-Faur,2005)。此后,新的治理模式层出不穷。新的治理模式的特征有:私营部门参与程度更深,日益多元化、碎片化和网络化(Grabosky,1995;Black,2001;Shearing & Wood,2003;Lobel,2004;Scott,2004)。

现在,私营部门更多地参与到合规治理中,例如,公司逐渐以各种方式进行自我监管,如自愿实施内部控制来管理和监控合规(Parker & Nielsen,2009;Parker & Gilad,2011);采用跨国私营标准;参与认证和标签计划(Bartley,2003,2007;Potoski & Prakash,2011;Cashore,Auld, & Renckens,2011;Verbruggen,2014a)。此外,在供应链中,出现了新的治理工具(Mascini & van Erp,2014),公司越来越多地通过行业行为准则、审计和报告义务、商业合同和企业社会责任政策等工具,通过相互问责的方式维护公共利益(Shamir,2010,2011)。例如,范登堡(Vandenbergh,2007)和富布鲁根(Verbruggen,2014b)阐释了公司如何越来越多地使用商业合同来实施和执行供应链中的社会、环境和可持续性标准。

企业的这种责任感与消费者、利益集团、非政府组织和媒体等民间组织的高度参与相吻合。又如巴特利(Bartley,2003,2007)认为,虽然有时是在政府和企业的利益相关者的支持下,非政府组织一直是制定上述跨国标准和认证、标签体系的重要推动力。我们展示的事例表明,商业行为的治理逐渐分散在各种不同的参与者、工具和倡议中,其中大多数最初并未参与到商业行为监管中,甚至对此不感兴趣(van Rooij,Stern, & Fürst,2014)。这些都说明监管不再是监管者与受监管主体之间的关系,而是在没有一个行为主体真正监督整个过程的情况下采取的多种样态和形式(Black,2001)。

上述不同的治理模式不但相互协作、相辅相成,而且很可能相互竞争。其中一些新举措相对独立于政府内部,也相对独立于政府之外,特别是在公共监管跟不上新发展市场的情况下(Börzel & Risse,2010)。因此,治理转型不但使更多私营部门参与进来,而且改变了商业行为治理中的权力动态。治理转型不是假设国家最终对商业行为的治理负责,而是将治理权从国家分散到国家行为体、市场和民间社会共同承担以实现政策目标责任的治理网络上(Lobel,2004,p. 344)。

治理转型意味着国家行为体也必须承担新的角色。除了通过制定规范和监督、执法来督促合规之外,国家行为体还致力于通过网络的形式精心安排、协调和促进治理(Levi-Faur & Gilad,2004;Gulbrandsen,2014)。在许多此类治理网络中,政府行为体仍然扮演着“锚定”的角色,尤其是在涉及安全治理时(Crawford,2006),但他们日益面临无法(充分)提供所需能力或专业知识的问题(Black,2001)。此外,特别是自由化和受监管的市场更需要监测和监督(Levi-Faur & Gilad,2004),在这类市场中,国家正在发挥着更为间接的作用。这使得人们需要寻求新的或更智能的治理形式,能够利用私有化形式的社会控制并与之产生互动(OECD,2018)。例如,这些治理形式依赖于公司内部合规管理体系的结果,并且评估公司如何实施合规,而不是自己检查合规。这些被不同地称为元监管(Parker,2002;Gilad,2010;Parker & Gilad,2011);强制性自我监管(Ayres & Braithwaite,1992);基于系统的监管(Gunningham & Johnstone,1999);或基于管理的监管(Coglianese & Lazer,2003;Coglianese & Nash,2001,2006;Gunningham & Sinclair,2009)。此外,出现了基于风险的监管形式,这些监管形式与国家干预最小化和私营部门责任化的需求相呼应。基于风险的监管是以将国家有限的检查能力分配给高风险行业为前提的(Baldwin & Black,2008,2016;Black,2010;Black & Baldwin,2010);在风险较低的情况下,将监测和监督的责任交给私营部门。

总之,与放松监管的意识形态相反,治理转型实际上导致了更多而不是更少的监管(Vogel,1996;Braithwaite,2005,2008;Levi-Faur,2005;Schneiberg & Bartley,2008)。有学者将这种情况称为“监管资本主义”(Levi-Faur,2005)。尽管文献中对这种从管理到治理的重大转变实际发生的程度进行了讨论(Mascini & van Erp,2014),但学者们仍指出政府在某些监管领域重新发挥核心作用的趋势(Kourula,Moon,Salles-Djelic, & Wickert,2019)。不可否认的是,在当今社会,多个公共和私人行为体都参与了商业行为的治理。事实上,“国家干预在某些领域正在收缩,在另一些领域被重新划分,而在其他领域正在被扩大”(Crawford,2006,p. 471)。在这种多元化状态下,评估合规变得更加具有挑战性。

第三节　名称有什么意义?在评估合规时要评估的是什么?

就其性质而言,政府感兴趣的是评估规章制度的遵守程度和公共政策产生的影响。在传统上,评估合规意味着政府只需考虑自己对合规的理解。这种理解可以是狭义的(例如,企业是否符合安全健康工作环境的标准,或者废水废气排放是否超标?),也可以是广义的(例如,企业如何赋予合规的形态和意义?),但仅限于评估监管要求的遵守程度。然而,在治理时代,越来越多的行为标准和要求被各种各样的利益相关者定义、设定和监督。因此，政府越来越依赖私人行为体提供的信息，以确定监管要求的合规程度。然而，所有这些行为体在如何操作、监测和评估合规方面可能存在重大差异。自愿性可持续标准和全球反洗钱制度的例子说明了这一点。

一、自愿性可持续标准

公平贸易和有机食品标签是20世纪80年代由私人行为体创造的第一个自愿性可持续标准（VSS），此后，它们成为跨国私人治理的重要工具（Bartley，2003，2007；Gulbrandsen，2010；Cashore，Auld，& Renckens，2011）。自愿性可持续标准可界定为一种具体要求，即在全球供应链中的参与者需要满足与广泛可持续性成果相关的要求，包括尊重人权、工人安全与健康、环境影响、社区影响和土地利用（UNFSS，2013，p. 3）。这些标准往往由非政府组织、公司或多方利益相关者倡议制定，通过认证程序在供应链中实施，其中包括第三方机构监测和评估、标准的遵守情况（UNFSS，2013，p. 3；Scheltema，2016，p. 17）。尽管自愿性可持续标准是一种私人监管模式，但往往并不独立于公共监管而运作（Scheltema，2016）。例如，一些自愿性可持续标准通过证明被监管者符合原籍国尽职调查要求，来协助监测公共规则和标准的合规情况（Scheltema，2016，p. 28）。

最著名的自愿性可持续标准是公平交易标签、全球森林管理委员会的可持续林业标签和国际互世认证标签认证的咖啡、可可、茶叶和榛子可持续生产标签。联合国可持续性标准论坛指出，自20世纪90年代中期以来，可持续性标准的数量呈指数级增长（UNFSS，2020，p. 8）。到目前为止，欧盟生态标签指数确定了450多个不同国家和产品的自愿性可持续标准方案（UNFSS，2020，p. 8）。这些标签关注的问题比以往任何时候都显得更加多样化和具有实质性（Auld，2014）。这些都旨在减少生产和贸易的负外部性，促进和改善供应链的可持续性（UNFSS，2013，p. 3）。此外，大多数标准侧重于可持续性的几个维度（公平贸易、社会影响、环境影响),并涵盖各种产品市场(咖啡、茶、香蕉、棕榈油等)(UNFSS,2020)。因此,不同自愿性可持续标准的内容有相当大的重合,因此,打算申请认证的商业机构往往有几个选项可供选择。然而,与此同时,在如何组织认证过程、如何确定用于评估合规的参数、如何评估是否符合标准以及商业公司如何对其承诺负责方面,存在着很大的差异(Marx,2013;Marx & Wouters,2015;Scheltema,2014,2016)。而且,为了能够适应动态变化的环境,许多标签重新定义了其生产和贸易过程可持续性的标准。

有学者(Scheltema,2014,2016)研究比较了世界上最大的两个林业及耕作业自愿性可持续标准。这项比较研究表明,不同自愿性可持续性标准在规范的专属性和规定性、用于评估是否合乎规范的指标以及监测和强制执行方式等方面存在显著差异。例如,国际互世认证标签认证使用农作物保护和运输的特定命令,并利用 50 个指标的列表来评估规范遵守程度,但全球森林管理委员会只使用一般规范,没有具体指标来评估规范遵守程度(Scheltema,2016,p. 24)。也就是说,虽然自愿性可持续标准都对可持续生产进行认证,但它们在实践上可能有截然不同的结果,有学者认为,这可能会造成对不同认证含义的混淆,并可能导致重要利益相关者拒绝接受认证结果(Marx & Wouters,2015,p. 13)。此外,他们还指出,不同自愿性可持续性标准之间的竞争可能导致竞争向下,即不断降低标准以增加市场份额(Marx & Wouters,2015,p. 13)。因此,依靠第三方认证来评估合规的政府当局不能假设不同的标准使用类似的合规定义,更不能假设这些标准与自己对合规的定义相匹配。

以上研究明确指出,在治理时代,我们对合规不再只有一个正式的定义或理解,合规在实践中可能意味着许多不同的问题。合规意味着什么,取决于不同的行业、市场和企业,并最终在实践中得以具体操作。因此,合规是一个具有高度时间性和场景特异性的概念。公共监管机构评估合规,逐渐围绕着企业本身、认证机构和第三方监督员等其他行为体如何理解合规来展开。这意味着,政府当局需要评估企业和其他私人行为体如何界定合规的定义,以及其合规形式与遵守监管要求有何关系,是否足以实现基本的公共目标。

然而,理解企业如何界定合规定义,需要详细了解企业运作方式、企业和行业文化,以及实践中的合规行为。这实际上意味着监管者需要与被监管企业进行更多互动,并对其加以监督。然而,这可能与许多监管领域要求尽可能有效地分配有限的监管资源背道而驰。正如上一节所讨论的那样,政府当局通过元监管、强制性自我监管或基于风险的监管等形式,逐渐远离企业。这可能使评估企业合规变得更具挑战性,包括在实践中如何界定合规定义、区分合规意向和实际合规行为,以及如何在早期发现合规概念的问题以防止违规行为的发生等。全球反洗钱制度的案例进一步说明了这一挑战。

二、全球反洗钱制度

全球反洗钱制度建立在公证人、律师、财务顾问、银行和其他金融机构等私营、非国家行为体承担守门人责任的基础之上。这些守门人有义务监测(潜在的)客户和交易,并向当局报告风险以防止洗钱行为的出现。反洗钱制度是一种基于风险的方法的制度,要求守门人自己对客户进行风险评估,将客户划分为高风险和低风险类别,并制定与所涉风险水平相称的客户尽职调查措施(Bergström,2018,p. 39)。大多数反洗钱制度要求是“开放性”的标准,这意味着守门人需要在实践中将这些标准具体化和可操作化。这些标准的遵守情况是由公共监管机构,如金融市场主管机关进行监管的。在许多国家,没有充分履行其职责的守门人可能会受到刑事起诉。

在过去几年中,一些欧洲及其他全球主要金融机构曾卷入了洗钱案件,并因协助洗钱而受到惩罚。这不仅凸显出这些金融机构在充分预防和减少非法资金流动方面的严重无能,还表明发现和防范洗钱行为是公共监管部门面临的一项艰巨任务。在当局充分了解金融机构的运作方式,并认识到这些金融机构在实际中实施反洗钱要求的方式不足以预防洗钱之前,许多案件已经持续了多年。其中一个例子就是荷兰的安智银行案。

2018 年 9 月 4 日,荷兰公共检察署(The Netherlands Public Prosecution Service)公布了一项与荷兰最大金融服务提供商荷兰安智银行(ING Group NV)达成的和解协议,金额高达 7.75 亿欧元,主要原因是该银行严重和结构性违反了《洗钱和反恐怖融资(预防)法》。该和解协议包括 6.75 亿欧元的罚款和追缴 1 亿欧元的不当收益,是荷兰有史以来最大的一笔和解协议,也是迄今为止由协助洗钱的银行达成的第五大和解协议。与和解协议达成的同时,荷兰公共检察署公布了针对荷兰安智银行的刑事调查报告。报告中呈现了在该银行内部运营中令人震惊的事实。银行内部不但没有正确开展客户尽职调查(导致文件丢失或不完整),而且也不能举证证明存在专门用于发现洗钱风险的内部风险监控系统,现存内部风险监控系统每天只能检测到 3 个特定类别的风险行为(NPPS,2018,p. 11)。因此,银行错过了发现洗钱问题的重要信号。根据荷兰公共检察署的报告,上述缺陷深深地植根于银行的企业文化中,银行以牺牲合规为代价来削减成本(NPPS,2018,p. 17)。尽管负责监管金融机构反洗钱合规事务的荷兰中央银行自 2005 年以来已经报告了一些金融行业中的合规风险管控缺陷,并且采取了相应措施,但它仍无法完全掌握该银行是如何组织合规流程的。直到刑事调查开始,案件的全部情况才开始变得明朗。

对治理进行私有化的不利之处在于,公司往往完全有能力以有利于它们的角度来认识和实施法律法规(McBarnet,2001;Krawiec,2003;Edelman,2007)。因此,政府必须详细了解商业和市场的运作方式,以及实践中合规体系的构建方式。这将使监管者了解被监管者实施合规的动机是为了预测和消除可能的国家干预(以便将企业的风险最小化),还是出于遵守规章制度的规范性承诺。

第四节　数据:可靠性、量级和所有权

在治理时代,政府越来越依赖各种由私人行为体收集和记录的信息来评估公共政策是否被遵守,以及在多大程度上被遵守。在本节中,我们将讨论政府当局在依赖私人行为体数据时面临的三个挑战:可靠性、涉及的海量数据和数据的所有权问题。我们再次已经认证经营者证书和全球反洗钱制度为例说明这些问题。

一、数据的可靠性

犯罪学研究早就认识到,所有合规信息的来源都有其优点和缺点。例如,来自监管机构和侦查机关的官方统计数据往往是不完整的,其仅仅反映了执法能力和优先事项,并不一定能反映合规施加的影响(Gibbs & Simpson,2009;Parker & Nielsen,2009;Walburg,2015;Cliff & Wall-Parker,2017)。此外,来自受监管企业的自我报告数据在合规组织程序及其结果上也存在内在偏差。例如,企业可能过度报告较轻微违法行为,而低报较严重违法行为,或以对他们有利的方式提供数据(Parker & Nielsen,2009,p. 61)。由于定义或登记的差异,可能很难比较不同来源的数据,也不可能总是将某一来源的信息与另一来源的信息相印证。

这些可靠性问题还体现在第三方监测人所提供的信息上,例如,认证或认可机构以及其他国家的政府。在国际供应链中,政府往往别无选择,只能依靠第三方监测人来检查是否符合监管要求,因为受监管实体可能并不总是位于同一国家或地区的管辖权范围。在特定市场经营的受管制企业被要求采用国际公认标准,这些标准要么由其他地方的政府认证,要么由指定的认证或认可机构认证。然而,这些认证的可靠性仍然存在争议,例如,肖特、托费尔和赫吉尔(Short,Toffel, & Hugill,2014)表明评估合规与否的能力取决于对监测人特定培训的质量好坏。然而,

在各司法管辖区寻找熟练的监测人通常是认可机构的一项挑战(Scheltema,2016)。此外,认证和认可机构存在固有的利益冲突,因为它们是由受监测企业雇用的(Short,Toffel, & Hugill,2014)。这可能意味着认证和认可机构并不总是独立的。但是,也需要注意的是,政府当局的评估质量存在差异,并且可能受到企业内部的影响。这可能会影响通过这些认证产生的信息的可靠性,如在经认证经营者身份的认证程序中就出现了这样的情况。

二、经认证经营者身份

为了促进国际贸易,世界各地的海关组织都采用了经认证经营者(Authorized Economic Operator)身份规则。这是一个国际公认的质量标志,表明企业已采取某些保障措施来确保其供应链安全。拥有这种经认证经营者身份的企业享有多项好处,例如,受到更少的边境管制、拥有优先处理权以及获得货物被实施管制时的通知。经认证经营者证书由原产国海关颁发,但其包括企业的自我评估和对内部控制管理体系的第三方认证。虽然经认证经营者身份对边境管制具有重要影响,但之前的研究表明,它不一定是供应链安全管理的可靠指标。例如,在一项关于废物运输的研究中,比斯科普(Bisschop,2016)发现经认证经营者证书有时会被颁发给不符合原产国条件的公司或个人。在一项关于鹿特丹港毒品犯罪的研究中,学者们(Staring, Bisschop, Roks, Brein & Van de Bunt,2019)表明该系统并非无懈可击,因为调查显示一些持有经认证经营者证书的公司涉及了毒品走私问题。

三、所涉及数据的量级

除了数据可靠性外,来自不同行为体的海量合规数据构成了政府的另一个挑战。合规数据不仅包括检查数据,如检查者的观察数据、官方对事件的监测数据或污染登记数据,还包括企业内部合规管理系统产生的数据、第三方监管机构的审计报告、公民或消费者的投诉以及在许多复杂和动态的市场中,来自其他各种公共机构的数据。因此,为了评估公共政策在多大程度上得到遵守,政府需要处理大量难以筛选且无法轻松比较和核实的数据。

此外,正如我们所见,受监管公司可能倾向于夸大其监管义务,尤其是在面临重大制裁风险的监管领域。例如,作为其反洗钱义务的一部分,银行必须监控金融交易,并在怀疑其客户参与不正常活动时提交所谓的可疑活动报告(Suspicious Activities Reports,SARs)。这些报告应基于特定的风险指标。欧盟反洗钱第四号指令引入了一项指标,以此对洗钱风险较高的国家进行分类。由于缺乏关于如何解释这一义务的指导,银行开始报告几乎所有与高风险国家有关的交易。因此,荷兰的金融情报机构(Financial Intelligence Unit,FIU)被大量相对并不重要的报告所淹没。2017 年至 2018 年间,银行的可疑活动报告数量从 22,789 件增加到 68,217 件(FIU,2019,p. 42)。因此,金融情报机构不得不承认它无法分析所有报告,并开始与立法者进行对话,以尝试从反洗钱要求中删除以国家作为风险分类的指标(FIU,2019,p. 21)。

收集的数据数量庞大、缺乏数据特异性以及数据核实难度高,都会妨碍对其进行有意义的评估,最终可能损害政府对公共政策实现程度的问责能力。正如金融犯罪执法局文件泄露事件所示,上述问题可能对相关政府部门造成严重后果。

四、金融犯罪执法局文件

2020 年 9 月 20 日,国际调查记者联盟(International Consortium of Investigative Journalists,ICIJ)与 BuzzFeed 新闻网和其他新闻媒体一起发布了所谓的“金融犯罪执法局文件调查报告”。[1] 该调查围绕美国财政部情报部门,即金融犯罪执法局(FinCEN)泄露的 2600 多份文件展开。这些文件包括来自全球银行的 2100 多份可疑活动报告。该报告指出,

---

〔1〕 www. icij. org/investigations/fincen-files/.

在1999年至2017年间,世界上最大的几家银行通过全球金融体系转移了大量非法资金,其中一些涉案人员已经因此前的违规行为被判缓刑。除了审查银行之外,该报告还批评了世界各地的监管机构和政府,因为尽管政府掌握了这些信息(通过这些可疑活动报告),但他们无法发现这些违规行为并采取行动。为了回应这些披露的问题,英国议会财政委员会已展开正式调查,并权衡政府监管机构和执法部门在防止洗钱方面的作用。英国议会财政委员会主席在一份声明中写道:"重要的是要让相关机构承担责任,并进行有效审查,以确保英国是一个干净的经商之地。"[1]此外,一些国家已宣布对其反洗钱政策进行重大改革。

五、所有权问题

最后,治理的去中心化和私有化意味着合规数据的所有权归属于私主体和企业。通过后设监管、基于风险的监管或强制性自我监管等形式,许多监管当局和侦查机构都依赖于受监管企业的配合和其提供的信息,以了解企业如何运作、如何组织合规、如何发挥内部控制作用及其结果。这也意味着,受监管企业至少在一定程度上可以自行决定何时、如何以及在多大程度上向政府报告其合规行为。例如,企业可以有选择性地报告内容,可以将问题框架化,从而将监管机构的注意力从更具结构性或更严重的合规问题中转移出来;在跨国市场中经营的企业可以选择在执行制度最宽松的司法管辖区报告违规行为。这样一来,合规数据的所有权就会影响政府是否能够将其以是否合规进行登记;这加剧了政府与企业之间已经存在的信息不对称问题。

此外,这可能会对不合规行为的执法产生影响。公司当然对自身(有时也包括供应链中的商业伙伴)所涉及不合规行为的性质、程度和作案手法有第一手的了解。在治理时代,由于检查能力有限,监管机构与受监管实体距离也更远,政府在没有第一手信息的情况下甚至可能难

---

[1] https://committees. parliament. uk/committee/158/treasury - committee/news/120234/committee-launches-new-economic-crimeinquiry/.

以发现某些违规行为。因此,政府试图通过提供宽松的执法、暂缓起诉协议或在不当行为案件中和解而不是认罪等方式,鼓励公司在违规行为被发现之前就自愿自行的进行披露。自愿性自我披露政策已经出现在多个政策领域,例如,环境执法(Pfaff & Sanchirico,2000;Short & Toffel,2008,2010);跨国公司贿赂(Lord,2013;Lord & Levi,2018;Søreide);以及洗钱(Bergström,2018;Warin et al.,2018)。以洗钱为例,就定义而言,洗钱活动很难被当局发现,因为它通常被正常的商业行为隐藏起来。因此,许多国家的反洗钱政策建立在金融机构等守门人的自我报告系统之上。反之,这些案件大多是通过暂缓起诉协议和企业和解协议来处理的(van Wingerde & Merz,2021)。向政府提供一些信息(即可以帮助更有效地解决案件的信息)也意味着企业可以此来进行谈判。然而,这些谈判往往是闭门进行的(Uhlmann,2013;Garrett,2014;Steinzor,2014),这使得公众更难对执法实践进行有效监督。正如上文所述,这最终可能会削弱政府对其政策负责的能力。

第五节　结　论

在日益多元化的关系中,是否遵守和如何遵守规章制度以及公共政策的影响程度等问题不仅更重要,也更复杂。本章讨论了政府在评估合规时面临的两个挑战,这个时代的特点一方面是私营部门更多参与到商业行为治理中;另一方面是治理责任的分散化。首先,治理转型意味着监管机构必须依赖来自各种公共和私人行为体的信息,这些行为体可能对合规有不同的理解。其次,这也意味着合规数据更难以核实,这最终也可能影响政府能够在多大程度上解释其政策目标的实现。因此,政府评估合规必须更多了解所有行为体如何进行合规的概念化和操作化,并批判性的评估私人行为体报告的合规数据。

当然,这些问题并不新鲜。在复杂多变的国内和国际市场中,负责评估合规的政府正不断创新，并推出了应对这些挑战的举措。比如，金融监管领域中出现了监管沙盒。监管沙盒是现有监管范围之外的金融技术新发展和创新的试验场。[1] 在监管沙盒中，公司可以在监管环境下试验新的金融技术和产品。其目标是在严格遵守金融法规的前提下，使公司既能够跟上创新的步伐，又能保护公众利益，例如，消费者保护。因此，这些沙盒允许政府和企业之间就如何在实践中对合规概念化和操作化进行双向对话。通过这种方式，这些沙盒说明了这样一个事实：由于新兴技术、创新以及经济或政治的发展，合规的含义在许多行业中不断演变。

此外，在经济合作与发展组织等国际机构的推动下，各个监管领域和司法管辖区的政府当局都在寻找能更好收集合规数据的方法，并将这些数据提供给其他机构（OECD，2018）。例如，所谓的“检查视图”方法，其旨在改善荷兰检查机构之间的合作和欧盟《通用数据保护条例》（GD-PR）证明数据的共享，并含有来自 50 多家监管机构和调查机构的 150 万次检查的数据。[2] “检查视图”最初旨在通过协调不同机构的检查规则与标准来最大程度减轻企业的监管负担，同时，其还实现了更有效的监督，因为监管机构可以使用和借鉴其他政府当局已有的检查结果。这可以帮助监管机构更好地了解企业的运营形式和企业在实践中的合规体系构建方式。此外，“检查视图”可以更好地分析各种监管问题的合规性。然而，此类举措的成功取决于数据的质量。荷兰审计法院（The Netherlands Court of Audit）于 2021 年得出结论，在“检查视图”记录环境检查和执法结果的部分数据中存在大量错误记录，并且不同基础数据库之间存在不一致。这些错误阻碍了对高危企业环境违规行为的执法。

然而，还有很多需要研究的地方，比如，人工智能、大数据分析、算法的使用、区块链和其他类型的分布式账本技术等新兴技术的作用等。这

---

〔1〕 www. europarl. europa. eu/RegData/etudes/STUD/2020/652752/IPOL_STU(2020)652752_EN. pdf.

〔2〕 www. toezine. nl/artikel/347/interessante-inspecties-inzien-dat-kan/.

些技术可以帮助实现（自动化）合规评估。然而，此类技术需要监管机构内的特定专业人才，而这些专业人才通常很难找到，政府经常与企业竞相引进人才。最后，未来的研究还应该包括治理模式的变化如何影响政府透明度和问责制的问题。总而言之，尽管我们生活在私主体越来越发挥重要作用的治理时代，但最终要为确保合规和维护公共利益负责的往往还是政府。

参考文献

Abbott, Kenneth and Duncan Snidal. 2009. The governance triangle: Regulatory standards institutions and the shadow of the state. In *The Politics of Global Regulation*. Princeton University Press, pp. 44–88.

Auld, Graeme. 2014. Confronting trade-offs and interactive effects in the choice of policy focus: Specialized versus comprehensive private governance. *Regulation & Governance*, 8(1), 126–48.

Ayres, Ian and John Braithwaite. 1992. *Responsive Regulation. Transcending the Deregulation Debate*. New York: Oxford University Press.

Baldwin, Robert and Julia Black. 2008. Really responsive regulation. *The Modern Law Review*, 71, 59–94.

Baldwin, Robert and Julia Black. 2016. Driving priorities in risk-based regulation: What's the problem? *Journal of Law and Society*, 43, 565–95.

Bardach, Eugine and Robert A. Kagan. 1982. *Going by the Book: The Problem of Regulatory Unreasonableness*. Philadelphia: Temple University Press.

Bartley, Tim. 2003. Certifying forests and factories: States, social movements and the rise of private regulation in the apparel and forest product fields. *Politics and Society*, 31, 433–64.

Bartley, Tim. 2007. Institutional emergence in an era of globalization: The rise of transnational private regulation of labor and environmental conditions. *American Journal of Sociology*, 113(2), 297–351.

Bergström, Maria. 2018. The global AML regime and the EU AML Directives: Prevention and control. In Clive Walker, Colin King, and Jimmy Gurulé, eds., *The Pal-*

grave Handbook of Criminal and Terrorism Financing Law. Cham, Switzerland: Palgrave Macmillan, pp. 33–56.

Bisschop, Lieselot. 2016. *Governance of the Illegal Trade in E–Waste and Tropical Timber: Case Studies on Transnational Environmental Crime*. London: Routledge.

Black, Julia. 2001. Decentering regulation: Understanding the role of regulation and self regulation in a "postregulatory" world. *Current Legal Problems*, 54, 103–47.

Black, Julia. 2010. Risk–based regulation. Choices, practices and lessons being learnt. In OECD, ed., *Risk and Regulatory Policy. Improving the Governance of Risk*. Paris: OECD Publishing, pp. 185–236.

Black, Julia and Robert Baldwin. 2010. Really responsive risk–based regulation. *Law & Policy*, 32, 181–213.

Börzel, Tanja and Thomas Risse. 2010. Governance without a state: Can it work? *Regulation & Governance*, 4, 113–34.

Braithwaite, John. 2005. Neoliberalism or regulatory capitalism. RegNet Occasional Paper No. 5, Geraadpleegd op 21 juni 2012. http://ssrn.com/abstract=875789.

Braithwaite, John. 2008. *Regulatory Capitalism. How It Works, Ideas for Making It Work Better*. Cheltenham, UK: Edward Elgar.

Cashore, Benjamin, Graeme Auld, and Stefan Renckens. 2011. The impact of private, industry and transnational civil society regulation and their interaction with official regulation. In Christine Parker and Vibeke Lehmann Nielsen, eds., *Explaining Regulatory Compliance. Business Responses to Regulation*. Cheltenham, UK: Edward Elgar, pp. 170–95.

Cliff, Gerald and April Wall–Parker. 2017. Statistical analysis of white–collar crime. *Oxford Research Encyclopedia, Criminology and Criminal Justice*. doi: 10.1093/acrefore/9780190264079.013.267.

Coglianese, Cary and David Lazer. 2003. Management–based regulation: Prescribing private management to achieve public goals. *Law & Society Review*, 37(4), 691–730.

Coglianese, Cary and Jennifer Nash. 2001. *Regulating from the Inside: Can Environmental Management Systems Achieve Policy Goals?* Washington, DC: Resources for the Future.

Coglianese, Cary and Jennifer Nash. 2006. *Leveraging the Private Sector: Management–Based Strategies for Improving Environmental Performance*. Washington, DC: Resources for the Future.

Crawford, Adam. 2006. Networked governance and the post – regulatory state? Steering, rowing and anchoring the provision of policing and security. *Theoretical Criminology*, 10(4), 449–79.

Edelman, Lauren B. 2007. Overlapping fields and constructed legalities: The endogeneity of law. In Justin O' Brien, ed., *Private Equity, Corporate Governance, and the Dynamics of Capital Markets Regulation*. Singapore: World Scientific Publishing Co., pp. 55–90.

FIU–the Netherlands. 2019. *Annual Report* 2018. www. fiu–nederland. nl/sites/www. fiu–nederland. nl/files/documenten/fiu–thenetherlands_annual_report_2018. pdf.

Garrett, Brandon L. 2014. *Too Big to Jail. How Prosecutors Compromise with Corporations*. Cambridge, MA: Harvard University Press.

Gibbs, Carole and Sally Simpson. 2009. Measuring corporate environmental crime rates: Progress and problems. *Crime, Law and Social Change*, 51(1), 87–107.

Gilad, Sharon. 2010. It runs in the family: Meta–regulation and its siblings. *Regulation & Governance*, 4(4), 485–506.

Grabosky, Peter. 1995. Using non – governmental resources to foster regulatory compliance. *Governance: An International Journal of Policy and Administration*, 8(4), 527–50.

Grabosky, Peter. 2013. Beyond *Responsive Regulation: The expanding role of non–state actors in the regulatory process. Regulation & Governance*, 7, 114–23.

Gulbrandsen, Lars H. 2010. Transparency in nonstate certification: Consequences for accountability and legitimacy. *Global Environmental Politics*, 10(3), 97–119.

Gulbrandsen, Lars H. 2014. Dynamic governance interactions: Evolutionary effects of state responses to nonstate certification programs. *Regulation & Governance*, 8(1), 74–92.

Gunningham, Neil. 2009. Environmental law, regulation and governance: Shifting architectures. *Journal of Environmental Law*, 21(2), 179–212.

Gunningham, Neil and Richard Johnstone. 1999. *Regulating Workplace Safety. Systems and Sanctions*. Oxford: Oxford University Press.

Gunningham, Neil and Darren Sinclair. 1999. Regulatory pluralism: Designing policy mixes for environmental protection. *Law & Policy*, 21(1), 49–76.

Gunningham, Neil and Darren Sinclair. 2009. Organizational trust and the limits of management–based regulation. *Law & Society Review*, 43(4), 865–900.

Gunningham, Neil, Martin Philipson, and Peter Grabosky. 1999. Harnessing third parties as surrogate regulators: Achieving environmental outcomes by alternative means. *Business, Strategy and the Environmen*t, 8(4), 211–24.

Johnston, Les and Clifford Shearing. 2003. *Governing Security: Explorations in Policing and Justice*. New York: Routledge.

Kourula, Arno, Jeremy Moon, Marie–Laure Salles–Djelic, and Christopher Wickert. 2019. New roles of government in the governance of business conduct: Implications for management and organizational research. *Organization Studies*, 40(8), 1101–23.

Krawiec, Kimberly. 2003. Cosmetic compliance and the failure of negotiated governance. *Washington University Law Quarterly*, 81, 487–544.

Levi–Faur, David. 2005. The global diffusion of regulatory capitalism. *The Annals of the American Academy of Political and Social Science*, 598(1), 12–32.

Levi–Faur, David and Sharon Gilad. 2004. The rise of the British regulatory state: Transcending the privatization debate. *Comparative Politics*, 37, 105–24.

Lobel, Orly. 2004. The Renew Deal: The fall of regulation and the rise of governance in contemporary legal thought. *Minnesota Law Review*, 89, 342–470.

Lord, Nicholas. 2013. Regulating transnational corporate bribery: Anti – bribery and corruption in the UK and Germany. *Crime Law Soc. Change*, 60, 127–45.

Lord, Nicholas and Michael Levi. 2018. In pursuit of the proceeds of transnational corporate bribery: The UK experience to date. In*The Handbook of Criminal and Terrorist Financing Law*. Cham, Switzerland: Palgrave Macmillan, pp. 621–48.

Marx, Axel. 2013. Varieties of legitimacy: A configurational institutional design analysis of eco-label. *Innovation: The European Journal of Social Science Research*, 26 (3), 268-87.

Marx, Axel and Jan Wouters. 2015. Competition and cooperation in the market of voluntary sustainability standards. UNFSS Discussion Papers, no. 3. unfss-dp-no-3-final-version-15april_full. pdf.

Mascini, Peter and Judith van Erp. 2014. Regulatory governance: Experimenting with new roles and instruments. *Recht der Werkelijkheid*, 35(3), 3-11.

McBarnet, Doreen. 2001. When Compliance Is Not the Solution but the Problem: From Changes in Law to Changes in Attitude. In Centre for Tax System Integrity, The Australian National University, Working Paper No. 18. https://openresearch-repository. anu. edu. au/bitstream/1885/41635/2/WP18. pdf.

Netherlands Court of Audit. 2021. An Invisible Problem. https://english. rekenkamer. nl/latest/news/2021/01/20/data-errors-hamper-enforcement-of-environmental-rules.

NPPS. 2018. *Investigation Houston. Criminal Investigation into ING Bank N. V. Statement of Facts and Conclusions of the Netherlands Public Prosecution Service*. www. om. nl/vaste-onderdelen/zoeken/@ 103952/ing-pays-775-million/.

OECD. 2018. *OECD Regulatory Enforcement and Inspections Toolkit*. Paris: OECD Publishing.

Ostrom, Elinor. 2010. Beyond markets and states: Polycentric governance of complex economic systems. *American Economic Review*, 100(3), 641-72.

Parker, Christine. 2002. *The Open Corporation: Ef ective Self-Regulation and Democracy*. Cambridge, UK: Cambridge University Press.

Parker, Christine and Sharon Gilad. 2011. Internal corporate compliance management systems: Structure, culture and agency. In Christine Parker and Vibeke Lehmann Nielsen, eds., *Explaining Regulatory Compliance. Business Responses to Regulation*. Cheltenham, UK: Edward Elgar, pp. 170-95.

Parker, Christine and Vibeke Nielsen. 2009. The challenge of empirical research on business compliance in regulatory capitalism. *Annu. Rev. Law Soc. Sci*. 5, 45-70.

Pfaff, Alexander S. P. and Chris W. Sanchirico. 2000. Environmental self-auditing：Setting the proper incentives for discovery and correction of environmental harm. *Journal of Law，Economics，and Organization*，16，189–208.

Potoski，Matthew and Aseem Prakash. 2011. Voluntary programs，regulatory compliance and the regulation dilemma. In Christine Parker and Vibeke Lehmann Nielsen，eds.，*Explaining Regulatory Compliance. Business Responses to Regulation*. Cheltenham，UK：Edward Elgar，pp. 245–62.

Rhodes，Roderick A. W. 1996. The new governance：Governing without government. *Political Studies*，44，652–67.

Scheltema，Martijn. 2014. The need for an integrated comparison of the effectiveness of international sustainable forestry，coffee and cocoa initiatives. *Recht der Werkelijkheid*，35(3)，134–57.

Scheltema，Martijn. 2016. Balancing public and private regulation. *Utrecht Law Review*，12(1)，16–31.

Schneiberg，Marc and Tim Bartley. 2008. Organizations，regulation，and economic behavior：Regulatory dynamics and forms from the nineteenth to twenty–first century. *Annual Review of Law and Social Science*，4(1)，31–61.

Scott，Colin. 2004. Regulation in the age of governance：The rise of the post–regulatory state. In Jacint Jordana and David Levi–Faur. *The Politics of Regulation：Institutions and Regulatory Reforms for the Age of Governance*. Cheltenham，UK：Edward Elgar，pp. 145–74.

Shamir，Ronen. 2010. Capitalism，governance，and authority：The case of corporate social responsibility. *Annual Review of Law and Social Science*，6，531–53.

Shamir，Ronen. 2011. Socially responsible private regulation：World–culture or world–capitalism? *Law & Social Inquiry*，45(2)，313–36.

Shearing，Clifford and Jennifer Wood. 2003. Nodal governance，democracy，and the new "denizens." *Journal of Law and Society*，30，400–19.

Short，Jodi and Michael Toffel. 2008. Coerced confessions：Self–policing in the shadow of the regulator. *The Journal of Law，Economics，& Organization*，24(1)，45–71.

Short，Jodi and Michael Toffel. 2010. Making self–regulation more than merely symbolic:The critical role of the legal environment. *Administrative Science Quarterly*,55(3),361-96.

Short,Jodi L.,Michael W. Toffel,and Andrea R. Hugill. 2014. Monitoring the monitors:How social factors influence supply chain auditors. *Strategic Management Journal*. https://repository.uchastings.edu/faculty_scholarship/1194.

Søreide,Tina and Abiola Makinwa. 2020. *Negotiated Settlements in Bribery Cases:A Principled Approach*. Cheltenham,UK:Edward Elgar.

Staring,Richard,Lieselot Bisschop,Robby Roks,Elisabeth Brein,and Henk van de Bunt. 2019. *Drugscriminaliteit in de Rotterdamse Haven:Aard en Aanpak van het Fenomeen.* (*Drugcrime in the Port of Rotterdam*). The Hague:Boom criminologie.

Steinzor,Rena. 2014. *Why Not Jail?:Industrial Catastrophes,Corporate Malfeasance,and Government Inaction*. Cambridge,UK:Cambridge University Press.

Uhlmann,David M. 2013. Deferred prosecution and non-prosecution agreements and the erosion of corporate criminal liability. *Maryland Law Review*,72,1295-344.

UNFSS. 2013. *Voluntary Sustainability Standards. Today's landscape of issues and initiatives to achieve public policy objectives*. United Nations Forum on Sustainability Standards 3rd Flagship Report of the United Nations Forum on Sustainability Standards (UNFSS).

UNFSS. 2020. *Scaling up Voluntary Sustainability Standards through Sustainable Public Procurement and Trade Policy*. 4th Flagship Report of the United Nations Forum on Sustainability Standards(UNFSS). https://unfss.org/wp-content/uploads/2020/10/UNFSS-4th-Report_revised_12Oct2020.pdf.

van Rooij,Benjamin,Rachel Stern,and Kathinka Fürst. 2015. The authoritarian logic of regulatory pluralism:Understanding China's new environmental actors. *Regulation & Governance*,10,3-13.

van Wingerde,Karin and Anna Merz. 2021. Responding to money laundering across Europe:What we know and what we risk. In Nicholas Lord,Eva Inzelt,Wim Huisman,and Rita Faria,eds.,*European White-Collar Crime. Exploring the Nature of European Realities*. Bristol:Bristol University Press,pp. 103-21.

Vandenbergh,Michael. 2007. The new Wal-Mart effect:The role of private contracting in global governance. *UCLA Law Review*,54,913-64.

Verbruggen,Paul. 2014a. *Enforcing Transnational Private Regulation. A Comparative Analysis of Advertising and Food Safety*. Cheltenham,UK:Edward Elgar.

Verbruggen,Paul. 2014b. Regulatory governance by contract:The rise of regulatory standards in commercial contracts. *Recht der Werkelijkheid*,35(3),79-100.

Vogel,Steven K. 1996. *Freer Markets,More Rules. Regulatory Reform in Advanced Industrial Countries*. New York:Cornell University Press.

Walburg,Christian. 2015. The measurement of corporate crime,an exercise in futility? In Judith van Erp,Wim Huisman,and Gudrun Vande Walle,eds. ,*The Routledge Handbook of White-Collar and Corporate Crime in Europe*. London:Routledge, pp. 25-38.

Warin,Joseph,Kendall Day,Stephanie Brooker et al. 2018. To disclose or not to disclose:Analyzing the consequences of voluntary self-disclosure for financial institutions. Compliance and Enforcement NYU Blog. https://wp. nyu. edu/compliance_enforcement/2018/07/17/to-disclose-or-not-to-disclose-analyzing-the-consequences-of-voluntary-self-disclosure-for-financial-institutions/.

Wood,Jennifer and Clifford Shearing. 2013. Imagining Security. London:Routledge.

第四章　理解幂律分布在合规中的作用

托德·霍

第一节　引　言

2019年4月，美国司法部刑事司发布了一份名为《企业合规机制评估》的指南文件（US Department of Justice，Criminal Division，2019）。尽管该指南借鉴了大约两年前起草的一套更简化的问题清单，但这被认为是多年来关于检察官应如何评估公司合规机制的第一套“新”指令（Kelly，2019）。[1] 在合规领域这显然是一件大事，类似于美国职业棒球大联盟宣布它已经发布了关于击球区的新的指导意见。正如一位评论员所说的那样，合规专业人士将会“像痴迷于上周日《权力的游戏》电视剧那一集一样沉迷于它”（Kelly，2019）。

调查结果显示，当检察机关对某企业进行刑事调查时，要考虑大约100个问题，列在共18页的文本中（现在增加到了20页）。根据刑事司的说法，这些问题

[1] 该指南于2020年6月再次更新。

是为了帮助检察官就企业合规机制是否有效做出明智的决定——这一核心问题源于1991年的《组织体量刑指南》(Organizational Sentencing Guidelines),该指南现在仍在继续激励着大多数企业的合规工作。上述文件的作用在于,针对相关问题的答案将使检察官得出更明确的结论,是应该对该公司提出刑事指控,还是采取一些较轻的行动,什么样的惩罚可能是适当的,以及在未来可能需要如何改革和监控该企业合规机制。

那么,究竟是什么调查揭示了这一切呢?刑事司提出的100个问题是分子问题组织的,而这些子问题又是按三大类组织的,也是按问题提出的。但比个别问题更重要的是他们的关注点。第一类与企业合规机制是否设计良好有关。这一类别下的所有子问题旨在了解公司是否正确评估了自身风险,并设计了相应的合规机制。换句话说,该指南明确指出,合规机制应以风险控制为重点,并根据内部风险评估进行调整,关注点从业务运营、行业部门、市场压力到商业伙伴、外国政府参与和第三方支付。

这种对风险的关注是值得欢迎的。许多合规界人士主张企业采取基于风险的方法(Chen,2019;Pellafone,2019)。一些人多年来一直在争论以此替代标准的“刑事化方法”,这样做往往会导致企业在丑闻发生后才开展强制性合规培训(培训的重点通常是员工不一定需要知道的法律规则),而项目更应该前瞻性地关注行为风险——来自员工行为的风险(Haugh,2017a)。

但问题在于,即本章所提出的一个观点:尽管刑事司的新指南及其对风险的关注值得肯定,但大多数公司具体测量或实现有效合规的方式不太可能因此而有太大的变化。原因在于,如果仅仅依靠上述指南,而没有更多的推动的话,实际上不会改变任何一个大多数合规机制所依据建立的关键假设。

大多数企业都围绕着一种信念来构建他们的合规机制(不管是有意识的还是无意识的)——即防止合规失败的发生。根据一个典型的员工违规行为模型,该员工违规行为与一些平常违规行为有关。换句话说,绝大多数的合规机制旨在识别员工通常的违规行为,这些行为导致了通常的伤害,无论这些行为对组织有什么影响。

举例来说,大多数企业都要求就礼品、娱乐和款待政策进行全面培训,然后通过员工调查和组织审计来监督培训。目标是找出那些不遵守规则的员工。当发现违规行为时,个别违规者会受到警告,并下令进行更广泛的培训,以确保每个人都真正理解政策,然后重复这个过程。这种方法范围广泛而内容一致,以捕捉那些被认为是游走在公司中的少数规则破坏者。

不幸的是,这种合规方法没有考虑到组织中的错误行为实际上是如何发生和传播的。而且,更重要的是,它导致了这样一种情况:合规工具的目的是防止典型的合规失误遍布整个公司,而忽略了更重要的合规风险的驱动因素,这些风险来自聚合的、相互关联的不当行为。这一假设隐含在合规机制的构想中,但也由监管机构延续。在过去 30 年里,监管机构主要以合规机制的广度和一致性为基础,而没有考虑它们是否真的改变了员工的行为,防止了构成最大社会风险的行为。这是《组织体量刑指南》的基本信息,也是刑事司新指南的主要内容。

与这些普遍的假设相反,商业中的不道德行为,与其他方面的不道德和非法行为一样,往往遵循着不同的模型。不道德行为可以根据"厚尾"或"幂律"分布发生,在这种分布中,波动性是常态。这意味着相关合规失误的频率和强度可能远非典型。这种波动性是个人道德决策如何与公司内部的社会和组织网络相互作用的产物。其结果是,公司往往过于关注组织内孤立的违法者,试图发现和阻止典型过失,而对"少数掌握权力者"的关注则不够,即那些在公司内部有能力从整体上加剧合规风险的人。这些人增加了合规风险,有可能真正伤害到公司和其他员工,并最终伤害整个社会。

幸运的是,改变我们关于合规失误如何发生和传播的假设,也可以改变我们测量合规有效性的方式,并让我们可以更细致地准备进行测量合规有效性的工具。如果合规风险是道德决策所带来的一个结果,那么监测出它是如何通过社会和组织网络传播的就必须成为合规工作的重点。因此,企业可以采取三个相关的步骤来更有效地实施他们的合规机制。

第一,企业需要更好地了解组织中谁具有更高的道德决策风险。目前一些旨在探索与遵循道德和规则相关的决策倾向的诊断方法在此提供了一些认识。然而,一种可能更好、更有针对性的方法是借助一种经过验证的调查工具,它可以识别每个员工的道德决策风险,因为它与员工工作的企业有关。本章将对作者正在进行创建的这样一个工具进行概述。

第二,企业应该识别出高风险、高影响力的员工,并更密切地监控他们,因为他们才是真正的风险制造者,他们的行为将使企业道德风险倍增。这些造成道德风险影响的人员同样也影响着他人的决策,因此,他们的影响超越了层级制度和地位,可以决定群体性的非合规行为出现的频率和强度。了解组织中的"少数掌握权力者"是谁,对有效的合规工作至关重要。以这种方式审视合规风险不仅有助于完善现有的合规工具以使其更加有效,也有助于实现真正的预防性干预措施。

第三,前面的两个步骤都表明了收集特定合规数据的重要性。在一本关于合规评估的书中有一章为此内容并不奇怪。然而,关于合规性的良好数据很难获得,更不用说由于道德影响所带来的个人和团体行为风险了。本章最后将呼吁相关方在这一领域收集更多数据,同时也会建议公司将如何使用他们可能已经拥有的数据,以便更准确地了解他们所面临的行为风险。反过来,企业和合规专业人士可能会发现,合规所嵌入的内在假设可能会阻碍其主要目标的实现——即在美国司法部刑事司新指南中所强调的目标。

第二节　合规现状及组织量刑指南的遗留问题

要考虑合规基础上假设的缺陷,就要从对当前合规状态的讨论入手。这就需要讨论什么是合规,换句话说,是如何对它进行定义的。这可能不像人们想象的那么简单,但它仍然是一个重要的起点,因为合规的定义在很大程度上决定了它的实践方式,而实践植根于它们所基于的假设,即本章打算挑战的假设。

如果你问一群合规研究者或专业人士,他们是如何定义他们的领域的,你可能会遇到一个轻微的停顿,每个人都可能会沉默片刻。这是思考合规所遇到的固有的困难之一,这样的困难当然也包括在组织中将这样一种定义付诸实践。合规的内涵非常大,涵盖了大量的领域。几乎每家公司都存在一些合规问题,例如,人力资源、支付管理和数据隐私等,而由此来看,不同公司之间合规问题的差异也可能很大(Fox,2017)。例如,对美国铝业公司(Alcoa)来说,在重型机械周围工作的工人的人身安全是一个极其重要的合规问题,而对德勤(Deloitte)这样的金融服务和咨询公司而言就没那么重要(Agle,Miller, & O'Rourke,2016)。[1]

跨国公司必须非常关心《反海外腐败法》的内容,而一家在本地开展业务的美国公司可能永远也不会与外国政府官员接触。因此,即使是将确定合规的实质性范围作为一个初始问题,也可能是非常棘手的。

此外,对于合规而言,其仅是一个要求履行法律义务,还是包含更广泛的道德和企业文化的概念,在历史上一直存在争论。合规的第一次迭代——有人称之为合规 1.0——局限于关注公司面临的法律义务,并遵循以律师为中心的法律主义思维模式(Boehme,2019)。合规 2.0 则是以原则为基础,强调功能重于形式。它的重点是行为和文化因素,其理念是,在组织中创建一种"合规文化",将"使人们避免从事不符合他们身份的不当行为"(Miller,2018)。这也可以被认为是一种在公司内部形成积极的集体规范的努力。现在,规范的生成和执行被许多公司视为其合规机制的主要目标之一,但仍有一种趋势在定义合规时是默认以法律主义为依据(Griffith,2016)。折衷方案是在定义中包含这两个概念,并

〔1〕 尽管如此,在新型冠状病毒疫情影响下的时期,工人的健康安全已经成为几乎所有公司的合规问题(Quinlan,2020)。

进一步扩大其范围。

然后是合规工具的问题。与其说合规是一件具体的事物,倒不如说它是一种存在状态——一个员工,乃至整个公司,遵守或不遵守一系列规则、规章和规范。大多数公司认为保持合规的方式是提出一套可遵守的协议。当一个实体违规时,一组新的协议就会生效。因此,当被要求定义合规时,问题就变成了答案中应该包含多少用于实现它们的协议和工具。合规的主要领域——员工教育、监督和执行——以及在这些领域中众所周知的使用工具——行为准则、求助热线、审计、训诫等——在这个领域已建立得很好并根深蒂固,所以它们经常被添加到合规的定义中。

这也是抽象定义所带来的复杂性,其与第一个挑战有关。为了以任何有用的方式定义合规,我们必须进行概括。这是学者和实践者的自然产物,他们只是试图抓住一个快速增长和不断扩大的领域,并对它加以定义,以期获得更广泛的发现。然而,随着这些抽象化定义不断被重复验证,不同定义之间的细微差别就消失了。但用于具体工作中的定义开始变得非常模糊,以至于它们在具体工作中被更少的提及。

因此,与其从身处该领域的人那里去征求合规的定义,不如提出一个定义。虽然这也会遇到刚才提到的许多问题,但也会产生一些共识,为讨论其基础假设提供一个有用的起点。因此,我们认为合规的定义应做如下解释:

合规是组织为阻止违法行为而采取的一个政策和程序体系。它的目的是帮助员工,通常通过创建、促进和执行程序,使他们更容易采取合规的行为,而不是违反组织规则、规章或规范。这是通过教育和培训政策和程序来监督员工和第三方,以及当出现违规行为时,通过执行规则来实现合规的。如果所有这些都做得很好,一个组织可能会拥有道德伦理和遵守规则的文化,从而减少因违法行为而要承担的法律责任,并在市场上获得积极利益。

尝试创建一个可行的定义是很重要的。它使我们能够从对合规最基本的理解出发,但上面草拟的定义也很快地突出了该领域目前的局限性。一旦我们开始接受这样一个定义及其常见的内在机制与工具,我们对合规是什么(以及可以是什么)的想象就会受到限制,但我们更倾向于接受定义中包含的所有假设。这不仅仅是一个思想实验或修辞策略——合规充满了似乎很容易传播的假设。主要表现是,尽管合规行业蓬勃发展,大多数企业合规部门的规模不断扩大(Economist,2019),但在我们定义中提到的用以实现合规的工具几十年来几乎都没有改变。这些工具几乎总是在公司内部和公司之间得以相似的采用。虽然这种情况可能有充分的理由,但它也可能表明,我们只是简单地接受了现状,而没有进行批判性的考察。

首先要考虑如何在公司内部统一应用合规工具。如果我们暂时把重点放在培训上,它的主要工具是企业行为准则,它让员工记住他们能做什么和不能做什么。几十年来,行为准则的形式大同小异,但它们的效力远非具有决定性的(O' Fallon & Butterfield,2005)。在大多数公司,无论员工的职位如何,都会向其提供相同的行为准则(Biegelman,2008)。这就需要相关部门在制定法律时,提出"高层次的优先事项和愿望",并对如何遵守法律作出标准化的解释(Boutros,Funk, & O' Reilly,2016,p. 177)。虽然可能会有一些变化,但每一位员工收到的主要指导基本上是通用的。

对这些行为准则的现场培训和线上培训也是如此。许多大公司会根据员工在公司的工作年限来安排培训。例如,公司可能会说:这是我们培训计划的第二年,所以(每个人)都能得到指定的反垄断基础知识和隐私保护培训(Pellafone,2017,p. 17)。监督与执行也遵循了类似思路。在统一应用的实践中,举报热线、付款和报销审计及对不当行为进行调查的发生方式被不断加以规范。

人们可能期望合规工具具有高度的一致性,毕竟,预算和时间的压力总是会促使人们留下那些没有明显被损坏的东西。然而,这种思路的一个明显问题是,当前的合规工具是否真的有效果尚不确定。与最近的执法行动相关的头条新闻表明并非如此（Barbarino，2020），研究表明，问题可能比预期的要严重（Soltes，2019，pp. 931-2），但事实是我们并不能真正知道。如果没有一个衡量公司内部不法行为的基本比率，就不可能确定任何特定的合规工具会基于特定原因而产生效果。

这就是下一个问题如此令人困惑的原因，即各公司中均可见到的合规方法的高度一致性。合规的主要工具，以及前面描述的形式，可能在美国的几乎每一家大公司都能找到。事实上，公司董事会成员有时会被警告说，他们“应该预料到（他们的）公司会使用标准的合规工具（行为准则、流程、热线等）”；如果没有的话，可能会发生问题（Pellafone，2018）。但调查显示，董事会成员没什么好担心的。大多数公司使用相同的基础工具，而且往往是以相同的方式来应对合规失误（Deloitte，2017，p. 11）。虽然监管机构表明，不存在“一刀切”的合规机制——刑事司的新指导意见中重申了这一观点——但现实是，在大多数公司中，合规机制看起来都非常相似（Bodolica & Spraggon，2015，pp. 461-2）。

一个显而易见的问题是：为什么合规机制存在如此稳定的同质性？如果真如刑事司所说，一个有效的合规机制可以成为公司是否受到刑事指控和受到何种惩罚的决定因素，那么企业就有动力进行创新。一家处于合规创新前沿的公司与其他公司相比，将有显著的竞争优势（Bird & Park，2017，p. 289）。至少，创新可能会降低合规成本——包括直接罚款和诉讼费用，以及公开的不当行为造成的声誉损害——再次创造一个市场优势（Bird & Park，2017，pp. 286-7；Ponemon Institution，2011）。

对缺乏合规创新的一种解释是，其他的激励措施也在起作用。尽管目前的指导方针优先考虑了个性化的风险评估，但通用的合规工具和实践是在截然不同的历史背景下发展起来的。现代的合规实践已经被一种单一的影响所驱动，即《组织体量刑指南》（以下简称为《指南》）及其对有效合规机制的表述（Haugh，2017a，pp. 1224-30）。

任何遵守该准则的人都知道该《指南》，但这里有几点值得一提。第一，《指南》的真正力量来自它们的结构，这促进了在上文已经讨论过的合规一致性。在 1991 年《指南》通过之前，企业对合规性的理解主要是适用于其行业，以及适用于其业务实践的少数法律法规。换句话说，合规是临时性的。《指南》的目的是使合规性广泛适用于所有公司，无论其行业或经营情况如何，都"值得重点关注"(Bird & Park，2017，p. 212)。《指南》通过创建一个框架来实现这一点，在员工不可避免地犯下错误时，该框架减轻了企业的责任，从而调和了部分转承责任。如果一个公司采取措施预防和发现犯罪行为，并"促进形成鼓励道德行为的一种组织文化"，它可以大大减少其潜在的惩罚，甚至完全避免被起诉[US Sentencing Commission，2018；§8B2. 1，8C2. 5(f)-(g)，C2. 6]。[1] 这个想法是为了把公司从希望员工表现良好的被动旁观者转变为在工作中主张道德行为的积极倡导者(Ethics Resource Center，2012，pp. 21-2)。

第二，《指南》的起草者对重新考虑合规的定义并不感兴趣；其目标仅仅是为了规定更大范围的合规。因此，有效的合规机制的标志来自企业已经在做的事情(Murphy，2004，pp. 700-2，704)。例如，《指南》要求一个有效的项目应建立"标准和程序"，其可进一步定义为"行为标准和内部控制"(US Sentencing Commission，2018，§8B2. 1cmt. 1)。该指南还要求企业"采取合理步骤定期沟通……(其)标准和程序"(§8B2. 1(b)(4)(A))。这是从法律语言的角度要求制定行为准则并对其进行培训。在《指南》通过时生效的其他常见合规工具也在其条款和应用说明中加以引用。[2] 《指南》的创新在于其结构，而不是其实质内容。

第三，《指南》的影响不仅反映在公司使用的合规工具上，还反映在

---

〔1〕 第 8 章 2. 1 节(Section 8 B2. 1)规定了公司拥有"有效"合规计划的要求：(1)制定"预防和侦查犯罪行为的标准和程序"；(2)对项目的各个层面都负有责任，并为项目管理者提供足够的项目资源和权力；(3)在招聘和分配人员担任具有重大权力的职位时进行"尽职调查"；(4)沟通标准和程序，包括各级培训的具体要求；(5)监督、审计和非报复性的内部指导/报告系统，包括对项目有效性的定期评估；(6)促进和执行合规和道德行为；(7)发现违规行为后，采取合理措施作出适当反应，防止进一步不当行为。

〔2〕 例如，《指南》要求为员工提供举报不当行为的"系统"——热线——以及定期审计，用以发现犯罪行为(US Sentencing Commission，2018，§8B2. 1(b)(5)(C)and at §8B2. 1(b)(5)(C))。

合规工具的使用方式上。请记住,《指南》的核心宗旨是让公司广泛地促进合规。他们强调,计划“应该在整个组织内持续推进和执行”,并且需要培训“管理当局成员、高级管理者、实质权力者、组织员工,以及适当的组织代理人”——基本上是公司内部和周围的每个人[§8B2.1(b)(4)-(6)]。监督还必须包括一个公开的“系统”,对所有“组织的员工和代理人”广泛开放,以便他们报告不当行为[§8B2.1(b)(4)]。毫不奇怪,正如前面所讨论的那样,公司已经创建了遵循这种全面方法的合规机制,旨在广泛而统一地应用于所有员工。虽然《指南》可能帮助公司内部和公司之间合规的快速增长,但这也留下了某种同质化的遗留问题——合规主要是由相同的公司以相同的方式使用相同的工具组成。这一传统不可能随着新指南的出台而在一夜之间改变;《指南》比美国司法部刑事司新的以风险为导向的合规方法领先了 30 年。其结果是,各公司正在实施以满足《指南》参数为重点的政策和计划,这些政策和计划有利于进一步广泛、统一的推广和应用合规工具。[1]

第三节 挑战合规性所依赖的假设——从典型至权力少数

《指南》在所提倡的合规方法中嵌入了一个假设,它贯穿于整个合规过程。如果目标是统一和广泛应用合规工具,则表明公司中正在发生某种不法行为,旨在通过这种方法进行补救。其重点似乎是消除“典型的”不法行为,即组织中通常发生的违反规则的行为,无论它们是什么,以及它们通常带来的损害。假设这种典型或通常的违规行为或多或少会随机出现在整个公司,并且没有真正的方法来预测谁可能要为此负责;与刑事司新指南的框架不同,这在很大程度上是一种风险不可知的

〔1〕 即使是司法部新的指导文件,其重点是风险和根本原因分析,在很大程度上也与指南相呼应(US Department of Justice,Criminal Division,2019,pp.1,3-4)。还有一个压倒性的关注过程,而不是人,这相当于关注违反规则,而不是不道德决策所带来的风险。

方法,因为它认为合规失误是独立的,在性质上是相似的,并对统一应用的合规工具作出回应。

无论公司还是合规团队是否意识到这一点,这种方法都假定违反合规是根据一个确定的统计概念发生的,即"正态分布"。正态分布的特征稍后将讨论,但关键是企业如何看待违规行为;也就是说,员工不良行为的发生符合一个可识别的且最终可管理的模式。在这种模式中,违反法规的情况会在整个公司中独立发生,但与典型情况没有太大差异。在这种情况下,最好的方法是以阻止典型过失为目的而广泛和一致地指导合规工作。换句话说,合规应该是以在整个组织内同时消除类似的失误为目的——以一种"霰弹枪"式的方法,而不是"神枪手"式的方法。

这种假设的唯一问题是它是错误的。大多数对公司构成重大风险的合规失误根本不遵循正态分布,而是遵循一个以波动性为常态的偏态分布。这与社会上其他类型的不道德和非法行为的发生和蔓延是具有相关性的。这意味着识别和打击违反合规行为的主要方法是建立在了一个错误模型上。因此,尽管为实现这些目标建立了各种架构,但合规注定无法实现其目标。

理解这一切的最好方法是比较合规可能运行的两个模型。让我们从目前大多数公司和监管机构采用的现行方法开始,即它是围绕正态分布组织起来的。当一系列事件聚集在平均值附近,而极端事件迅速消失时,就会出现正态分布。这体现在我们都知道的经典钟型曲线中——少部分事件在曲线左右两侧分布,而大部分事件集中在接近总体数量的平均比例的中间位置。正态分布大量存在于现实世界中,尤其是在自然科学方面的研究领域(Farber,2011,p. 923)。正态分布特别重要的一点是它可以用来进行预测。由于正态分布的特征在于具有平均值和标准差(与该平均值的离散程度),因此可用于准确估计概率。也就是说,当新事件发生或被识别时,它接近平均值的可能性有多大。[1]

---

〔1〕 之所以如此,是因为如果总体服从正态分布,那么大约68%的观测事件将落在平均值的一个标准偏差内;大约95%的观测事件将落在两个标准偏差之内(Easley & Kleinberg,2010,p. 544;"Normal Distribution,"2018)。

例如,如果我们知道美国男性的身高遵循正态分布(确实如此),并且我们知道美国男性的平均身高(约5英尺9英寸)和标准差(约3英寸),那么我们可以准确预测我们遇到的下一个男性的身高(Andriani & McKelvey,2009,p. 1063;Miessler,2019)。

虽然我们不能完全准确地预测他们的身高,但我们可以确信,他们的身高将在平均身高附近的一个狭窄范围内。是的,我们可能偶尔会遇到很高或很矮的人,但我们遇到的绝大多数人的身高都在平均身高数值增减的几英寸范围之内。这是真的,因为男性身高有一个稳定的平均值,它的方差或偏差离平均值很近(Miessler,2019)。以上述人类身高为例,上述现象在当一个事件的发生与其他事件无关时体现的尤其明显。

用合规人士更熟悉的术语来表达,可以考虑我们之前提到的"礼品、娱乐和款待"的例子。如果我们假设违反"礼品、娱乐和款待"政策遵循正态分布,我们将看到一个钟型曲线。对违规行为的随机抽样将显示一些不相关的小规模违规行为、一些较大规模的违规行为以及大量介于两者之间的违规行为。中间这一组是稳定的均值,方差很低。我们可以预测,下一次发现的"礼品、娱乐和款待"违规将与过去类似。这是特别有用的,因为它允许合规工具针对典型的违规行为——进行"礼品、娱乐和款待"政策的培训,进行现场审计以识别违规行为,以及对违规者进行训诫。它还允许重复使用合规工具,因为下一个违规行为可能看起来与上一个违规行为很相似。人们关心的主要问题是新的违规行为将在哪里出现,如果未来的违规行为看起来像以前发生的那样,那么用来阻止它的工具也应该如此。

几乎所有的合规都是围绕这个理念建立起来的。合规工具在公司内部和公司之间被统一应用的原因是,《指南》强制的要求使用它。而《指南》强制要求这样做的原因是,起草者认为违反法规的行为基本上都是一样的——一系列常见的违规行为会在整个公司独立出现,并产生通常的风险。解决此类合规问题的最佳方法是以广泛而一致的方式为公司提供合规工具。

富国银行(Wells Fargo)是美国历史上最大和最值得信赖的零售银行之一,它提供了反映这种心态的真实例证。每个人都知道富国银行最近的丑闻,其销售代表制造了数千个虚假客户账户以达到销售目标(Independent Directors of the Board of Wells Fargo & Company,2017)。关于富国银行腐朽的企业文化也有很多报道(Egan,2016),但更细致入微的观察表明,该公司的合规机制几乎以所有可观的标准来看都应当是合适的。它包含了根据《指南》和相关机构指令的有效计划的"标志"。例如,有一个广泛适用于员工的行为准则,其中规定了银行的价值观,并对员工进行了避免利益冲突、报告业务费用和遵守各种银行法规等主题的指导(Wells Fargo,2017,pp. 4,12,14-18)。此外,为防止不当行为,富国银行还采取了多种控制措施,包括完善的培训和监控计划,如制定了一项道德规范来指导银行员工关注如何发现和解决利益冲突。设立了举报热线,以向高级管理层通报违规行为。此外,高级管理层激励制度属于最佳做法的保护机制……包括与在企业文化中灌输公司愿景、对实现价值观相关行为的奖励、与风险管理相关的奖励、禁止对冲或质押股权奖励、股权奖励的退休保留条款以及在不当获得奖金的情况下追回和收回奖金的众多机制。(Tayan,2016)

此外,还有一些与交叉销售和维护客户账户相关的具体合规工作。员工手册中"明确指出,'分割客户存款并开设多个账户……被视为销售诚信违规'"(Tayan,2016)。在五年内,大约有 5300 名员工因违反账户的不当行为规定而被解雇(CNBC,2016)。这意味着富国银行所运行的合规制度在公司内部发现了 5000 多个独立的违规行为,并且解雇的违规者大多仅与一种行为有关。难怪富国银行当时的首席执行官约翰·斯坦普夫(John Stumpf)在该公司因合规机制不佳而受到批评时表示惊讶。在合规的三个主要领域——培训、监控和执行——富国银行的计划似乎正发挥其作用。那么,该公司到底出了什么问题,以至于它最终受到了零售银行史上最大的制裁之一,支付了 30 亿美元以解决因其针对客户进行的不当行为而引发的民事和刑事指控?(Flitter,2020)

答案来自对合规对比模型以及违规行为实际是如何发生的理解。这个模型是基于“厚尾”或幂律分布的概念。[1] 当事件偏离平均值时，并非经典的尾部急剧下降为零的钟型曲线，幂律分布的尾部会非常缓慢地下降。幂律最吸引人的地方在于，它没有典型的或普通的事件——可以有很多小事件，一些更大的事件，偶尔还有一些令人难以置信的大事件落在尾部(Farber,2003,p. 154)。[2] 如果一个特大事件发生，它会完全破坏了族群的平均值。图 4.1 显示了正态分布和幂律分布之间的区别。

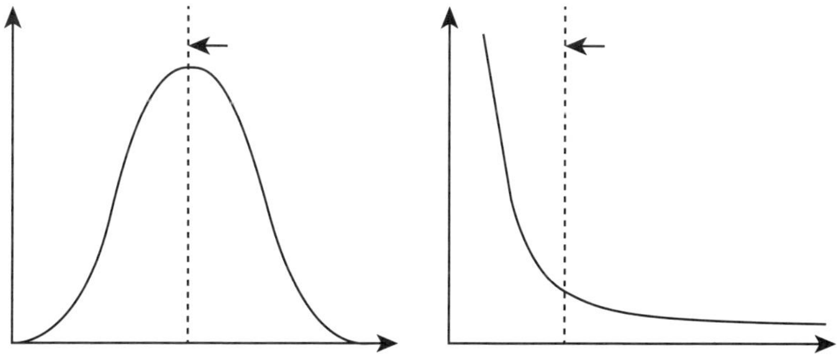

图 4.1 正态分布与幂律分布比较图

这意味着，按照幂律分布对族群进行概率估计几乎是不可能的。与正态分布不同，“不稳定均值、无限方差和更大比例的极端事件”并不异常；它们是意料之中的(O’Boyle,Jr. & Aguinis,2012,p. 80)。回到我们人类身高的例子，如果美国男性身高遵循幂律法则，“偶尔看到 100 英尺高的怪物走在街上，没有人会感到惊讶”。事实上，在“地球上的数十亿居民中，至少有一个人身高超过 8000 英尺”(Barábasi,2022,p. 67)。对典型身高或下一个人身高的准确预测就到此为止了。幂律分布根本不遵循与正态分布相同的规则——波动性才是它的标准。

好吧，你可能会说，但这与合规有什么关系呢？事实证明，尽管经常被忽视，但幂律分布和公司合规有着密切的关系。

---

〔1〕 虽然幂律分布只是“厚尾”分布的一种类型，但这两个术语在本章中是可以互换使用的。

〔2〕 有时这被称为“尾部风险”，或小概率事件将发生的风险。幂律分布的尾部风险比正态分布高得多，并且可能是灾难性的，这取决于它有多极端。

虽然人们可能会认为幂律是罕见的，但它们实际上在某些人群中很常见，尤其是那些有社会成分的特定人群。其原因是，当事件是发生在一种社会联系密切或受欢迎程度较高的人群中，会出现聚类现象（Easley & Kleinberg，2010，p. 546）。换句话说，在一些社会和组织网络中，当人们彼此接触时，他们会有“优先附着倾向”，与那些已经具有某种“高人气”的人聚集在一起。而且因为人们有模仿周围人行为的倾向，事件大小“随时间呈指数增长（2010，p. 548）”。网络研究者称之为“富人越富”效应，它解释了为什么社会组织活动——城市规模、财富分配和互联网架构遵循幂律法则（2010，p. 547；Buchanan，2002，p. 115）。从本质上来说，有一些具备优越社会关系的“核心人群”占据主导地位，并产生了资源的倾斜分布，颠覆了“平均事件”的观念。当试图预测下一次事件的规模时，也会相应地产生问题。很大程度上，合规、不道德和违法行为往往遵循这种分布类型。犯罪学家长期以来一直在犯罪数据中观察幂律规律。例如，在犯罪地点方面，一个城市中的大部分犯罪在少数街区发生，这一小部分街区消耗了大量的城市治安资源，而在该街区的一小部分建筑中发生了很大一部分的犯罪（Eck，Clarke，& Guerette，2007，p. 226；Sherman，2007，p. 302）。犯罪者和受害者的统计数据也是如此。研究表明，少数犯罪者犯下了大部分罪行，并获得了大部分的非法收益。这一发现适用于所有犯罪群体（Morselli & Tremblay，2010，p. 78；Sherman，2007，p. 302）。而且，还有一小部分犯罪受害者遭受了总侵害结果中的较大比例（Farrell，1995，p. 469）。事实上，大多数与犯罪相关的数据似乎都遵循幂律分布——值得注意的是，这也包括白领和公司犯罪（Benson & Moore，1992，p. 264；Liu & Eck，2008；Simpson，2011，p. 500）。

此外，行为伦理学研究者发现，同样的现象也会影响道德行为。关于欺诈现象的研究探讨了当一个人接触到与其有联系的其他人的不道德行为后，欺诈行为是否会增加。一系列研究发现，社会影响是道德行为的关键因素（Gino & Galinsky，2012，p. 23）。在一个实验中，研究者观察到，当参与实验的学生在看到同一学校的其他学生作弊后，更有可能在一项任务中作弊(Gino,Ayal, & Ariely,2009,p. 396)。但当参与者观察到非同校学生的作弊行为后,情况就并非如此了。另一项研究发现,当参与者感到与其他作弊的学生有“心理上的亲近感”时,学生参与者作弊的人数更多,并将自私的行为视为“不那么不道德或错误”(Gino & Galinsky,2012,p. 23)。综上所述,相关研究表明,人们经常“模仿群体内成员的行为”,用这种行为来证明自己的不道德行为的合理性(Moore & Gino,2013,p. 57)。

上述两个概念——由社会网络创造的权力法则和由社会关系传播的不道德行为——在马克·格兰诺维特(Mark Granovetter)的作品中结合在一起。社会学家和网络理论学家格兰诺维特对暴乱行为进行了·项经典研究。让格兰诺维特感兴趣的是,在一个看似任意的节点,暴乱是如何“快速出现”的,从低级的破坏规则到令人难以置信的破坏性群体事件(Granovetter,1978,p. 1422)。他相信这种潜在暴乱者,即那些在人群中徘徊的人,他们可能目睹了其他人的不法行为,对于加入群体的行为,他们有一定的“阈值”。每个人的阈值根据自己的个性和决定而不同,但当达到阈值时,他们会加入暴乱。

格兰诺维特建立了这种动态群体的数学模型,即在小组成员目睹了集体行动后,个体阈值是如何在群体中相互作用的(1978,p. 1427)。在对参与者的平均阈值进行基本假设后,格拉诺维特发现,暴乱者的数量并没有像大多数人所期望的那样均匀地建立起来——随着越来越多的人加入暴乱,一个又一个的阈值会达到。相反,正好在一个临界点,暴乱的规模会突然扩大(1978,p. 1427,fig. 2)。事实上,格兰诺维特的模型显示,暴乱规模在跨越某一特定临界点后会立即增加 7 倍——一个不可预测的坏行为的爆炸性增长(1978,p. 1427)。

格兰诺维特认为,活跃暴徒和潜在暴徒之间的关系可以解释这一现象。他认为,暴乱参与度的急剧增加是基于人际关系的产物而降低个人参加暴乱的阈值(1978,p. 1429)。换句话说,如果人群中只有一小部分人与那些积极参与暴乱的人是朋友,那么整体参与者的数量就会迅速飙升,同时造成的损害,包括事件规模及其影响将呈指数式增长(1978, p. 1429)。

格兰诺维特所建立的模型是,个体的道德决策如何受人际关系影响而产生幂律效应。他的发现对合规非常重要,因为它们表明,当一个犯错者和群体中的其他人之间存在一种内部关系时,其他人做出不良行为的阈值就会降低。如果一个或多个犯错者是连接许多群体成员的"枢纽",那么他们就拥有一种一次性降低许多阈值的巨大能力。这种动态使不法行为以不可预测和高度不稳定的方式传播,大大增加了损害风险。因此,这些"道德影响者"仅凭他们的身份就有可能制造极端的不当行为——他们有可能因为他们与组织内其他人的联系和影响而成为企业合规领域"100 英尺高的怪物"(Barábasi, 2002, p. 67)。同样,用合规专业人士熟悉的术语来说,我们之前关于下一次"礼品、娱乐和款待"违规的假设在幂律模型下与正态分布下完全不同。与其期待检测到一个独立的、典型的"礼品、娱乐和款待"违规行为,还不如关注模型中的波动性。我们还应该认识到集中的、相互关联的不当行为是产生这种波动性的根源。虽然我们对违规行为的随机抽样可能会显示出一些无关紧要的小规模违规行为,但这很可能只是揭示了可能对公司产生巨大影响的冰山一角。这取决于违反者之间的联系和不道德行为的传播程度。同样重要的是,用于应对这种新认识的合规风险的工具与《指南》所建议的有很大不同,因为全面应用合规工具并不能告诉我们问题的深度或在整个组织中的传播程度。换句话说,通常的合规方法无法识别一家公司所面临的真正风险。

这似乎是富国银行的真实故事。虽然将银行的问题归咎于破碎的销售文化和缺乏合规协议看起来比较简单,但这并不是对在富国银行发生的事件的完整解释。作为丑闻核心的违规行为实际上并没有渗透整个银行,当然一开始是没有这样的情况,这从而支持了这样一种观点:该公司被员工欺骗客户的文化所困扰。富国银行的大多数不当行为只发生在位于两个地区的分支机构——亚利桑那州和加利福尼亚州——而且由该银行的内部部门发现并处理，尽管处理得并不完善（US Department of Justice，Criminal Division，2019，pp. 15－16，22），但任何人都不会忘记，5300 名富国银行的员工因为不当行为而被解雇。

在富国银行事件中，真正被打破的是对合规机制本身的假设。富国银行的领导者未能理解的是，复杂组织中的不道德和不当行为不一定会以可预测的方式在整个公司中一个接一个地出现，原本预想的是可以通过传统的合规工具轻松管理它们。相反，他们可能会遵循一个深受人际关系影响的幂律模型。

基于一些关键地位的管理者的社会和组织地位，如社区银行部门主管嘉莉·托尔斯泰特（Carrie Tolsted）及其相近的高级管理者，他们的报告具有很大的影响力。当银行让分支机构员工面临高压销售策略时，不当行为开始蔓延，损害增加（US Department of Justice，Criminal Division，2019，p. 7）。就像显示犯罪热点地区的犯罪学数据一样，洛杉矶和亚利桑那州地区"引领了造假行为的潮流"（Weinberger，2017）。这两个地区的模式是相同的：与其他地区相比，这些地区开始时表现不佳，但在托尔斯泰特钦点的明星区域经理上任后即扭转局面。明星区域经理们教授和使用高压销售技巧，然后该地区的排名有所提高（US Department of Justice，Criminal Division，2019，pp. 24，25）。

然而，与此同时，随着个人零售领域的银行高级管理者开始伪造账目，银行员工中违反销售诚信的行为也在增加。在看到自己的朋友和同事操纵账户后，其他员工降低了自己不道德行为的阈值，这在银行内部引发了一场不法行为激增的混乱状况。因为富国银行的合规团队不能正确地概念化或测量风险，其合规机制根本没有能力识别这种人员间相互关联引发的合规失灵，这种失灵在享有银行集中权力的少数经理们的进一步影响下而呈指数级增长（Easley & Kleinberg，2010，p. 484）。[1]

〔1〕 富国银行对合规问题的认识与现实之间的脱节，可以从该行在处理虚假账户方面一再出现的失误中看出。例如，首席执行官约翰·斯坦普夫曾表示，他"真的很同情嘉莉·托尔斯泰特和她的团队，因为我们在这个领域做得非常好。"（US Department of Justice，Criminal Division，2019，p. 55）

他们被包括他们对自己在内的组织中所发生的不当行为的设想所蒙蔽,让他们对自己的垮台视而不见。

第四节 幂律法则的含义:企业合规动态

前一节提供了企业合规需要考虑的一个修正假设。尽管长期以来的观点认为,合规失误是按照正态分布发生的,这一观点被公司和监管机构所接受,但犯罪学、行为学和网络研究表明,合规失误同样可能遵循由社会和组织联系引起的幂律分布。这种理解对合规的理论和实践都具有重要意义,并为研究企业不当行为的问题提供了一种新的方法。

让我们从合规理论开始。作为一个初始问题,目前还没有可供统一采用的合规理论基础。事实上,该领域的一位顶尖学者曾评论说,合规是一个“没有完全概念化,也不完全能理解”的话题(Miller,2014,p. 1)。[1] 部分原因是本章开始时所讨论的,但其附带影响之一是《指南》在该领域占据主导地位的时间太长了。对于《指南》中所提供的合规方法,目前还没有能够形成共识,也没有可以证明其有效性的创新方法出现(Treviño,Weaver,Gibson & Toffler,1999,p. 131)。

随着行为伦理学和合规作为一个研究领域的出现,这种情况似乎正在改变。合规的行为方法(本章全力支持)关注组织压力和个人决策因素,它们会系统性地加剧公司的不道德行为(Treviño & Youngblood,1990,p. 378)。这种方法隐含着一种认识:必须通过风险范式来看待合规问题,尤其是由个人不当行为引起的行为风险(Feldman,2018,p. 219;Haugh,2017b,p. 704)。而新的美国司法部刑事司指南的重点是朝着正确的方向迈进,合规作为一个整体将不得不进一步推翻其对违规行为如何发生的根深蒂固的假设,以制定有效的合规机制为目标的公司和监管

---

〔1〕 也就是说,最近在这一领域已经取得了一些显著的进展(Baer,2009,p. 973;Griffith,2016,p. 2078;van Rooij & Fine,2018,pp. 1,4;Orozco,2020)。

机构将需要培养“预测人类行为的技能”(Langevoort,2018)。理解员工和组织的行为,不仅需要认识到员工决策是如何起作用的,还需要认识到它在社会和组织动态环境下是如何起作用的。这应该是未来几年理解合规和测量其结果的新的理论重点。

然而,采用行为合规方法带来的一个问题是,它可能倾向于模糊,而不是清晰地阐明个别员工的决策。具有讽刺意味的是,尽管行为伦理研究在理解道德决策过程上极具价值,但它有时也会将合规焦点从个人转移到组织上——员工的决策有时被描述为完全受制于它发生所基于的组织环境与文化。[1] 但是,如果组织文化是不当行为的主要原因,那么合规工作的重点就变成了从整体上改善组织文化。然后我们又回到了开始的地方,即强迫组织采用统一的遵从性干预措施,因为这似乎是短时间内修复破损的组织文化的最好方法(Vance,2005)。但这不是有针对性地降低行为风险的方法,它忽略了行为伦理学和合规研究擅长识别的细微差别。

相反,在合规领域的人员应采取平衡的方法,认识到组织压力可能对个人道德决策产生的重要影响,同时将合规的重点放在个人身上。组织和监管机构不仅应将合规视为一种提高遵守规则行为的手段,还应将其视为提高个人道德决策阈值的手段。这种观点认为,道德决策是规制企业不当行为的核心,但它可以受到一系列因素的影响,从传统的经济和法律激励到下意识的个人心理和社会心理激励。因此,企业合规的目标是从每一个决策者开始,依次渐进地改善组织文化(Chen & Soltes,2018,p. 125;Haugh,2019,pp. 979-83)。

那么如何才能实现这一点呢?本章提出了三条建议,侧重于公司可以采取的实际步骤,以更有效地测量和实施其合规机制。第一,公司需要更好地了解组织中谁具有更高的道德决策风险。第二,公司需要识别

---

〔1〕 套用一项领先的行为伦理学研究的标题,合规现在更多的是关于坏桶的影响,而不是坏苹果(compliance is now more about the effects of bad barrels than of bad apples)(Treviño & Youngblood,1990)。

并更密切地监控这些员工。第三,公司需要收集更多与合规相关的数据,以实现他们的合规目标。正如我们将要看到的,虽然这些建议是可行的,但实现这些建议的手段可能还不够。在这种情况下,需要呼吁公司进一步加强基于上述建议的调查和应用。

道德决策及其在公司内部造成的行为风险是一个复杂的问题。但理解它的起点必须是个人——每个员工如何做出带有道德成分的决定。正如前面所看到的,我们每个人对从事不道德或不当行为有不同的阈值,所以对公司来说,重要的是了解这些阈值可能是什么。这为每个员工可能存在的道德决策风险提供了一个粗略的测量标准。

公司可以在招聘过程中或之后不久采取初步措施来评估这种风险。虽然许多公司通过各种方式筛选求职者,但几乎没有收集到有关行为道德风险的信息。为什么不测试未来员工做出道德决策的倾向性,并将其作为建立行为风险基线的第一个数据点呢?目前有许多可用的测量方法,包括:问题定义测试,该测试询问受访者将如何处理一系列道德情境;马基雅维利主义人格量表,用来评估马基雅维利式行为的倾向;道德脱离量表,测量一个人在道德上脱离的倾向,因此有助于"组织相关的不道德行为"(Moore,Detert,Treviño,Baker, & Mayer,2012,p. 34);以及规则导向和行为的测量标准(Fine et al. ,2016,p. 323)。最后一个诊断特别有趣,因为它评估了员工对规则的看法,即是否应该严格遵守规则,还是可以有例外?它提供了审视一个人的不道德或非法行为门槛可能是什么的视角(2016,pp. 314-15)。

然而,所有这些测量方法的一个局限性在于,它们只是抽象地测量道德决策的各个方面。做出不道德的决定,从而采取不道德或非法行为的倾向是很重要,但只有在增加公司风险的情况下,它才会对合规产生影响。因此,为了真正有效地识别行为合规风险,测量必须与员工实际工作的公司密切相关。因此,作者和一位同事与一家名列《财富》100 强的公司合作,正在努力开发一种可用于测量个别员工行为风险的有效量表。这个基于调查的量表从三个方面收集信息——员工对公司价值观的了解、员工和公司价值观的一致性，以及员工和公司行为一致性的障碍——旨在通过实际的员工道德行为来验证。尽管该工作处于规模构建和预测试阶段，可能无法得出关于其最终有效性的结论，但该工作的两个方面值得关注。

首先，所使用的数据集的大小和组成。虽然许多道德决策诊断是由多所发达国家大学的数百名大学生或 MBA 学生验证的，但我们的数据将更加丰富。即使在预测试阶段，我们也将接触到来自多个国家的 1 万多名员工；并且将在该数字的许多倍数上作为进行测试的实际规模，从而更全面地了解员工决策。此外，员工实际行为的证据将有助于建立量表的有效性。例如，作者将可以访问调查前和调查后的员工行为数据，如热线电话、销售报告、净促销员分数等。与目前的努力相比，这是一个巨大的进步，目前的努力往往严重依赖道德情境。其次，由于测量是在现有的组织内进行的，所以它针对的是我们认为的行为风险的关键因素。也就是说，员工是否理解公司的价值观和用于维护这些价值观的规则，员工自己的价值观是否与公司的价值观一致，以及是否存在可能阻碍员工形成与公司一致价值观的障碍，包括认知的、组织的、外部的障碍等。同样，我们认为这是一个进步，因为大多数测量方法都忽略了前两个方面，而只关注第三个方面的一些要素。因为测量行为风险均是上述三个方面的功能，因此我们提出的行为风险测量方法应该为所有公司提供测量和理解合规风险的新方法。

一旦组织更好地理解了每个员工所面临的行为风险，下一步就是了解道德影响是如何放大这种风险的。换句话说，公司需要了解当前和未来不法行为者之间的关系。如果错误行为是孤立的，就像普遍的假设所暗示的那样，员工是在单独地违反规则的，那么传统的合规工具可能有意义。然而，如果像富国银行那样，道德行为更有可能与组织和社会关系网络相关，并沿着这样一种社会关系网络传播，那么就需要新的合规测量工具。

例如，为了纠正当前(或过去)的不当行为，调查应包括谁参与了不当行为,以及他们与其他违法者和非违法者之间的联系。虽然任何有价值的调查都会寻找违规的根本原因,但大多数调查都未能深入了解行为者之间的联系,而且几乎所有调查都忽略了非违规者(Root,2019,p. 203)。但是这种类型的调查对于了解公司所面临的真实风险水平至关重要。如果不当行为发生在一名有影响力的员工身上,合规干预可能需要更加积极和广泛,因为未被发现的不当行为可能已经蔓延而未被发现。

了解员工间的联系也可以在更积极主动的基础上使用。通过调查员工在公司里最常与他们合作的同事和朋友是谁,合规团队可以创建一个公司社会和组织的基本网络导图(Christakis & Fowler,2010,p. 2)。这张图超出了传统的组织关系,只显示正式的、层次分明的关系。一旦了解了组织关系网,就可以通过创建一种"传感器式关系网"来帮助合规团队,这种关系网能够在不当行为失控之前将其识别出来。

上述方法以如下方式进行运作。在任何一个组织关系网中,调查者都可以随机的询问一群员工谁是他们的朋友,现在就有了两组数据:随机选择的员工和他们的朋友。事实证明,朋友组与组织关系网中的其他人的联系比随机组紧密得多——根据定义,他们在行为上更有影响力,因为他们在网络中更居核心位置,之间的联系也更紧密。这就是网络理论中的"友谊悖论"。平均而言,一个人提名的朋友比随机组的成员拥有更多的朋友(Christakis & Fowler,2010)。"友谊悖论"造成了这样一种情况:朋友组会比随机组更快地体验到在关系网中传播的事物,想法和行为会比那些联系不紧密的人(随机组)更快地接触到那些联系更紧密的人(朋友组)。其结果是,这些朋友组中的人成为信息传感器,将信息最终过滤到随机组,然后遍及整个关系网。

上述方法使得合规团队能够通过监测朋友组,主动识别可能在组织中广泛传播的不道德行为。例如,如果富国银行一直在监测随机选择的销售人员的朋友中存在违反客户诚信的情况,那么该行就会更早地发现即将发生的合规危机。指标的大小取决于所讨论的行为和特定的网络动态,但这不仅仅是理论——2009 年采用这种方式的关系传感器网络提前 16 天预警了在哈佛大学即将爆发的 H1N1 疫情。任何基于人际关系或影响力传播的行为,包括公司内的道德决策,都遵循同样的原则。因此,合规团队可以利用这些传感器,在合规风险达到极端之前,更有效地锁定不断增长的合规风险。(Dey,Heese, & Weber,2019,pp. 3-5)

显然,行为认知的合规性依赖于数据。有些是必须通过调查和其他方法收集的新类型;但也有一些需要采集公司已经获得但可能还没有用于合规目的的数据。以下是关于公司如何重新考虑数据收集和使用的一些建议,但本节主要是呼吁进一步关注数据驱动的、基于行为风险的合规方法。

首先,可以采取一些措施来大致了解员工在组织环境中的交互方式。虽然没有一家公司能知道所有员工在任何时候做出的每一个道德或不道德的决定,但也有一些有用的代理办法。一种方法是对员工进行道德规范的标准调查。这引起了众所周知的对有效性的担忧,但这些问题可以通过询问同事和主管的行为而不是个人的行为来部分克服。[1]这里的一个关键问题与频率有关。公司不应该使用长而详细的调查,而应该考虑更简短、更频繁的脉冲式调查,以便更好地了解不断变化的道德规范及其在整个组织中的动态位置。

更好的办法是通过公司热线和审计程序收集数据。这些可以提供更具体的公司不当行为的基本比例(Soltes,2019,pp. 931-2;Kaptein,2008,p. 979)。虽然这些数据也会低估不道德的行为,并可能偏向于那些更有可能被报告的行为,但它们仍然比组织直接向监管机构报告的违规行为更准确,监管机构是研究者最常依赖的组织不当行为数据类型。(Soltes,2019,p. 931)。一旦确定了基本比例,它就会为合规团队提供一些测量标准,以查看干预措施是否真正有效。这就是美国司法部刑事司的新指南在提到持续改进时所考虑的(US Department of Justice,Criminal

[1] 即使不这样做,管理者们也会出人意料地坦白自己的不道德决定和非法行为(Bedi,Schrand, & Soltes,2022)。

Division,2020,p. 15)。

但要全面了解本章讨论的现象,即合规失误及其风险的分布,至少还有两个数据点是至关重要的。一是每一个错误“事件”所造成的损害。虽然确定损害是一项需要以规则为依据的任务,但简化这个过程的一种方法是使用货币价值作为测量标准。这将包括任何外部成本,即审计和诉讼成本、监管机构罚款和由此产生的声誉损害(难以计算,但并非不可能);以及内部成本,如用于监测和补救该事件的员工工资支出(Pellafone,2017,pp. 60-1)。请注意内部成本还包括任何一般性的补救措施,如全公司范围内的培训或强制性的政策审查,这可以用员工每小时的平均工资来计算。很明显,真正独立的“典型”不当行为造成的损害会呈迅速增加的态势,但聚集的、相互关联的不当行为造成的损害的增加量是指数级的。如果把这些损害用图表绘制出来,那么它们的分布情况也会更加清晰。人们可能会看到这样的分布:诸多造成低水平损害的不当行为,一些造成中等程度损害的不当行为,还有一些造成极端损害的不当行为——这就是本章前面提到的幂律动态。

所有这些数据将更准确地反映出公司违规的情况——不仅包括违反了哪些规则和规范,还包括它们所造成的相对损害,以及它们之间的关系。这可以更好地理解行为风险,以及可以在何处部署合规工作来减轻行为风险。[1] 一旦公司确定了组织中的少数掌握权力者,即那些拥有巨大道德影响力的个人,这些信息就可以被整合到公司的合规仪表盘和监测工作中。(Buchanan,2002,p. 114)

很明显,具有前瞻性思维的合规机制将把合规资源瞄准那些具有较高行为道德风险的员工。这些员工应该接受更多的培训、更多的监督和更多的调查。换句话说,合规和审计应该对这些员工予以“优先”,合规工具应该为他们量身定制。当然,这意味着在合规方面,用于一些员工的合规成本会比其他人“付出的更多”。这是意料之中的,而且它提供

---

〔1〕 真正令人兴奋的是,行为风险与网络分析相结合,可能会让我们有机会预测公司的不当行为,这是合规的圣杯(the grail of compliance)(Haugh,2021)。

了一个更准确的风险管控图景,每个员工都应该被进行具体评估,以观察对其所耗费合规的额外成本是否可以为组织带来增加的价值。对这些成本更为全面的理解可能会揭示,许多具有影响力的高行为风险的员工失去了他们曾经拥有的价值。当这些员工被加强管理或可能被淘汰时,组织的整体道德水平就会提升。就像不法行为会沿着社会关系传播一样,积极行为也会如此。

第五节　结　论

美国司法部刑事司关于有效合规机制的新指南既是前进的一步,也是一个失误。这是向前迈出的一步,因为它将风险作为测量合规的范例。但它之所以失误,是因为该指南没有考虑到在合规基础上所存在缺陷的假设:即合规失灵以一种典型的方式发生,可以通过广泛应用的统一工具来缓解。与遵循正态分布模型不同,组织中的不当行为往往遵循由公司内部关系网络驱动的幂律动态。这意味着在每个公司都有一些人拥有巨大的道德影响力,并且能够造成大规模的相互关联的伤害;只有识别这些个体,评估他们个体的合规风险,并针对他们进行创新性的行为合规干预,组织才能在改善组织文化方面取得可持续进展。因此,首先需要去理解合规失灵的真正原因及其前因后果,其次,每个合规机制的重点都是对重要的问题进行总结,并由合规部门作出回应。

参考文献

Agle, Brad, Aaron Miller, and Bill O' Rourke. 2016. The Business Ethics Field Guide: The Essential Companion to Leading Your Career and Your Company to Greatness. Provo, UT: Merit Leadership.

Andriani, Pierpaolo and Bill McKelvey. 2009. From Gaussian to Paretian thinking: Causes and implications of power laws in organizations. Organization Science, 20 (6), 1063.

Baer, Miriam H. 2009. Governing corporate compliance. Boston College Law Review, 50(4), 958, 973.

Barάbasi, Albert-Lάszló. 2002. Linked: The New Science of Networks. New York: Perseus Books Group.

Barbarino, Al. 2020. Marked by blockbuster compliance cases, milestones. Law 360. December 15, 2020. www. law360. com/whitecollar/articles/1338010/2020-marked-by-blockbuster-compliance-cases-milestones.

Bedi, Suneal, Catherine Schrand, and Eugene Soltes. 2022 Managerial Proclivities to Financially Misreport.

Benson, Michael L. and Elizabeth Moore. 1992. Are white-collar andcommon offenders the same? An empirical and theoretical critique of a recently proposed general theory of crime. Journal of Research in Crime and Delinquency, 29(3), 264.

Biegelman, Martin T. 2008. Building a World-Class Compliance Program: Best Practices and Strategies for Success. Hoboken, NJ: John Wiley & Sons.

Bird, Robert C. and Stephen Kim Park. 2017. Turning corporate compliance into competitive advantage. University of Pennsylvania Journal of Business Law, 19(2), 212, 286-7, 289.

Bodolica, Virginia and Martin Spraggon. 2015. An examination into the disclosure, structure, and contents of ethical codes in publicly listed acquiring firms. Journal of Business Ethics, 126(3), 461-2.

Boehme, Donna. 2019. What is compliance SME? True compliance subject matter expertise is earned in the field. *Corporate Compliance Insights*. April 11, 2019. www. corporatecomplianceinsights. com/what-is-compliance-sme/.

Boutros, Andrew S., T. Markus Funk, and James T. O'Reilly. 2016. The ABA Compliance Officer's Deskbook. Chicago: American Bar Association.

Buchanan, Mark. 2002. Nexus: Small Worlds and the Groundbreaking Science of Networks. New York: W. W. Norton & Company.

Chen, Hui. 2019. INSIGHT: Monitoring outsized risk elements in your organization. *Bloomberg Law*. December 12, 2019. https://news. bloomberglaw. com/corporate-governance/insight-monitoring-outsized-risk-elements-in-your-organization.

Chen, Hui and Eugene Soltes. 2018. Why compliance programs fail-and how to fix them. *Harvard Business Review*, 96(2), 117, 125.

Christakis, Nicholas A. and James H. Fowler. 2010. Social network sensors for early detection of contagious outbreaks. PLoS One, 5(9), 2.

CNBC. 2016. Wells Fargo CEO John Stumpf Talks with CNBC's Cramer: "I'm Accountable." CNBC, September 18, 2016. www.cnbc.com/2016/09/18/wells-fargo-ceo-john-stumpf-talks-with-cnbcs-cramer-im-accountable.html.

Deloitte. 2017. In Focus: 2016 Compliance Trends Survey. www2.deloitte.com/us/en/pages/regulatory/articles/compliance-trends-report.html.

Dey, Aiyesha, Jonas Heese, and James Weber. 2019. Starling Trust Sciences: Measuring Trust in Organizations. Harvard Business School Case, 9-120-006, 3-5.

Easley, David and Jon Kleinberg. 2010. Networks, Crowds, and Markets: Reasoning about a Highly Connected World. Cambridge, UK: Cambridge University Press.

Eck, John E., Ronald V. Clarke, and Rob T. Guerette. 2007. Risky facilities: Crime concentrations in homogeneous sets of establishments and facilities. Crime Prevention Studies, 21, 226.

Economist. 2019. Rise of the no men: The past decade has brought a compliance boom in banking. Economist, May 2, 2019, Finance & Economics. www.economist.com/finance-and-economics/2019/05/02/the-past-decade-has-brought-a-compliance-boom-in-banking.

Egan, Matt. 2016. Lawmakers: Wells Fargo a "criminal enterprise" like Enron. *CNN Money*. September 29, 2016. http://money.cnn.com/2016/09/29/investing/wells-fargo-john-stumpf-hearing-congress/index.html.

Ethics Resource Center. 2012. The *Federal Sentencing Guidelines for Organizations at Twenty Years*. www.theagc.org/docs/f12.10.pdf.

Farber, Daniel A. 2003. Probabilities behaving badly: Complexity theory and environmental uncertainty. *Environs: Environmental Law and Policy Journal*, 27(1), 154.

Farber, Daniel A. 2011. Uncertainty. Georgetown Law Journal, 99(4), 923.

Farrell, Graham. 1995. Preventing repeat victimization. *Crime and Justice*, 19, 469.

Feldman, Yuval. 2018. The Law of Good People: Challenge State's Ability to Regulate Human Behavior. Cambridge, UK: Cambridge University Press.

Fine, Adam, Benjamin van Rooij, Yuval Feldman et al. 2016. Rule orientation and behavior: Development and validation of a scalemeasuring individual acceptance of rule violation. Psychology Public Policy and Law, 22(3), 314-15, 323.

Flitter, Emily. 2020. The price of Wells Fargo's fake account scandal grows by $ 3 billion. New York Times, February 21, 2020. www. nytimes. com/2020/02/21/business/wells-fargo-settlement. html.

Fox, Tom. 2017. How Hui Chen prompted an evolution in compliance at the DOJ. Compliance Week. August 1, 2017. www. complianceweek. com/how - hui - chen - prompted-an-evolution-in-compliance-at-the-doj/9422. article.

Gino, Francesca and Adam D. Galinsky. 2012. Vicarious dishonesty: When psychological closeness creates distance from one's moral compass. Organizational Behavior and Human Decision Processes, 119(1), 23.

Gino, Francesca, Shahar Ayal, and Dan Ariely. 2009. Contagion and differentiation in unethical behavior: The effect of one bad apple on the barrel. Psychological Science, 20(3), 396.

Granovetter, Mark. 1978. Threshold models of collective behavior. American Journal of Sociology, 83(6), 1422, 1427-1429.

Griffith, Sean J. 2016. Corporate governance in an era of compliance. William & Mary Law Review, 57(6), 2078, 2082, 2093-4.

Haugh, Todd. 2017a. The criminalization of compliance. Notre Dame Law Review, 92(3), 1219-20, 1224-30.

Haugh, Todd. 2017b. Nudging corporate compliance. American Business Law Journal, 54(4), 704.

Haugh, Todd. 2019. Harmonizing governance, risk management, and compliance through the paradigm of behavioral ethics risk. University of Pennsylvania Journal of Business Law, 21(4), 979-83.

Haugh, Todd. 2021. Leading a healthier company: Advancing a public health model of ethics and compliance. American Business Law Journal, 58.

Independent Directors of the Board of Wells Fargo & Company. 2017. Sales Practices Investigation Report. April 10,2017.

Kaptein,Muel. 2008. Developing a measure of unethical behavior in theworkplace:A stakeholder perspective. Journal of Management,34(5),979.

Kelly,Matt. 2019. New compliance evaluation guidelines. Radical Compliance. April 30,2019. www. radicalcompliance. com/2019/04/30/new-compliance-evaluation-guidelines.

Langevoort,Donald C. 2018. Behavioral ethics,behavioral compliance. In Jennifer Arlen, ed. , Research Handbook on Corporate Crime and Financial Misleading. Northampton:Edward Elgar,pp. 263-81.

Liu,Lin and John Eck. 2008. Artificial Crime Analysis Systems:Using Computer Simulations and Geographic Information Systems. Hershey, PA: Information Science Reference.

Miessler,Daniel. 2019. Standard Deviations Explained. Daniel Miessler. December 17,2019. https://danielmiessler. com/blog/standard-deviations-explained/.

Miller,Geoffrey P. 2014. The Law of Governance,Risk Management,and Compliance. New York:Wolters Kluwer Law & Business.

Miller, Geoffrey P. 2018. The compliance function: An overview. In Jeffrey N. Gordon and Wolf-Georg Ringe, eds. , The Oxford Handbook of Corporate Law and Governance. Oxford:Oxford University Press.

Moore,Celia,James R. Detert,Linda Klebe Treviño,Vicki L. Baker,and David M. Mayer. 2012. Why employees do bad things:Moral disengagement and unethical organizational behavior. Personnel Psychology,65(1),34.

Moore,Celia and Francesca Gino. 2013. Ethically adrift:How others pull our moral compass from true north,and how we can fix it. Research in Organizational Behavior,33,57.

Morselli,Carlo and Pierre Tremblay. 2010. Interviewing and validity issues in self-report research with incarcerated offenders:The Quebec Inmate Survey. In Wim Bernasco,ed. ,*Offenders on Offending:Learning about Crime from Criminals*. London:Willan,pp. 68-83.

Murphy, Diana E. 2004. The Federal Sentencing Guidelines for organizations: A decade of promoting compliance and ethics. Iowa Law Review, 87(2), 697, 700-2, 704.

"Normal Distribution," Data, Math is Fun. www. mathsisfun. com/data/standard-normal-distribution. html.

O'Boyle, Jr. Ernest and Herman Aguinis. 2012. The best and the rest: Revisiting the norm of normality of individual performance. Personnel Psychology, 65(1), 80.

O'Fallon, Michael J. and Kenneth D. Butterfield. 2005. A review of the empirical ethical decision-making literature: 1996-2003. Journal of Business Ethics, 59(4), 397.

Orozco, David. 2020. A systems theory of compliance law. University of Pennsylvania Journal of Business Law, 22(2), 244-302.

Pellafone, Ricardo. 2017. Why Most Compliance Training Fails and How to Fix It 17(on file with author).

Pellafone, Ricardo. 2018. Compliance for boards: Is your program designed to work? Broadcat. January 9, 2018. https://cdn2. hubspot. net/hubfs/2391896/Downloads/Files/Broadcat_ Compliance - for - Boards _ Jan - 18. pdf? submissionGuid = 4e4f15bf-8712-4be9-ab65-5931bf748225.

Pellafone, Ricardo. 2019. New DOJ Guidance: Focus on managers in your corporate compliance program. Broadcat. May 8, 2019. https://blog. thebroadcat. com/new-doj-guidance-focus-on-managers-in-your-compliance-program.

Ponemon Institution. 2011. The True Cost of Compliance. January 2011. www. ponemon. org/local/upload/file/TrueCost_of_ComplianceReport-copy. pdf.

Pope, Kelly R. 2005. Measuring the ethical propensity of accounting students: Mach Ⅳ versus DIT. Journal ofAcademic Ethics, 3, 89-90.

Quinlan, Patrick. 2020. A coronavirus compliance action plan. Convercent. March 2, 2020. www. convercent. com/blog/a-coronavirus-action-plan-for-compliance-teams.

Root, Veronica. 2019. The compliance process. Indiana Law Journal, 94(1), 203.

Sherman, Lawrence W. 2007. The power few: Experimental criminology and the reduction of harm. Journal of Experimental Criminology, 3(4), 302.

Simpson, Sally S. 2011. Making sense of white-collar crime: Theory and research. Ohio State Journal of Criminal Law, 8(2), 500.

Soltes, Eugene. 2019. The frequency of corporate misconduct: Public enforcement versus private reality. Journal of Financial Crime, 26, 931-2.

Tayan, Brian. 2016. The Wells Fargo cross-selling scandal. Stanford Closer Look Series. December 2, 2016. www. gsb. stanford. edu/sites/gsb/files/publication-pdf/cgri-closer-look-62-wells-fargo-cross-selling-scandal. pdf.

Treviño, Linda K. and Stuart A. Youngblood. 1990. Bad apples in bad barrels: A causal analysis of ethical decision-making behavior. Journal of Applied Psychology, 75(4), 378-85.

Treviño, Linda Klebe, Gary R. Weaver, David G. Gibson, and Barbara Ley Toffler. 1999. Managing ethics and legal compliance: What works and what hurts. California Management Review, 41(2), 131.

US Department of Justice, Criminal Division. 2019. Evaluation of Corporate Compliance Programs. April 2019. Last modified June 2020. www. justice. gov/criminal-fraud/page/file/937501/download.

US Sentencing Guidelines Manual § 8B2. 1, 8C2. 5(f)-(g), C2. 6. (US Sentencing Commission, 2018).

van Rooij, Benjamin and Adam Fine. 2018. Toxic corporate culture: Assessing organizational processes of deviancy. Administrative Science, 8(3), 4.

Vance, Ashlee. 2005. Over-compliance is the new compliance, says former SEC chairman. The Register, May 18, 2005. www. theregister. co. uk/2005/05/18/pitt_sec_kalorama/.

Weinberger, Evan. 2017. Four takeaways from the Wells Fargo Sales Practices Report. Law360. April 10, 2017. www. law360. com/articles/911881/four-takeaways-from-the-wells-fargo-sales-practices-report.

Wells Fargo. Our Code of Ethics and Business Conduct. www. sec. gov/Archives/edgar/data/72971/0001193125164820 46/d14906 7dex9911. pdf.

第二部分

企业合规测量的定量研究方法

第五章　自我报告调查和析因调查实验

梅丽莎·罗里

第一节　引　言

许多学者关于商业合规性的研究依赖于次级数据,即由其他各方(例如,组织本身、监管机构、其他学者)收集的数据,其目的与研究者提出的研究问题无关。虽然依据次级数据可以对企业是否合规、促进或阻碍合规的组织特征以及不合规的潜在后果产生许多理解,但次级数据通常不能提供关于如何以及为什么在组织内部做出合规决策的理解。次级数据通常更容易访问(所需成本也更低),但不能直接询问企业内部人员的决策,这意味着合规研究无法解开揭示组织特征和相关结果之间的"黑匣子"。

因此,本章鼓励合规监察员和其他对审查合规感兴趣的人避简就繁,努力从对合规负有直接责任的人(或因不合规而受害的人)那里获得信息,以便更好地了解组织的内部工作,以及如何通过过滤掉组织色彩的员工个人来进行调查,以产生组织合规、过度合规或不合规的结论。调查是一种简单、低成本的方式,可以让公司内部的人发声,他们可能会为防止违规而努力提供信息,可能会报告以前未被发现或未知的不合规行为,并能够阐明自己作为商业组织成员的经验。在本章中,我将在这个特定的背景下,简要概述合规中的"调查"可能是什么样子,在企业组织内部进行行为调查的好处,以及传统调查的共同缺点。

具体来说,调查和析因调查有可能在不合规行为发生之前就发现它,提供洞察不合规行为发生的原因,并可以检查员工培训或其他内部努力是否在促进合规方面有效。在整个章节中,我讨论了这些方法对学者和合规从业者的效用。这是一个尝试,鼓励研究组织行为的人员考虑超越依赖私人实体在日常业务过程中收集的数据。

在本章中,首先,将介绍调查研究的简要历史和如何在合规研究中使用调查方法,概述调查方法的已知优点和缺点。其次,我将更具体地描述实验操作的整合如何以"析因调查"方法的形式增强调查的有效性。我对这些调查格式所包含的内容进行描述,并概述它们在应用于合规研究时的好处和局限性。最后,我阐明了调查和调查实验的使用将如何使学者和专业人员受益。

第二节　合规研究中调查方法的使用

在回顾调查方法是如何应用于合规研究之前,首先有必要清楚地描述我所说的调查研究的含义。调查研究通常被认为是"指通过个人对有关自己或他人的问题的回答,从样本中获得信息的研究"(Schutt,2015,p. 253)。调查方法因其几乎可适用于任何研究主题、易于传播和获得大量且可进行归纳分析的样本而受到普遍称赞,并经常被用于社会科学研究(Schutt,2015)。

调查方法可以使用五种不同的方式,包括:(1)"自填纸邮调查"

(self-administered mail surveys)是指将纸质调查表通过邮件给潜在的受访者,让他们在方便的时候填写并返还;(2)“自填电邮调查”(self-administered electronic surveys)是指通过电子邮件将调查表发送给潜在的受访者,或邀请受访者点击调查的网址——同样,这些调查可以在受访者方便的情况下完成;(3)“集体填写调查”(group administered surveys)通常将纸质调查表一次分发给多人(例如,坐在教室或会议室中的人),并在小组会议结束时收集;(4)“电话调查”(telephone surveys),即潜在的调查对象会接到电话并接受采访;(5)面对面调查(in-person surveys)要求研究者在潜在受访者的家里或其他物理场所与他们见面以进行调查。

各种模式的不同之处在于:(1)实施它所需花费的费用和时间;(2)人们回应调查的可能性;(3)“反应效应”的可能性(一种来自某些人知道他们正在被研究的错误形式)。例如,面对面的调查需要大量的金钱和时间,因为研究者必须接受训练,以不带偏见的方式询问问题,然后必须向被调查者提供差旅费。

表 5.1　五种调查类型的优缺点表

调查方式	成本(时间和金钱)	回复率	反应效应
自填纸邮调查	相对便宜/不是很费时间	相对较低	低反应性
自填电邮调查	最便宜/最节省时间	非常低	低反应性
集体填写调查	相对便宜/不是很费时间	非常高	低反应性
电话调查	有些贵/有点耗时间	有些低,尤其是手机调查	中等反应性
面对面调查	最贵/最耗时间	非常高	高反应性

如果被调查者无法在研究者第一次去见他们时完成调查,那么这些研究者可能需要多次前往该地点。然而,面对面的调查通常被认为是回复率最高的——在研究者面前摔门而出要比忽视他们的电话、扔掉信件或删掉电子邮件难得多。另外,对于敏感的研究话题,自填的调查问卷

通常被认为是最佳选择,因为被调查者可以自己完成调查,而不需要口头告诉另一个人关于他们生活的私密信息。对这五种方式的效益和成本进行详细审查并非本章范畴,但我在上面提供了一个表格(见表5.1),其描述了五种模式在上述三个方面的优点和缺点。几乎所有研究方法的教科书(e. g. ,Schutt,2015;Schindler,2019;Wilson,2014)都可以提供更多关于调查模式的选择将如何影响回复率、反应性和所需资源的细节。

对合规学术研究综述的回顾表明,调查方法比其他方法更常用来研究这个主题。麦克拉伦(McLaren,2015)对 1980 年至 2010 年间发表的 113 篇有关"个人销售与销售管理伦理"的文章进行了研究,发现有 83% 的文章中涉及了调查或访谈方法。兰德尔和吉布森(Randall and Gibson,1990)对已发表的关于"组织中的道德信念和行为"的研究成果进行了分析(其著作第 457 页),发现在 81%的文章中涉及了专门的调查方法。麦克劳德、佩恩和埃弗特(McLeod,Payne, & Evert,2016)回顾了组织层面的商业伦理研究,发现在 184 篇文章(发表于 1980 年至 2012 年间)中,有 86%的文章涉及了调查方法。即使是在这些为数不多的统计数据中,也显示了调查方法的具体使用问题在企业合规研究中激增。鉴于研究资金日益短缺的现状(Andes & Correa,2017;Johnson,2018),低成本而高效率的调查方法将很有可能继续在商业合规的学术研究中发挥重要作用。

很少有文献研究企业在历史上是如何使用调查方法的(至少在撰写本章时是这样),但我们知道,企业经常使用调查方法来获取客户和员工关于他们的态度、看法和偏好的回复。商品或服务的消费者经常会收到关于他们所光顾的企业的反馈要求——成效较高的调查公司建议企业每年至少进行一次满意度调查,最多每个季度进行一次。[1] 公司还通

---

[1] 例如,Hubspot(https://blog. hubspot. com/service/how-to-measure-customer-satisfaction)、Help Scout(www. helpscout. com/blog/customer-survey/)和 Satrix Solutions(www. satrixsolutions. com/blog/how-often-to-survey-customers/)的博客。

过对员工的调查来评估培训的有效性或对关键人员进行绩效评估。但不太清楚的是,是否需要结合被调查的公司或法律授权使用调查方法来评估员工的合规情况。在下一节认识到这种方法的一些缺点之前,本章将详细说明调查方法如何在这方面发挥作用。

第三节　合规研究者及从业者调查研究的优势和不足

如前所述,调查方法是学术界最常用的数据收集方法之一,而且理由充分。它们通常被认为是最通用、最有效和最值得推广的方法。我所说的“多用途”是指它们可以用于研究几乎任何有关的问题,而实验方法或观察方法不能用于具有伦理性或敏感性的研究问题。我所说的“高效”是指它们在时间和金钱方面都是最经济的——可以用比其他方法更低的成本和更少的时间从很多人那里收集到很多信息。最后,因为传播调查是如此容易和成本低廉,所以有可能对目标人群中的一大群人进行调查,这有助于研究者从整体上对目标人群作出推断(Schutt,2015)。

这些好处不仅适用于学术调查——企业内部的人也可以使用这种方法并因此受益。调查方法通常因其可测量员工的满意度和参与度而受到重视(Judd,O' Rourke, & Grant,2018;Fisher,2020),但它们在研究合规方面的工作场所规则和法律法规的效用却鲜为人知。研究已经认识到员工的不回应可能会是一个问题(稍后将详细介绍这一问题),但认为对工作场所的调查可以很好地预测出在工作场所中的行为,即使有很多员工没有回应——如果许多员工忽略某些调查问题,可能是因为他们害怕承认不当行为的存在(Judd ct al. ,2018)。

合规调查也是一个很好地让员工有机会在公司里感到被倾听和享有发言权的方式(Judd et al. ,2018),这可能会促使员工对工作场所合法性认知的增加,进而提高工作场所的合规层次(Tyler,2009)。询问违反规定的具体情况可以帮助企业评估其合规和道德管理策略(Wouters,

Maesschalck, Peeters, & Roosen, 2014)。即使就某些行为提问,在问题提出后也会改变行为——例如,询问志愿服务的可能性与员工报名参加社区服务的人数增加有关(Judd et al. ,2018)。

当然,调查并不是使用研究工具的最终目的。最根本的是,进行调查研究需要学者在招募参与者之前定义"合规"。因为在企业合规等不同领域,"合规"的定义含糊不清,而且"合规"在实践中往往是一个具有妥协性的模糊术语(Parker & Nielsen, 2009)。在创建合规评估的调查工具时,研究者必须证明他们的概念性和操作性定义,并知晓哪些行为被包括在内或排除在外。同样重要的是,研究者要承认他们自己的个人偏见或规范会影响这一决定。这与帕克和尼尔森(2009, p. 52)所描述的"有偏见的数据源问题"有关,这仅仅意味着收集数据的人可能对合规的定义与其他人对术语的理解不同。定义差异进而转化为测量差异以及后续研究结果的差异(Rorie, Alper, Schell-Bussy, & Simpson, 2018)。

值得一提的是,许多关于合规的研究方法——尤其是调查研究方法——更注重调查受访者对不合规行为的看法、态度和潜在动机,而不是行为本身(Parker & Nielsen, 2009)。尽管许多研究确实证明了从事非法行为的动机、一个人在假设场景中预测的不合规行为和实际非法行为之间的相关性,但关于有效性的文献的结论有许多不一致之处(Beck & Ajzen, 1991; Exum, Turner, & Hartman, 2012; Green, 1989; Jones, Gerrity, & Earp, 1990; Kirwan, De Saintonge, Joyce, & Currey, 1983; Langley, Tritchler, Llewellyn-Thomas, & Till, 1991; Murray & Erickson, 1987; Nagin & Pogarsky, 2003; Pogarsky, 2004)。另一类限制来自帕克和尼尔森(Parker & Nielson, 2009, p. 52)所描述的"不可靠的信息问题"。从本质上讲,调查特别容易受到受访者错误报告的影响,因为参与调查的人可能不知道他们所处的复杂商业环境中的不合规情况,他们可能对调查问题并不理解,或者可能伪造调查信息。关于最后一点,当人们知道自己在作为被研究对象时,他们的行为方式会有所不同;当他们自我报告自己的行为时,他们可能会以一种社会所期望的方式做出反应,而不是准确地做出反应。尤其是在工作场所，受访者可能会感到不安，甚至害怕他们的上司或同事会看到他们所完成的调查结果，并担心使上司或同事不满意的答案会给他们带来负面影响。公司的首要任务应该是向员工保证他们的回答是保密的，并且不会被主管或同事看到（Parker & Nielson，2009）。为此，应聘请外部顾问进行调查管理、数据分析和撰写报告。

自填调查问卷可以放到网上，员工也应该在工作场所之外参与这些调查，由此使其再一次确认了公司内部没有人能看到他们的答案。只有当员工确信他们可以不受影响地自由发言时，他们才会这样做。另一种提高社会期许性的方法是简单到以更中立的方式提出问题，使回答选项更简单，[1]甚至提供更少的招致社会污名化的方式来承认不合规。例如，不是二元的"是或否"的问题，而是要提供0—100%的范围，询问他们完全在法律范围内的行为可能性（Parker & Nielson，2009）。

当社会期许性可能成为一个问题时，可使用一种名为"随机应答技术"（randomized response technique）的处理机制，这种方法经常用于研究敏感话题。在这种方法中，将主要关心的问题（关于敏感主题）与一个内容无害的"诱饵"问题配对。每个被调查者只看到其中一个问题，该问题由其随机选择。研究者不知道受访者看到了哪个问题，但他们可以利用这两个问题的答案来计算对主要感兴趣的问题回答"是"的基本比率，同时也消除了受访者对暴露私人信息的担忧。在一项关于工作场所信息系统资源滥用的研究中，作者证明了"随机应答技术"的使用增加了"在工作中使用电脑的员工"样本的诚实度（Chu，So，& Chung，2018）。

不过，有趣的是，帕克和尼尔森指出，商业组织合规研究实际上可能对社会期许性问题不够敏感，因为这类行为具有相对较少的社会负面评

---

〔1〕 例如，沃特斯等人（Wouters，2014）证明，在每个可能的回答选项上包含标签的问题会产生更符合社会需求的答案，而在每个端点上都有标签的问题（但在量表中间没有文本）会产生更有效的答案。

价,相比承认吸毒或物理攻击等这样的“传统犯罪”受访者更有可能承认这类行为。另外,他们指出,这种不带负面评价的做法实际上可能会让企业的不合规行为变得不那么令人印象深刻,这也会导致调查结果不佳,因为人们只会报告他们记得的事件。

在这方面,调查的另一个重要问题是潜在的认知扭曲或局限性——受访者可能不记得某些事件或可能误读了某些事件。因此,可以采用多种策略减少认知错误。当问题更多的是关于潜在被调查者所缺乏的商业交易方面的知识时,最明显的纠正方法是调查公司内的多个不同职位的人员。不幸的是,这对研究者来说是很困难的,因为随着对被调查者的招募力度和调查问卷分发数量的增加,时间和财务成本也随之增加(Parker & Nielson,2009)。另一种检查社会期许性偏差和过失错误的方法是检查组织对不合规记录的调查回应(Yacoubian et al. ,2003),虽然现在处于这样一个“监管治理”的时代(Parker & Nielson,2009;see also van Wingerde and Bisschop,this volume),但组织的不合规数据仍然是非常难获得的,因为它往往是私主体的私有财产。

对于分析调查数据的人来说,对无反应偏差进行测量也显得很重要。这通常是通过对受访者与非受访者的数据进行比较来完成的。它既可以保持保密性,也可以收集未作出回应的调查对象的数据——例如,为纸质调查表标上与个人姓名相关联的标识号,并放在一个单独的数据库中,而不是放在调查回复的数据库中。在收回调查表之后,研究者可以把对受访者的人员基本情况统计或参与情况的数据与上述单独的数据库相合并,可确定哪些受访者的调查表已经收回,哪些没有(Rorie et al. ,2018,endnote 5)。在线上调查方面,在调查表的第一部分设置人员基本情况的问题(在提出敏感问题之前),让研究者确定只回答这些问题的受访者与完成剩余调查表的受访者之间所存在的所有有意义的差异。虽然传统意义上认为的“最佳实践”是把人员基本情况问题置于调查表的最后(因为这些问题更容易完成,且没有那么有趣味性),但许多研究者发现,将人员基本情况问题置于调查第一部分似乎并不影响受访者的总体反应率，甚至还可能有所增加（Drummond，Sharp，Carsin，Kelleher，& Comber，2018；Green，Murphy，& Snyder，2000；Hughes，Camden，& Yangchen，2016；Teclaw，Price，& Osatuke，2012；Wouter et al.，2014）。

当人们不相信研究者时，最突出的问题是无反应偏差（例如，公司的员工可能不相信研究者真的独立于公司高层之外；参见尼克斯、皮克特、贝克和艾弗特 2019 年关于警察和研究者对这一问题的讨论）。当受访者不信任研究者时，进行面对面的调查可能会提高调查的回复率，但应该注意的是，回复率的提高并不一定意味着调查的信息更准确（Pickett，Cullen，Bushway，Chiricos & Alpert，2018）。事实上，与在线调查等匿名调查方法相比，面对面的调查被认为存在最大的社会期许性偏差（Nix et al.，2019；Schutt，2015）。

另一种策略可能是将调查与更具有定性色彩的方法结合使用。例如，在一项关于工作场所冲突的研究中，有学者（Jehn and Jonsen，2010）提出有必要实施一种五步数据收集法，以在研究者和受访者间建立信任和融洽关系。运用这样一种多重方法，首先，可以从最初的调查开始就帮助受访者逐渐熟悉工作场所中的研究者，并与之建立融洽关系。其次，进一步通过更密集的访谈、观察等调查方法，帮助研究者收集丰富的数据，并增强调查的可靠性和有效性。

最后，与“真正的实验”不同，传统的调查方法实际上无法“证明”两个因素之间的因果关系——即使在两个时间点从同一个人那里收集数据（建立时间顺序），也不可能既使得调查对象可以在合理的时间内完成调查内容，又实现在测量关系下所有可能的替代解释。在内部有效性方面，真实实验被认为是研究方法的“黄金标准”，以确定变量 X 确实对变量 Y 产生了影响（Weisburd，2003；Sampson，2010）。和控制自变量先于测量因变量一样，将数据在试验组和对照组中随机分配，可以用于设计一个更有说服力的公式：（1）变量 X 的变化与变量 Y 的变化相关；（2）变量 X 的变化先于变量 Y 的变化（时间顺序）；（3）变量 X 和变量 Y

之间的关系不是由其他因素引起的,即非虚假相关性(Schutt,2015)。如前所述,调查在这方面通常被认为是薄弱的,特别是当涉及建立非虚假相关性时。然而,有一种混合调查设计,它结合了实验方法从而克服了传统调查的局限性。这些设计被称为"析因调查实验",我将在下一节中介绍。

第四节　析因调查实验

在过去的40年里,析因调查(也称为随机场景或调查实验)在社会科学研究中被广泛应用于确定人类意图、态度、决定和判断中所内含规律的方法(Wallander,2009)。该方法首先于1951年被彼特·罗西(Rossi,1951,1979)使用,并建立在描绘真实情况的虚拟场景之上。正如亚历山大和贝克尔(Alexander & Becker,1978)所述,"场景是一种简短的对被调查者在决策或判断过程中所依据的最重要因素的个人或社会状况的描述"。这些虚拟场景被融入一个"传统"问卷中,然后提供给被调查者,直接调查其对场景和相关的附加信息(如人员基本信息)的反应。析因调查不要求被调查者直接报告他们自己的行为或态度,而是让研究者根据被调查者对所示场景的反应进行推断。

在不同的场景或情境中,描述场景或虚拟人物的不同元素被随机分配给不同的受调查者。场景的构建核心是"维度"(dimension),它由不同"层次"(level)的组合所构成。例如,通过向调查对象展示一个句子(即一个层次),"经理最近感觉他的直接上司'会让他难堪'";而同一场景的另一个版本(不同的被调查者所见)将包含不同的句子:"经理最近感觉他的直接上司比平时更支持他",通过上述描述,经理决定遵守公司道德准则的场景可以用来测量监管态度(即一个维度)的影响。构建虚拟场景的维度和层次通常是可以互相转换的,参与者被随机分配到一个包含可控内容的场景中。这使研究者可以调查由于描述条件的不同组合所导致的被调查者个人观点和态度的差异。

为了对上述调查方式具体进行说明,我将使用马太·韦斯特和我最近的一项研究作为例子,在这项研究中,我使用了析因调查方法来评估道德准则在企业内部对合规的潜在影响(Rorie & West,2020)。我们收集了总共631人的调查样本,通过Qualtrics在线调查网站向受访者(如银行新职员)分发了一份经过特别设计后的职业道德准则。我们要么在他们看到两个不同的违规场景之前(一个场景代表了违反"了解您的客户"的要求,另一个场景描述了违反了"可疑活动报告"规则),要么在看到一个违规场景之后,但在看到另一个讳规场景之前,向他们展示了上述职业道德准则。

发放给受访者的职业道德准则的内容以三种不同的方式随机变化。准则的第一部分描述了公司的组织氛围,一半的受访者在准则中看到了银行采取了"客户永远是对的"这样一种职业态度;而另外一半受访者则看到,当顾客提出不符合公司的职业道德的请求时,准则要求员工提醒客户遵守法律规则。职业道德准则的第二部分则将"了解您的客户"或"可疑活动报告"的文本进行随机分配。然后,我们评估了将道德准则与"现实生活"的情况相匹配是否会比仅仅阅读与违规行为无关的道德准则更能够促进合规。在准则中,一半的受调查者看到的文本是这样的:"所有员工都必须帮助确保银行交易的合法性。例如,我们必须确保防止在我们的银行出现洗钱行为。我们鼓励员工遵守金融业监管局(Financial Industry Regulatory Authority)关于'了解你的客户'的规定。这些规定的具体内容包括:(1)收集新客户的身份证明文件;(2)验证客户信息的变化;(3)验证个人大额现金存款的收入来源。上述验证对于我们作为金融机构在复杂的法律和监管环境中保持兴旺发展的能力至关重要。"而另一半被调查者看到的内容与上一段不同,他们所看到的职业道德准则的内容为:"所有员工必须帮助保证银行交易的有效性。例如,我们必须确保在我们的银行防止洗钱。我们鼓励员工遵守美国证券交易委员会的规定,对任何超过 1 万美元的存款提交‘可疑活动报告’。这样的报告对于我们作为金融机构在复杂的法律和监管环境中保持兴旺发展的能力至关重要。”

在职业道德准则的最后部分,我们对违反道德准则可能产生的潜在后果的规定进行了调整。一半的受访者将会读到,不遵守准则的行为可能会招致公司的处罚(如训斥或强制性的合规培训),而另一半则读到违反道德规范的行为可能会招致来自公司和外部的惩罚(立即终止行为和刑事起诉)。

基于三个维度和每个维度的两个层次,我们基本上共创建了八个不同版本的道德准则,同样地,这些道德准则被随机分配给每个受调查者。正如下面所讨论的,这样一种随机分配的方式可以减少特定的人群(例如,习惯早起的人群会在早上进入工作之前完成调查问卷)看到一个版本的道德规范,而另外的特定人群(例如,有些“夜猫子”在工作一天后在夜晚再完成调查问卷)看到另一个不同版本的可能性。因此,消除(例如,每天的工作时间因素)影响人们可能报告更多或更少的合规意图的其他因素的可能性,而由调查所设定的场景来进行控制。我们最终发现,组织氛围的管理,道德准则是否明确了场景和惩罚的严重程度对被调查者行为违规的可能性大小没有显著影响。但我们同时也发现,一个道德规范内容及其本身能够促进被调查者更为合规(Rorie & West,2020)。

除了对道德准则的使用外,我们还对每一个违规场景中所涉及的决策过程中的控制点的因素进行了调整。在可疑活动报告场景中,1/3 的被调查者读到:“你在中西银行(Central Western Bank)工作。一天上班时,你的上司要求你将一笔 14,000 美元的存款记录为两笔 7000 美元的存款,以避免提交‘可疑活动报告’。你认识一个以前做过这项工作的同事。你认识到你的行为将带来更好的客户满意度评价,反过来,也将提高你的上级对你工作的评价。”在另外 1/3 的场景中,用语“你的上司要求你去做”被替换为“你”,在最后 1/3 的场景中,用语改为“你要求员工去做”。[1] 与道德规范内的控制行为不同,我们发现,如果上级要求被调查者参与违规行为,将更有可能导致被调查者产业违规行为的结果。

第五节 析因调查的优势

与标准调查、实验设计和案例研究等其他更传统的研究方法相比,析因调查具有明显的优势(e. g. ,Alexander & Becker,1978;Rossi & Anderson,1982;Weber,Sellers, & Rossi,1988)。当调查主要关注的是变量的组合,而不是单个受访者时,析因调查这种类型的设计尤其有用。特别是,在场景相关的维度内随机分配不同的值,可以更精确地估计多个变量的变化如何影响对被调查者的判断——换句话说,这样可以更容易地发现不同的变量对被调查者所产生的或多或少的影响(e. g. ,Alexander & Becker,1978;Oll,Hahn,Reimsbach, & Kotzian,2018;Weber et al. ,1988)。研究者们认为这样可以把现实生活中的复杂情况简单化,然后更有针对性的进行研究分析。奥尔等人(Oll et al. ,2018)的研究阐述了析因调查对商业和社会研究的潜在效用,该领域的学术研究必须考虑到通常难以测量的概念之间非常复杂和微妙的关系。他们特别注意到析因调查方法在商业判断研究中的效用,因为它很容易地将个人层面的态度和特征与中观(组织)层面和宏观(社区/社会)层面的重要预测因素或实际存在因素联系起来。此外,使用这种方法,可以在采取复杂烦琐概念的情况下,通过测试该概念的不同方面以明确哪个方面产生的影响最大(Oll et al. ,2018)。例如,如果想研究“道德文化”对合规的影响,可以把“道德文化”分解成不同的变量,这些变量描述了高层管理态度、道德准则、主管要求、伦理沟通的频率等。通过这种方式,我们可以确定

[1] 在实际调查中没有加粗的短语,只是在这里突出感兴趣的短语。

道德文化中的某些因素是否起到比其他因素更重要的作用。

析因调查还克服了传统调查方法的主要局限性,即在试图通过经验建立因果关系时无法确定事件的时间顺序和非伪性。在这样一种调查模式中,能够操控和随机分配自变量(就像在真实的实验中一样),是提高研究者判断某个因素是否真正导致结果变化的能力的重要部分(例如,增强内部有效性),或者因素的变化是否只与结果的变化具有一般的关联性(Aguinis & Bradley, 2014; Hox, Kreft, & Hermkens, 1991; Atzmüller & Steiner,2010)。

然而,析因调查也克服了传统实验的弱点(见本书这一部分中罗里撰写的章节)。相比较而言,传统的实验往往局限于特定目标人群或大学生的非代表性样本(Atzmüller & Steiner, 2010; Falk, Meier, & Zehnder,2013),析因调查则采取了更具有典型性的抽样样本和更具有广泛性的分布样本,提高了研究的外部有效性(Atzmüller & Steiner, 2010)。这是由于使用析因调查方法更容易分发基于书面或在线场景的调查问卷,更容易获得具有代表性的大规模样本(Oll et al. ,2018)。

同样,学者们认为,个人往往对自己的判断和行为评价不佳。析因调查有助于减少被调查者的上述偏见,因为被调查者不知道其所处场景所受到的外部控制,因而可以间接地对场景做出反应,而不是直接回答关于自身的敏感问题(Alexander & Becker, 1978; Aviram, 2012; Oll et al. ,2018;Wallander,2009)。在传统的调查中特别有可能因为社会期许性偏见而出现上述问题,因为被调查者倾向于否认其自身存在着在社会上不受欢迎的特征或行为(Zerbe & Paulhus,1987)。析因调查可以减少这种影响,因为被调查者通常不知道调查中所存在的随机维度对调查元素或场景的控制(相比之下,在实验室实验中,被调查者通常知道他们所参与的调查正在以某种方式被控制着)。此外,析因调查可以在没有调查者在场的情况下通过使用网络或电话调查进行控制。与要求调查者在场加以管理的调查模式相比,调查者在调查中的缺席可能会减少被调查者的社会期许偏见。例如,当通过对面对面、网络和电话方式进行的调查结果进行比较时,克雷特和同事发现,被调查者在调查者不在场的情形下的回答具有更少的社会期许性偏见,但(与官方记录相比)更准确,这个结果与面对面或电话调查的结果中形成了鲜明的对比(Kreuter,Presser, & Tourangeau,2008)。

第六节　析因调查的局限性

尽管析因调查——一种介于实验设计和调查设计之间的混合模式——比其他数据收集方法有更多益处,但它们在某些方面明显具有局限性。首先,虽然很多学者详细地说明了将复杂的现实世界进行简化以作为调查分析对象的优势,(Rossi & Nock,1982)但也有学者认为将复杂的现实世界简化为特定的场景本质上是不现实的。因此,上述调查结果不能推广到实际的人类认知和行为(Finch,1987;Abbott & Sapsford,1993;Pogarsky,2004;Eifler,2010;Exum et al.,2012;Exum,Bailey, & Wright,2014)。简而言之,在真实世界中存在外部压力或潜在后果在假设场景中不起作用,人们对假设场景的反应不太可能与他们在实际决策时刻的反应相似(Faia,1980;Gould,1996;Auspurg,Hinz, & Liebig,2009;Oll et al.,2018)。

例如,将人们对假设场景的反应与现场实验的反应进行比较,艾夫勒(Eifler,2010)在研究中发现,随机出现的小事件并没有引起人们对犯罪机会的相同反应。因此,学者们建议对调查工具先进行试点或预测试,以此来加强场景的有效性(Gould,1996;Hughes & Huby,2012)。一个可能的解决方案是将虚拟现实等新技术融入研究设计,让受访者坐在虚拟现实模拟器(或佩戴虚拟现实眼镜)中,可以让他们更充分地“体验”决策场景,也可以更好地标准化调查场景。在传统或析因调查中,调查场景可能从一个设置切换到下一个设置,或者可能有意外事件打断了调查程序。因此,确保所有被调查者在同一个虚拟现实实验室中看到相同的环境,从而减少因不同的调查管理而造成的随机影响(Kennedy & Ticknor,2012)。

当然,上述技术的使用增加了为实现研究目的而耗费的经济和时间成本。在书面或在线版本的片段场景调查中,一个很少会用到的替代方法是简单地要求被调查者根据现实印象对假设的调查场景进行评级。例如,在罗里和韦斯特的一次调查(Rorie & West,2020)中,要求受访者在1—5的范围内回应这两个场景的现实程度。我们在分析中对这个变量进行了控制,并能够评估调查结果是否会受到那些不认为场景具有现实性的被调查者数据的影响。

与传统的调查方法相比,一些学者也并不能确定析因调查在整体上有减少偏见的能力。尽管在这种设计中可以改善社会期许性偏差,但新的偏差可能会产生,如"对比效应"(在这种情况下,被调查者看到的第一个场景会影响对后一个场景的反应)和"认知过载"(例如,被调查者由于不得不阅读和处理大量信息而产生的疲劳)——尤其是当受访者看到多种场景时(Auspurg et al.,2009;Auspurg & Jäkle,2012;Wallander,2009)。最后,当一个被调查者需要对多个场景做出反应时,就已经违反了建立多元线性回归模型所需的不相关误差项假设,在这种情况下,调查者必须确保在数据分析中对自相关性进行计算。

总之,整体使用析因调查设计有许多好处。通过将复杂的现实世界的场景进行简化,使研究者能够更好地评估调查结果的差异。析因调查为个体判断提供了一种更周到的测量方法,这种方法不太容易受到社会期许性的影响。同样,析因调查可以通过标准化、调查者控制下的具体操作和随机分配来提高有效性、可靠性和可重复性。析因调查通过解析在考虑与实际行为相关的复杂认知机制的因果关系时的时间顺序问题,对传统调查方法进行了改进。最后,与传统的实验设计相比,析因调查更具推广性、便捷性和经济性。我在下一节中将会分析到,在调查中设计的这些因素的属性特别适合合规研究。然而,与其他研究方法一样,重要的是要考虑该方法设计所存在的局限性,以及它是否适合解决特定的问题。

第七节　结论:调查对合规研究具有潜在影响

至此,本章已经回顾了方法的总体优势和局限性,并讨论了析因调查方法如何有助于克服传统的依靠被调查者自我报告的调查方法的一些局限。在本章结束之时,我们鼓励合规研究者和合规从业者更具体地考虑如何从这些方法中获益。

在采用这些方法时,最重要的是促进企业内部研究者和合规从业者间的关系,这有助于促使员工参与调查,并如实回答有关企业内部行为的问题。自 20 世纪 80 年代初以来,"合规行业"稳步发展,变得更加专业化。随着法律法规的进一步严格,不合规行为将招致更严厉的处罚,使组织在发生不合规行为时,将需要付出代价高昂的努力以进行补救。此外,公司结构的变化和日益全球化的市场,使组织有必要雇用合规从业者,以确保在一个非常复杂的世界中达到合规的目的(Martin,2015;Tsingou,2018)。合规作为一个专业领域,其影响不断扩大,这促使学术界从许多不同的角度对商业合规加以关注。然而,可以理解的是,合规专业人士和政府官员往往有着"将数据提供给外部研究者将会招致更多的审查"的担忧,因而研究者难以将他们的合规技能和知识带入企业或监管机构。在这种情况下,使用严密方法研究合规的专家无法与在实践中推广合规的人员进行互动,也无法实现本章所述研究方法的潜在效用。

从本质上讲,我认为合规从业者将受益于对三个问题的了解:不合规发生的可能性,为什么会发生(包括员工对组织文化和管理重点的看法)以及员工培训或内部合规机制是否能对其进行有效预防。目前组织对这三个问题的测量多依赖于传统调查,在传统调查中,直接询问员工有关公司及其运营、他们接受的培训等问题。这样的努力是非常重要的,因为由员工自己来告诉组织他们对内部环境、程序和程序的真实感受是最适合的。然而,正如前面所讨论的,由于社会期许性的原因,传统的调查不太可能使员工对敏感问题(如不服从的可能性)给出诚实的答案。此外,传统调查方法无法确定被认为导致不合规的因素是否真的在起作用,或者是否有其他因素在起作用。

关于社会期许性,每当员工被问及他们的意见时,他们就有可能告诉调查者他们认为调查者倾向于知道的答案,而不是提供一个诚实的答案。当研究者或具体执行调查的人员(例如,人力资源部门或合规官员)能够识别出被调查者时,这一点尤其需要关注。在这种情况下,被调查者不太可能诚实地回答问题。

关于建立因果关系的能力,如果一个组织想知道一个强调内部纪律措施的新政策是否将使他们的员工更合规性,组织可以简单地将这些政策付诸实施,并在政策生效后测量其是否符合规定。然而,该公司能否确定合规方面的任何变化均是由于这些纪律措施造成的——或者是否有可能发生了其他事情,以促进更好的合规?这可能是因为有许多"有风险"的员工在新政策实施后的短时间内离开了,或者可能是一个新的中层管理者上任,他通过促进员工的程序公正感来激励合规。

传统的调查方法在社会期许性和因果关系预测方面都有局限性。公司应该认真考虑使用析因调查方法来克服这些局限性,因为析因调查方法使用了假设的场景(当被调查者没有被要求谈论自己的观点或行为意图时,他们更有可能诚实地回答问题),并且他们可以在场景中随机改变调查因素(这有助于排除因利益关系而对调查造成的不同解释)。基本上,如果被调查者被随机分配去观察描述道德准则所描述的其中一个场景 A(例如,由被调查者主要谈论纪律行为)和另外一个场景 B(例如,由被调查者谈论遵守道德准则的原因),我可以放心地假设,A 组和 B 组之间任何的合规可能性差异都是由于道德规范的差异,而不是其他原因。因此,析因调查提供了一种独特的方法,可以确定企业员工的合规程度,并评估如何推动内部合规机制的潜在变化以产生更多的合规性。这些调查还可以帮助确定当前合规培训的方向是否有效,而不是简单地要求员工背诵他们在培训或入职培训中学到的内容,调查场景可以决定员工在面对道德模糊场景时,是否能够应用他们在合规培训中所学到的知识。此外,这些调查可以依据不同的合规领域来进行设计,以测量公司内任何级别的合规情况,并对被调查者信息进行保密,使他们感到诚实回答是安全的。

参考文献

Abbott,Pamela and Roger Sapsford. 1993. Studying policy and practice:The use of vignettes. Nursing Research,1,81.

Aguinis,Herman and Kyle J. Bradley. 2014. Best practice recommendations for designing and implementing experimental vignette methodology studies. Organizational Research Methods,17,351.

Alexander,Cheryl S. and Henry J. Becker. 1978. The use of vignettes in survey research. Public Opinion Quarterly,42,93-104.

Andes, Scott and Daniel Correa. 2017. November 2. Comment: Boosting research funding as uncertainty reigns. Nature Index 2017 United States. www. nature. com/collections/qqmnjbjjdb.

Atzmüller,Christiane and Peter M. Steiner. 2010. Experimental vignette studies in survey research,Methodology:European Journal of Research Methods for the Behavioral and Social Sciences,6,128.

Auspurg,Katrin and Annette Jäckle. 2012. First Equals Most Important? Order Effects in Vignette-Based Measurement. University of Essex:Institute for Social and Economic Research.

Auspurg,Katrin,Thomas Hinz,and Stefan Liebig. 2009. Complexity,Learning Effects,and Plausibility of Vignettes in Factorial Surveys. Bibliothek der Universität Konstanz.

Aviram,Hadar. 2012. What would you do? Conducting web-based factorial vignette surveys. In Lior Gideon,ed. ,Handbook of Survey Methodology for the Social Sciences. New York:Springer.

Beck, Lisa and Icek Ajzen. 1991. Predicting dishonest actions using the theory of planned behavior. Journal of Research in Personality, 25(3), 285–301.

Chu, Amanda M. Y., Mike K. P. So, and Ray S. W. Chung. 2018. Applying the randomized response technique in business ethics research: The misuse of information systems resources in the workplace. Journal of Business Ethics, 151, 195–212.

Drummond, Frances J., Linda Sharp, Anne-Elie Carsin, Tracy Kelleher, and Harry Comber. 2018. Questionnaire order significantly increased response to a postal survey sent to primary care physicians. Journal of Clinical Epidemiology, 61, 177–85.

Eifler, Stefanie. 2010. Validity of a factorial survey approach to the analysis of criminal behavior. Methodology, 6, 139.

Exum, M. Lyn, Diana Bailey, and Eric L. Wright. 2014. False positive and false negative rates in self-reported intentions to offend: A replication and extension. Journal of Criminal Justice, 42, 1.

Exum, M. Lyn, Michael G. Turner, and Jennifer L. Hartman. 2012. Self-reported intentions to offend: All talk and no action? American Journal of Criminal Justice, 17, 523.

Faia, Michael A. 1980. The vagaries of the vignette world: A comment on Alves and Rossi. American Journal of Sociology, 85, 951.

Falk, Armin, Stephan Meier, and Christian Zehnder. 2013. Do lab experiments misrepresent social preferences? The case of self-selected student samples. Journal of the European Economic Association, 11(4), 839–52.

Finch, Janet. 1987. The vignette technique in survey research. Sociology, 21, 105.

Fisher, Sarah. 2020. September 4. Employee satisfaction surveys: Best practices and sample questions. Qualtrics Blog. www.qualtrics.com/blog/employee-satisfaction-survey/.

Gould, Dinah. 1996. Using vignettes to collect data for nursing research studies: How valid are the findings? Journal of Clinical Nursing, 5, 207.

Green, Donald E. 1989. Measures of illegal behavior in individual-level deterrence research. Journal of Research in Crime and Delinquency, 26(3), 253–75.

Green, Robert G. , Katrina D. Murphy, and Shelita M. Snyder. 2000. Should demographics be placed at the end or at the beginning of mailed questionnaires? An empirical answer to a persistent methodological question. Social Work Research, 24(4), 237–41.

Hox, Joop J. , Ita G. G. Kreft, and Piet L. J. Hermkens. 1991. The analysis of factorial surveys. Sociological Methods and Research, 19, 493.

Hughes, Jennifer L. , Abigail A. Camden, and Tenzin Yangchen. 2016. Rethinking and updating demographic questions: Guidance to improve descriptions of research samples. Psi Chi Journal of Psychological Research, 21(3), 138–51.

Hughcs, Rhidian and Meg Huby. 2012. The construction and interpretation of vignettes in social research. Social Work and Social Sciences Review, 11, 36.

Jehn, Karen A. and Karsten Jonsen. 2010. A multimethod approach to the study of sensitive organizational issues. Journal of Mixed Methods Research, 4(4), 313–41.

Johnson, David R. 2018, June 5. With federal funding for science on the decline, what's the role of a profit motive in research? The Conversation. https://theconversation.com/with-federal-funding-for-science-on-the-decline-whats-the-role-of-a-profit-motive-in-research-93322.

Jones, Thomas V. , Martha S. Gerrity, and JoAnne Earp. 1990. Written case simulations: Do they predict physicians' behavior? Journal of Clinical Epidemiology, 43(8), 805–15.

Judd, Scott, Eric O'Rourke, and Adam Grant. 2018. Employee surveys are still one of the best ways to measure engagement. Harvard Business Review. March 14. https://hbr.org/2018/03/employee-surveys-are-still-one-of-the-best-ways-to-measure-engagement.

Kennedy, Jay P. and Bobbie Ticknor. 2012. Studying corporate crime: Making the case for virtual reality. International Journal of Criminal Justice Sciences, 7(1), 416–30.

Kirwan, J. R. , D. C. De Saintonge, C. R. Joyce, and H. L. Currey. 1983. Clinical judgment in rheumatoid arthritis. I. Rheumatologists' opinions and the development of "paper patients." Annals of the Rheumatic Diseases, 42(6), 644–7.

Kreuter, Frauke, Stanley Presser, and Roger Tourangeau. 2008. Social desirability bias in CATI, IVR, and Web surveys the effects of mode and question sensitivity. Public Opinion Quarterly, 72, 847.

Langley, G. Ross, David L. Tritchler, Hilary A. Llewellyn-Thomas, andJames E. Till. 1991. Use of written cases to study factors associated with regional variations in referral rates. Journal of Clinical Epidemiology, 44(4), 391-402.

Martin, Susan Lorde. 2015. Compliance officers: More jobs, more responsibility, more liability. Notre Dame Journal of Law, Ethics & Public Policy, 29, 169-98.

McLaren, Nicholas. 2015. The methodology in empirical sales ethics research: 1980-2010. Journal of Business Ethics, 127, 121-47.

McLeod, Michael S., G. Tyge Payne, and Robert E. Evert. 2016. Organizational ethics research: A systematic review of methods and analytical techniques. Journal of Business Ethics, 134, 429-43.

Murray, Glenn F. and Patricia G. Erickson. 1987. Cross-sectional versus longitudinal research: An empirical comparison of projected and subsequent criminality. Social Science Research, 16(2), 107-18.

Nagin, Daniel S. and Greg Pogarsky. 2003. An experimental investigation of deterrence: Cheating, self-serving bias, and impulsivity. Criminology, 41(1), 167-94.

Nix, Justin, Justin T. Pickett, Hyunin Baek, and Geoffrey P. Alpert. 2019. Police research, officer surveys, and response rates. Policing and Society, 29(5), 530-50.

Oll, Josua, Rüdiger Hahn, Daniel Reimsbach, and Peter Kotzian. 2018. Tackling complexity in business and society research: The methodological and thematic potential of factorial surveys. Business and Society, 57(1), 26-59.

Parker, Christine and Vibeke Nielsen. 2009. The challenge of empirical research on business compliance in regulatory capitalism. Annual Review of Law and Social Science, 5, 45-70.

Pickett, Justin T., Frank T. Cullen, Shawn D. Bushway, Ted Chiricos, and Geoffrey Alpert. 2018. The response rate test: Nonresponse bias and the future of survey research in criminology and criminal justice. The Criminologist, 43(1), 7-11.

Pogarsky, Greg. 2004. Projected offending and contemporaneous rule-violation:

Implications for heterotypic continuity. Criminology, 42, 111.

Randall, Donna M. and Annetta M. Gibson. 1990. Methodology in business ethics research: A review and critical assessment. Journal ofBusiness Ethics, 9(6), 457-71.

Rorie, Melissa and Matthew West. 2020. Can "focused deterrence" produce more effective ethics codes? An experimental study. Journal of White Collar and Corporate Crime. https://doi.org/10.1177/2631309X20940664.

Rorie, M., Alper, M., Schell-Busey, N., & Simpson, S. S. (2018). Using meta-analysis under conditions of definitional ambiguity: The case ofcorporate crime. Criminal Justice Studies, 31(1), 38-61.

Rorie, Melissa, Sally S. Simpson, Mark Cohen, and Michael Vandenbergh. 2018. Examining procedural justice and legitimacy in corporate offending and beyond-compliance behavior: The efficacy of direct and indirect regulatory interactions. Law & Policy, 40(2), 172-95.

Rossi Peter H. 1951. The application of latent structure analysis to the study of social stratification. Doctoral dissertation, Columbia University.

Rossi Peter H. 1979. Vignette analysis: Uncovering the normative structure of complex judgments. In Robert King, James Samuel, and Peter H. Rossi, eds., Qualitative and Quantitative Social Research: Papers in Honor of Paul F Lazarsfeld. New York: Free Press, 176-86.

Rossi, Peter H. and Andy B. Anderson. 1982. The factorial survey approach: An introduction. In Peter H. Rossi and Steven L. Nock, eds., Measuring Social Judgments: The Factorial Survey Approach. Thousand Oaks, CA: Sage Publications.

Rossi, Peter H. and Steven L. Nock. 1982. Measuring Social Judgments: The Factorial Survey Approach. Thousand Oaks, CA: Sage Publications.

Sampson, Robert J. 2010. Gold standard myths: Observations on the experimental turn in quantitative criminology. Journal of Quantitative Criminology, 26(4), 489-500.

Schindler, Pamela. 2019. Business Research Methods, 13th ed. New York: McGraw-Hill.

Schutt, Russell K. 2015. Investigating the Social World, 8th ed. Thousand Oaks, CA: Sage Publications.

Teclaw, Robert, Mark C. Price, and Katerine Osatuke. 2012. Demographic question placement: Effect on item response rates and means of a Veterans Health Administration survey. Journal of Business Psychology, 27, 281-90.

Tsingou, Eleni. 2018. New governors on the block: The rise of anti-money laundering professionals. Crime, Law, and Social Change, 69, 191-205.

Tyler, Tom R. 2009. Self-regulatory approaches to white-collar crime: The importance of legitimacy and procedural justice. In The Criminology of White-Collar Crime. New York: Springer, pp. 195-216.

Wallander, Lisa. 2009. 25 years of factorial surveys in sociology: A review. Social Science Research, 38(3), 505-20.

Weber, Eleanor, Deborah Sellers, and Peter Rossi. 1988. Vig-Write: The PC Vignette Generating Program. Amherst, MA: Social and Demographic Research Institute, University of Massachusetts.

Weisburd, David. 2003. Ethical practice and evaluation of interventions in crime and justice: The moral imperative for randomized trials. Evaluation Review, 27(3), 336-54.

Wilson, Jonathan. 2014. Essentials of Business Research. Thousand Oaks, CA: Sage Publications.

Wouters, Kristel, Jeroen Maesschalck, Carel F. W. Peeters, and Marijke Roosen. 2014. Methodological issues in the design of online surveys for measuring unethical work behavior: Recommendations on the basis of a split-ballot experiment. Journal of Business Ethics, 120, 275-89.

Yacoubian, George S., Kristine L. Vander Wall, Regina J. Johnson, Blake J. Urbach, and Ronald J. Peters. 2003. Comparing the validity of self-reported recent drug use between adult and juvenile arrestees. Journal of Psychoactive Drugs, 35(2), 279-84.

Zerbe, Wilfred J. and Delroy L. Paulhus. 1987. Socially desirable responding in organizational behavior: A reconception. Academy of Management Review, 12, 250.

第六章　用于评估公司合规性的随机实验

梅丽莎·罗里

第一节　引　言

随机实验通常被认为是实现科学研究基本目标，即证实因果关系的最佳方法。然而，需要证实"A"是否对"B"有影响的却不只有科学家。在合规领域，了解政策或计划是否产生了预期效果对从业者而言也是极其关键的。这可以让从业者和政策制定者更负责任地花费宝贵的资金，避免支持无效的项目（甚至是那些弊大于利的项目），开发和改进项目，改善员工、消费者和公众的生活（Welsh，Braga，& Bruinsma，2013）。然而，与调查或次级资料分析相比，将实验作为一种研究方法还是很少见的，因为实验的成本更高，而且学者们对何时应该或不应该使用这些方法的争论还在继续。尽管在某些研究问题或者某些场景下对于该方法的适用性可能存在一些争论，但真实验设计通常能最清楚地确定所关注的特定变量是否具有期待的（或预期的）影响。

“实验设计”这个大的总称下还存在着各种各样的设计。对本章而言,重要的是“随机实验”(也可称为“随机对照试验”或“真实验”)与“准实验”之间的区别,前者是本章的重点,后者将在本章的最后作简要讨论。随机实验是指那些利用随机分配来评估某种现象对其他事物的影响的设计;随机分配使研究者可以假设经历这种现象的群体(实验组)与未经历这种现象的群体(控制组)在本质上相似。在准实验中,并不使用随机分配来决定谁是否经历了这种现象,而是一些其他的因素指导实验(组)和控制(组)的分配。因此,研究者不能简单地假设实验组和控制组是相等的。相反,研究者必须尝试通过其他方式来证实两组间的等价性。例如,在分析中考虑了许多其他变量(Schutt,2015)。

同样,本章的主要关注点是随机实验。在这一类实验中,“实验室实验”和“现场实验”之间有一个重要的区别。尽管全面回顾这两种设计之间的区别已经超出了本章的范围(Harrison & List,2004),但二者间的基本差异还是值得注意的。

在实验室和现场实验中,都是将人员/组随机分配到实验和控制条件中,从而使研究者能够假设这两个组在自变量改变之前是相似的。因此,在改变自变量之后产生的任何结果差异都是由该变量造成的,而非其他因素。实验室实验是在高度控制的环境中所开展的实验,通常以学生为样本,其自变量被刻意操控。值得注意的是,实验室实验忽略了这样一个事实:人们生活在复杂的环境中,个体在实验室中对特定刺激的反应方式也许并不能准确地反映他们在现实世界中对该刺激的反应方式。相比之下,现场实验是针对非学生对象进行的,最常见的对象是在其关注的处于现实生活环境中的人。请注意,参与现场实验的人仍然知道他们正在被研究,因此容易受到观察者效应的影响(Harrison & List,2004)。上一章讨论的场景调查或析因调查研究介于这两种类型之间——虽然其本身不是在“实验室”中进行的,但与现场实验相比,它们在操纵自变量方面的控制程度会更高。

最后,“自然”实验是指实验者对自变量缺乏控制,并且不使用故意的随机分配来建立对照组。这与准实验类似,但在自然实验中,研究者对实验组和控制组的分配没有任何控制。更确切地说,当一个重大事件随机发生在一些人身上而不是其他人身上时,自然实验就会发生。本质上,人们是被随机地分配到实验组和控制组中,而不是由研究者分配。例如,沃尔拉尔德(Vollaard)和范・乌尔斯(van Ours)在2011年研究了荷兰政府法规的影响,该法规要求所有1999年以后建造的新房屋都要安装更安全的门窗。1999年以后建造的住宅是拥有更安全入口通道的实验组,而1999年以前建造的住宅作为控制组。使用受害者调查数据来测量法规生效前后的入室盗窃发生率(考虑到过渡期),作者发现新的法规将入室盗窃受害的可能性降低了大约26%。

同样,本章的重点是随机实验对合规专业学者、政策制定者和从业者等的效用。笔者从基本原理开始,描述了"因果关系"在研究方面的真正含义。然后,笔者解释了随机实验的特点,这些特点使它们比其他方法(如调查或访谈)更能确定某个事件是否真的导致了其他事件的出现,随后笔者举出了合规专业文献中的实验例子。最后,笔者描述了这种方法的优点和缺点,总结说明了学者和从业者如何能够更经常地使用这种方法,何时适合这样做(或不适合),以及其对政策和实践的影响。

第二节　什么是"因果关系"?

随机实验通常被认为是在所关注的关系中证实自变量和因变量间真正因果关系的最佳方法,但"真正的因果关系"是什么意思呢?在日常语言中,动词"导致"(cause)的本质意思是"使某事发生"。科学研究通常试图确定一个因素(例如,一个人的特征,一个程序,一个人周围环境的某个方面)是否对其他事物有影响(例如,一个行为,观点,或知识是否改变)。例如,一个研究者可能会问:一个人的种族或族裔对于潜在雇主是否给他们面试机会有影响吗?一个公司的道德规范会引起更好的行为吗?新的环境法能使污染减少吗?

尽管回答这些问题似乎很简单,但一个科学的流程在真正确定某件事会导致某事或某人发生变化之前还必须满足某些标准。具体来说,研究者必须建立:(1)关联性;(2)时序性;(3)非虚假性。如果研究者还建立了(4)背景和(5)因果机制,这当然也是有帮助的,但只有前三个是证实科学意义上因果关系的强制性条件。笔者将快速回顾这五个术语的含义,并附上一个可视化图表来阐明这些标准之间的差异(见图 6.1)。在此之后,笔者将论述实验在满足证实因果关系的三个强制性标准方面具有怎样的独特优势。

(1)“关联性”是最易满足的标准,这基本上是观测自变量的变化是否伴随着因变量的变化而变化。例如,在进行了有关梯子使用安全的企业培训后,企业中与《职业安全和健康法案》(*Occupational Safety and Health Act*)相关的投诉是否在减少?证实任意两个变量之间存在经验关系就可以满足这个标准了。

(2)“时序性”要求自变量的变化要发生在因变量被观测到的任何变化之前。在上述梯子使用安全培训的案例中,如果公司数据表明与《职业安全和健康法案》相关的投诉在培训开始前两个月就开始减少了,那么将意味着培训不是投诉减少的真正原因,因为投诉在没有培训的情况下已经开始减少。

(3)当研究者能够排除对研究结果的替代性解释时,“非虚假性”便成立了。这是最难建立的标准,也是随机实验如此重要和独特的原因。与最精心设计的调查或最先进的次级资料统计分析不同,(个体被)随机分配到实验组或控制组,使我们可以理想地假设个体的背景特征与结果的任何差异无关(这将在下文中详细说明)。

事实上,在《职业安全和健康法案》投诉案例中,投诉数量的下降发生在培训之后,这就意味着“关联性”和“时序性”的标准得到了满足,即对大多数人来说,培训似乎达到了预期的效果。但我们也可以说,培训只针对那些在过去 6 个月里发生过五次或以上与《职业安全和健康法案》相关事故的人员。尽管培训很可能对这些人有所帮助，但也有可能这些人在培训之前就已经被管理者约谈了。也许是管理者的关注（以及相关人员对未来遭受训诫的恐惧）导致损害减少，而非培训本身的作用。在这种情况下，公司不需要花钱进行培训就能够得到相同的结果。值得注意的是，要考虑到所有可能的不同解释几乎是不可能的。有无数的其他原因可以导致一项干预措施看起来产生了影响，而实则是另一个因果过程影响了所关注的结果。在真实验中，研究者可以通过证明分配到实验/控制组本质上是真正的“随机”来排除竞争性解释；在其他类型的研究中，通常无法确定接受处理的人与未受到干预的人在所有相关变量上是否相似。其他学者关于此问题有更多的技术性讨论（Gerber & Green，2008）。

（4）再次申明，场景并不是建立因果关系所必需的，但其在支持因果关系的主张方面可以有很大帮助。当我们谈论场景时，我们是在寻找因果关系是针对谁存在的，或者因果关系出现在什么环境中。例如，对梯子使用进行培训可以减少来自仓储式/批发式连锁零售店的《职业安全和健康法案》投诉，但对律师事务所却没有影响。这实际上有助于证实因果关系，因为我们期望培训能够减少员工经常使用梯子的职场投诉；但我们不一定期望培训能减少来自类似于律师事务所这样的专业办公室的投诉，因为那里的人在工作中很少使用梯子。

（5）建立“因果机制”不是因果推断的要求，但是有助于支持关于因果关系的主张。研究者通过回答“实验如何带来变化”这一问题来建立因果机制。例如，我们可能会看到，接受梯子安全培训会减少员工的投诉，但培训中影响最大的因素是什么？或许，除了视频指导之外，培训中还有现场模特演示了梯子使用的适当方式，参与者可以提出问题并在收到反馈时自己练习梯子的使用。如果你询问接受培训的人，培训中他们发现对安全最有帮助的是什么，他们可以指出最能引起他们共鸣的培训要素。

(1)关联性:我们是否看到,当训练发生时,报告的受伤人数似乎会发生变化?

(2)时序性:我们是否看到,报告的伤害数量似乎在培训发生后发生了变化?

(3)非虚假性:我们是否看到报告的伤害数量在培训后似乎发生了变化,即使考虑到其他解释,如主管的注意?

(4)背景:在什么情况下,或对谁来说,培训是最有效的?在仓库里可能比在律师事务所更有效。

(5)因果机制:为什么培训会有效?也许接受现场反馈是很重要的因素。

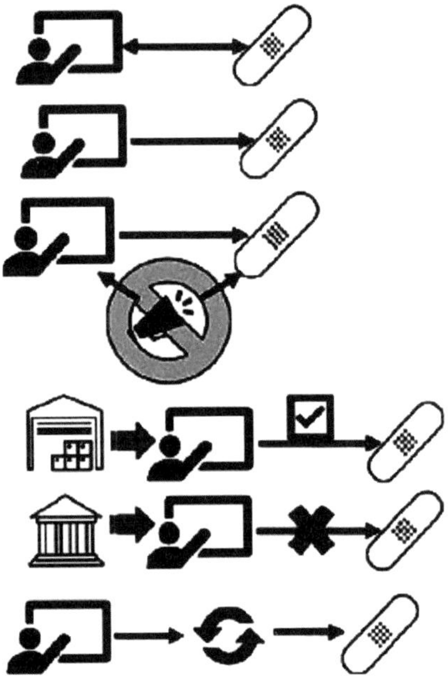

图 6.1　五个因果标准的示意图

第三节　真实验的概念及其优点

简单地说,随机实验是指研究过程中决定哪些研究对象去经历某种现象(自变量)和哪些不需要去经历。在随机分配群体去经历或不经历自变量的过程中,研究者基本上可以认识到如果不进行操控会发生什么结果(Gerber & Green,2008),这与非实验性研究、田野调查等其他测量自变量在日常生活中影响的研究设计不同,它们并不试图控制某些研究对象去干预实验。

严谨的实验操作是满足非虚假性标准的关键。例如,我们假设,研究者关注职场歧视培训对减少职场种族歧视的投诉的作用。如果要进行调查,我们可以给所有接受过培训的员工打电话,并简洁地询问他们是否从培训中学到了东西,在培训后他们是否对他人产生过歧视行为,或者他们自己在培训后是否受到了歧视。这是一种测量培训在现实生活中对特定行为所产生的影响的方法,但显然这种方法存在很大的局限性。即使调查对象承认他们有一些歧视经历,还是有许多可能的混淆变量会导致他们回答相同的答案,而非培训本身的作用。或许某位知名人士最近因种族歧视的指控而被媒体关注,并因此使他们的声誉受到严重损害。与培训无关的事件(甚至是虚假的),可能会鼓励被调查对象去举报歧视问题,因为这样会引起更多的公开讨论,并且他们认为管理层将比以往更认真地对待他们的诉求。由于看到了媒体的报道,参与歧视性行为的人可能会意识到他们实际上一直是不合规的,合规意识的提高会加强肯定性的反应。

除了询问接受培训的员工的经历外,我们还可以很容易地对同一研究问题进行随机实验,这将更好地确定是培训而不是其他影响不合规行为的因素在发挥作用。首先,公司最好列一份所有员工的名单,并随机分配一半员工参加培训。培训结束后,公司可以重新调查所有员工与歧视相关的认知和经历。如果培训成功,我们希望那些实际参加培训的员工会报告说有了更高的认知和更合规的行为。甚至更进一步,公司可以对比培训前后的官方投诉数据,观察实际投诉是否有所减少。这个研究示例很好地展示了实验区别于其他研究方法的三个主要特征。具体来说,实验包括:

(1)实验组和对照组(也称为处理组和控制组),除了对“处理”的操纵不同外,其他条件完全一样。

(2)将一个实体或个人随机分配到实验组或对照组。

(3)在随机分配和实施处理后测量因变量。

实验组和对照组。在种族歧视研究中,实验组由那些接受过培训的员工组成。这是有意为之,即除了接受(或不接受)培训外,所有员工都被同等对待。这意味着研究者可以更有把握地排除对其结果的替代性解释(即非虚假性)。例如,年龄、性别、薪酬水平或个人的利他主义水平。

随机分组。歧视性研究中的研究者应确保没有“既存条件”来决定哪些员工接受处理,只有随机的机会导致(员工)被指定为一个组或另一个组。这使我们可以假设任何特征(例如,年龄、性别、经验水平、薪酬水平、利他主义)在实验组和控制组之间是平均分布的,即各组之间没有可能混淆结果的实验前差异(即非虚假性)。

我们不希望针对骚扰问题的研究者做的是指定某一类员工进行培训。例如,只派工作经验不足五年的员工接受培训,而其他人不必接受培训。这样做会带来一种可能,即员工的经验或年龄(或任何其他背景特征)与不合规行为有关,而且很难知道培训本身是否具有预期的影响。

随机分配和实施处理后因变量的测量。简单地说,这意味着研究者在测量实验组和对照组的结果之前,会先对实验组进行处理。就歧视培训而言,公司希望评估在随机分配和实验组接受培训之后的投诉情况。如果实验组收到的投诉比控制组少,我们就可以更加确信培训起了作用,因为我们建立了"时序性"。也就是说,处理先于结果,因此可以合理地认为处理导致了结果的各种变化。为了进一步证明培训的有效性,研究者可以将培训后的投诉数据与培训前的投诉数据进行比较。

当学者需要证实自变量和因变量之间的真正因果关系时,随机对照试验被称为研究的"黄金标准"(Weisburd,2010)。如前所述,真实验的三个显著特征提高了内部效度,并确保结果不受到"志愿者偏差"的影响(即某些类型的人更有可能自愿接受研究者的处理;Burtless,1995;Heckman & Smith,1995)。与使用其他准实验或非实验性设计的研究(例如调查或案例研究)相比,更能看出真实验的效用。例如,广泛采用处理方案的实验研究表明,这些方案的效果比使用不那么严格的方法来评估它们时要弱,这表明真实验可以更好地排除选择效应,并且更精确(准确)地确定方案的影响(Weisburd,Lum, & Petrosino,2001)。

第四节　合规文献中的随机对照试验范例

到目前为止,最常使用实验来研究组织合规性的是对税法合规性的研究。这方面的文献已经在其他部分进行了全面的回顾(最近的文章是由索利[Thorley]编写的,非常透彻,待发表中;也可见 Hallsworth,2014),因此笔者将重点放在其他领域的组织合规性上。具体来说,就是危险化学品法规的合规性、对职业安全和健康法规的合规性、对工作场所不合规行为的举报以及企业欺诈行为。

一般来说,实验方法最适合评估计划或政策变化的有效性。在斯托科尔斯(Stokols)、麦克马汉(McMahan)、克利瑟罗(Clitheroe)和威尔斯(Wells)2011 年的案例研究中,他们对合规经理人进行新加州安全和健康监管要求的培训是否会提高中小型企业对这些法规的遵守程度进行了分析。在这项研究中,他们组织了 151 家公司来接受关于法规内容的培训,学习提高合规和减少工作场所疾病与伤害的策略。研究者将其中的 80 家公司随机分配到"实验组"(即立即接受培训的组),将另外 71 家公司分配到收集研究数据后再参加培训的"控制组"。研究证实,与控制组相比,培训提高了实验组对职业安全和健康法规的了解,这种了解又反过来提高了他们对法规的遵守程度。重要的是,他们注意到,培训对那些一开始就不太了解法规的合规官的影响最大;对那些在参加培训前就掌握了很多信息的合规官来说,培训似乎并没有提高这些公司的合规性。但值得一提的是,培训只影响了被调查者自我报告中的合规性,并没有对具体的行为结果(即公司因意外事故、疾病/伤害率而支付的健康保险费用)产生显著的影响。

2019 年,马莱斯基(Malesky)和陶西格(Taussig)评估了允许公司对法规提供反馈意见是否将提高对法规的遵守程度。研究者招募了 1200 家使用危险化学品且属于越南工商会(Vietnam Chamber of Commerce and Industry)管辖范围的越南公司,并将这些公司随机分配到三种条件中的一种。1 号处理条件(517 家公司)是"参与"条件。这些公司不仅收到了有关新法规及其可能影响的信息,还被要求对法规草案提供反馈意见,以便在政府进行规则修订时予以考虑。2 号处理条件(295 家公司),称为"信息"条件,收到关于新法规及其影响的信息,但没有被要求提供反馈意见。最后,3 号处理条件,在“控制”条件下的 388 家公司只是通过视频被告知监管机构希望鼓励公司对法规进行普遍的反馈,他们没有被告知正在实施的具体法规,也没有被征求对任何法规的反馈意见。为了确定鼓励参与和/或向公司提供更多信息可能产生的影响,研究者调查了这 1200 家公司,了解他们对监管合规的看法。他们还向公司派遣了第三方监测员,作为一种“咨询”工作,试图查看合规水平(在非正式检查中评级)在各组之间是否存在差异。然而,他们遇到了许多拒绝与监测员接触的公司,因此,他们也从公司是否允许进行检查方面来测量合规性。该实验为证明公司有机会参与法律制定会改善他们对监管机构的看法以及增加合规行为提供了强有力的证据——“参与”条件下的公司更有可能允许检查人员进入他们的设施,也更有可能被这些监测员评为符合监管预期。

刚刚描述的两个例子都是“现场实验”的很好的例子。如前所述,这些都是随机实验,试图在测试对象的自然环境中(这里指的是在职场的场景中)保持严谨。相比之下,“实验室实验”是那些试图严格控制测试环境的随机实验,通过减少外部因素干预受调查者处理的可能性,例如,受调查者同行的存在、受调查者在公司的职位等(Harrison & List, 2004),来进一步确保因果关系的有效性。

古腾塔格(Guttentag)、波拉特(Porath)和弗莱迪(Fraidin)2008 年的实验可以作为此类实验室实验的一个例子,他们试图确定什么能促进或防止公司的欺诈行为。在一门管理课程中,他们将 341 名大学本科生创建成 69 个小组,每组由 4—5 名男、女生混合组成,并在总体上对每个小组进行测验,以确定一个使小组所承担的任务能够最有效运行的最佳时间顺序的结合点。该实验中的因变量是这个小组是否决定在测试中“作弊”,即接受做实验的人的答案。而“作弊”的决定可能会带来更高的回报(即买更多的彩票,以增加获得 200 美元奖金的可能性)。尽管“在测验中作弊”似乎与公司欺诈非常不同,但研究者提出了一个令人信服的观点,即实验中涉及的集体影响力以及对实验的控制,代表了影响企业作出违规决策的动力和因素。具体来说,实验者将每个小组随机分配到:(1)"强制披露"的场景;(2)领导者在小组中拥有较少或较多权力的场景;(3)如果"作弊"被发现,领导者将受到比其他小组成员更严厉的惩罚的场景。研究者还测量了(但没有控制)群体信任、群体凝聚力、每个人对程序正义的认知,以及每个人的道德推脱现象。总体而言,本次实验的结果表明,强制披露可以减少欺诈行为,因为它增加了对被抓获的可能性感知。实验者们还发现,较高的团体信任度和凝聚力似乎会鼓励欺诈。实验也可以用于预测与合规相关的行为,例如,与举报决定相关的因素。

费尔德曼(Feldman)和洛贝尔(Lobel)在 2008 年进行了一个在线场景实验(见第五章),他们随机分配给参与者观看一个描述工作场所的五种非法行为之一(员工盗窃、财务欺诈、环境不当行为、安全违规和性骚扰)的场景。受访者被要求假装是所看到的行为的目击者,并述说与该行为有关的各种情绪,他们是否会向其他人(以及向谁)举报该行为,以及他们认为他们的经理或同事会对检举做出怎样的反应。研究者们采用任意或滚雪球抽样方法从美国和以色列招募了 333 名私营和公共部门的雇员参加。最终,他们发现不同的因素可以预测不同形式的违规行为的检举行为。与同事所犯的罪行(如员工偷窃)相比,受访者一般不愿意在内部举报管理层的罪行(如财务欺诈)。然而,当员工觉得他们的经理有可能对举报做出对其有利地反应时,他们就会像举报同事的不合规行为一样,举报管理层的不合规行为。费尔德曼和洛贝尔还发现,来自管理层的支持可以鼓励员工将他们的报告停留在公司内部,因为那些认为管理层会对报告做出积极反应的受访者不太可能将投诉交给外部机构。有趣的是,他们还发现,向外部机构举报的动机一般是出于员工的不满,而且也有员工的工作安全感。如果员工觉得举报是一种低风险的尝试(或者根本就不那么在乎保住工作),他们向外部机构举报的可能性就更大。所有这些发现都为管理层如何改善合规举报并反过来改善公司内部的合规性提供了明确的建议。

第五节 随机对照试验的局限性

虽然随机实验在准确执行时是确定“A”是否真的导致“B”的最佳机制,但这种方法并不适合合规研究者感兴趣的每一个研究问题。合规研究者可能更感兴趣的是合规的过程,即人们如何为自己的不合规行为辩护,如何将规则和法律作为有价值的行为指南,以及如何看待监管机构或其他权威人士对自己行为的影响。对于研究人们的观点、经验和与他们周围的世界的相互作用,其他方法(例如,民族志、深度访谈和调查,见本书第五、十一和十三章)更合适。实验作为一种以“生硬”著称的工具,它虽然可以回答因果关系是否存在,但往往缺乏研究为什么存在这种关系的能力(见乔丹诺思卡[Jordanoska]和洛德[Lord]在本书中关于混合方法克服这种限制而产生功效的讨论)。

即使学者们只是对确定一个项目或政策的有效性更感兴趣时,使用随机分配也可能是不可行的或不道德的。如果(或许)一个公司由于员工的错误而造成了重大的对消费者的危害(例如,窒息危害),那么公司只分配一半的员工接受新的培训以减少危害就是非常不道德的。此外,尽管普遍认为真实验可以提高因果关系有效性的证明力,但它们也有自己的方法论缺陷,可能会威胁到一项研究做出强有力的因果关系声明的能力。这样的局限性很可能解释了为什么真实验很少被用于企业合规领域。

具体来说,真实验有五个常见的局限:(1)实验过于简单化/人为化;(2)实验成本过高;(3)实验组/控制组的随机分配可能并不总是如预期那样进行;(4)即使随机分配有效,选择性偏差/志愿者偏差也无法完全消除;(5)简单的真实验并不适合某些人群或某些研究课题。笔者将更详细地分析一下这几个局限。

首先,正如在 2008 年古腾塔格等人以及前面所述的费尔德曼和洛贝尔的实验中特别证明的那样,实验设计往往因其对实验者的控制程度而受到赞许,在实验室里进行的实验中更是如此。然而,这种控制可能使人们难以确定这种“处理”(例如,强制披露规则)在现实世界中是否具有同样的影响。换句话说,实验尤其是实验室实验,缺乏“外部功效”。也就是说,如果研究者无法在参与者自己的自然环境中使用不同的样本,或者如果考虑到额外的变量,在某些条件下的因果关系可能就不存在了(Morton & Williams,2008)。在这方面,现场实验比实验室实验更有优势(Gerber & Green,2008),在多种环境下的重复实验也是如此(Morton & Williams,2008)。

此外,如前所述,尽管研究者往往可以推测出处理在研究中产生影响的原因,但随机实验往往无法提供连接自变量和因变量的因果机制的直接证据,这就会限制研究对外部效果的测量。真实验往往可以告诉我们一个项目或政策是否会产生预期的影响,但往往不能告诉我们为什么该项目或政策会产生这样的影响。最近,学者们一直在提倡“机制实验”(mechanism experiments)——将政策或方案作为产生影响的假设原因以进行测试的实验(Congdon,Kling,Ludwig, & Mullainathan,2017),但问题是现在被测试的机制为什么会产生这样的作用。学者们要真正了解实验会产生作用的原因,需要就参与者对实验的认知以及他们为什么改变(或没有改变)他们的行为进行更多的定性研究。

其次,环境是一个对实验的严密性非常重要的因素,而控制研究环境的能力却是有代价的。与调查、访谈或次级资料分析相比,实验者通常要负责:实施程序处理(如提供培训)、密切监测实验组和控制组、激励参与者继续进行实验、对所有参与者进行前后测试(包括跟踪那些可能延返评估的人),并向确保高质量试验所需的研究者支付费用。除了财务成本之外,确保精确性所需的努力也很耗时。一般来说,调查、访谈或次级资料分析可以由较少的工作人员进行,而且对研究参与者的监测(如果有的话)也要少得多。这些方法还有一个额外的好处,就是对工作环境的干扰较小。例如,调查和访谈可以一次只针对一个员工,而不是要求一半的员工参加培训,而次级资料分析只需要公司内部有人对现有数据进行汇编和分析。特别是对于中小型企业来说,进行一次真实验的时间和金钱成本可能确实会令人望而却步。

再次,为了使真实验在方法上像它所宣称的那样优于其他策略,将人们随机分配到实验组或控制组的过程就必须毫无差错。然而,实验经常在这部分过程中遇到问题。其一便是实践中当事人可能会试图推翻对个体的随机分配。例如,如果一家公司正在进行一项实验来评估性骚扰培训的有效性,那么人力资源部门中的某个个人可能会看到对照组的人员名单,并说:"嗯,我真的觉得莎莉应该尽早参加培训,所以我打算把她放到实验组。"如果这种情况频繁发生,实验组将充满比控制组更需要培训的人,而实验结果将被每组中人预先存在的差异所污染。确定随机化是否能有效地产生同等的实验组和控制组的一种方法,是在向实验组提供干预措施之前使用"预测试"。给两组人一份简短的问卷,询问相关的特征(可能影响对干预措施的反应的东西),这将使研究能够确立两组人的基准差异,有助于解释测试后(即干预后)的结果。

理想情况下的随机分配是不需要预测试的,随机化使我们可以假设实验组和控制组是等同的。然而,预测试也可能有助于与测试后的结果进行比较,以确定是否存在对测试结果的"污染"效应。例如,如果实验组的人与对照组的人一起工作,那么实验组的人似乎会谈论他们的独特经验,并分享信息,然后影响控制组的人的行为(他们本不应该接触到干预措施)。如果发生这种情况,两组的行为可能比预期的更相似,人们会得出这样的结论:干预对实验组没有产生独特的影响,但这将是一个错误的发现(Weisburd,Petrosino, & Fronius,2013)。

即使随机化是成功的,没有"污染"发生,一些学者认为志愿者偏差(又名选择性偏差)仍然会是一个问题。笔者之前提到过,当某些人决定参与具备特定处理条件的调查而另一些人不参与时,志愿者偏差就会出现。在非实验性设计中,这意味着任何假定的处理影响都可能是由于志愿者和非志愿者之间的潜在差异造成的。例如，也许志愿者对新的体验更开放，因此，更有可能随着时间的推移而改变（即使在没有干预的情况下）。在实验设计中，随机分配应该确保任何先前存在的个体特征在接受处理的组和接受控制的组之间均匀分布——在这个例子中，两组人对新体验的开放程度应该“看起来很像”，因此，如果测试后的行为有任何差异，那将是由于干预造成，而不是由于个性特征。然而，桑普森（Sampson）在2010年曾表明其认为志愿者偏差并不必然可以通过随机分配来解决。第一，自愿参与实验的人可能与选择不参与研究的人不同，研究所带来的任何发现不一定都能转化到“现实世界”中。第二，在所有选择参与研究的人当中，某一条件下的人更有可能退出研究或未能完全遵守研究计划的要求，这也不是没有可能的。例如，如果一个公司的“处理”状态是要求人们在工作期间每天参加1小时的培训，而“控制”状态的人没有任何区别对待，那么处于处理状态的人就可能会退出研究，因为他们会担心无法跟上对方的工作量。这种“不同比例损耗”会使之前同等的实验组和控制组在实验结束时看起来有所不同（Heckman & Smith，1995；Sampson，2010；Weisburd et al.，2013）。至少，研究者应该仔细考虑谁更有可能提早脱离研究，以及为什么。

最后，为了回应在社会科学研究中更多使用实验设计的呼声（Weisburd，2010），学者们指出真实验并非适合所有的研究课题或者被研究人群，有些甚至是不道德的。在组织的合规从业者犹豫是否要对他们的客户进行干预，而实验对象可能认为实验组或控制组的分配是“不公平的”之时，或者当一个公司或机构根本没有时间或金钱来准确地实施一项实验时，应该使用其他方法（准实验、调查、访谈、实地观察等）来评估一项计划或政策的有效性。这会影响因果过程推断吗？是的，但尊重他人人格应该是学者们最关心的问题，在没有足够支持或资源的情况下进行实验，在任何情况下都可能导致不准确的结果。准实验设计（Quasi-experimental designs）可以作为“真实验”的一个很好的替代方案，因为准实验设计尝试在不使用随机分配的情况下创建同等的实验组和控制组。

准实验设计使用统计方法、时间序列分析、匹配策略、自然实验和其他方法在处理实施前产生相同的相关特征。通常,准实验设计对于建立那些被测量的变量(即那些对研究者来说最重要的变量)的同等性的效果是非常好的;真实验设计的主要缺点是,我们不能假设所有特征(包括那些未被测量的特征)都是等同的,而这正是随机分配所允许的(Weisburd,2010)。

第六节 结 论

本章回顾了随机实验的显著特征以及这些特征如何让研究者证实因果推断关系,描述了在合规领域使用真实验设计的尝试,并回顾了该方法的局限性。尽管真实验设计具有实用性,但由于各种原因,很少在公司合规领域得到运用。笔者和其他很多学者一样,都鼓励合规从业者和合规研究者相互合作,以便更准确地测试政策或计划的影响,从而提高合规性。如果一个真实验设计被准确地实施,其研究结果可以确保公司只实施最有效的策略,这在确保成本效益的同时产生了理想的行为变化。当然,真实验设计不应该被用于所有的研究问题。例如,如果一个人只是想知道一个群体的意见或独特的个人经历,其他方法如调查或访谈会更合适,成本也更低。此外,不让某些人接受调查中的特定处理可能是不道德的,或者可能会存在对调查造成污染的隐患。在这种情况下,应该探索准实验设计方法,以提高评估的严谨性,同时确保评估结果的公平性和准确性。而且,实验设计和准实验设计应纳入更多的定性方法(如访谈或观察),以增进对干预是否有效以及为何有效的理解(Sampson,2010)。一般来说,鼓励使用实验方法,将使合规从业者和研究者都能建立关于伤害预防策略的知识,并了解如何最好地减少企业领域的不合规行为。相应的,这些尝试将在消费者、雇员和雇主之间建立起对公司努力的信任。

参考文献

Burtless, Gary. 1995. The case for randomized field trials in economic and policy research. Journal of Economic Perspectives, 9(2), 63-84.

Congdon, William J., Jeffrey R. Kling, Jens Ludwig, and Sendhil Mullainathan. 2017. Social policy: Mechanism experiments and policy evaluations. In Abhijit Vinayak Banerjee and Esther Duflo, eds., Handbook of Field Experiments. Elsevier Science and Technology.

Feldman, Yuval and Orly Lobel. 2008. Decentralized enforcement in organizations: An experimental approach. Regulation & Governance, 2, 165-92.

Gerber, Alan S. and Donald P. Green. 2008. Field experiments and natural experiments. In Janet M. Box-Steffensmeier, Henry E. Brady, and David Collier, eds., The Oxford Handbook of Political Methodology. Oxford Handbooks Online.

Guttentag, Michael D., Christine L. Porath, and Samuel N. Fraidin. 2008. Brandeis' policeman: Results from a laboratory experiment on how to prevent corporate fraud. Journal of Empirical Legal Studies, 5(2), 239-73.

Hallsworth, Michael. 2014. The use of field experiments to increase tax compliance. Oxford Review of Economic Policy, 30(4), 658-79.

Harrison, Glenn W. and John A. List. 2004. Field experiments. Journal of Economic Literature, 42(4), 1009-55.

Heckman, James J. and Jeffrey A. Smith. 1995. Assessing the case for social experiments. Journal of Economic Perspectives, 9(2), 85-110.

Malesky, Edmund and Markus Taussig. 2019. Participation, government legitimacy, and regulatory compliance in emerging economies: A firm-level field experiment in Vietnam. American Political Science Review, 113(2), 530-51.

Morton, Rebecca B. and Kenneth C. Williams. 2008. Experimentation in political science. In Janet M. Box-Steffensmeier, Henry E. Brady, and David Collier, eds., The Oxford Handbook of Political Methodology. Oxford Handbooks Online.

Sampson, Robert J. 2010. Gold standard myths: Observations on the experimental turn in quantitative criminology. Journal of Quantitative Criminology, 26, 489-500.

Schutt, Russell K. 2015. Investigating the Social World: The Process and Practice of Research. Thousand Oaks, CA: Sage Publications.

Stokols, Daniel, Shari McMahan, H. C. Clitheroe Jr., and Meredith Wells. 2001. Enhancing corporate compliance with worksite safety and health legislation. Journal of Safety Research, 32, 441-63.

Thorley, Dane R. Compliance experiments in the field: Features, limitations, and examples. In Benjamin van Rooij and D. Daniel Sokol, eds., The Cambridge Handbook of Compliance. Cambridge, UK: Cambridge University Press.

Vollaard, Ben and Jan C. van Ours. 2011. Does regulation of built-in security reduce crime? Evidence from a natural experiment. The Economic Journal, 121(552), 485-504.

Weisburd, David. 2010. Justifying the use of non-experimental methods and disqualifying the use of randomized controlled trials: Challenging folklore in evaluation research in crime and justice. Journal of Experimental Criminology, 6, 209-27.

Weisburd, David, Cynthia M. Lum, and Anthony Petrosino. 2001. Does research design affect study outcomes in criminal justice? The Annals of the American Academy of Political and Social Science, 578(1), 50-70.

Weisburd, David, Anthony Petrosino, and Trevor Fronius. 2013. Randomized experiments in criminology and criminal justice. In Gerben Bruinsma and David Weisburd, eds., Encyclopedia of Criminology and Criminal Justice. New York: Springer.

Welsh, Brandon C., Anthony A. Braga, and Gerben J. N. Bruinsma. 2013. New perspectives and developments in experimental criminology. Policing, 7(4), 411-18.

第七章　测量企业合规：使用可用企业数据以改善员工行为的指南

里卡多·佩拉丰

第一节　引　言

企业合规是一门大生意：有研究机构估计，企业合规本身是一个价值 300 亿美元的产品和服务行业（Grand View research，2020），从普通的法律服务到供应涉及“数字孪生”（Walden，2018）和增强现实类应用的奇特产品（Hames，Khoury & Caserta，2018）。而且合规行业的规模还在继续增长：估计到 2027 年，全球企业治理、风险和合规市场预计将达到 880 亿美元（Grand View Research，2020）。

这也可以理解为合规业务领导人和从业者会提出一个问题：我们如何知道我们的努力是否真的在发生作用？

许多从业者仍然怀疑他们的努力是否能够受到有意义的测量并作为合规的产出。例如，当国际标准化组织发布一项反贿赂管理标准时，美国司法部前合规专家批评该标准缺乏对产出指标的关注(Cutter,2017)。国际标准化组织委员会主席反驳了这一批评,称“你不能像接种疫苗那样测量贿赂预防”,如果一家公司因为反贿赂风险而避免一个项目,“它无法证明如果它参与,会发生多少贿赂”(Cutter,2017)。

这种观点是正确的吗?

或者,这种并不罕见的观点反映了一种对测量的看法,这种看法忽略了公司应该测量什么以及应该做多少——例如,一种有效地(且无意地)导致整个项目失败的疏忽?换句话说,鉴于公司合规的固有预防性质,是否有一种方法可以让公司测量出他们的公司合规机制在实际意义上产生了效果(即实际合规行为),以便他们利用这些信息来调整和提高防止不当行为的力度?阐明这一点是本章的重点。我们将分两个部分讨论这个问题。

在第一节中,我们将阐明在实践中测量公司合规性的含义。而我们对企业合规产出可测量性的困惑,在很大程度上似乎源于对我们最初试图测量的究竟是什么缺乏明确的认识。为了达到这个目的,第一节讲了这样做的真正意义,既包括我们要测量的实质内容,也包括我们需要测量的程度。

接下来,在第二节中,我们在此基础上制定合规从业者可以采取的步骤来测量其工作的影响。我们提供了一个简单的五步框架,允许合规从业者围绕可测量的、可知的结果来重新构建他们的工作,这样他们就可以确信他们的努力正在推动结果的产出。

最后,由于本章关注的是为公司合规性测量奠定实际基础,因此它仅作为一个起点。因此,我们总结了对研究者和政策制定者的建议,这些建议可以帮助我们在本章中阐述的概念在日常商业活动中得到应用。

第二节　实践中“测量企业合规”的内涵

在我们讨论如何实际地测量公司的合规性之前,我们必须清楚地知道我们正在努力完成什么。因为如果你一开始就不确定“某物”是什么,你就无法测量它。

当我们谈论测量“企业合规性”时,我们是在谈论测量一个复杂组织结构中存在的东西——这意味着我们最终涉及更抽象的概念和框架。因此,关于测量的讨论很容易被未说出口的假设和模糊的定义所阻碍。

归根结底,并不是说企业的合规性很难测量(正如我们将在第二节中展示的那样),而是很难明确定义我们要测量的内容。这种明确性的缺乏造成了一个不断变化的目标,既包括我们试图完成的工作,也包括我们需要多么严格才能使实际测量产生实际作用。

因此,我们的首要任务,也是我们在这一节将要讨论的,是明确当我们讨论在实践中测量公司合规性时的含义。我们将通过提供四个对照组来说明我们在谈论实际测量时所实际想表达的和否认的意思。

合规,而不是道德。首先,我们测量的是一个组织是否遵守其自身行为标准的指标,而不是对这些标准应该是什么做出价值判断。这些概念在实践中经常被混淆在一起,所以我们将首先明确这两个概念,然后将注意力集中在合规性上。

行为,而不是责任。其次,我们测量的是可能导致责任的潜在行为(或缺少特定的行为而导致责任),而不是最终发现责任本身。也就是说,我们感兴趣的是测量一个公司可以控制的潜在行为,而不是某个外部仲裁者后来得出的结论。区分这两个概念,并专注于正确的概念,对于实现实际测量至关重要。

行为,而不是信仰。再次,我们测量的是潜在的行为,而不是潜在的信念。也就是说,我们感兴趣的是公司实际做了什么,而不是它认为自己做了什么,这意味着我们感兴趣的是检查公司的运营产出,而不是其领导和员工的意见和信念。

可操作性的,而不是学术性的。最后,我们测量的目的是收集实时数据,而不是验证将给定的合规机制干预作为通过稳健回归分析的变量。也就是说,我们这些对合规性测量感兴趣的人(包括我自己)经常陷入将标准设置得太高的陷阱,无意中要求实际的合规性测量达到比几乎所有其他业务度量都更高的严格标准。当我们的目标是促进对公司合规工作的实际测量时,我们的标准应该与其他实际业务指标都相同,即足以采取对合规进行测量的行动。

通过分解这些组合,我们将细化我们试图完成的任务的定义,以便使第二节(我们对如何实际完成任务的解释)看起来简单明了。

一、我们测量的是合规,而不是道德

首先,我们必须确定,当我们谈到测量"企业合规"时,我们实际上指的是"企业合规",而不是"企业道德"。这两个概念是截然不同的,每一个都指向不同的问题,但这在实践中经常被忽略。

例如,在一个流行的实用公式框架中,"合规"指的是"遵守法律","道德"指的是"做正确的事情"(Weiss,2014;Rogers,2018),这一区别基于争论的标准是法律还是自我强加的法外规则。换句话说,这个公式基本上主张这两个学科或多或少的在做着相同的事情,它们只是处理不同的标准来源。它吸引人的地方在于它的简单性,但是它对这两个学科的功能缺乏清晰的理解,这使弄清楚如何测量它们的产出变得困难。

也就是说,"道德"和"合规"是解决不同问题的截然不同的规程,需要不同的技能集和知识基础来执行,并且会有非常不同的测量结果。如果我们不能清楚地了解这两个概念之间的区别,以至于不能明确我们要解决的问题是什么,那么我们就会在测量方面遇到困难。

因此,让我们弄清楚这些术语的实际含义。根据剑桥词典,我们得到了如下定义:

"企业道德"是企业关于道德对错的一套信念。(《剑桥学术词典》,2020 年)

"企业合规"是公司遵守命令的行为、规则或请求。(《剑桥高级学习者词典和同义词库》,2020 年)

简单地说,"企业道德"是指企业根据自己的信念为自己设定的标准;“公司合规”是指公司的行为是否符合这些标准。“企业道德”就是为企业设定标准;“企业合规”是指实际上遵守它们。

请注意,标准的来源与此无关。毕竟,遵守法律是一个道德的决定;不遵循法律或者没有积极采取措施遵循法律也是一种道德决定,因为你认为执法风险很低,或者因为你认为法律是不道德的,或者因为它与其他司法管辖区的法律冲突,你不能同时遵循两者。同样,作为一个公司,如果公司的行为没有遵循法律之外的标准——也就是说,如果公司实际上没有遵守这些标准,那么你声称要遵循的法律之外的标准也只是空谈。

再次声明,企业道德是关于确定企业将遵守的标准,而不管标准的来源是什么。而企业合规性实际上是使企业的行为满足那些标准(同样,不管标准的来源)。由于行为是可测量的,“企业合规”的这个定义使得对企业合规的测量实际上是可以实现的。

更明显的是,如何评估公司为自己设定的标准——道德标准——与如何评估其行为是否符合这些标准,是完全不同的问题。评估一家企业的道德标准,或取决于仲裁者的价值观,或是结果论分析(即企业的行为是根据这些行为的后果来判断是对是错的),但这将会导致与义务论截然不同的结果(义务论,即根据一套规则或价值观来判断公司的行为是对还是错,而不管后果如何)。

然而,评估一家企业对其标准的遵守情况,与企业在测量人类行为方面的任何其他努力没有什么不同。在实践中使用的方法与企业在销售、营销和运营中已经使用的量化和驱动行为的方法非常相似。

因此,当我们讨论实际测量企业合规时,我们感兴趣的不是对企业为自己制定的标准进行判断,而是考察企业在实际操作中是否符合这些标准。

二、我们测量的是行为,而不是责任

接下来,当我们谈到在实践中测量企业合规时,我们指的是测量那些导致责任的行为,而不是对责任的发现。

也就是说,我们希望关注公司可以控制的变量——可能产生责任的行为——而不是公司不能控制的事情。虽然一家公司可以控制自己的行为,但它无法控制其他一方在未来某个未知时刻(如果有的话)得出的法律结论,因此依赖这些结论作为测量有效性的标准是徒劳的。

在企业合规方面尤其如此,在这些领域,监管者和检察官可以行使相当大的自由裁量权以决定制裁哪种行为。在许多合规领域,我们正在处理一系列本身并不被禁止的行为;一种行为可能会也可能不会导致法律责任,因为没有明确的规则。

例如,与外国政府签订重要基础设施开发合同的企业可以控制其销售团队是否有权为政府官员提供商务旅行。它可以控制(并测量)这种旅行的数量、频率和理由,根据美国司法部的《反海外腐败法》,提供这种旅行本身没有任何问题(2012,pp. 15,16)。

但该公司无法控制的是,代表美国司法部的一名检察官是否会在未来某个未知的时刻判定,这起旅行事件跨越了"合法业务支出"与"试图贿赂外国政府官员"之间的模糊界限,并宣布对该公司的行为展开调查。

该公司也无法控制其聘请的外部律师能否成功说服检察官,让检察官认识到他们最初的判断是错误的,调查应该终止;或者,如果这种努力失败了,公司能否在辩护程序中击败检察官的起诉;或者,法官或陪审团会对其行为得出什么样的最终结论。当然,这只是罕见的事例,只是减少不确定性并停止产生法律费用,但没有真正解决问题,正如研究《反海外腐败法》的学者迈克·科勒所指出的,"在有可能进行比较的情况下,很明显,执行前行动的专业费用和成本通常是一家公司在处理《反海外腐败法》执法行动中所需要支出的在财务上的最主要的后果"(2014,p. 296)。

但这并不意味着该公司无法控制引发上述程序的行为,这就是当我们在谈论以一个实际的方法来测量企业合规时所感兴趣的。我们感兴趣的是公司的行为是否符合其所设定的标准,而并不关注在立法不明确或检控享有自由裁量权的情况下，这个标准最终是否被裁定为正确的。

也就是说，当我们谈论“企业合规”中的责任时，重要的是要记住，一个公司有可能在两种情况下发现自己陷入麻烦。

第一种情况，它可能没有达到自己设定的行为标准；这是一个“真正的”合规失败，并且是可测量和可控的。在上面的例子中，如果公司的销售团队完全忽略了控制他们如何向政府官员提供旅行的努力，就会导致超出公司设定的适当费用额度。

第二种情况，它可以满足自己设定的标准，但这些标准之后可能会被一些外部人士抨击为不充分。在我们的例子中，如果公司的销售团队确实遵循了公司为管理特定风险而设置的内部控制程序，但检察官认为公司的内部控制程序过于宽松，就会出现案情中的这种情况。

上述第二种情况不是合规问题，因为其中不存在企业的行为失误，而是关乎立法意图和政治性的问题。从本质上说，这不是一场关于合规的斗争，而是一场关于道德的斗争；其中没有关于行为的争议，只有关于应该适用哪种行为标准的争议。正是这第二种情况似乎是那些持“因无人知晓究竟应适用何种标准，因此反贿赂努力根本无法测量”观点的合规从业者感到困难的原因。

的确如上述情况所表明的那样，可以行使自由裁量权的检察官、监管机构或裁决机构，不可能提前确定在未来某个不确定的时刻，是否会认定一家公司为自己设定的行为标准足够充分。但这不是实际遵守的问题，而是法律的实际含义，以及公司为维护法律而为自己设定的标准是否“足够”的问题。简而言之，合规问题是公司的行为是否符合其为自己设定的标准。

这是可以控制和测量的，如果公司未能遵循自己的标准，那么它是否制定了正确的标准通常就变得无关紧要了——这正是我们在讨论如何在实践中测量企业合规时所感兴趣的。

三、我们在测量行为，而不是信念

接下来，当我们在本章中讨论公司合规的实际措施时，我们关注的是测量公司实际的行为,而不是去测量它相信什么或它认为自己的行为是什么。基于我们对法规和道德规范的区分,这意味着我们感兴趣的是从运营指标(领导者通常监控的商业指标类型)中获取数据,而不是员工调查。

这不是对调查的批评,调查是合规从业者普遍使用的工具,这只是一种认识,即它们测量的内容与我们在本章所感兴趣的内容不同。使用我们在这里列出的定义,员工调查如果设计得当,至少(Rorie, this volume;Rorie, Simpson, & Boppre, 2018)可以测量公司的实践道德。也就是说,测量可以告诉我们一个组织真正相信的什么是对的,什么是错的,什么是允许的,什么是禁止的,以及企业应该如何运作——不管这个组织声明的道德准则是什么。

当然,调查也可以用来捕捉公司整体合规环境的其他方面,如员工观察到的不合规事件,以及员工认为自己会如何应对假设情况(或管理层会如何应对)。这些都是独立而有价值的;我们在本章中提出的观点很简单,它们仍然依赖于员工的感知、解释和自我报告,而不是对员工行为本身的观察,因此,我们在这里提出的方法将通过捕捉合规的不同方面来补充它们。

因此,在本章中,我们感兴趣的是公司实际做什么,而不管它说它相信什么,它的成员实际上肯定什么,或者说它如何解释自己的行为。这种对行为的直接观察表现在操作指标中,如违规控制、费用支出、员工离职,以及其他可以显示某些类型的不良行为发生的操作指标(如果上述行为不能被直接观察到的话,其也可以作为一种代理);对上述问题进行分析并解决是本章第二节的重点。

这种对公司行为的直接关注与对一个公司的行为道德的理解可能是分开的。公司的行为道德可以作为它认为自己如何行为(或将如何行为)的指标,但在我们对自己行为的信念和我们的实际行为之间存在着内在的差距——这足以证明行为道德这个领域的存在(Langevoort, 2018;Feldman, 2018)。

当然，理解这两件事是很重要的，并且这些测量应该同时进行，以允许将“合规性”作为公司文化的一个功能进行广泛的考虑。例如，研究一个组织的行为道德与其具体运作行为之间的关系，将有利于合规从业者识别出相关的合规问题是由一个错误的道德信念，或是由道德局限（员工持有正确的道德信仰，但无法看到问题本质）所造成，并允许他们选择适当的工具以做出回应，但为了能够做到这一点，合规从业者首先需要能够捕捉到这些行为，这就是我们在这个问题上所关注的重点。

因此，就我们的目的而言，当我们讨论为实际合规性测量目的收集指标时，我们所关注的指标是测量员工实际做了什么，而不管他们说他们相信什么，这意味着我们所寻找的是可以实际运作的指标。

四、我们寻找的是可操作的指标，而不是学术指标

最后，当我们在讨论实际测量时，当我们考虑我们所寻找的测量标准和数据类型时，我们寻找的是可操作的而不是学术性的指标。从本质上说，我们正在寻找的只是获得足够的信息，以便实时做出决策，而不是要求数据达到在学术领域中同行评审所需的严格程度。当然，这不是对学术工作的批评，而只是认识到，如果我们希望从业者从合规的量化结果开始，实际合规性测量的标准不应该高于其他实际的业务指标。

也就是说，对于我们这些对量化结果感兴趣的人，包括我自己，很容易深陷多元回归和 p 值的计算中无法脱身（the rabbit hole of multivariate regression and p-scores），原因是我们真正关心的是确保我们所获得的结果是真实的，并且我们用来实现企业合规成果的工具是正确的。这是可以理解的，但过于复杂的过程使得量化合规结果的任务在实践中变得如此困难，以至于我们完全不鼓励这样做。

现实情况是，大多数业务决策都是基于原始数据，这些数据永远都不会达到我们理想中所希望看到的严格程度。市场营销主管因创造性的活动带来更多的客户而受到赞扬，销售领导因其带来超出预期结果的销售策略而受到赞扬，而首席执行官的职业生涯则是基于其任期内的财

务绩效。在不同情况下,结果可能是由相关个人的行为所驱动的,也可能是由日常业务中存在的大量其他变量所驱动的,而个人的行为可能对此几乎没有影响。

实践中,很少会去分析究竟是上述哪一种情况导致的最终结果,事实上也很难找到一个要求对其战略有效性进行回归分析的销售领导。相反,通常的做法是基于原始数据以快速校准行为,如果你想要实现的结果不是轻而易举就能做到,那么就改变你正实施的行为。为此,当我们在本章中讨论实际的合规测量时,我们的目标是拥有足够的实时数据流,以便合规团队能够快速地测试和校准他们的行动,就像他们在商业部门的同事一样。

总而言之,当我们谈论测量公司合规的实际方法时,我们的意思是,我们感兴趣的是捕捉公司在其行为可能导致责任的领域的实际行为,不管公司认为自己的行为是怎样的,或者想要怎样的行为;我们感兴趣的是获取足够的数据,以便公司采取相应的行动。

在下一节中,我们将详细讨论如何做到这一点。

第三节　我们在实践中如何做到这一点?

既然我们已经定义了在实践中测量公司合规性的含义,那么我们该如何做呢?

最简洁的答案是“基础性的社会科学”,即简化的实验设计和测量方法。也就是说,企业可以经常使用上述实验设计和测量方法,通过测试什么样的设计和方法有效来测量企业努力的结果。因此,我们在这一节将分析企业已经在使用,以增长预期收入、优化员工表现、或多或少地管理其任何其他部分的运作的方法。

当然,即使我们在这一部分涉及的内容在商业领域中并没有什么新突破,但对于许多企业合规从业者来说,这将是全新的,因为对企业合规结果进行测试的概念相对较新——甚至美国司法部也是直到最近才开始抵制“绩效测量”的建议(Garrett & Mitchell,2020,p. 14)。其中有些是由于对我们真正应该测量的东西的困惑,这就是为什么我们在第一节中奠定了研究的基础。然而,对于其他合规从业者来说,应用结果测量是一种全新的概念,即使他们接受了这个概念,也难以明确具体执行的步骤。

为此,在本节中,我们将通过一个简单的五步计划来实际测量公司的合规结果。

一、第一步:识别目标行为

测量合规性结果的第一步是识别要测量的目标行为。这里的任务是将公司关心的风险转化为导致他们首先担心这些风险的实际行为。

也就是说,如果组织对遵守特定的法律或道德规则感到担忧,那这是因为什么?

答案是,组织可能不得不做一些可能导致不合规的风险的行为,所以首先要完成的任务是确定这些行为实际上是什么。从本质上说,我们的第一步工作是将法律或道德标准转化为实际的、细化的行为,这将决定是否遵守该标准。

以反贿赂合规为例——所谓的“反贿赂”,通常针对的是适用美国《反海外腐败法》,并由美国司法部执行处罚的实质性贿赂行为。当然,企业合规比反贿赂合规的范围更广泛,但我们通过讨论从业者对反贿赂合规的测量来开启这一章,因为反贿赂合规的测量更具挑战性,位于合规测量光谱中最具挑战性的那一端。这是因为以下几个原因:

首先,贿赂行为的认定包含有对“腐败”意图因素的认定。一些法律和法规禁止特定的、定义明确的行为,当适用这种类型的严格责任时,更容易理解合规所要针对的行为,这即是在法规或法规中明确规定的行为。另外,如果法律或者法规要求特定的贿赂行为的认定需具有“腐败”的意图要素,那么我们有一些行为在某些情况下是可以接受的,而在其他情况下则是不可接受的,这反过来又给执法人员和裁定人员很大的自由裁量权来决定哪些情况值得调查和制裁。所有这些都增加了对哪些行为应该被单独地进行强调和有针对性地进行测量的不确定性。

其次,贿赂的危害不易察觉。同样,一些合规的失败会对受害者造成直接的、可知的伤害。例如,违反安全规定可能会产生明显的伤害,受害者可以将其进行报告。然而,在违反公司贿赂规定的情况下,受害者往往被隔离开,甚至无法察觉到贿赂行为的发生,这意味着我们既无法从可见的伤害,也无法从受害者的投诉中来测量。

再次,关键行为可以在“线下”的环境中发生。一方面,一些合规风险可能完全发生在在线环境或公司系统中,例如,在线隐私权保护问题或某些金融犯罪。在这种情况下,电子文档和记录的存在使识别和跟踪关键行为的概念变得更加简单。但另一方面,在企业贿赂中,实际的贿赂行为可能完全是“线下”发生的,甚至是由第三方代表企业做出的,并利用某种上游或下游行为作为贿赂的媒介。

上述每一种情况都使得合规从业者更难以确定所要针对的行为。当这三种情况都出现时,就很容易理解为什么有些合规从业者会沮丧地放弃。因此,我们将在本章重点研究反贿赂合规风险,不是因为它容易,而是因为我们在本章开始时就已经认识到的它的难度。

为此,当我们试图防止实质性的贿赂行为的发生时,我们不能只说我们的目标行为是“不行贿”。因为将某个行为界定为“贿赂”意味着需要对具有这样一种意图做出结论,而这一结论可能在行为发生数月或数年后才能够由执法人员或裁判人员做出,并评估可能要承担的责任。那太过于遥远了,太不可知了,难以产生实际的合规作用。

相反,当我们深入到具体的、细化的行为层面时,我们看到我们关注的是诸如“在没有细节证明支持的情况下报销当地工作人员产生的费用”“给政府官员送礼品”等目标行为。

与我们在本章第一节中的定义一致,这些都是行为,不是信念,不是标准,也不是关于责任的结论。就其本身而言,这两种行为都不一定意味着贿赂已经支付，因为我们感兴趣的是测量产生责任风险的行为（这是我们可以控制的），而不是关于是否产生责任的结论（这是我们无法控制的）。识别以及将这种潜在的问题行为进行分类是我们工作的第一步。

在进入第二步之前，表 7.1 是来自其他具有挑战性的合规风险领域的目标行为的一些示例，包括要跟踪的指标以及公司中可能拥有数据的人。

表 7.1　目标行为示例表

问题	示例行为	示例表现	可能的数据来源
性别歧视	关于晋升的决定	通过性别来区分晋升前的在职时间（性别差异）	人力资源 人员数据
转售价格维持	向经销商传达厂商建议零售价，向经销商分销产品	按实际零售价提供给经销商的产品数量（提供给遵守厂商建议零售价的经销商与不遵守厂商建议零售价的经销商之间的数量差异）	产品营销/ 分销渠道经理
欺骗性广告	传达产品或服务的功效	客户对产品或服务功效的投诉（相对于其他产品或服务，投诉或取消的数量不成比例）	顾客服务部门

当然，这个表并不是行为和指标的详尽列表，管理这些合规问题意味着需要跟踪多个行为和指标。我们以此为例只是为了证明，在多个风险领域，尤其是损害无法从表面上观测，或是关键在线下进行的不合规行为的风险中，即使探明行为的意图依然是难题，但深入到对特定行为的探测是可能的。

二、第二步：明确如何使用指标来捕捉行为

既然我们已经确定了需要瞄准的行为，接下来我们需要决定如何测量它们。这涉及查看由业务操作产生的数据和指标，以确定可以用什么

来测量我们试图捕捉的行为。有时,这将产生一个清晰、简单的指标,可以据此直接捕捉目标行为。但在许多情况下,将需要从目标行为的上游或下游来查看具体的业务行为,以识别一个先前(即发生在目标行为之前并与其相关的行为)或滞后标准(即发生在目标行为之后并与其相关的行为)。

让我们以第一步中的两个行为为例。

我们的第一个行为,“在没有细节证明支持的情况下报销当地工作人员产生的费用”,是我们可以在财务系统中很可能直接捕捉到的行为,授权和报销的行为发生在财务系统中。这很容易捕捉,因为目标行为本身就被记录在系统中。假设公司使用某种类型的计算机财务系统,当地工作人员的费用报告会提交审批,然后是经营或财务审批人,或者两者兼有,根据公司的流程会审查和选择“批准”或“拒绝”。因此,目标行为发生在财务软件系统中,生成一个可以查看的记录。

另外,我们的第二个行为,“给政府官员送礼”,可能完全发生在我们的系统之外,因此不能以捕捉第一种行为的同样方式直接捕捉到,这种线下行为会在合规从业者中造成焦虑。但当我们谈到企业行为时,线下发生的事会最终以这样或那样的方式进入我们的系统。例如,虽然我们不能在会议室看到是否交换了礼品,但我们可以看到我们的业务开发团队在报销报告中提交了什么条目。我们可能无法直接捕捉它,但我们可以将上游行为作为先导指标或类似上面事例一般,下游行为(费用报告)可以作为一个滞后指标,以此来找到我们所希望捕捉的“真实”的行为。

如上所述,可以直接在我们的财务系统中捕捉这些不合规行为,并分别使用像后来提交的费用报告这样的支持性证据来做出认定,这似乎相当简单,因为上述行为会在某个时间在公司系统中被记录下来。但是,在行为不但在线下发生了,而且根本没有进入系统的情况下怎么办?

在这些情况下,损害和/或公司责任的存在在事实上是相当微不足道的。也就是说,很难想象被禁止的行为完全在线下发生,并且对任何记录业务的流程或系统的影响绝对为零，因此既不能对其直接进行观测，也不能生成任何可以观测到的表面行为。但如果没有这种行为，实际上也不会造成损害和/或包含某些故意欺骗员工的元素以产生公司责任问题。考虑到直接或通过代理人为一定行为的记录数量之多，试图管理其整体合规风险的公司最好通过关注在特定时段确实进入其系统的行为来更好地实现合规目标。

现在，在理想状态下，第一步和第二步很容易实现，因为在已经有了一个合规监测系统的前提下，只需选择正确的数据点来进行监测。然而，对于大多数组织而言，这种类型的系统还只是一个遥远的梦想。而正因为组织距离建立监测系统还有很多年的时间，在不具备监测系统的情况下推迟测量合规结果的尝试成为组织的一种倾向。

合规从业者应该明智地避免这种心态。现实点说，大多数合规从业者将从手动使用基本的表格开始。因为有一些测量总比没有好，并且显示可测量的结果将使组织在第一时间证明对监测系统的投资是合理的。

三、第三步：确定目标指标

既然我们已经确定了我们想要针对哪些行为，以及我们计划如何捕捉它们，我们需要建立我们的目标测量标准——什么样的数值是符合标准的？这个问题的答案对于每个标准都是不同的，具体取决于我们如何对行为进行解构。

对于某些行为，这将是一个“要么全有要么全无”的目标。例如，上述第一个行为——“在没有细节证明支持的情况下报销当地工作人员产生的费用”——很可能是我们的目标绝对数值为零的行为。之所以会出现这种情况，是因为相对方作出的行为并不要求对其支付贿赂，而这一项支出是否合理也未可知。也就是说，这种行为只是一种风险，所以我们的目标是让它尽可能少地发生。当目标行为是通过控制可以完全禁止的类型时，可以采用上述方法。

然而，其他行为会更加细微，需要一个目标范围或某种类型的阈值来进行监测。上述第二个行为“给政府官员的礼品”就是这种情况。送礼是世界许多地方的惯例,美国司法部等监管机构当然也承认,在商业关系的背景下,送礼的情况不会当然上升到贿赂的程度(US Department of Justice,2012,p. 15)。因此,在这里,我们可能会尝试设定一个门槛,即“在积极采购期间不提供任何东西,不提供非公司品牌物品的礼品,每人每次活动不能超过 20 美元的娱乐或餐饮”或类似的内容,具体取决于当地环境。一个行为只需要处于被监控的条件下以确保行为保持在一定范围的数值内,该行为将被允许发生。

在某种程度上,这个步骤看起来类似于我们如何为合规机制设置控制和政策限制。在一些情况下,我们所设定的指标将完全匹配目标行为。然而,在其他情况下,相关的指标将比我们在控制或政策中规定的更细化,特别是当我们正在监视的行为是我们真正想要监视的行为的外在表现时。

最终,确定目标指标的这个步骤将是相当动态的,因为它反映了组织在给定时间内在该领域愿意接受的风险阈值。因此,对目标指标的调整和发展是很自然的,因为合规机制实际产出所针对的商业组织本身也在不断地调整和发展中。因此,合规从业者不应该过分强调“开始”这一步骤。选择一个目标并开始为之努力比为拥有“正确”的目标指标而烦恼更有用,因为“正确”的指标无论如何都会随着时间的推移而演变和改变。

四、第四步:测量基线

既然我们已经定义了如何捕获指标所界定的行为,以及我们希望目标指标是什么,那么我们离最终目标有多远?因为我们已经完成了大部分繁重的工作,所以现在的这一步相对简单,只需要简单地执行我们已经设置的内容。这个初始数据捕获告诉我们现有的合规环境是如何运行的,而不管这在公司看上去是什么样子。例如,如果我们的目标是“在没有细节证据支持的情况下,零补偿当地工作人员的费用”,这样的目标真的会实现吗？

为此，关键是无论何时执行合规测量，组织都要关注它的合规环境在当时是什么样子的：哪些政策、控制、培训等已经到位。这可以让合规从业者跟踪并调整他们努力的效果，该问题将在第五步中讨论。

该行动将持续到第五步，它还将记录公司为持续改进其合规实践所做的努力，展示合规实践如何随着时间的推移而变化，并在必要的时候可以向监管机构或检察官展示，以回应合规失败的问题，以此来减少或免除罚款或处罚。

具体来说，持续改进的“回应测量”部分至关重要。因为若只需生成合规工作的记录（例如，“组织编写政策的活页夹”或“组织为员工提供培训的地方”），而没有任何测量结果来解释为什么进行这些工作，这样一种模式将越来越受到质疑（Chen & Soltes，2018）。若不经过结果测试和评价，仅仅根据组织的工作就给予其满足合规的认证，这将传达这样一个信息，即只要组织在合规方面花费足够的资金和时间，就会被认为达到了合规目标。

最后，与前面的步骤一样，在这里至关重要的是，合规从业者要避免陷入一种思维的局限，即只有完全自动化的人工智能监控系统才能完成这项工作。在没有数据的环境下，由公司内部审计团队每年进行一次人工测量，同样是在公司合规上向前迈出的一大步。

五、第五步：应用/调整合规工具并重复

在最后一步，我们查看我们对基准进行测量的结果，并将它们与我们的目标指标进行比较。如果达到了目标，我们就可以继续定期地捕获测量结果，并保持合规环境不变，直到指标发生变化或者我们的目标基于变化的风险环境而变化。当这种情况发生时，或者如果我们的基准指标偏离了目标，我们接下来的工作是运用或调整一个合规机制要素或工具，以尝试缩小偏离的距离。这可以采取多种形式，例如，如果我们试图在没有证明文件支持的情况下阻止对本地工作人员产生的费用进行报

销,我们可以:

(1)为财务团队提供报销依据支持要求方面的培训;

(2)更新财务系统,阻止付款,除非在系统中附上证明文件;

(3)在没有证明文件支持的情况下,需由纪律业务经理提交这些费用报销申请的审批;

(4)根据供应商提交发票的记录,逐步延长(或缩短)公司的付款时间。

同样,如果我们试图管控送给政府官员的礼品,我们可以:

(1)对销售团队进行政策限制方面的培训;

(2)在销售团队客户数据库的工作流程中建立送礼提醒;

(3)指定一份预先批准的礼品和场所清单,禁止赠送任何其他礼品和在任何其他场所进行招待;

(4)根据礼品价值/客户价值比率来评估业务关系经理的绩效,标出那些经常提供超出标准价值客户关系价值礼品的经理,并将礼品价值/客户价值比率作为绩效评估的一部分。

除以上措施之外,还有很多种干预措施、激励措施和规划工具可以实施或微调,以应对测量标准和我们的目标价值之间的差距。我们只需要选择其中一个进行测试并将其放置到合适的位置。

在以任何一种方式做出更改之后,我们可以再次测量,看看发生了什么:更改是否实现了我们的目标指标?事情正在朝着正确的方向发展吗?如果没有,我们就尝试其他的东西——以此类推,在一个测试和测量的循环中,直到实现我们的目标。更关键的是,我们应当继续随时间线捕获数据,关注趋势线的方向,而不是仅仅关注单一节点的测量结果,以此来保证在这种宽松的测量方法中,我们不会将合规机制工具作为唯一的变量。

当一个公司通过向领导者和利益相关者展示结果而得到更多的认可时,他们也可以使用这种方法来比较测试组和控制组。或者,用商业语言来说,公司可以运行一个试点项目。

试点项目将遵循上述同样的步骤，将比较合规工具实施之前和之后对公司中的一部分员工所产生的不同影响。而对公司的另一部分员工将不实施合规工具，即不对这部分员工进行培训，程序上也没有任何改进。这有助于为公司提供额外的管理效能，并且在合规干预代价高昂时尤其有用。

例如，假设我们的公司是一家工程公司，拥有5万名员工，主要从事发展中国家的基础设施工作，这是一个典型的高风险反腐败场景，因为此类工作需要频繁的接触政府人员。在我们对员工进行一小时的反腐败培训之前——假设雇主每小时的平均成本为50美元，公司将为此花费250万美元——明智的做法是用员工的代表样本进行测试，与没有接受培训的对照组相比，测量它是否会影响我们的目标行为，然后进行更广泛的调整或部署。

当然，这种测试/控制组的设置不必局限于这些高成本的案例，公司可以选择从“试点”方法开始，并在公司对合规测量给予更多的认可与支持之后来进一步推广适用于高成本的案例。因为大多数合规机制已经有许多工具和干预措施，而他们的律师一般会倾向于维持现状，因为通过现有的合规工具和干预措施来进行常规测量对于律师来说会更容易完成，而不是为上述测试/控制组这样一种新类型的合规机制的设置提供支持的理由。

对于此类测试/控制或“试点”测量可能更普遍的公司，或者首次设置或重新启动合规机制的公司，从测试/控制组的设置开始构建将是明智的方法，即通过首先展示较小规模的结果，为接下来的大规模的全员工合规机制提供动力和支持。

当然，上述类型的测试/控制设置不限于一次检查一个干预项目。例如，巴拉克·埃瑞尔与以色列税务局就公司税合规进行实验，分别比较了收到具有威慑性质的“威慑信”的公司所提交的税务报告，以及收到呼吁其发挥公共责任感和税收道德的“说服信”的公司所提交的税务报告，和那些根本没有收到信的公司（Barak Ariel，2012）。当合规从业者搜集了足够多的类似职位的员工数据或其他类型数据时,他们可以采用类似的方法并同时针对对照组有效地测试多种干预措施,以确定对特定合规问题的最佳响应方式。

最后,第五步集中于处理公司合规的一般性工作,通过实施和调整合规结构和工具,试图指导公司行为。然而,重要的是,第五步是在我们理解了我们真正试图解决的合规的目标行为问题,并确定了如何评估合规工具是否如我们所愿的进行工作之后进行的。

总的来说,实际的合规测量方法将合规执行者所进行的培训、过程等看作是工具性的。这些工具本身并没有独立价值,而是需要在一个基本的科学框架中进行测试的变量,以确定它们是否能够及时发挥作用,从而达到预期的结果。这将组织合规定义为一种对组织来说更容易理解的活动,因为它的价值是围绕其输出而不是输入来定义的。例如,解释合规培训的必要性要容易得多,因为它已被证明了可以减少问题行为的发生,并且其他公司也在做类似的培训,这可能有利于让检察官减轻起诉的处罚标准。在上述的第一种情况下,合规培训被理解为以产生特定结果为目标的业务流程,并致力于在最优的投资水平上产出最大的效果;在第二种情况下,它可以被理解为是一种需要尽量降低的成本。

六、局限性

在进行总结之前,让我们明确一点,虽然本章所述的合规方法可以帮助合规从业者捕获更多关于员工行为的定量数据,但它本身不能提供一个完整的图景。为此,让我们重新审视并解释我们在本章中已经暗示过的在这种方法中所存在的一些限制。

缺乏严密性。首先,这种方法从方法论上来说就不够严密——我们不但承认这一事实,而且把它当作一种好处来推广,因为在本章中对这种方法的主要认识是给合规从业者一个开始。不是说任何合规性干预都需要通过学术级别的同行评审,而是说每个合规性干预都至少以某种方式进行了测量和测试作为通过的标准,这样一个目标才较为实际。

同时,合规从业者需要非常谨慎地根据这种方法产生的结果进行推断。在实施一个新程序后,指标在正确的方向上运行,并不因此就意味着这个程序是有效的;相关指标需要随着时间的推移继续进行评估。以较为长期的视角来看,持续性的测量和检验将有助于筛选出无效的干预措施和错误配置的合规工具(甚至该合规工具本身就是存在问题的),但在短期内,这种方法不能严格地做出筛选,从业者在对结果进行解释时需要谨慎对待。

缺少对根本原因的分析。其次,这种方法仅仅关注具体发生了什么,而不是因为什么而发生。当我们研究到方法的第五步时,这一方法的局限性就变得明显了,即选择哪些合规工具作为干预因素来进行测试成为问题。也就是说,这种方法可以让组织意识到存在一个潜在的合规问题,并且组织应该挑选一个潜在的合规工具来进行修复,但是它不能推荐哪种合规工具(如某种类型的培训、激励、程序等),组织应该尝试实施不同的工具,并根据其效果来做出决定。

这就是我们将这种方法与调查、访谈和类似的方法结合起来的原因。通过使用本章的方法可以发现,达成更大交易的销售人员给政府官员送的礼品更多,但该方法无法解释产生这种问题的原因。同样,通过这种方法也可能发现,在组织中女性比男性需要更多的时间才能晋升到管理岗位,但该方法同样无法解释产生这种问题的原因。组织可能不需要知道为何要将这两种情况认定为需要解决的潜在问题,但组织需要对问题产生的原因进行一定的了解,以便更好地确定应该优先使用哪些工具来解决问题。

这就是调查等类似方法发挥作用的地方。一旦我们知道有一个潜在的问题,了解引起该问题的根本原因可以帮助我们更加准确的去选择合规工具。因此,我们并不反对调查、访谈等方法,相反,我们所提出的方法依赖于调查、访谈等来首先认识一个问题为何会发生,然后进一步的识别和明确哪些工具应当在步骤五中优先予以使用。

缺少法律的确定性。最后,这种方法没有回答在模棱两可的情况下

“这是否满足监管要求”的问题,没有一种测量方法能够做到这一点,因为这是一个关于法律内涵应当是什么的问题,而不是关于公司行为应当是什么的问题。

相反,一旦组织确定了它认为什么样的标准可以满足监管要求,本章所述的方法就着重于让公司明确它的行为是否符合该标准。

请注意,这种情况并不是组织合规所特有的:例如,在推出新产品或服务时,企业面临类似的不确定性。无论一家公司做了多少市场调查和测试,最终都无法知道新产品是否会成功,直到它被外部市场所真正检验。但该公司可以知道如果它所交付的产品或服务质量符合它自身所设置的标准,那这本身就是有意义的。因为如果该公司未能执行之前它所设定的相信会满足市场(或在本章的例子中的检察官)的标准,那么这个标准是否正确的问题就变得次要了。

第四节 结 论

在本章中,我们对测量企业合规性输出的含义给出了一个简单的定义,并为实现它提供了一个实用的框架。

它采用了一种科学的企业合规管理方法,其中合规活动被视为要测试的变量,而不是以其自身为评价的目的。它不是通过将合规活动与其他公司在类似情况下执行的活动进行比较来评估合规活动的质量,而是根据活动是否达到预期结果来评估活动的质量。正如我们在第二节中所描述的那样,一旦我们准确了解了我们要完成的工作,实际执行这项工作的方法是相对简单的,这就是我们在第一节中所做的工作如此关键的原因。

归根结底,这种方法与公司在日常基础上评估其他业务实践没有什么不同。我们在这里所做的一切都是为了表明,一旦我们理解了我们试图实现的目标,合规就只是另一个业务规程,公司可以通过深思熟虑的、系统的测试来可靠地改进这个规程。

但为实际测量提供一个框架仅仅是个开始。我们已经尝试用一个关于如何在实践中实现它的框架来回应合规从业者所提出的常见反对意见,但是在理解它的可能性和知道如何在特定的实例中实现它之间仍然有很大的差距。

作为一个现实性的问题,当政策制定者和执行者要求或奖励使用特定的合规工具,而并不关注合规结果时,一些合规从业者将难以促使组织对测量所付出的努力予以认可,以作为一种良好的实验,特别是当合规从业者需要收集的数据通常保存在公司的其他部门时,这尤其难以实现。

让我们以有助于解决这些限制和推进这一主题的研究和政策的建议来结束本章。

对于研究而言,有一个领域可以提供巨大的价值,那就是研究什么样的实用方法可以捕获行为结果数据,从而产生相当可靠的数据流。也就是说,如果我们承认企业永远无法在可持续的基础上复制同行评议级别的实质性研究的严格程度,那么我们可以推荐哪种简化的实验设计,以在实施的可行性和结果的完整性之间做出可接受的权衡呢?本章主要从概念的角度讨论了如何做到这一点,但是仍然有很多潜在的方法来获取数据和评估结果,以从实践的角度解决上述问题。将领域缩小到那些相对而言更可靠,同时仍然足够灵活、可以实际实现的方法,这将对合规从业者非常有益。它将允许合规从业者专注于执行和测量特定的合规机制要素的效果,而不会迷失在如何首先来对效果进行测量的问题中。

授权合规从业者简化设计自己的实验,有利于帮助他们避免在实施现有研究成果时受到的限制:许多合规从业者在高度全球化、跨文化的环境中工作,而现有的大部分研究都建立在西方的规范和假设之上。因此,他们要么将研究成果的实施限制在其影响力可以波及的世界中的一个特定位置,要么采用一刀切的方法,而不管不同的文化规范如何影响最终的结果。通过提供反应灵敏而可靠的实验框架以查看研究成果实施后的具体效果,可以避免上述问题,并通过标记现有的研究成果在不同的文化背景下何时会产生不同的结果,从而为学术界做出贡献。

对于政策制定者和执行者来说,相关的建议也会有显著的帮助。应当要求企业合规或评估合规机制的充分性,更多的关注:(1)公司对是否合规是如何测量的;(2)趋势线的结果是否朝着正确的方向前进,而不是仅关注公司是否使用任何特定的合规工具。

实际上,这意味着不需要要求每个公司都对特定主题进行两个小时的培训,因为培训是合规机制的工具,而不是合规机制的结果。

第一家公司可能根本不需要培训,因为它在这个领域已经做得很出色。第二家公司可能也不需要培训,但可能需要从根本上重新思考其内部激励机制和纪律结构,这属于另一个合规机制工具,因为其问题不在于知道该做什么,而在于公司如何奖励或惩罚行为。第三家公司可能确实存在相关知识的匮乏问题,但这种问题根深蒂固,至少需要 10 个小时的培训才能解决。

在上述每一种情况下,仅仅要求两个小时的培训都收效甚微;它相当于对第一家公司增加额外负担,分散了第二家公司使用正确合规工具的注意力,并为第三家公司设置了过低的标准。基于工具要求的合规标准激励组织为自身利益而使用合规工具,这就像雇佣建筑公司来打地基,然后以使用的手提钻的数量为依据来判断工作质量,而不是以地基是否牢固为依据。

因此,政策制定者和执行者在决策和信息传递方面都应该集中和明确,因为制定法律和政策的目的是要求组织遵守,而不是产生合规活动,所以他们不知道组织会使用什么工具来实现合规。

政策制定者和执行者应该进一步传达这样的信息:将把对一家组织合规工作的评估重点放在:(1)如何测量它是否合规;(2)组织的合规工作是否走在正确的方向上。也就是说,正如本章所讨论的那样,关于组织是否“合规”的最终认定往往不受组织自身的控制,公司可以控制的范围包括决定他们试图控制哪些行为，他们如何测量这些行为，以及随着时间的推移，他们是否在实现这些结果方面有所提高。

这种方法使公司不必在培训、软件或领导力方面紧跟最新的趋势，而这些都是基于和解协议中的非核心条款或执法机构负责人的讲话，可能对他们的组织根本没有任何适用性。它让企业可以更自由地使用任何有意义的工具来达到目的，并重新将努力的重点放在这些工具是否真的能防止企业不当行为上，而这是立法和执法的首要目的。

这些建议中的每一项都将极大促进合规领域的发展；总之，它们将允许对组织合规的结构进行重大调整，将合规重点从实施一系列的工具转变为可测量的确保结果的方法，从而使本章中所列举的框架和概念变得鲜活和生动。

参考文献

Ariel, Barak. 2012. Deterrence and Moral Persuasion Effects on Corporate Tax Compliance: Findings from a Randomized Controlled Trial. *Criminology*, 50(1), 27-69.

Cambridge Advanced Learner's Dictionary & Thesaurus. Cambridge University Press, 2020.

Chen, Hui and Eugene Soltes. 2018. Why Compliance Programs Fail-and how to fix them. *Harvard Business Review*, March-April.

Cutter, Henry. 2017. Hui Chen sparks debate over anti-bribery standard. Wall Street Journal, October 24. https://blogs.wsj.com/riskandcompliance/2017/10/24/the-morning-risk-report-hui-chen-sparks-debate-over-anti-bribery-standard/.

Ershagi Hames, Marsha, Omar R. Khoury, and Lisa Caserta. 2018. MGM Resorts International: Journey to the Future of Mobile & Augmented Reality. SCCE Compliance & Ethics Forum, October 22. https://assets.corporatecompliance.org/Portals/1/PDF/Resources/past_handouts/CEI/2018/208_ershaghi-hames-khoury-caserta_2.pdf.

Feldman, Yuval. 2018. *The Law of Good People*. Cambridge, UK: Cambridge

University Press. 43.

Garrett, Brandon L. and Gregory Mitchell. 2021. Testing compliance, *Law and Contemporary Problems*, 83, 47-84.

Grand View Research. 2020. Enterprise Governance, Risk and Compliance Market Size, Share & Trends Analysis Report by Component, by Software, by Service, by Enterprise Type, by Vertical, and Segment Forecasts, 2020-2027. www. grandviewresearch. com/industry - analysis/enterprise - governance - risk - complianace - egrc - market.

Koehler, Mike. 2014. Foreign Corrupt Practices Act ripples. *American University Business Law Review*, 3(3), 391.

Langevoort, Donald C. 2018. Behavioral Ethics, Behavioral Compliance. In Jennifer Arlen, ed. , *Research Handbook on Corporate Crime and Financial Misdealing*, Cheltenham, UK: Edward Elgar.

Rogers, Victor. 2018. Steve Salbu Talks Ethics: Georgia Tech Expert Talks Workplace Ethics and Coming back from Crisis. Georgia Tech News, October 29. https://news. gatech. edu/features/steve-salbu-talks-ethics.

Rorie, Melissa, Sally S. Simpson, and Breanna Boppre. 2018. Factorial Survey Research in the Study of Environmental Regulatory Processes. In Willem van Boom, Pieter M. A. Desmet, and Peter Mascini, eds. , *Empirical Legal Research in Action*. Cheltenham, UK: Edward Elgar.

US Department of Justice. 2012. A Resource Guide to the U. S. Foreign Corrupt Practices Act. www. justice. gov/sites/default/files/criminal - fraud/legacy/2015/01/16/guide. pdf.

Walden, Vincent. 2018. Profit & loss - of - one. Fraud Magazine, January/February. www. fraud-magazine. com/article. aspx? id=4295000560.

Weiss, Art. 2014. Compliance and ethics - they' re the same thing right? The Compliance and Ethics Blog, June 19. https://complianceandethics. org/compliance-ethics-theyre-thing-right.

第八章　合规风险测量与分析学的出现

尤金·索尔特斯

第一节　引　言

测量对于合规有效性至关重要,但是合规企业的领导者面临的挑战可能是信息的分散和不完整性。方法可以使合规团队更好地从大量数据中得出结论,而风险评估可以进一步集中组织的精力于风险更大的领域。本章讨论了风险评估和分析中的挑战和机会,通过三个案例研究说明了不同的组织环境和需求。展望未来,合规从业者和研究者有机会开发更强大的合规风险评估工具,同时在其他领域探索更广泛的分析潜力。监管机构还将在激励(或阻止)更大规模的分析投资方面发挥核心作用。

第二节　有效的管理要求适当的测量

管理科学的一个基本原则是,有效的管理需要有效的测量。只有依据适当的测量标准,领导者才能准确地评估他们的决策对他们公司的影响。正如比尔·盖茨曾经说过的那样,“我被测量对改善人类状况的重要性所震惊,如果你设定了一个明确的目标,并找到一种方法来推动你朝着这个目标前进,你就能取得不可思议的进步……这似乎是很基本的问题,但令人惊讶的是,它经常是难以实现的”。

周密的测量已经成为现代管理中跨一系列职能和部门的关键因素。例如,在市场营销中,组织广泛使用相关指标来仔细跟踪转化率、每个超前量和销售的成本以及客户的终身价值。然而,在一个对组织的文化、环境和人员至关重要的特定领域,即合规方面,组织并没有将同样的注意力和资源投入到对合规的测量中。这种差距意味着公司缺乏对包括性骚扰、歧视和腐败在内的伦理和文化问题的关注,而这些问题可能会极大地损害员工的经验、组织凝聚力、业务功能和公众信任,并导致民事和刑事责任。组织如果不清楚内部不当行为发生的范围和原因,以及合规措施对它们的实际影响,其根除不当行为的努力也将实际受到影响。换句话说,公司需要更有效的测量来有效地管理合规,以此来预防、检测和减轻组织不当行为。

第三节　适当测量的障碍

为了理解上下文中的测量问题,应当考虑关于贿赂、性骚扰、隐私和内幕交易等主题的合规培训。这些培训已经变得无处不在,许多员工认为这是一种耗时的活动,分散了他们进行“真正”工作的精力。尽管培训涉及大量的行政成本和员工时间,但很少有组织评估这些培训对员工知识、品格或行动的影响。相反,评估合规培训最常见的标准是以百分比计算的完成度(Deloitte/Compliance Week,2017),[1]这种不那么严谨

〔1〕 有关合规培训学术研究的讨论和分析,请参阅帕克(Park)2020年的论文。

的方法反映了合规方面的三个关键挑战。

首先,合规测量的核心是不当行为,而不当行为尤其难以测量。虽然营销活动可能严重依赖消费者心理,但营销效果的指标是具体的、容易监测的(例如销售额)。相比之下,不当行为可能是分散的、难以捉摸的,甚至部分是主观的。在从财务、环境到人际关系的各个领域,都可以以具有广泛的监测和检测范围来进行合规。蓄意的不当行为可能包括隐瞒,意外的不当行为(例如,由于对组织的政策缺乏认识)可能不会被发现,证人可能为了维护个人关系或避免报复而不予作证,所有这些都会导致信息的不完整甚至错误。此外,一些合规问题,如发生在工作场所的骚扰问题,往往依赖相互冲突的个人描述,可能会受到法律风险之外的个人和文化影响。应对这些复杂的因素就需要充分的合规努力,以考虑跨不同地域和职能的公司的风险以及集中资源,从信息不足的问题开始,对潜在不当行为进行调查。

其次,由于合规风险的复杂性,使任何公司都无法评估每个员工的行为是合适的还是不合适的,合规往往依赖代理措施——通常与潜在的不当行为没有明确的关系。例如,作为一种测量标准的培训完成度与员工行为没有明确的关系,但可能导致组织在所需的培训时间上过度投资,或自满,以及在其他领域投资不足。2012 年,当对摩根士丹利董事盖斯·彼得森(Garth Peterson)提出行贿指控时,美国司法部注意到,彼得森曾接受过摩根士丹利的七次反贿赂培训和三十五次提醒。彼得森评论说,这些训练和提醒通常相当于收到一封电子邮件,往往很快就会被删除,或者在电话会议开始时出席点名:"你所要做的就是说'盖斯·彼得森在听电话',(然后)他们会在方框里打钩,表示盖斯·彼得森先生已经符合了合规要求。然后你要么悄悄挂掉,要么就把手机放在一边,而去做其他事情。"(Chen & Soltes,2018)另一个例子是收集潜在不当行为报告的举报热线。许多公司使用热线报告数量作为风险的测量标准。例如,有些公司认为,从一个办公地点所提交的异常高的报告数量表明该地的风险增加,需要对其进行调查和重新培训。然而,该报告数量的异常提高,也可能是因为当地管理者通过提高对公司政策和热线可用性的认识来改善“畅所欲言”文化的努力。[1] 这些例子说明了通过深思熟虑而设置的指标措施依然会有很多地方不充分、模棱两可,并最终降低了企业合规性。

再次,无论一个公司的内部价值观和文化多么强大,公司领导都要考虑到监管、法律和财务激励的问题,这些可能与在测量合规方面进行投资的激励有所不同。这种观点在一定程度上反映了公司合规在被动中的发展(Soltes,2018),20 世纪 70 年代和 80 年代层出不穷的公司丑闻事件推动了监管机构监管范围的扩大、执法力度的加强和刑事罚款的增加。由于公司不断努力加强对这种责任心内部管理,也逐渐减少了监管机构在外部进行监督和调查的负担,如果公司有“总体有效的”合规机制,监管机构就会通过减少对不当行为的制裁予以回应。(US Sentencing Commission,2018)这种环境导致了企业的合规工作倾向于为了监管目的而“打钩”,而无论是公司还是监管机构都没有足够的关注合规机制对实际不当行为的影响。例如,《萨班斯—奥克斯利法案》(Sarbanes-Oxley Act)等法规要求设立举报热线,司法部等执法机构在确定指控、罚款和对违规行为的解决方案时将考虑举报热线的存在(Department of Justice,2020)。然而,2017 年对近 250 家公司举报热线的随机抽样测试发现,有 1/5 的举报热线在报告方面存在障碍的问题比较严重,包括网站错误、电话号码错误和电子邮件账户失效,有 1/10 的公司没有在两周内回复可能对时间敏感的询问(Soltes,2020)。随着人们对书面程序和实际功能之间的这种不匹配现象的认识日益增强,导致监管机构将工作重点转向合规测量、反馈和持续改进。

为了更好地解决上述这些挑战,越来越多的公司开始转向数据和分析。合规负责人发现自己面临越来越大的压力,需要像在营销或其他运营领域一样,通过展示明确的投资回报来证明自己投入的预算是合理

---

[1] 索尔特斯(2018)和陈慧(2018)描述了测量方面的进一步挑战。

的。通过利用数据，公司有能力运用一种更科学和更严格的方法来进行合规机制设计。监管环境的变化也驱动了组织期待采取以数据为导向的方法。在过去 20 年里，美国对企业不当行为的刑事罚款增长了 40 倍（Soltes，2021）。当这样的惩罚因一个“普遍有效”的合规机制而显著减少之时（Soltes，2018，p. 967；US Sentencing Commission，2018），合规有效性评估将焦点从仅考察组成合规机制的工具的存在转移到演示合规机制的严密性和影响力之上。以分析法为基础的解决方案被视为向监管和执法机构提供的证明组织有一种严密和有影响力的合规机制的证据。

第四节　案例研究：风险评估的分析方法

尽管分析测量可以应用于合规的许多领域（例如，评估培训对员工行为的影响），本节重点关注一个引起公司特别兴趣的领域：风险评估和识别。风险评估在合规工作中起着基础性作用，只有了解哪些问题可能会使公司及其员工面临监管或声誉损害，公司才能适当的分配资源来预防和减轻这些风险。一个不正确地测量其所面临风险的公司将会错误地分配其资源和精力，最终导致公司在合规方面的努力失败。

本节通过案例研究来说明三种不同的风险评估和检测方法。第一个有关比尔芬格的案例说明了跨国工业服务提供商如何通过集中信息和识别业务规则中的漏洞来测量潜在风险。第二个关于微软的案例关注的是使用预测分析来管理单个的高风险领域。第三个案例关于赛格生物制药公司（Sage Therapeutics），描述了一个新的合规机制的开发，以及管理层如何寻求将风险分析与识别嵌入到该计划的设计中。

这三家公司的共同点是，强调以风险为中心的业务规则和异常检测的组合，以此来寻求利用和集成组织的专业人员和数据能力。与此同时，这些案例将强调合规测量仍然是专业化进程中的一个发展领域。

一、比尔芬格:一个大型跨国公司的风险评估

比尔芬格是一家跨国工业服务提供商,总部位于德国,历史可以追溯到一个多世纪以前。比尔芬格最初专注于建筑行业,建造了悉尼歌剧院和慕尼黑奥林匹克体育场。[1] 在21世纪初向工程和服务领域的重大转变的期间,[2]比尔芬格经历了几次重大挫折,包括美国司法部根据美国《反海外腐败法》针对比尔芬格对尼日利亚政府官员的一系列贿赂指控。2013年,比尔芬格同意接受3200万美元的刑事罚款,并达成了一项延期起诉协议,协议中要求比尔芬格设立一个独立的合规监督机构。[3]

在接受监督期间,比尔芬格重新设计了合规机制,目标是加强内部监督,防止未来再次发生违规行为。公司制定了新的行为准则,制定了更明确的政策,并就礼品、第三方关系和利益冲突等问题进行了更好的培训。[4] 它还强调将综合合规作为企业文化和运营的优先层级,在整个业务程序中嵌入合规经理,并将绩效评估和财务补偿与"对个人的综合性评估"联系起来。比尔芬格进行了大范围的去风险工作,包括更换最高管理层,退出腐败严重地区的市场,以及完善服务组合等。

(一)合规驾驶舱

比尔芬格管理风险的一个主要挑战是,数据被存储在200个法律实体(legal entities)之间,其中包括90多个活跃的法律实体。为了应对这一挑战,比尔芬格设立了合规驾驶舱系统(Compliance Cockpit),这是一个用于整合数据和集中评估和监控潜在风险的内部系统。该系统旨在

---

〔1〕 乔治娜·普罗德汉,德国比尔芬格考虑破产,路透社,2016年1月14日,www.reuters.com/article/us-bilfinger-m-a-idUSKCN0US1LO20160114。

〔2〕 比尔芬格,公司历史,www.bilfinger.com/en/company/about-us/corporate-history/.

〔3〕 美国司法部公共事务办公室,德国工程公司比尔芬格就《反海外腐败法》指控,同意支付3200万美元的刑事罚款,2013年12月11日,www.justice.gov/opa/pr/german-engineering-firm-bilfinger-resolves-foreign-corrupt-practices-act-charges-and-agrees。

〔4〕 比尔芬格,比尔芬格的合规工作是重中之重,www.bilfinger.com/en/company/responsibiity/compliance/。

吸引部门合规官和合规经理对跨地域法律实体、地理位置和业务功能的合规重点领域的注意和行动。[1]

(1)数据。以季度为基础,合规部门从整个公司的职能部门和法律实体收集现有数据。收集的合规数据包括指控、审计、礼品、赞助、第三方尽职调查、培训统计数据以及需要合规审批的知名项目的信息。每个职能部门和法律实体基于他们自己的数据填写一个格式化的表格,然后由公司发挥集中合规的功能对上述文件和表格进行合并。这就确保了从每个领域共享知识和专业知识,同时从合规的角度展示了整个公司风险的完整图景。

(2)分析。合规部门通过一个风险评分模型来处理数据,该模型确定了"合规风险点",以表明合规官员和管理人员需要加强关注的问题。评分模型的构建基于编译的数据库中的大约 30 个"主题"或具体的风险测量指标,并包括 15 个风险点,对此部门合规官和合规经理可能需要在下个季度采取行动。对于大多数主题(指标),风险是分级别的,并跨越多个级别进行评分,每个级别分配固定数量的风险点。例如,评分模型的一个版本为比尔芬格三个涉及第三方礼品交易最多的部门分配了分级监测点。另一个与礼品相关的指标是测量交易是否涉及公职人员的简单二元标准。一些风险评分依赖于特别程序,例如,根据通过尽职调查程序标记为高风险的第三方的数量来分配合规风险点。风险点进一步划分为两类:将合规经理可以采取直接行动降低风险的部分划分为"需要采取的行动"主题(如对严重指控的逾期补救),以及对不完全属于内部合规范围内的补救行动划分为"需要关注的焦点"主题(如对严重指控的大量结案调查)。

这种类型的分析模型是"基于规则的",描述了一组根据固定标准分配分数的规则。在比尔芬格,评分模型及其规则在每个季度都要进行评估和调整,允许改变指标、评分层次和合规经理持续输入的关注焦点。

---

[1] 关于比尔芬格合规驾驶舱的相关信息由比尔芬格公司系统工程师提供给笔者,供本章使用。

模型基于评分规则产生一个综合风险评分,并进一步建议合规经理对特定的合规风险领域加强关注和监视。

(3)趋势和离群点检测。每个法律实体的季度风险点分数都是累计的,这使合规部门能够看到哪些法律实体可能需要特别关注或采取行动。每个法律实体的得分也可以与过去的季度进行比较。因为灵活的基于规则的评分模型可能会在每个季度都发生变化,所以分数是根据季度的最大可能分数进行规范化的。这样一种时间轴分析捕捉了可能值得关注的趋势,矫正了绝对变化和平均分数的偏差。

(4)应用程序。虽然数据收集和分析主要基于 Excel,但最终整理完毕的数据会被上传到微软 Power BI 软件平台,该平台提供了用户友好型的交互式数据可视化系统,包括按主题进行测量的风险点,以及按法律实体、地理区域、合规管理者和季度的评分分解程序。其他过滤器允许根据特定标准仔细检查特定主题,例如,超过特定阈值的第三方事务。

比尔芬格的合规驾驶舱为其管理者提供了一种评估合规风险的方法,可广泛覆盖复杂的公司结构。但是,大量手动操作的过程既有优点也有缺点。一方面,风险评估受益于所有职能领域的投入,并积极促进合规负责人的评估和改进,利用他们的经验和专门知识,特别是业务规则;另一方面,任何基于规则的模型都严重依赖其规则背后的基于经验的假设,但这可能会存有人类的偏见或盲点。此外,基于 Excel 的手动数据收集过程也是劳动密集型的,这使它很容易出现文书上的错误。

二、微软:针对重点风险领域的数据驱动模型

微软是全球最大、最知名的科技公司之一,生产消费类型的硬件和软件产品,包括无处不在的 Windows 操作系统和 Office 软件套装,还提供在线和咨询服务。微软的商业模式使其严重依赖于转售和分销其软件和服务的第三方渠道合作伙伴(Gibson,2020)。微软向合作伙伴提供

折扣和其他销售激励措施，尽管微软自身无法参与这些终端消费者交易，但合作伙伴通常被要求将他们获得的折扣转移给政府客户。[1] 虽然所有跨国公司都面临发生腐败和贿赂的风险，但微软由于与其遍布全球的第三方的销售合同进行交易，因此面临的风险尤其高。事实上，微软近年来面临过一桩《反海外腐败法》案件，该案件涉及微软在多个国家的子公司的不当支付问题。[2] 2019 年，微软与美国证券交易委员会达成了 1600 万美元的和解协议，[3]而微软在匈牙利的子公司同意向美国司法部支付 900 万美元的罚款。[4]

就在这些合规事件发生的同一时期，微软的领导层也发生了变化，随之而来的是向数据驱动分析方法的推进。在与美国证券交易委员会和司法部达成和解后，微软的合规分析程序的进展集中在该公司的腐败风险上。在将合规机制的分析方法扩展到其他风险领域之前，重点突出的高优先级开发计划旨在建立分析能力、程序综合和股东普遍接受的新数据科学方法（Gibson，2020）。

（一）针对高风险点的解决方案

微软针对高风险点的解决方案是构建系统平台，旨在通过使用大数据分析和建模以对销售合同和渠道合作伙伴进行风险评分，主动管理公司的腐败风险，优先对高风险交易和合作伙伴进行合规监督。开发过程通过识别相关数据、创建初始模型、使用历史数据测试和改进模型，然后将模型集成到业务流程中以便实时使用（Charles，2020）。在这一过程中，微软旨在推动未来将模型扩展到其他风险领域。

---

[1] 微软，微软代表的合规，www. microsoft. com/en-us/legal/compliance/anticorruption/reppolicy. aspx。

[2] 理查德·L. 卡辛，微软支付 2500 万美元解决普遍违反《反海外腐败法》的问题，《反海外腐败法博客》，2019 年 7 月 22 日，https://fcpablog. com/2019/07/22/microsoft-pays-25-million-to-resolve-widespread-fcpa-violati/。

[3] 美国证券交易委员会指控微软公司违反《反海外腐败法》，2019 年 7 月 22 日。www. sec. gov/enforce/34-86421-s-0。

[4] 美国司法部公共事务办公室，微软公司匈牙利子公司同意支付 870 万美元的刑事罚款，以解决海外贿赂案，2019 年 7 月 22 日。www. justice. gov/opa/pr/hungary-subsidiary-microsoft-corporation-agrees-pay-87-million-criminal-penalties-resolve。

(1)数据。微软的平台以优先级、基于风险的方法为中心,始于对腐败风险问题的关注(Gibson,2020)。开发不是汇集大量现有数据并从中得出结论,而是从审查腐败风险和逆向工作开始,创建相关数据的"意愿清单"(Gibson,2020;Gartner,2020)。这一过程需要对过去的调查、审计资料和专家文献进行协同检查,以确定可以反复预示风险出现的"主题和方案"(Charles,2020)。进一步的风险细分集中在三个风险次级领域:与第三方的合同类型和业务关系、当地商业环境、尽职调查和审查。最终的数据列表包括了地理位置、合同规模、市场开发资金和折扣等属性的数据(Gibson,2020)。

(2)分析、算法和机器学习。利用已识别的数据和"主题和方案",合规部门开发了一个初始算法,为每个销售合同和第三方生成一个从0到100的风险评分。然后,根据历史数据集,通过机器学习对初始算法进行校准,以观察它的输出是否与高风险合同和合作伙伴的实际发现相匹配。

对这一步骤的一个挑战是,尽管该公司的大数据涵盖了数百万份合同和数十万个第三方,但经过全面风险评估的案例比例有限,其中少数属于高风险,也没有明确的低风险案例(Gibson,2020)。为了解决这一问题,分析程序专注于相对风险,而不是简单的高风险或低风险二元结构。该算法特别关注数据集中的异常值,不仅关注全局异常值,还关注与同一地区、同一时间的同行或合作伙伴的合同相比的局部异常值,或与其他相关特征相匹配的异常值(Gartner,2020)。例如,在同一局部地区而不是全球性的合同的比较中,合同的金额可能是最能够提供有用信息的,因为较高金额的合同可能始终集中在一个地区(Gartner,2020)。

(3)应用程序。最终的算法被集成到高风险解决方案的用户平台中,展示来自实时数据的分析结论。该平台显示了每一份合同和合作伙伴的风险评分(见图8.1)合规经理还可以查看按位置、部门、时间段和其他因素汇总的数据。

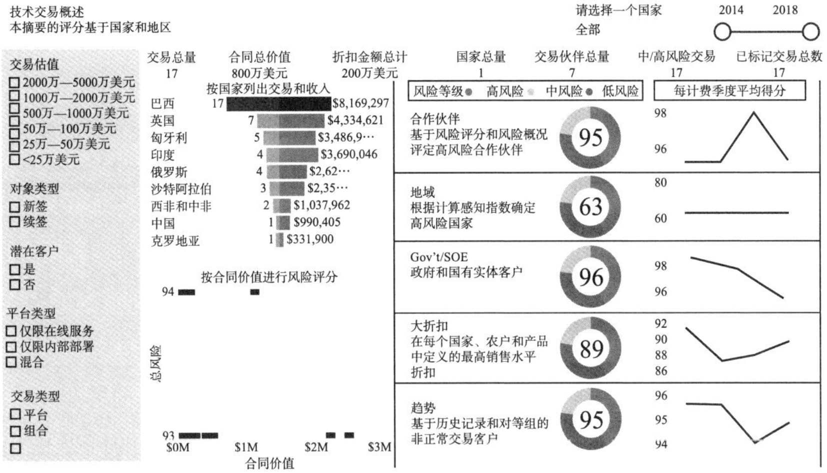

图 8.1　微软高风险解决方案平台详细显示了不同类型的风险评分和驱动因素

注：此图是说明性的，不能反映实际数据。

重要的是，风险评分被整合到业务流程中，并在早期将风险评分对应至具体合同，以便合规负责人能够积极监控高风险合同（Charles, 2020）。这个整合的目的不仅在于促进风险管理，还在于促进管理层对分析开发过程的理解和接受。上述整合和管理层的接受也可以最终促成公司做出从一个有限的、高优先级的分析范围开始合规机制的决定（Charles, 2020）。使用历史数据的机器学习过程有助于在实时使用前完善和加强模型的初始版本，同时也为公司领导提供了对上述概念的实际与直观的验证（Charles, 2020）。

改进算法的人工评审过程进一步提供了机会，以确保系统仍然容易被其终端用户所理解，并支持另一个关键目标的实现，即建立明确界定的问责机制并调整管理模式以将风险分析结论融入用户行动中。该平台的数据分析结论并不寻求取代人工审查，而是为了有效地进行指导。正如法律总顾问艾伦·吉布森所说的，“审核员们将不再是大海捞针，而是在水盆中捞针。”

三、赛格:使用分析法来支持其合规文化

赛格是一家生物制药公司,专注于研发治疗抑郁症等精神疾病或神经疾病的新药。2017 年,赛格在公司计划的第一个商业产品发布前一年聘请了戴瑞·克伦尔(Daryl Kreml)担任首席合规官[1]。在任何一种医疗产品进入市场之前,都会有一个敏感的时期,克伦尔在此看到了挑战和机遇。在他之前担任辩护律师的经历中,他注意到,对监管机构从外部发现的问题做出反应,企业似乎总是处于劣势。他认为,一个理想的合规机制应该是预防性的,在企业风险被监管机构关注之前降低和消除风险,并且应当积极主动,至少像政府那样迅速地对发现的问题做出反应。

(一)风险

除了大多数公司普遍存在的一系列诚信风险外,制药行业还受制于为确保药品处方中的医疗诚信和患者安全而制定的额外法规。制药行业的贿赂风险由联邦医疗保健系统(包括医疗保险和医疗补助)的《反回扣法令》管辖,该法令禁止为处方创造物质激励[2]。被禁止的回扣不仅包括直接的金钱支付,还包括从膳食到顾问职位的其他诱因。针对回扣的刑事和民事指控的和解协议的金额已达数百万美元。

另一个行业风险涉及对药品标签所列内容之外的推广行为,或营销一种未经食品和药物管理局(Food and Drug Administration)特别批准的治疗疾病或其他用途的药物,这种做法可能导致《虚假声明法》(*False Claims Act*)的适用。对药品标签所列内容之外用途的限制可能经常会受到挑战,因为医疗专业人员经常发现某些药物在其标签之外也有着其

---

〔1〕 关于 Sage Therapeutics 的信息为笔者通过相关访谈获取。

〔2〕 《反回扣法规》被美国卫生与公众服务部监察长办公室描述为,新医生的路线图:欺诈和滥用法律,https://oig. hhs. gov/compliance/physician-education/01laws. asp,and DOJ Office of Public Affairs,Three pharmaceutical companies agree to pay a total of over $122 million to resolve allegations that they paid kickbacks through co-pay assistance foundations,PressRelease,April 4,2019,www. justice. gov/opa/pr/three-pharmaceutical-companies-agree-pay-total-over-122-million-resolve-allegations-they-paid。

他有效用途,而食品和药物管理局严格的试验与批准程序将会延迟数年才能有相同的发现或承认,但那时已经接近药物的知识产权保护期限,因此根本无法保证制药公司的投资。当一家公司的知识产权保护一旦失效,仿制药就会涌向市场。医生可能开出适应症外的处方,也可能向制药公司询问适应症外的使用和研究。因此,需要制药公司雇佣医疗事务人员向其他医疗专业人员传达医疗信息,而不是营销信息,对此需要进行认真的培训和合规机制,以确保明确这一重要区别。

(二)FOCUS 框架

克伦尔开始为赛格公司制定新的合规和道德计划,主要有两个优先事项。第一个是培养一种文化,通过沟通和加强合规意识,并致力于纠正任何不符合其价值观的行为;第二个是创建分析和测量方法,使公司能够主动识别任何此类行为。

在思考合规与整个公司的关系时,克伦尔说:"我一直被合规领域的复杂规则所困扰,这些规则通常反映在政策和培训中。这些政策读起来就像律师写的一样,有罗马数字部分,有字母顺序的子部分……就像是一个清单,上面列着你应该做的所有事情。"[1]

在他之前的公司中,克伦尔已经确定了贯穿制药行业各种风险的五个共同主题。在赛格公司,他采取了下一步行动,将这些主题与成人学习的最佳实践相结合。为了培养员工的意识,他将五个关键领域的指导组织成一个容易记住的缩写:"FOCUS"。

Function(职能):员工的行为应当与他们的职能角色和责任相一致。例如,销售代表不能提供药物标签以外的信息,但如果受到特别要求,可以将医生的请求提交给具有提供医疗信息职能的医疗事务小组成员。

Objectives(目标):互动是必要的,是有计划的,与赛格公司策略一致。这个领域考虑的是,当员工与外部利益相关者接触时,其动机是否

---

〔1〕 克伦尔和鲍尔斯,笔者采访,2020 年 5 月 8 日。

与公司目标保持一致。

Content(内容):材料和谈话要点都是适当的。赛格公司通过遵守适当的跨职能委员会、推广材料审查委员会或医学审查委员会仔细审查的材料和谈话要点,保证准确和合规的沟通。这一原则适用于所有的外部通信,包括某些电子邮件。“内容”领域还包括该公司的社交媒体政策、遵守健康保险可携性和问责法案(Health Insurance Portability and Accountability Act)信息保护,以及食品和药物管理局所要求的安全信息报告。

Value(价值转移):价值转移(包括餐费和赞助)符合标准。这个领域包括了转移的价值,如商务餐、差旅相关费用、咨询费,以及资助和赞助的考虑。选择标准:根据适当的考虑,选择利益相关者和赛格公司人员进行互动。这一领域要求员工考虑选择外部各方参与或使用咨询角色的适当标准,以及选择哪些内部员工将参与这些角色。克伦尔指出,在“FOCUS”框架下,“每个人都在使用同一种语言”。[1] 通过这种方式,在经理、行政领导和员工中建立并不断强化了合规意识,他们也可以在面临道德选择时将该合规框架作为一种指导性的工具。克伦尔和合规运营主管埃里克·帕沃斯(Erica Powers)围绕相同的类别构建了他们开发的政策和培训,旨在使交流更令人难忘、更引人入胜和“更有趣”,包括按照“FOCUS”主题的类别组织的知识问答游戏培训。后来的视频培训使用了现实场景来演示每个“FOCUS”元素,并且由一个销售代表通过这种方式来构思和做出一个棘手的决定的案例,这使“FOCUS”框架的作用达到了顶点。此后,赛格团队进一步委托制作了一系列漫画小说,使用了与视频相同的框架和主角。

(三)赛格监控和透视程序的应用

除了在组织整体合规目标和员工个人之间建立一致性之外,“FOCUS”框架还旨在将传统的零散的政策、培训、测量和分析等合规工具组装起

---

〔1〕 克伦尔和鲍尔斯,作者采访,2020年5月15日。

来。赛格监控和透视应用程序(The Sage Application for Monitoring and Insights)是一个为赛格规范量身定制的软件平台,它围绕关键的"FOCUS"领域,用探索性开发的数据和分析程序来创建交互式可视化分析系统。

数据。以"FOCUS"为贯穿线,赛格公司开始建立一种测量方法,不仅测量关键风险领域的表现,还测量针对这些相同领域的培训和其他计划的影响。克伦尔和帕沃斯重组的一套测量方法是设计检查清单,用于评估受监控的商业活动的合规性,例如,销售代表拜访医生等。"FOCUS"检查清单是与销售代表一起完成的,它集中在与政策和培训同样重要的问题上。将高级的和详细的评价点结合起来,检查清单数据在五个主题领域中进行绩效的综合评估,而合规团队可以点击查看具体问题出现的详细视图。该数据还可以按地理区域或功能查看,允许个别问题的局部差异,同时便于在汇总分数之间进行比较。这种组织信息的方式可以帮助合规领导者找到具有可操作性的结论,例如,确定一个表现较差的领域,合规管理人可以针对该领域提供预先设定的进修培训,同时继续监视并寻找改进的方法。其他关键数据来源包括查看拜访医生的客户管理记录、时间和费用报告以及医疗信息请求。

分析。数据源基于一组特定业务规则运行,赛格监控和透视应用程序将直接违规行为进行标记。通过更仔细地检查费用报告或增加医生的次数等业务规则的运行,可以发现风险升高、需要加强监控的异常活动。

风险等级。业务规则为每个员工生成一个总体风险排名,供内部合规使用。风险排名虽然仅限于内部合规使用,并不确定与某个雇员有任何特别的关系,但它为进一步检查高级别雇员的其他数据源提供了信息。克伦尔说:"并不是说有些人都是坏的,有些人都是好的。这与我们的经验和理念不一致。但是,我们确实认为,例如,如果有人无视与他们的费用报告相关的规则,他们也更有可能无视与他们正在进行的谈话主题相关的规则。"

出差和娱乐支出。出差和娱乐(Travel and entertainment)支出是员工最有可能出现回扣的风险领域。如果一个员工的出差和娱乐支出很少,不太可能有通过其支出施加不正当影响的风险。但若一个员工的出差和娱乐支出异常高,就可能需要进一步关注。例如,接访餐费是一项行业标准指标,它考虑的是餐费是否恰好是在就餐时间举行的医学会议的附带事项,还是通过向医生办公室全体员工而不仅仅是与会人员提供餐费以接近医生,这样一种不寻常的支出是否表明一种潜在的不道德行为。在出差和娱乐案例中,赛格团队可以查看其他数据来源,以确定员工是否只是因为工作量更多(也是生产率的一个异常值)而支出比例更高,还是支出与个人的业务活动相比异常高,后一种情况下应该进一步调查。

医疗信息请求。赛格公司还跟踪了导致医疗信息请求(Medical information requests)的访问比例,这是标签外推广的一个潜在指标。与出差和娱乐支出分析类似,医疗信息请求指标是用于分析寻找医疗信息请求数量的异常值,以及该数量占医生实际就诊的比例。例如,特定销售代表的医疗信息请求比例异常高,可能需要进一步培训或特别注意。

客户访问。赛格员工和外部利益相关者之间的客户访问数据可以作为与异常的出差和娱乐支出或医疗信息请求的比较点,并根据医生的特点评估访问的适当性。例如,由于赛格公司的产品到2020年都没有被批准用于儿科,因此任何销售代表对儿科医生的访问都将依据赛格监控和透视应用程序的业务规则而注上红色标记。合规团队成员通过进一步的检查以评估访问是否具有有效目的,例如,在新生儿健康检查期间,试图教育医生如何识别患有产后抑郁症的成年母亲。其他的分析将不同类型的医生区分开来,一部分医生参与研究并可能会与医疗事务人员会面讨论药品对标签外用途的开发问题,另一部分医生仅在药品发布的早期阶段与销售代表会面。

(四)应用程序

这些例子说明了赛格公司如何更广泛地使用监控和透视数据分析

平台，以聚焦于在不同的层级上的合规监控与调查资源：

（1）公司业务规则标识违规行为。

（2）额外的业务规则提供了个别风险排名，可以为进一步的监控提供信息，例如，关注费用报告或进行跟踪。

（3）关键数据源，如“差旅或交际费用”和“医疗信息请求”，提供了识别异常值的可视化程序，以识别出值得进一步审查的异常值。

（4）在任何调查中，还可以将尚未以编程方式定义或尚未归类于任何一种业务规则的其他数据源作为合规资源提供给合规部门。

在最后一个类别中，赛格公司存有大量的数据资源并将其进行可视化处理。由于平台和分析工作仍在进行中，合规团队将继续检查哪些参数是最关键和可预测的。事实证明，大数据池在事件发生后查明责任方方面特别有用。克伦尔和帕沃斯承认，通过观察高度颗粒化的信息，他们看到了一些标记了并不真正构成影响的个人和活动的假阳性信息。然而，在分析开发的早期，赛格公司选择错误地生成更多的数据，依赖于合规团队的评估来达成适当的判断，包括识别假阳性信息，并通过生产数据和错误线索的反馈不断改进合规机制。

赛格方法将其分析处理程序与公司价值相结合，使公司不但在数据分析方面，而且也在数据结构和质量方面实现了创新。特别是，像监视检查清单中的实际“FOCUS”元素这样的数据字段通过设计直接与赛格公司的价值和培训相对应。

到 2020 年 6 月，赛格公司四个季度的监测数据都已经有所改善，其中有三个季度是在其第一个产品发布后完成的。从新冠疫情大流行开始，商业活动模式发生了巨大变化，差旅与交际支出直线下降，客户访问和跟踪变为虚拟会议。然而，克伦尔指出大流行病的转变也证实了监控和透视程序的分析原则：“当商业实践发生了巨大的变化，并对所有人都产生同样的影响时，它允许我们继续看到异常值存在的位置。”因此，即使在商业活动的内在逻辑中会产生巨大的变化，但若大多数人都想做正确的事情或者正在做正确的事情，那么他们观测到异常值的能力就会保持不变。[1]

第五节 合规分析中与测量相关的障碍

正如上述三个案例研究所说明的,有相当多的机会将数据分析应用于合规风险评估和识别之中。然而,在企业广泛采用这一技术的道路上仍然存在障碍,本节描述了围绕数据质量、假阳性、假阴性以及在合规性中构建分析专业知识的几个关键问题。同时,本节还讨论了需要进行适当的监管激励和领导承诺来支持更严格的合规措施。

一、数据湖的创建和数据质量

创建数据库,也被称为"数据湖",这已成为跨不同组织职能的管理者日益优先考虑的问题。虽然合并公司的数据基础设施在概念上似乎很简单,但许多公司在不同的时间点创建的多个数据系统,通常是由不同的供应商创建。这些多重系统反映了以零敲碎打的方式处理的不断发展的或本地化的需求,公司合并和收购的复杂的法律结构可能会进一步加剧构建数据基础设施的复杂性。这种环境给创建集中式数据湖带来了一些挑战。首先,必须通过繁琐而耗时的手工工作来合并数据。其次,数据通常是由不同职能和地点的管理人所持有,因此需要在公司内部进行大规模的协调。再次,关键信息可能以碎片化或非结构化的格式出现,如书面文件或备忘录,为法律和合规目的编译的信息尤其如此。这些格式可能包含为定量测量提供构建语境的基本定性信息(例如,产生热线电话数量增加的原因的迹象),但是要将这些信息转换为可用的结构化数据还需要大量的工作、专业知识和深思熟虑的操作。

最后,一旦数据汇集在一起,因为不同来源的数据质量差异很大,数

[1] 采访克伦尔,6月12日。

据湖可能存在整体质量较差或被污染的危险[1]。当某些数据缺失、不完整或不准确时,就很难将不一致的数据收集与有意义的差异区分开来,因此也就很难得出具有可操作性的结论。组织可以通过添加遗漏或不正确的观察结果来纠正这个问题,但这个过程会带来其他挑战和偏见。最终,公司需要通过重大的战略努力来创建支撑分析程序的数据湖。

二、假阳性

合规分析可以将合规从业者的注意力导向高风险或异常数据点(例如,具有较高腐败风险的差旅和交际费用),这些风险点值得进一步调查。将有限的合规性资源集中在最高风险上是调查分析的主要优势。然而,大多数系统也会产生相当数量的"假阳性"数据,这些"假阳性"数据被标记为具有高风险特征,但在调查中被发现是没有问题的(例如,出于合法目的的高差旅和交际费用)。

这些"假阳性"数据造成了两个主要问题。首先,它们与分析的预期效果相反,因为它们将有限的资源转移到不值得注意的领域。其次,许多组织担心每一个被检测到的风险数据,即使它本身不是产生不当行为的决定性标志,但都会增加诉讼和监管审查的风险。虽然一些组织已经将对数据的深入分析和洞察视为一种律师向客户交付的工作产品,但对于这种新兴领域还没有得到法律上的检验。

从分析的角度来看,可以通过改进数据质量和模型来减少"假阳性"数据。举个简单的例子,可以细化差旅和交际费用中的腐败风险标志,以考虑第三方的特征,而不是不寻常的金额。在更复杂的层面上,像微软使用的那些机器学习程序可以通过设计一个算法来减少误报。

---

[1] 关于如何看待数据污染,请参阅迪伦·托卡,<Anheuser-Busch InBev's BrewRight:How it works,Wall Street>。

三、假阴性

更难以识别的是假阴性,或遗漏了的潜在不当行为。正如前面所讨论的那样,作为测量合规风险的主要障碍,假阴性可能来自错误测量的数据以及有意或无意的少报。这些挑战在风险评估之外,还带来了一个基本的、广泛的分析挑战,鉴于信息可用性和调查资源的实际限制,一些遗漏的不当行为仍然是不可避免的风险。值得注意的是,在合规领域,测量不当行为发生的最重要的外部指标之一是监管和执法机构发现和制裁的违规行为的数量,但这个数字很可能低估了不止一个数量级的不当行为实际发生率。[1]

风险评估中的一个关键考虑因素是,通过在风险标记活动中的检测,如何发现在整个业务活动中的不当行为。改进基于风险的检测的一种途径是检查通过举报热线等传统渠道发现的不当行为与风险评估所掩盖的不当行为。包括机器学习在内的分析可能会进一步完善模型,包括对于"假阳性"数据的分析,以针对那些被风险模型遗漏的假阴性数据。其他的调整可能来自个别公司以外的不当行为事例或学术研究成果;例如,在设计富国银行的虚假账户丑闻的风险模型中,霍(2018 年,参见第四章)强调,合规风险并不遵循正态分布,而每个组织中的"少数权力者"由于"巨大的道德影响力"反而会造成更高的风险。因此,霍建议检查少数权力人的个人风险,这是一个可能的因素。对于那些因其在组织层次中的地位而具有影响力的人,可能可以被整合到一个模型中;但对于那些影响力来自社会联系或个人魅力的人来说,可能更难被建模,因为这些品质很难以通过数据来体现。更广泛地说,这些问题提醒人们,虽然风险评估是针对某些合规性工作的一种有用方法,但它并不能用一系列的监控和测量工具取代一个全面的合规流程体系。

---

[1] 对三家《财富》发布的 500 强名单上的企业内部数据的调查发现,在一段时间内,平均每三天就会发生一起违规事件,在此期间,没有一家受到刑事或严重民事制裁(Soltes,2019)。

四、使用资源来支持和部署合规性分析

要获得成功，合规分析程序需要进行直接和间接的投入。直接投入包括为合规团队充分配备具有专业分析知识的人员。由于分析技能在各个行业和职能部门的需求都很大，有经验的专业分析人员的薪资水平往往使规模较小的公司难以承担。即使不具备先进的分析系统，合规也可能会构成公司成本的一个重要组成部分，公司领导层可能会发现，在没有展现对合规的足够明确的需求和造成重要影响的依据的情况下，增加合规预算对股东会来说是没有说服力的。一些公司以美国司法部的评估指南（2020 年）作为增加合规预算的依据，该指南特别强调了合规测量和造成影响的证据的必要性。有一些公司发现，公司的其他部门也能够支持对合规进行更多投入（如赛格公司的信息技术部门对合规的影响）。赛格公司还提供了一种建立文化和领导力支持的途径，以此来支持足够的对合规的投入。

合规分析还带来了来自关键的跨功能支持的间接成本。例如，创建数据库需要来自跨部门的数据输入以及来自 IT 部门的支持。在合规和其他功能之间建立联系需要时间、精力以及来自合规部门和整个公司的支持。

五、支持和部署合规分析的激励措施

最后，改进合规分析机制不仅需要投入大量资源，还需要通过适当的监管激励来鼓励领导层的参与。行业监管，以及随之而来的执法和处罚威胁，历来是合规发展的最大驱动因素。在数据分析的发展过程中，公司的一个主要担忧是，更好的分析机制是否会带来更大的法律风险，包括巨额罚款和刑事裁判。改进后的分析机制可以检测出更多的不当行为以引起公司注意，但是新的机制也有缺陷。例如，如果一家公司改进了数据集成系统，理论上可以广泛获取有关不当行为的信息，但该公司若实际上不具备处理所有数据的资源和专业知识的话，会发生什么情

况?如果一家公司的风险评分非常高,表明对潜在不当行为需要有更多的认识并且要承担更多的责任,但仍然在试图理解评分方法的有效性的话,该怎么办?与风险标准有限的公司相比,风险标志极其敏感的公司会怎样呢?

2020年联邦司法部指南建议增加对公司对合规的行为、投入、反馈和改进的评估的权重,所有这些似乎都支持合规投入与探索,但没有提及上文所述的风险。但是,评价和潜在的责任减免标准都还没有具体规定。一些观点认为,当公司以其合规努力进行辩护时,监管机构应当以明确的标准来评价公司所作出的合规努力,以减免相关责任,或者对公司因合规所收集和向监管机构提交的信息予以保密(Garrett & Mitchell, 2020)。与此同时,在合规测量的早期阶段,可能会有很多(而且可能仍然是被误导的)需要检查的风险点,因此对测量要有明确的标准,而合规信息保密则与透明度的目标相冲突。加勒特和米切尔提出的一个解决方案是通过强制报告公司为测量和测试其合规机制所做的努力,条件是报告的信息不能作为监管机构的处罚执行依据。

第六节　通过数据驱动推进合规测量改革

从监管机构到合规官再到企业领导人,制定合规规则的人越来越多地注意到,有必要对合规进行更严格的测量。虽然合规数据分析仍处于早期发展阶段,但这一新兴领域有潜力解决迄今为止阻碍合规工作的首要挑战,即资源投入有限和合规措施的影响不明确。完善的合规分析程序通过识别出明确规定的风险点和异常值,可以帮助合规部门将注意力集中在最高风险上;它还可识别出时间和成本密集的、影响不大的风险点,节省出资源以用于应对高风险点。最重要的是,合规数据分析并未规定固定的规则或一个严格的程序,而是通过数据驱动的方法从持续的合规创新中发现、测试和学习。

参考文献

Charles, Valerie. 2020. Microsoft's Alan Gibson on the Power of Compliance Data. GAN Integrity, Connected CCO Blog. www. ganintegrity. com/blog/microsofts-alan-gibson-on-the-power-of-compliance-data/.

Chen, Hui and Eugene Soltes. 2018. Why Compliance Programs fail: And how to Fix them. *Harvard Business Review*, 96(2), 116-25.

Deloitte/Compliance Week. 2017. In Focus: 2016 Compliance Trends Survey.

Garrett, Brandon and Gregory Mitchell. 2020. Testing Compliance. *Law & Contemporary Problems*, 83, 47-84.

Gartner, Legal and Compliance Research Team 2020. Pragmatic Analytics Rollout (Microsoft). *Gartner Case Study*, August 4.

Gates, Bill. 2013. Bill Gates: My plan to fix the world's biggest problems. Wall Street Journal, January 25.

Gibson, Alan. 2020. Four Principles Underlying Microsoft's Compliance Analytics Program. Anti-Corruption-Report.

Haugh, Todd. 2018. The Power Few of Corporate Compliance. *Georgia Law Review*, 53(1), 129-96.

Park, Jihwon. 2020. Does compliance Training Decrease Corporate Misconduct? Evidence from Field Data. Doctoral Dissertation, Harvard Business School.

Soltes, Eugene. 2018. Evaluating the Effectiveness of Corporate Compliance Programs: Establishing a Model for Prosecutors, Courts, and Firms. *NYU Journal of Law & Business*, 14(3), 965-1011.

Soltes, Eugene. 2019. The Frequency of Corporate Misconduct: Public Enforcement Versus Private Reality. *Journal of Financial Crime*, 26(4), 923-38.

Soltes, Eugene. 2020. Paper versus practice: A field investigation of integrity hotlines. *Journal of Accounting Research*, 58(2), 429-72.

Soltes, Eugene. 2021. The Professionalization of Compliance. In Benjamin van Rooij and D. Daniel Sokol, eds., *Cambridge Handbook of Compliance*. Cambridge, UK: Cambridge University Press.

US Department of Justice Criminal Division. 2020. Evaluation of Corporate Compliance Programs, updated June.

US Sentencing Commission(USSC). 2018. Guidelines Manual.

第九章　使用监管检测数据测量环境合规

萨拉·L.斯塔福德

第一节　引　言

测量环境合规并非一项简单的工作。其不但受监管群体的范围差异影响:从牙医、干洗店等小规模、服务型企业到大型跨国制造企业,相互之间存在很大差异;而且监管环境通常包括多个特定的以介质特性为区分针对空气污染、水污染和废物的项目,每个项目都可能由单独的监管机构管理。监管者一般通过监管检测、持续合规监测、强制自我报告合规数据这三种方式来评价环境合规。受监管实体可以通过自行合规审计、聘请私人公司审计,或者请求州环境机构进行合规审计来评价自己的合规程度,但这些数据通常不公开。[1] 第三方也可以通过进行调查或警戒线监测来测量环境合规,但前者需要受监管实体的合作,后者可

[1] 大多数州向受监管实体提供合规协助,许多州应请求提供现场合规审计。

能难以直接与某一特定设施挂钩。因此,监管检测数据是测量环境合规的主要方法之一。本章主要根据笔者在该领域的研究经验,探讨如何利用此种检测数据来测量美国的环境合规。

监管检测旨在证明受监管实体遵守监管要求的程度。反过来,这种证明的结果又被用来制裁那些违反法规的实体。规定这种传统的监测与执行系统是大多数工业化国家环境政策的显著特征。此外,在调查中呈现的证据表明,包含严格检测和执行的传统监管结构是推动设施做出环境合规决策的主要动力(Gray & Shimshack,2011)。[1] 尽管本章侧重于利用美国监管检测数据来测量环境合规,但不同学者所采用的审查监管合规性的方法,可以广泛适用于其他具有类似以检测为基础的环境执法制度的国家。

第二节 监管检测在美国环境计划中的作用

美国环境法规是由一系列不同的法案逐渐发展起来的,对空气污染、水污染、危险废物等介质都有特定的程序进行规制:空气污染依据《清洁空气法》(*Clean Air Act*,*CAA*),水污染依据《清洁水法》(*Clean Water Act*,*CWA*),危险废物依据《资源保护与恢复法》(*Resource Conservation and Recovery Act*,*RCRA*)。每个法案都对其特别规制的实体进行跟踪,并有自己的执行机制。虽然特定的设施可能适用多个法案,但对空气污染的检测侧重于确定是否符合空气法规的标准,而不是水或危险废物法规。虽然不同介质的检测程序之间可以合作并进行多介质检测,但大多数检测程序还是单介质检测。

立法赋予了美国环境保护局以多种理由对受监管实体进行检测的

---

[1] 这种以威慑为中心的环境监管方法基于贝克尔(Becker,1968)关于犯罪经济学的开创性论文,并由罗素,哈灵顿和沃恩(Russell,Harrington and Vaughan,1986)改编为环境监管的背景。它通常被称为"理性污染者"模型。

权力，以确保其合规程度。一般来说，受监管实体必须赋予被授权人员在所有合理时间访问所有记录的权限，且必须允许其获取所有受监管介质的样本。根据美国最高法院对马歇尔诉巴洛案（Marshall v. Barlow, 436 U. S. 307, 322-24[1978]）的判决，企业所有者和经营者对针对其商业财产的不合理行政搜查有隐私权保护，一般不能对其进行无证搜查。然而，受“长期政府监管”约束的“普遍受监管业务”例外。此外，通过证明正在按照中立的制度检测该实体的机构也可能获得授权。实践中，很少有组织质疑美国环境保护局的无证检测（Steinway, 2009）。而有些与受监管实体共同安排的检测，比如，那些旨在收集信息帮助美国环境保护局制定新规则或协助设施遵守法规的检测，根据美国环境保护局的政策是不通知的。合规检测通常由州监管机构进行，因为大多数州已获美国环境保护局授权实施空气、水和危险废物检测程序。[1] 在尚未获得实施特定环境程序授权的州，由联邦监管机构进行合规检测。此外，即使在获得授权的州，美国环境保护局也保留了进行独立检测的权力。

合规检测的范围从包括抽样、设备测试、人员访谈、记录审查和彻底现场检测的多日评估，到有限的目视检测或记录审查。目前的美国环境保护局合规监测策略建议，对《清洁空气法》规定的主要固定污染源至少每两年开展一次完整合规评估，将排放超过主要污染源阈值80%的归类为次要污染源，对其至少每五年开展一次完整的合规评估（EPA, 2016）。在《清洁水法》下，美国环境保护局目前的合规监测策略建议《清洁水法》规定的主要污染源至少每两年接受一次全面检测，次要污染源至少每五年接受一次检测（EPA, 2014）。对于危险废物设施，美国环境保护局建议所有大量危险废物产生源每五年接受一次全面检测，目标是每年检测20%（EPA, 2015）。

关于检测频率的建议和检测过程的指南不具有法律约束力，因此各州在如何适用这些指南方面存在明显差异。根据州审查纲要（State

[1] 在美国的联邦法律机制下，联邦环境保护局授权有资格的州管理和执行自己的特定介质环境计划。

Review Framework,SRF)计划,美国环境保护局应定期审查州政府对《清洁空气法》《清洁水法》和《资源保护与恢复法》执行情况,其中包括审查州政府的检测工作。在审查过程中,环境保护局区域办事处的工作人员从每个介质计划中随机选取检测文件,审查其完整性和与环境保护局指南的一致性(EPA,2018)。在2012—2017年的审查中,环境保护局发现66%的州的检测工作符合《清洁空气法》要求,38%的州符合《清洁水法》要求,72%的州符合《资源保护与恢复法》要求。[1] 当某个州不满足审查要求时,环境保护局区域工作人员会提出改进建议,并跟踪该州遵守这些建议的情况。但是,与环境保护局指南一致并不意味着所有的检测都是同等质量或以同样方式进行的,因为各州对检测哪些类型的设施以及进行何种类型的检测有很大的自由度。例如,除了环境正义(Shimshack,2014)等优先事项外,检测频率还受到州预算(Blundell,Evans & Stafford,2020)、地方经济条件(Deily & Gray,1991;Evans,Liu & Stafford,2011)、地方利益集团压力(Stafford,2006)和地方政治条件(Kleit,Pierce & Hill,1998;Helland,1998a;Innes & Mitra,2015)的影响。

虽然《资源保护与恢复法》计划几乎完全依赖检测来确定合规状态,但《清洁空气法》和《清洁水法》都要求受监管实体定期提交自我监测报告,以提供有关合规和排放的数据。监管检测在确认自我报告有效性和激励企业正确自我报告方面发挥了关键作用(Magat & Viscusi,1990;Shimshack,2014)。例如,虽然自我报告违法行为通常会导致行政处罚,但提交虚假自我报告等违反要求的行为却会导致刑事处罚。企业也可以根据审计政策自愿向环境保护局报告违规行为,以换取对环境审计过程中发现的违规行为减轻处罚,实践中只有较少的组织会这样做(Stafford,2008)。最后,在极少数情况下,也可通过持续排放监测系统来评估合规,比如《清洁空气法》的第4项,即酸雨计划。

---

[1] 根据州审查纲要,美国环境保护局以五年为周期审查被授权的州,评估它们在多大程度上实现执法目标。2012—2017年SRF第三轮审查的结果可在www.epa.gov/compliance/state-review-framework-results-table查询。

第三节　美国环境检测数据的来源

美国环境保护局拥有多个公开数据库，以提供各种环境计划中监管检测的信息。执法守法网(Enforcement and Compliance History Online，ECHO)数据库提供了来自环境保护局所依据的三大法案，即《清洁空气法》《清洁水法》和《资源保护与恢复法》执法程序的数据，以及来自《安全饮用水法》(Safe Drinking Water Act，SDWA)和《有毒物质排放清单》(Toxics Release Inventory，TRI)执法项目的数据。执法守法网编译了来自这些项目的数据，以允许用户同时搜索所有执法记录。数据库包括联邦、州、地方和部落环境机构的记录。然而，该数据库只记录过去五年的执法数据，为了便于各州和项目之间进行比较，只包括受监管设施中特定设备的一组有限数据，通常是每个项目中规模最大、受监管最严的设备。

为了获得关于时间、设施和信息的更完整的历史检测数据，美国环境保护局还提供了公众访问执法守法网的基础数据集的机会。每个数据集基于环境介质项目的性质和设施的监管方式的不同而收集不同信息。《清洁空气法》固定污染源数据集的综合合规信息系统(ICIS-AIR)提供了有关《清洁空气法》执行情况的数据，其中包括了环境保护局、州和地方空气污染管理机构关于固定污染源的合规和许可数据。该数据集包含了地方、州和联邦监管机构进行检测及其采取的所有执法行动的信息。“主要”空气固定污染源必须定期报告其合规状态，以便为这些设施建立自我报告的历史记录。

对于《清洁水法》，环境保护局用于国家污染物排放消除系统的综合合规信息系统(Integrated Compliance Information System for the National Pollutant Elimination Discharge System，ICIS-NPDES)提供了有关受监管设施检测、许可合规和执法行动的数据。此外，《清洁水法》规定的主要和次要设施每月自我报告监测数据，可以为其创建自我报告的历史记录。

关于危险废物的执行数据可在环境保护局的资源保护与恢复法信息(RCRAInfo)数据库中获取,该数据库包括各州关于检测、违规和执法行动的数据。各州只被要求报告大产生源(Large Quantity Generators, LQGs)和废物处理、储存和处置设施(Treatment, Storage, and Disposal Facilities, TSDFs)的数据,而有些州会自愿报告危险废物小产生源(Small Quantity Generators, SQGs)和有条件豁免小产生源(Conditionally Exempt Small Quantity Generators, CESQGs)的数据。数据内容包括检测日期、类型、检测中发现的所有违规行为以及与其有关的执法行动。危险废物设施不要求自我报告合规状态,因此只有通过检测才能确定设施的合规状态。

第四节　利用环境检测数据进行合规评价的方法论问题及局限性

在利用检测数据确定合规状态时,一个必须解决的方法论问题是检测并非随机进行的,监管机构通常会检测更可能违反监管规定的设施。大量理论文献论证了目标检测如何提高受监管实体阻止违规行为的能力(Harford & Harrington, 1991; Harrington, 1988; Friesen, 2003; Stafford, 2008),现有证据表明,环境检测似乎更针对受监管较多和有违规历史的设施(Stafford, 2013)。检测目标也被证明是由设施周边群体的特点决定的(Helland, 1998b; Evans et al., 2011)。这意味着被检测设施难以代表受监管组织的全部。因此,任何利用非随机性检测数据确定合规状态的实证分析都需要修正检测结果的内生性。

范斯坦(Feinstein, 1990)所述的检测控制估算方法(Detection-Controlled Estimation, DCE)是解决该问题的主要方法。[1] 该方法认识到合

[1] 这些技术也被称为"部分可观测"和"删失"技术。

规数据只能通过检测获得,因此合规数据是被检测过程删减过的。这种方法一般使用检测到的违规数据来解释两个独立的程序,即检测和合规认定。此外,这些技术明确允许控制检测决策的程序与控制合规认定决策的程序相关联。但是,为了查明某组设施被检测出的违规数量少是由合规率高还是检测率低导致的,两个决策之间必须存在一些独立的差异。通常,研究者通过确定影响检测决策但不影响合规认定决策的因素来满足此类模型有效性的"识别限制条件",反之亦然。[1] 例如,斯塔福德(Stafford,2002)利用带删失的二元概率单位模型,采用最大似然估计法来联合估计检测和违规认定,以考察美国企业遵守危险废物排放法规的情况。该模型中,有两个二值变量被同时确定——一个变量表示设施是否被检测,该变量在一定程度上基于监管者对该设施合规状态的预期;另一个变量表示设施是否合规,这个变量在一定程度上基于拥有该设施的组织对自己是否会被检测的预期。由于这两个变量是同时确定的,因此该模型使用了二元概率分布函数,使两个方程可以联立。又因为只有在进行检测时才会显示合规状态,所以该模型被认为是带删失的。该研究中,基于设施特性和州执行计划特性对检测结果进行建模。基于违规收益、设施被检测的概率(和使其变得更容易被检测的因素)以及违规惩罚,对合规认定进行建模。

评估联立方程的一个难点是确定可以识别不同方程的参数。为了识别本章中的模型,研究者使用了一组排除性限制条件,以确保参数可以被独立的进行评估。整个州的违规行为可能会影响进行检测的概率,因此其需要作为滞后值而被列入检测方程,但实际上,其被排除在违规认定方程之外,因为受监管组织通常无法自己去获得此类数据,因此无法形成违规认定依据的一部分。当地的塞拉俱乐部(Sierra Club)等环境保护组织成员的数量被列入违规认定的依据,因为在公民是环境保护组织成员的比例更高的州,对环境违规行为的处罚数额更高(Hamilton,

---

[1] 一些模型也会假设检测和合规认定的函数形式来进行识别。

1996)。但由于环境保护组织成员与某设施被检测的概率之间没有理论上或观察到的联系,所以被排除在检测认定之外。研究结果表明,设施产生的废弃物越多,越不可能合规。研究还发现,过去的违规行为能够预示当前的违规行为,位于对小型超级基金计划有严格责任规定的州的设施更有可能合规。[1]

另一个方法论问题是遗漏变量偏差,即在评估实验性的合规模型时,不包括同时影响检测可能性和违规可能性的变量。例如,特定地点的环境保护组织可能会对监管机构施加压力,以促使其密切监测其所在地区的受监管设施。这些环境保护组织还可能对运营受监管设施的企业直接施加压力,促使其遵守环境法规。如果环境保护组织的存在是一个重要因素,却被排除在模型之外,那么检测和合规之间的正相关关系可能夸大了二者之间潜在的联系,因为它忽略了环境保护组织对设施施压的影响。

为了解决遗漏变量偏差问题,即使不知道该变量的确切影响,研究一般也应包括有关设施特性、设施所在群体以及经济和政治条件等大量解释变量,以捕捉可能影响检测或合规认定的重要因素。还可以使用州和时间的虚变量来控制潜在的不可观测的异质性(即数据中未被直接观测到的研究对象之间的差异)。当存在固定样本数据时,最后的方法是使用固定效应设定(本质上,包括表示每个关注单位的虚拟变量)来控制潜在的被遗漏的变量(Shimshack & Ward,2008)。

最后,在使用美国联邦系统统计的数据时,必须考虑的一个问题是,各州的数据可能存在显著差异。这些差异表现在两个方面:其一,美国大部分检测都是由州监管机构进行的,各州的数据在质量和内容上可能存在重大差异。每个州都有各自的质量保证协议,虽然环境保护局发布指南以指导各州如何对各类检测和执法进行分类,但不同州对各种规范的解释存在差异,有些州的记录存在缺失和重复。尽管环境保护局只要

[1] 虽然联邦超级基金规定了严格的、连带的、严重的责任,但各州可能对自己的小型超级基金计划有不同的标准(Alberini & Austin,1999)。

求各州报告某些特定类型的信息和设施，但有些州自愿提供额外的数据，并/或提供非必需设施的记录，因此在汇总和比较各州的数据时必须谨慎。其二，更重要的是，各州之间监管群体的规模以及监管机构在合规和执法的方式上可能存在显著差异。因此，在分析中需要确保使用的所有数据在州之间具有可比性，并考虑用于分析的不同州项目之间的潜在差异。

使用监管检测数据评估合规的另一个限制是，只有在检测能够发现违规行为并如实报告时，检测提供的数据和证据才可靠。如果检测员没有经过适当的培训，可能无法发现存在的违规行为。组织可能通过多种方式“隐藏”在设施运行中的环保违规行为，包括在检测期间临时改变违规行为，在检测结束后立即恢复违规行为。而且，检测员还必须如实报告他们发现的违规行为，不得遗漏或误报。确定这种情况的真实性是很困难的。正如上节所述，环境保护局确实对国家监测计划进行监督，但其难以判断是否发生误报。笔者尚未发现任何关于环境检测准确性或潜在腐败的正式研究。与检测准确性的相关度最高的研究是米伦巴赫，史陶比尔和科恩（Muehlenbachs，Staubli & Cohen，2016）关于参与检测的检测员数量影响的研究，研究发现，额外增加一个检测员会增加受监管实体进行制裁的数量和严厉程度。这与规制俘获理论是一致的，即受监管实体可能会对检测员施加影响力，使其调查结果最小化。虽然规模更大的团队会增加制裁数量这一发现，可以用于证明检测员可能会遗漏一些违规行为，但没有确切原因表明，如果规制俘获不发挥作用，制裁的严厉程度必然会由于团队规模变大而增加。虽然石油和天然气并不属于环境保护局的检测范围，而是由内政部海洋管理局主持检测；但如果石油和天然气中的污染问题泛滥，也可能会使环境监测中出现类似的漏报或误报，这显然会影响使用检测数据进行研究的准确性。

使用监管检测数据评估合规的最后一个限制是，认定合规的许多重要因素或决定性因素（如设施对检测可能性的感知、对合规、合法或监管的态度、决策者的环境偏好等）通常并不包含在这些数据库中。当然，如果想用,数据也可以从其他来源获取。

尽管使用检测数据评估合规存在困难和具有局限性,但检测数据相较于自我报告亦有显著优势,即检测数据由监管机构核实,而自我报告的数据可能不准确。自我报告既可能故意误报,也可能因记录保存或对合规要求的理解错误而误报。虽然已有少数研究对自我报告合规数据的准确性进行了检验,但大多数使用自我报告合规数据的分析,仅基于其有强烈动机进行准确报告就假设数据准确性。直接检验自我报告数据准确性的研究发现了混杂证据。拉普兰特和瑞尔斯通(Laplante & Rilstone,1996)、希姆夏克和沃德(Shimshack & Ward,2008)发现没有统计上的显著证据表明,有检测员在场与没有检测员时相比,报告的水污染排放水平和设施是否符合其许可限制存在差异。然而,德马尔奇和汉密尔顿(De Marchi & Hamilton,2006)发现公司在有毒物质排放清单中自我报告大量污染物减少,但这与环境保护局跟踪的环境空气监测数据不符。

第五节　使用检测数据的实证研究成果

本节回顾了利用检测数据测量环境合规的实证研究结果。综述并非意在详尽无遗,而是要对利用检测数据进行的各种分析有所感悟。本节只包含了对检测数据在评估设施合规方面发挥关键作用的研究,将监管机构行为作为分析重点的研究不在此列。希姆夏克(Shimshack,2014)和格雷(Gray,2011)对环境执法与合规的实证研究文献进行了较为全面的综述。

一、危险废物合规研究

如前所述,根据《资源保护与恢复法》,设施不需要自我报告合规状态,因此检测结果是唯一能证明危险废物合规率的证据。斯塔福德

(Stafford,2002)率先开展了使用检测控制估算方法来检测危险废物合规的研究。该研究分析了1986年至1995年的《资源保护与恢复法》检测数据,以确定影响设施合规的因素。该研究涵盖美国8000多个大量危险废物产生源和废物处理、储存和处置设施,关注环境保护局增加违反《资源保护与恢复法》的罚款金额是否对合规产生重大影响。带删失的二元概率单位模型分析结果表明,修订后的政策将一些处罚增加了10倍,而合规率增加了10%~20%。研究还发现,设施产生的废物越多,合规的可能性就越小,并且过去的违规行为能够很好地预测当前的违规行为。美国各地区之间也有较大差异,建立在对环境损害有严格责任规定的州的设施可能更具备合规性。[1] 此外,研究证明,检测对于合规历史较差的设施更具有针对性,这表明以检测数据评估合规时需要使用检测控制估算方法。

在一篇相关论文中,斯塔福德(Stafford,2003)使用类似的计量经济学方法研究了同一组设施,以论证各州推行的计划在促使企业遵守《资源保护与恢复法》方面的作用。该研究区分了最严重的或"第一类"违规行为和最普遍的违规行为。[2] 在1995年分析的8000个设施中,有大约40%被检测,在所有被检测的设施中大约一半被检测出违规行为,而只有1/3的设施被检测到"第一类"违规行为。研究结果展示了各州推行的对合规产生积极影响的计划:如污染预防计划降低了一般违规的可能性,而严格责任的设置降低了"第一类"违规的可能性。该研究还发现,各州在废弃物处理计划(危险废物和固体废物计划相结合)上的支出降低了"第一类"违规行为发生的可能性,但增加了一般违规行为发生的可能性。[3] 这些发现与经过筛选的执法制度相一致,即在初始检测中发现不合规会触发第二次、更密集的检测(Heyes,2002)。在这样的系统中,检查制度严格程度的变化导致某些违规子组的合规性增加,

---

〔1〕 EPA将美国划分为十个区域,并设有区域办事处,负责监督每个区域的联邦环境计划。

〔2〕 "第一类"违规行为可能导致危险废物在未经授权的地点被储存、处理或处置,危险废物被排放到环境中,或阻碍对此类排放的检测。

〔3〕 考虑到各州规模及其预算的差异,支出按州GDP标准化。

而其他子组的合规性降低。

斯塔福德(Stafford,2006)以一组范围扩展的危险废物设施为研究对象,包括13,000多个危险废物产生源和废物处理、储存和处置设施,使用1999年关于检测和违规的数据,来探讨设施不合规是基于对合规成本和收益的合理评估,还是由于对环境法规的理解和遵守的难度。因为只有检测到的违规行为的数据可以被使用,该研究使用带删失的二元概率单位模型来控制,研究证明了这两种解释似乎都有价值,忽略任何一种造成不合规行为的原因都会出现问题。支持理性污染者模型的结果表明,通常设施的合规成本增加,其出现违规行为的可能性也会增加,而检测和侦查可能性的增加则会降低违规的可能性。至于第二种解释,即针对《资源保护与恢复法》难以被遵守的情况,该研究发现,开设有大型设施和多个工厂的企业违规概率较小,而受更复杂法规约束的企业则违规概率较大。研究还发现,企业似乎从过去的检测中吸取了教训,在那些推行合规协助和降低计划复杂性的州所设立的设施发生违规事件的概率较小。最后,通过交叉引用环境保护局的危险废物数据库与其他数据库,研究发现多介质设施比仅受危险废物计划监管的设施更可能发生违规事件,多设施企业比单一设施企业的合规性更强。在一篇相关论文中,斯塔福德(Stafford,2012)使用2007年检测、侦查到的违规行为以及联邦、州合规协助工作的数据,研究了300,000多家各种规模的具有危险废物产生源的实体的合规行为。该研究发现,虽然联邦合规协助措施不会提高大型危险废物产生源的合规性,但会提高小型危险废物产生源的合规性。该研究还分析了威慑和合规协助工作之间的联系,发现并没有一致关系:对最小的设施,提高检测力度可能性会提高合规协助的有效性,但对其他设施则相反。

斯塔福德(Stafford,2007)使用与上述研究相同的通用检测控制估算方法和带删失的二元概率单位模型,但仅检测管理系统的合规性,而不检测废物产生者,并通过这种方式来确定消费者在危险废物处理领域中可以在多大程度上替代传统执法者。危险废物处理市场中的消费者,即危险废物产生者,也是在危险废物环境处理中的既得利益者,因为危险废物产生者应当负责其废物“从摇篮到坟墓”的全过程。无论废物由谁处理,他们都应对其排放的废物造成的所有环境损害负责。此外,可以用合规数据来对不同的危险废物产生源之间进行比较,以确定最好的模式。该研究考察了 20 世纪 90 年代后期 400 多名管理者(进行非现场废物处理的人)的合规程度。研究使用市场规模和竞争程度代表消费者对管理者施加压力的能力,因为市场竞争越激烈,消费者的选择越多,影响企业合规行为的能力越强。结果表明,竞争者较多的市场中的管理者会比竞争较少的管理者更具合规性。研究还发现,与约 3000 家进行现场废物管理的管理者相比,商业管理者更可能受到检测,也更可能发生违规行为。这可能是由于现场管理人员对因危险废物管理不善而造成的环境损害需要负全部责任,所以促使他们更遵守危险废物法规;也可能是由于对主营业务不是危险废物管理的现场管理人员而言,环境合规声誉也很重要,因为他们的投资者或客户将可能会对环境记录不佳的公司持怀疑态度。

埃文斯等(Evans et al. ,2011)也使用检测控制估算方法来检测遵守危险废物法规的情况,但其明确模拟了自我审计对检测和合规行为的影响。由于自我审计的结果取决于企业的合规行为和被检测的可能性,因此该研究使用带删失的二元概率单位模型进行分析。该研究从密歇根州近 3400 家产生危险废物的工业制造企业处获取数据,该州政府要求企业事先报告其生产意图以便进行环境审计,并提供必要的数据供政府进行分析。研究者发现,设有较大设施和受更严格法规约束设施的企业更可能受到审计,而设有合规记录不佳设施的企业则不太可能。数据显示,设立有受多种环境计划监管设施的企业更可能受到审计。然而,研究还发现,无论是在监管机构未来检测设施的方式,还是在设施未来的合规性方面,受到审计的设施与未审计设施之间都不存在持久的差异。

二、清洁水合规研究

由于《清洁水法》要求企业定期提交自我报告,所以大多数研究不使用检测数据来确定企业在水污染方面的合规状态。马盖特和维斯库西(Maga & Viscusi,1990)指出,《清洁水法》的要求创造了一种检测的"可视化存在",但其只是合规信息的次要来源。在关于检测对合规影响的论文中,他们基于企业自我报告所排放的生物需氧量(Biological Oxygen Demand)是否大于其国家污染物排放消除系统许可证中的生物需氧量限制来测量每季度的合规状态。马盖特和维斯库西发现,依据《清洁水法》的检测似乎能对自我报告产生重要影响,因为上一季度的检测降低了企业自我报告约一半的不合规率,减少了约20%的排放量。

其他的相关研究则基于自我报告的排放量和许可限制,而并非通过检测结果来测量合规。例如,恩哈特(Earnhart,2004)使用自我报告的废水生物需氧量除以设施的国家污染物排放消除系统授权的排放量,为堪萨斯州约40个废水处理设施构建了在环境"效能"方面的测量标准。格利克斯曼和恩哈特(Glicksman & Earnhart,2007)使用自我报告的废水生物需氧量和悬浮固体总量(Total Suspended Solids)除以设施的国家污染物排放消除系统授权的排放量,以此来测量美国约500家化学品制造商的效能。

希姆夏克和沃德(Shimshack & Ward,2005)使用自我报告的生物需氧量和悬浮固体总量数据构建了美国纸浆和造纸厂从1990年至1996年的月度合规变量,以展现报告的排放量是否达到或低于国家污染物排放消除系统许可限制。除了行政处罚对自我报告的影响外,他们还研究了正在进行的检测是否会影响自我报告。结果显示,经常性检测与自我报告之间不具有统计学上的显著相关性。但他们认为,如果工厂策略性的少报排放量,那么在监管机构进行检测的几个月内,与监管机构没有进行检测的月份相比,工厂的合规性会更低。这篇论文经常被用来证明自我报告的准确性。

三、清洁空气合规研究

《清洁空气法》要求设立最大排污设施的企业每季度自我报告合规

状态,依据《清洁空气法》的合规研究大多都使用了这种自我报告数据。例如,格雷和沙德贝金(Gray & Shadbegian,2005)使用季度自我报告构建年度合规变量,检验了 1979 年至 1990 年间美国纸浆和造纸厂在空气污染方面的合规情况。研究发现,无论是检测还是执法行动都对合规产生了统计学上的显著正向影响。此外,研究还发现较老和较大的工厂的合规程度较低,不遵守《清洁水法》或其他法规的工厂也是如此。格雷和沙德贝金(Gray & Shadbegian,2005)使用类似的方法检验了 1997 年位于美国辛辛那提、夏洛特和圣路易斯 3 个城市的 50 英里范围内 521 家工厂的《清洁空气法》合规情况。他们通过空间计量经济学方法研究发现,对某工厂的检测往往会提高其被检测设施和同州邻近设施的合规程度。然而,检测邻近但位于不同州的工厂并不会达到这种效果。埃文斯(Evans,2016)使用自我报告的合规数据,构建了一个季度而非年度的合规变量,以检验设施被列入环境保护局观察名单对未来合规状态的影响。研究发现,列入观察名单确实能够促进设施的合规,而名单的发布又进一步产生了积极影响。笔者目前尚未发现使用检测数据测量《清洁空气法》合规和检验《清洁空气法》自我报告数据准确性的研究。

第六节　美国监管机构合规检测的趋势

通过监管机构进行检测来测量和激励环境合规存在一定困难,因为在过去 20 年中这类检测的数量明显减少。倡导更有效执行环境法的非营利组织“环境完整性工程”开展的一项研究发现,2018 年美国环境保护局进行的合规检测数量不到 1.1 万次,低于 2001 年以来年均值的 60%(Schaeffer & Pelton,2019)。研究还发现,2016 年美国环境保护局有 1919 个负责民事执行及相关合规机制的专职人员,到 2018 年人数减少了 14%以上,只剩 1641 人。虽然有人认为可以通过增加州监管机构监管检测的次数来补救,但因多年预算削减而削弱的州监管机构可能也难以执行强有力的计划。例如,凯尔德曼、谢弗、佩尔顿、菲利普斯和伯恩哈特(Kelderman, Schaeffer, Pelton, Phillips & Bernhardt, 2019)的研究表明,2008 年至 2018 年间美国约有一半的州经通胀调整后环境保护预算下降了 10%以上,这可能导致各州的合规检测持续减少。例如,在《资源保护与恢复法》的实施计划中,监管检测是评估合规的唯一手段,但布伦德尔等(Blundell et al., 2020)发现,各州每年检测《资源保护与恢复法》适用的大型设施的百分比从 2011 年的 16%以上下降到 2018 年的不足 13%。

第七节　来自美国以外的研究数据

迄今为止,除了美国学者外,很少有学者在研究中使用监管检测数据测量环境合规。尽管有大量关于环境合规和执法的优秀文献,但大多使用的是自我报告的合规数据,而不是监管检测数据。

古普塔、萨克塞纳和巴利(Gupta, Saksena & Bari, 2019)最近的一项研究是个例外,该研究调查了 1997 年和 1998 年在印度旁遮普省的帕蒂亚拉(Patiala, Punjab)的大中型工厂中执法行动对合规的影响。研究根据检测报告确定工厂在空气和水污染方面的合规状态。作者发现,检测概率会影响工厂的合规水平,反之亦然。他们还发现执法行动主要针对频繁违法者。虽然该研究中的工厂至少应该每 6 个月检测 1 次,但有的却多年未被检测,研究中大约有 10%的工厂从来没有被检测过。研究者直接将未被检测的工厂视为合规,或将其从某些设定中删除,因此该调查结果存在潜在的选择性偏差。

虽然阿尔默和格施尔(Almer & Goeschl, 2010)没有使用监管检测数据,但他们采用了州警察部队报告或侦查的非法废物处置实例,而不是自我报告数据。[1] 该研究调查了 1995 年至 2005 年德国巴登—符腾堡

[1] 在德国,除其他职责外,州警察部队还负责对环境犯罪报告作出回应并自行侦查环境犯罪。

州(Baden-Wurttemberg)有关非法废物处置的县级数据,因为非法废物处置水平的差异既可能是由于实际非法处置水平或犯罪水平的差异,也可能是由于非法处置检测结果的差异,所以研究者将县级结构变量和政治变量纳入其中,以厘清实际非法处置量和非法处置检测结果的变化。例如,在其他条件不变的情况下,人口密度较高很可能会增加非法处置被发现的概率。研究发现,以罪犯受审和被送进监狱的比率来测量,刑事诉讼对阻止非法处置具有重要作用。而经济、结构和政治变量对非法废物处置的影响可能比刑事诉讼更大

第八节　结　论

环境检测数据能够评估设施在被检测时的合规状态。然而,利用被检测设施的数据,来普遍推断受监管设施的合规状态和行为很难,但并非不可能。检测控制估算方法将监管检测数据和预测哪些设施将被检测的数据结合使用,以评估所有受监管设施,包括未被检测设施的合规状态。

由于使用监管检测数据测量合规并不简单,很多研究在可用的情况下也会使用其他形式的合规数据。在美国,《清洁空气法》和《清洁水法》的实施程序中都有要求企业将合规数据进行自我报告的环节,与之相关的研究大多都使用这些数据来测量合规。《资源保护与恢复法》并不要求设施自我报告合规状态。因此,相关研究通常采用检测控制估算方法结合监管检测数据来测量合规。

在使用自我报告的合规数据的情况下,存在合规数据的准确性难以确定的问题。虽然少数研究试图证明自我报告数据的准确性,但大多数研究只假设数据是准确的。利用检测数据测量合规的好处在于,在检测人员受到适当的培训和监督的情况下,可以对检测对象的合规状态进行准确、独立的评估,检测数据不受偶然或故意误报的影响。监管检测数

据可以与其他来源的数据相结合,例如,通过调查设施员工或管理者来确定监管合规的决定性因素。但是,从检测控制估算方法实施的过程中得出的估计数据总会存在误差,估算的精度取决于检测的频率和质量。随着检测频率的下降,检测数据评估受监管区域合规状态的可靠性也随之下降。因此,此类研究最好有一个相对较大的分析范围,而不适合个案研究或单个实体分析。

虽然环境检测数据是合规信息的重要来源,但检测耗时且费用昂贵。因此,在过去的十年中,美国环境保护局一直在研究、提升并已经开始实施"下一代合规"工具。下一代合规背后的理念是通过技术升级和其他办法,提高监测和执行的效力与效率。下一代合规工作包括五个组成部分:以合规为默认条件的规则、先进的污染监测、电子报告、强化的信息披露,以及创新执法策略,例如,第三方认证(Giles,2013)。先进的污染监测技术能够更快速、更经济地提供更加一致和可靠的合规数据,例如,对空气和水污染都有可能进行实时监测,这种监测将为更好地研究合规行为提供必要和准确的合规数据。但是,有些项目,如危险废物项目,可能不适合这种监测,需要继续依靠监管机构进行检测。

虽然本章重点关注美国的环境检测数据,但讨论的原则和方法可以适用于其他具有类似检测和执法制度的国家的环境检测数据,也适用于其他在评估合规方面发挥关键作用的非计划检测或审计。

参考文献

Alberini, Anna and David H. Austin. 1999. Strict Liability as a Deterrent in Toxic Waste Management: Empirical Evidence from Accident and Spill data. *Journal of Environmental Economics and Management*, 38(1), 20-48.

Almer, Christian and Timo Goeschl, 2010. Environmental Crime and Punishment: Empirical evidence from the German Penal Code, *Land Economics*, 86, 707-26.

Becker, Gary S, 1968. Crime and Punishment: An Economic Approach, *Journal of Political Economy*, 76, 169-72.

Blundell, Wesley, Mary Evans, and Sarah L. Stafford. 2020. Regulating Hazardous

Wastes under U. S. Environmental Federalism: The Role of State Resources. Working Paper.

De Marchi, Scott and James T. Hamilton. 2006. Assessing the Accuracy of Self-reported data: An Evaluation of the Toxics Release Inventory. *Journal of Risk and Uncertainty*, 32, 57-76.

Deily, Mary and Wayne Gray. 1991. Enforcement of Pollution Regulations in a Declining Industry. *Journal of Environmental Economics and Management*, 21, 260-74.

Earnhart, Dietrich. 2004. Regulatory Factors Shaping Environmental Performance at Publicly owned Treatment Plants. *Journal of Environmental Economics and Management*, 48, 655-81.

Evans, Mary 2016. The Clean Air Act watch list: An enforcement and Compliance Natural Experiment. *Journal of the Association of Environmental and Resource Economists*, 3(3), 627-65.

Evans, Mary, Lirong Liu, and Sarah L. Stafford. 2011. A facility-level Analysis of the Long-term Consequences of Environmental Auditing among Hazardous Waste Generators. *Journal of Regulatory Economics*, 40(3), 279-302.

Feinstein, Jonathan S. 1990. Detection Controlled Estimation. *Journal of Law and Economics*, 33(1), 233-76.

Friesen, Lana. 2003. Targeting Enforcement to Improve Compliance with Environmental Regulations. *Journal of Environmental Economics and Management*, 46, 72-85.

Giles, Cynthia. 2013. Next Generation Compliance. The Environmental Forum, Environmental Law Institute, September-October.

Glicksman, Robert and Dietrich Earnhart. 2007. The Comparative Effectiveness of Government Interventions on Environmental Performance in the Chemical industry. *Stanford Environmental Law Journal*, 26, 31-71.

Gray, Wayne and Ronald Shadbegian. 2005. When and why Do Plants comply? Paper mills in the 1980s. *Law and Policy*, 27, 238-61.

Gray, Wayne and Ronald Shadbegian. 2007. The Environmental Performance of Polluting Plants: A spatial analysis. *Journal of Regional Science*, 47, 63-84.

Gray, Wayne and Jay P. Shimshack. 2011. The Effectiveness of Environmental Monitoring and Enforcement: A review of the Empirical evidence. *Review of Environmental Economics and Policy*, 5(1), 3-24.

Gupta, Shreekant, Shalini Saksena, and Omer F. Bari. 2019. Environmental Enforcement and Compliance in Developing Countries: Evidence from India. *World Development*, 117(C), 313-27.

Hamilton, James T. 1996. Going by the Informal Book: The EPA's use of Informal Rules in Enforcing Hazardous Waste Laws. Advances in the Study of Entrepreneurship, Innovation, and Growth, 7, 109-55.

Harford, Jon and Winston Harrington. 1991. A reconsideration of Enforcement Leverage when Penalties are Restricted. *Journal of Public Economics*, 45, 391-5.

Harrington, Winston. 1988. Enforcement Leverage when Penalties are Restricted. *Journal of Public Economics*, 37, 29-53.

Helland, Eric. 1998a. Environmental Protection in the Federalist System: The political Economy of NPDES Inspections. *Economic Inquiry*, 36, 305-19.

Helland, Eric. 1998b. The enforcement of Pollution Control Laws: Inspections, Violations, and Self-reporting. *Review of Economics and Statistics*, 80(1), 141-53.

Heyes, Anthony. 2002. A theory of Filtered Enforcement. *Journal of Environmental Economics and Management*, 43, 34-46.

Innes, Robert and Arnab Mitra. 2015. Parties, Politics, and Regulation: Evidence from Clean Air Act enforcement. *Economic Inquiry*, 53(1), 522-39.

Kelderman, Keene, Eric Shaeffer, Tom Pelton, Ari Phillips, and Courtney Bernhardt. 2019. The Thin Green Line: Cuts in State Pollution Control Agencies Threaten Public Health. Environmental Integrity Project: Washington, DC. https://environmentalintegrity. org/reports/the-thin-green-line/.

Kleit, Andrew, Meredith Pierce, and R. Carter Hill. 1998. Environmental protection, Agency Motivations, and Rent Extraction. *Journal of Regulatory Economics*, 13, 121-37.

Laplante, Benoit and Paul Rilstone. 1996. Environmental Inspections and Emissions of the Pulp and Paper Industry in Quebec. *Journal of Environmental Economics and Management*,31,19-36.

Magat,Wesley A. and W. Kip Viscusi. 1990. Effectiveness of the EPA's Regulatory Enforcement:The Case of Industrial Effluent Standards. *The Journal of Law & Economics*,33(2),331-60.

Muehlenbachs,Lucija,Stefan Staubli,and Mark A. Cohen. 2016. The Impact of Team Inspections on Enforcement and Deterrence. *Journal of the Association of Environmental and Resource Economists*,3(1),159-204.

Russell,Clifford S.,Winston Harrington,and William J. Vaughan. 1986. Economic Models of Monitoring and Enforcement:Enforcing Pollution Control Laws. Washington,DC:Resources for the Future.

Schaeffer,Eric and Tom Pelton. 2019. Less Enforcement:Communities at Risk. The Environmental Integrity Project:Washington:DC. https://environmentalintegrity.org/wp-content/uploads/2019/02/EIP-Enforcement-Report. pdf.

Shimshack,Jay P. 2014. The Economics of Environmental Monitoring and Enforcement:A review. *Annual Review of Resource Economics*,6,339-60.

Shimshack,Jay and Michael B. Ward. 2005. Regulator Reputation,Enforcement,and Environmental Compliance. *Journal of Environmental Economics and Management*,50,519-40.

Shimshack,Jay and Michael B. Ward. 2008. Enforcement and over-Compliance. *Journal of Environmental Economics and Management*,55(1),90-105.

Stafford,Sarah L. 2002. The Effect of Punishment on Firm Compliance with Hazardous Waste Regulations. *Journal of Environmental Economics and Management*,44,290-308.

Stafford,Sarah L. 2003. Assessing the effectiveness of State Regulation and Enforcement of Hazardous Waste. *Journal of Regulatory Economics*,23,27-41.

Stafford,Sarah L. 2006. Rational or Confused Polluters? Evidence from Hazardous Waste Compliance. *Contributions to Economic Analysis and Policy*,5(1),Article 21.

Stafford,Sarah L. 2007. Can Consumers Enforce Environmental Regulations? The Role of the Market in Hazardous Waste Compliance. Journal of Regulatory Economics,31,83-107.

Stafford, Sarah L. 2008. Self-policing in a Targeted Enforcement Regime. *Southern Economic Journal*, 74, 934-51.

Stafford, Sarah L. 2012. Do "Carrots" Work? Examining the Effectiveness of EPA's Compliance Assistance Program. *Journal of Policy Analysis and Management*, 31(3), 533-55.

Stafford, Sarah L. 2013. How Predictable are Environmental Compliance Inspections? *Journal of Regulatory Economics*, 44(3), 361-88.

Steinway, Daniel M. 2009. Fundamentals of Environmental Law. In Thomas F. P. Sullivan, ed., *Environmental Law Handbook*. Lanham, MD: Government Institutes.

US Environmental Protection Agency (EPA). 2014. Clean Water Act National Pollutant Discharge Elimination System Compliance Monitoring Strategy. www.epa.gov/sites/production/files/2013-09/documents/npdescms.pdf.

US EPA. 2015. Compliance Monitoring Strategy for the Resource Conservation and Recovery Act (RCRA) Subtitle C Program. www.epa.gov/compliance/compliance-monitoring-strategy-resource-conservation-and-recovery-act.

US EPA. 2016. Clean Air Act Stationary Source Compliance Monitoring Strategy. www.epa.gov/sites/production/files/2013-09/documents/cmspolicy.pdf.

US EPA. 2018. RF Reviewer's Guide: Round 4 (2018-2022). www.epa.gov/sites/production/files/2019-11/documents/srf_round_4_reviewers_guide_final_7-31-18.pdf.

第十章　使用结果来测量总体水平的合规性

——理由、挑战和实践

弗洛伦丁·布兰克　保拉·科莱蒂

第一节　引　言

法规可以被定义为一组专门为实现工具性目标而采用的规则（Voermans，2016），因此，这些规则如果不能产生效果，它们就毫无意义（De Benedetto & Rangone，2019）。合规规则被期待产生工具性效果，但实际上总是不足以实现预期目标。由于各种原因，一个或多个受监管实体的合规可能无法实现个人或集体所期待的效果，从根本上来说是由于不存在“最佳”的法规（Diver，1983），而且规则适用的确切情况永远无法被完全预测（Baldwin，1995）。

一些规则被完全忽略，一些规则充其量只能被部分遵守，一些规则基本上得到遵守（Blanc，2018a，2018b）。无论是在表面的还是在更实质性的层面，传统的“威慑”视角（Becker，1968）下设定对规则的控制和执行通常在确保合规方面是无效的(Blanc,2018a,2018b;Tyler,2004)。这可能是因为合规的规则和执行机制对于很多参与者来说仍然是未知的(van Rooij,2021)。

测量合规本质上是一种复杂、困难和消耗大量资源的程序。许多测量方法的实施都依赖于检测或审计人员,在有限的资源投入的情况下,测量只能覆盖一小部分经营者。此外,可适用的规范的数量和复杂程度意味着对监管合规的所有方面进行全面彻底的评估通常是遥不可及的。在指定的司法管辖区内评估以“法规”为依据的总体合规水平通常十分困难。

将合规概念“可操作化”的必要性,是寻找测量合规的可靠方法的首要困难(Parker & Nielsen,2009)。合规测量的概念隐含着它首先是一个抽象概念与数据、编码和分析的连续步骤之间的一系列联系。诚然,合规不是被监管者对规则的直接反应,而更像是一个官方监管者与被监管者之间的谈判和协商的过程(Edelman,Petterson,Chamblis, & Erlanger,1991;McBarnet,2003;Reichman,1992;Radaelli,2016)。正如霍奇斯(Hodges,2015a)强调的,这在很大程度上也是受监管者之间的企业价值观、激励结构和管理体制协作影响的结果。虽然一些学者不同意我们的观点(Parker & Nielsen,2009),但是我们仍然主张,对结果的观测在一定程度上有助于解决“以风险为权重来评估是否合规”的问题,因为事实上影响更大的是对“重要风险”要素法规的合规。

测量总体(而不是个体)合规的目的之一是了解整个监管体系“按照预期”运行的程度。从工具性的视角来看,这意味着评估结果而不仅仅是评估规则在合规中所占的比例。此外,虽然对结果的测量也会带来挑战,但它们不同于测量个体层面合规所遇到的困难,因此,这两种方法可以相互补充并且帮助克服彼此的局限性。对结果的评估可以让我们识别失败的机制或表现不佳的领域,以进行更改和调整。从合规性的角度上来说,对结果的测量可以反映大多数经营者是否“大体上符合”最必需的技术性要求(从风险管理的角度考虑)。虽然测量合规性是指监管周期的最后阶段(从设计到执行再到测量),但这可以让我们测试整个监管体系在从规则制定到发布和执行阶段中的充分性,特别是当不同的司法管辖区有相似的规则却得到不同的实施结果时。

本章专门将探讨如何通过对结果进行测量来明确被监管者的总体合规水平(笔者完全承认这个方法并不完美,但很有效),并提供了一种评估整个监管体系绩效的工具——监管者工作的综合成果,以及被监管者的总体合规(或不合规)投入。

第二节　通过结果测量来测量合规性:内容与方法

在个体层面测量合规,通常是通过验证受测量的组织对一系列要求的实际合规情况来完成的,这些要求可以是规范(需要做的事情)或结果和绩效规则。合规的测量涉及对每家公司的检查或审计,无论这是由监管检查员、私人审计师还是研究者完成的。但在此类测量中仍然存在着偏差和检测不足的情况(Blanc,2019)。总体合规情况则要从对个体合规的评估中推断。由于一般情况下不可能每年进行一次普遍检查,因此合规的测量仅涵盖一定比例的受监管实体。因此,总体合规水平将基于对受检查样本的若干代表性的假设条件来进行估算,这在大多数情况下是有很多问题的,因为检查/审计的选择可以是随机的,也可以不是(Blanc,2012,2018a;OECD,2018a)。

总体结果视角从考虑一组给定规则的个体合规性或者一个特定规则的总体合规性,转向关注合规努力(在公司中)和执法努力(来自监管机构)的综合影响,也就是整个监管体系的表现。这种变化产生的原因之一是,大约在1970年到2010年期间,监管体系发生了相当大的转变,其中既有一些"市场导向"或"自由化"的改革,也有法律法规和在某些领域的监管执法机制的快速发展。总的来说,正如文献中所强调的,商业法规的完善促进了一些行业的安全性和/或稳定性的提高(Bardach &

Kagan,1982;Coglianese & Kagan,2007;Braithwaite,2008),但根据不同监管体系的具体特征,不同行业的情况也有所不同(Blanc,2018a)。此外,社会和经济的利益相关者也在向行业施压以进一步遵守国家制定的法律法规(Gunningham,Kagan, & Thornton,2003;Scott,2001)。

通过测量总体结果措施来评估合规性的一个关键问题是如何定义"结果"。本章将重点关注旨在在安全、健康、环境以及保护消费者和公民方面取得重要成果的法规。个体结果测量的有效性取决于其目的,并结合执法当局的资源(投入)和活动(产出)指标进行分析的适当性。原则上,结果应该与监管的设计阶段、要解决的问题的识别以及监管干预应该实现的目标密切相关。斯派洛(Sparrow,2000,2008)强调采用解决问题的方法需要识别相关的危害、风险或不合规的模式。

在实践中,对于给定的监管领域或机构,可以定义"狭义"和"广义"的结果——前者对应于斯派洛对解决具体问题的关注,后者对应于实现"总体"的监管目标。因为前者已被斯派洛(Sparrow,2000,2008)详细介绍过,所以我们将关注较少讨论的"总体"层面。具体来说,我们会考虑环境保护、食品安全和职业安全与健康方面的例子;对于后两者,由于我们能够指向以前的研究,因此我们以稍微粗略的方式进行。虽然这些例子显示了所涉及的许多挑战(定义结果、取得可靠的测量标准、解决归因问题等等),但我们相信它们也有助于展现基于结果的合规评估如何补充其他合规测量工具,因为它的优点和缺点是完全不同的。

反过来,定义结果的方式会对监管规则的(和监管者的)影响的评估的可靠性造成波动。设置相关和可用的指标,并可靠地测量结果,这样可以通过更好地理解监管体系的结果,来向监管机构进行反馈以完善治理,从而提高透明度、公共受托责任以及公民的信任度和参与度。健全的影响评估机制可以使用定量方法、数据和定性评估的组合,定量方法和数据专门研究监管干预是否产生了比干预之前更好的结果,定性评估可以帮助了解某些事情为什么有效或者无效。反过来,通过关注结果指标来评估合规性可能有助于解释实施过程的失败,从而解释工具和方法的选择和使用(Sparrow,2008;Blanc,2018a;Hodges,2015a)、新政策的设计、分配给项目的资源等。

从这个角度来看,本章通过观察如何以及达到何种程度的合规水平来评估合规的方式和程度。我们考虑了用监管结果作为合规水平认定标准的实际可能性(简要观察三个监管领域——环境、职业安全与健康以及食品安全)。最后一部分讨论了我们的实证和理论发现,承认本研究的局限性,并提出一些初步建议。

第三节　食品安全成果测量指标——指标和数据问题

食品安全是一个非常重要的监管领域,涉及多个角度(Blanc,2018a):公民和消费者的感知重要性、政治重要性、规则的广度和深度、监管机构的人员配备水平、受监管的企业数量、经营者为制定支持和认证合规的私人标准所做的努力程度等。食品企业的数量(在供应链的每个阶段)使得不可能经常控制这些角度,而要检查的参数数量意味着完全的"逐项"进行合规验证费时费力。因此,能够恰当地评估食品安全监管体系的整体有效性至关重要,而综合结果在这方面是一项特别重要的测量标准。

首先,在任何特定的司法管辖范围内,通常只有有限的一部分食品企业可以由主管当局逐年进行检查。从这个角度来看,不可能定期评估每个受监管经营者的合规性,即使在评估程序中设有具体的风险评估标准,实际检查的样本也不具有代表性(Blanc,2017)。其次,由于许多食品加工和处理操作的复杂性、所涉及的规则数量以及评估合规性所需投入资源较多,对食品企业的合规性进行全面评估非常困难。再次,"个别合规评估"的第三个甚至是更重要的限制是,它只反映在特定日期和特定时间段观察到的合规性。然而,食品安全并不是可以通过"一劳永逸"的安排来确保的,必须确保企业每天都遵守安全规范,这就是为什么没有规定就符合食品安全规则的生产程序加以认证,因为即使设定了严格的生产程序,也无法确保特定的产品类型始终是安全的(Corini,2017;Macrae,2021)。因此,在特定时间观察到的合规性不一定可以作为未来或一段时间内需要达到的合规性的可靠指标。此外,众所周知的是,从结果的角度来看,并非每条理论上与食品安全相关的规则都在有效实现食品安全方面具有同样重要的作用(International Finance Corporation,2016)。最后,在个别层面很难体现合规的效果,因为生产出的食品不一定会立即被消费,而是可能被出售给其他食品企业,并且这需要对最突出的食物中毒事件(存在大量的、致命的病例)进行系统性地调查(Blanc,2018a)。这些与个体合规相关的许多困难,以及即使遵循正式规则也无法确定食品始终是完全安全的,这就是为什么所有现代食品安全监管系统都严重依赖可追溯机制,以便在发现食品污染问题后能够有效找出污染的原因并加以应对。

从这个角度来看,总体结果指标显然与评估监管系统是否按预期运行最为相关:食源性疾病(food-borne diseases,FBD)的总体患病率,因食源性疾病导致的死亡人数(按人口比例计算),以及由于严重但不足以致命的食源性疾病病例(例如,使用伤残调整生命年损失)而导致的生活质量和生产力损失。正如我们接下来将要讨论的,困难在于这些数据在获取时就存在很大的问题,而且/或者通常不具备足够的质量和可靠性。

一种可能的替代方法是检测食物中是否存在病原体,但这依然会引发许多问题。一些国家仍在采用一种相对“古老”的方法:即在零售环节采集和检测大量的样品。[1] 然而,这种方法非常昂贵(导致纳税人和/或消费者所要承担的高成本)、不精确(零售阶段的污染检测无法表明污染发生在哪里)并且在给定的司法管辖区域(国家或地区/州)内不一定与实际的食源性疾病情况相关。事实上,对包装好的工业化产品进

---

〔1〕 基于对几个国家立法适用和实践的审查而完成的,但尚未发表的经合组织内部研究,这些国家包括意大利、后苏联地区国家、蒙古等。

行大规模检测(如意大利),不合规的比例通常非常低,但实际上不安全的行为可能会在后期发生(包括在食品处理和供应阶段和在食品进入私人家庭之后)。[1] 另一种极端情况是,在顾客众多的餐厅或其他准备食物的地方对食物表层进行测试,通常会显示出广泛存在的细菌,但这并不意味着食物一旦被准备好和供应之后,在其表面存在的有害细菌的浓度就会达到危险水平。无论如何,挑战在于这种大规模检测本身就是一种执法活动,也就是说,它代表了一种通过控制来测量合规性的"传统"形式,并且存在许多一般评估机制所固有的问题,即需要通过检查来确定合规性(几乎不可能全面覆盖,而且通常会获得一些不具代表性的数据),再加上它可能试图在食品链中不相关的阶段测量合规性。因此,现代食品安全监管倾向于更多地依赖于基于危害分析和关键控制点的原则(Hazard analysis and critical control points,HACCP)对企业内部食品安全管理进行控制(Blanc,2018a)。

为了解决大规模检测的超额成本问题,欧盟采取的一种方法是对不同阶段的特定污染源实施"代表性"监测,例如,在动物源传染病的初步产生阶段和对化学污染物的零售进行监测,[2] 以检查在不同阶段是否超过给定病原体和化学品的最大残留量标准(Maximum Residue Levels,MRLs),通过这种方式来验证食品供应实际上的安全和合规程度。[3] 此外,这种监测是针对随机样本进行的,即理论上是可以代表整个食品供应体系的(实际上,随机样本往往集中在最大的零售商那里,因为监测程序需要找到足够的样本以保证随机性)。尽管这种类型的监测属于广义上的"执法"(OECD,2014),但这不是严格的法律意义上的"执法"措施,因为这种监测程序不评估侵权或责任,也不实施处罚,而是致力于确

---

〔1〕 严格来说,私人场所的污染可能不违反监管规定,但这仍然意味着国家食品安全立法的目标没有实现。

〔2〕 对这种化学监测,参见:https://ec. europa. eu/food/safety/chemical_safety/contaminants/sampling_analysis_en,对于指导和法律框架,参见:https://ec. europa. eu/food/safety/chemical_safety/vet_med_residues_en,对于兽药的残留物,参见:https://ec. europa. eu/food/plant/pesticides/max_residue_levels/enforce ment_en,对于农药残留的指南和方法。

〔3〕 例如:www. sciencedirect. com/science/article/pii/S2214799316300893。

保法规得到有效实施。通过突出在监测结果中发现的缺陷,它允许重新设计或重新定向监管流程和资源投入等环节。

原则上,至少对于测试的参数而言,这是检查“上游”供应(初级生产和转化)是否安全的好方法,但它不能体现整个系统的结果。此外,鉴于食物链的复杂性、食品的生产和交易量以及大量潜在的污染物和疾病,这种监测只能是部分的,并且更多地被视为警报信号(以防不合格品激增)和防护,而不是对整体合规性的有力测量。有趣的是,欧盟委员会规定由不同的成员国实施,但在公布欧盟机构包括欧洲食品安全局(European Food Safety Agency,EFSA)和欧洲疾病控制中心(European Center for Disease Control,ECDC)协调下的监测程序的所有详细结果[1]的同时,也包括公布在欧盟范围内关于特定问题的报告(EFSA,2018),但并未在此基础上展现欧盟食品安全合规的“综合”图景。总体而言,“代表性监测”方法在食品安全立法的特定方面作为综合合规水平的指标似乎是有价值的,但该方法仅限于在统计学上有效,并且抽样和检测的实施必须是在专业和持续的状况下才有价值。目前,只有欧盟制定了这样一套全面的监测方案,但还没有涵盖所有类型的食品安全风险,也没有给出合规水平的对比图。

回到我们最初的一组结果指标,这些结果指标能够(可靠地)测量食源性疾病的患病率以及与食源性疾病相关的死亡和伤残情况,特别是如果将食物链的特定环节和阶段的安全性的监测数据相结合时,这将为我们提供测量监管系统绩效的强有力指标。不幸的是,尽管许多国家确实发布了关于最显著的食源性疾病暴发和流行的数据,而且世界各地的许多食品安全机构都将食源性疾病的病例或者暴发作为其指标之一(NFSA,2018,p. 8;Scottish Food Standards Agency,2018,pp. 16-17),但这些数据与可靠性和可对比性还具有很远的差距。事实上,首先检测、测量和登记食源性疾病的症状,然后检测特定的食源性疾病病原体,这

[1] 国家监测报告请参阅:www. efsa. europa. eu/en/biological-hazards-data/reports。

高度依赖于医疗保健服务系统的结构和性能。护理的可及性(费用、收入、保险等);护理系统的物质资源;医护人员的数量和资质都很重要——但有关传染病(和其他)疾病检测、检测和登记的指南以及护理的地理和制度结构(例如,“综合的”大型医疗设施,如具有“现场”检测能力的诊所或医院——在所有其他条件相同的情况下——将比“分散”的家庭医生更频繁地被进行检测)。这导致实际检测和报告的特定食源性疾病的百分比存在很大差异(尽管在任何情况下都不会是 100%),并且可能完全会使国家间的数据比较出现偏差。[1] 正如在世界上许多国家所看到的新冠疫情病例那样,定义和报告机制的变化,以及旨在减少报告疾病负担的政治优先事项,都可能使数据在各个司法管辖区变得不再完全可靠,甚至更难以比较。[2] 尽管为了使过去 20 年的数据更具可比较性做出了努力,国际组织提供的食源性疾病负担的数据仍远未达到持续的可靠性或同质性的标准。即使像全球疾病负担指标这样的努力,虽然试图提高数据的可比性和及时性,但也没有提供足够可靠和详细的数据使食品安全检测结果的比较变得有意义。[3]

虽然食源性疾病总体上是一个严重的问题,但它们并未在世卫组织报告中编成的全球卫生统计数据中作为单独报告提出。[4] 然而,这些世卫组织报告确实包括了 5 岁以下儿童因腹泻而死亡的发生率(并非所有这些都与食源性疾病有关,但这是一个勉强可以接受的指标)和世卫组织统计表(不幸的是,这些数据自 2004 年以来已经超过了 15 个年头)[5],包括对腹泻病的伤残调整生命年(Disability Adjusted Life Years, DALY)损失的估计(这又是一个可接受的指标,这次是针对整个人口)。世卫组织还提供了统计表,其中包含有关腹泻病标准化死亡率的最新数

〔1〕 参见 ng. pdf, pp. 13-15。

〔2〕 参见 lessons-covid-19-responses/ and on disease and politics see www. npr. org/2020/06/14/8 76584284/fired-florida-data-scientist-。

〔3〕 参见 www. theregreview. org/2020/05/28/blan c-regulatory-delivery-。

〔4〕 请参阅世卫组织数据库:http://apps. who. int/gho/data/node. home 以及世卫组织每年发布的《世界卫生统计综合报告》,载于:www. who. int/gho/publications/world_health_statistics/en/。

〔5〕 可见:www. who. int/healthinfo/global_burden_disease/estimates_country/en/。

据(2008年)。[1] 然而,医疗保健系统的有效性将比伤残调整生命年损失对死亡率的影响更大,且一些腹泻病很少会致命,因此伤残调整生命年损失更能反映实际的食品安全状况。回顾世卫组织表格中关于腹泻发病率和死亡率的可用数据表明,其可靠性远非完美。[2] 鉴于我们已经注意到的情况,这不足为奇。国家层面的更精确的数据(关于疾病的具体原因)能够获得但更不可靠。在大多数国家,即使是对最突出的致病原因(例如,沙门氏菌)的检测也存在问题。

使用现有数据来尝试比较食品安全监管体系的有效性是一个难题,一个很好的例子是尝试在美国和欧盟的数据之间进行比较。在过去的几十年里,一些观察家认为欧盟的食品法规可能比美国的法规更严格,而且执行得更好。[3] 然而,不同的数据来源或指标似乎指向相反的方向。除了检测和报告方面的差异外,许多其他因素可能会影响数据并影响整体绩效,例如,美国显然有更高的收入水平,欧盟的数据则纳入了在人均GDP、历史、监管体系等方面差异很大的不同成员国的数据。所有这些都意味着,即使其监管执法系统确实更有效,[4]欧盟在食物中毒方面的总体监管成果也可能比美国更糟糕。近年来的几起备受瞩目的案件都指向了美国食品安全检查和执法体系的明显弱点。2015年,在蓝

---

〔1〕 可见:www.who.int/healthinfo/global_burden_disease/estimates_country/en/。

〔2〕 例如,乌克兰由于腹泻疾病造成的残疾调整生命年损失仅比英国和其他欧盟国家高30%(2004年),甚至报告的腹泻疾病年龄标准化死亡率(2008年)也明显低于英国、法国或德国等国家。虽然这并非不可能,但其他现有证据表明这些数据可能并不真实,而更有可能是未发现和/或漏报的结果。

〔3〕 有关欧盟食品安全监管系统比美国更有效的论点和数据,请参阅ThinkProgress(美国进步中心网站)上的以下文章:http://thinkprogress.org/health/2014/09/30/3573680/trade-deal-europe-food-safety/ and http://thinkprogress.org/health/2013/02/20/1601231/meat-industry-horsemeat/(但两篇文章进行比较的数据都不具有直接可比性,导致欧盟的患病率极低——欧盟的数据来源如下:www.foodsafetynews.com/2010/01/food-ills-sicken-45000-kill-32-in-eu/#.VX2d49LS383)。对于美国监管系统表现更好的观点,请参见:http://achesongroup.com/2014/03/foodborne-illness-us-eu-compare/.事实上,这些数据集没有一个是完全可靠的(过分依赖于自我报告和检出率等)。

〔4〕 尽管双方都认为,一方的制度可能比另一方的制度"更严格"或"更能够规避风险",但这个结论还是要谨慎得出。有学者(Wiener,2011)的研究表明,在一些领域欧盟的预防水平较高,其他领域则是美国的预防水平较高。

铃乳品公司的产品中暴发了单核细胞增生李斯特菌事件,[1]这表明“高端的”、备受推崇的品牌也不能幸免。这个事件发生在几起重大丑闻之后(Blanc,2018a)。2009 年,暴发了一次重大的沙门氏菌病毒,[2]后来追溯到美国花生公司的产品。调查显示,该公司工厂的违规行为特别明显,并且多年来一再发生。[3] 快餐连锁店塔可钟也一再与暴发的重大丑闻相关联:2006 年的大肠杆菌病毒暴发导致许多人患病,至少 3 人死亡,[4]还有 2010 年和 2011 年的沙门氏菌暴发。[5] 不同病毒的暴发指向不同的问题。虽然 1993 年的病毒暴发可以说开启了食品安全的“新纪元”,[6]而该公司(杰克盒子)改变了策略并最终在一些人看来其成为食品安全实践的“领导者”,[7]但连续的暴发和争议都围绕着快餐连锁店塔可钟,这表明其他公司在改进方面要慢得多——而且他们更多倾向于反击批评而不是实际解决问题。

大量备受瞩目的病毒暴发事件并不一定是食品行业总体合规性较差或整体监管绩效较差的信号。美国的大型企业多于欧盟(OECD,2005,pp. 18-20;OECD,2014,pp. 26-33),而且有不同的食品生产链结构,这意味着即使假设特定疾病的患病率相同,疫情最终可能会机械地变得更大、更“可见”。[8] 欧盟食品服务业务规模较小的趋势可能导致更多生僻的、未被检测到的病例出现。相反,供应链的整合带来了更大的、可观察到的疫情暴发的可能性,例如,2011 年源自德国的大肠杆菌

---

[1] 参见 www. fda. gov/Food/RecallsOutbreaksEmergencies/Outbreaks/ucm438104. htm and www. cdc. gov/listeria/outbreaks/ice-cream-03-15/。

[2] 参见 www. cdc. gov/salmonella/typhimurium/update. html。

[3] 参见 https://en. wikipedia. org/wiki/Peanut_Corporation_of_America#Inspection_findings。

[4] 参见 www. cdc. gov/ecoli/2006/taco-bell-12-2006. html。

[5] 参见 www. cdc. gov/ecoli/2006/taco-bell-12-2006. html as well as www. cdc. gov/salmonella/baildon-hartford/index. html and www. cdc. gov/salmonella/restaurant-enteriditis/011912/但在后来的两起案件中,疾控中心(CDC)都拒绝明确指出塔可钟的名字。

[6] 关于它如何开启食品安全实践和监管的“新纪元”,参见:www. foodsafetynews. com/2013/01/food-safety-since-jack-in-the-box-progress-made-and-progress-still-needed/#. VYWJ0dLS380。

[7] 参见 www. ou. edu/deptcomm/dodjcc/groups/02C2/Jack%20in%20the%20B ox. htm。

[8] 参见比尔 · 马勒(Bill Marler,1993 年杰克盒子案诉讼中,他是受害者方的主要律师之一)的文章:www. foodsafetynews. com/2013/03/publishers-platform-mcdonalds-and-e-coli-30-years-later/#. VYWJ3NLS380。

暴发事件,即是由用于发芽的葫芦巴籽引起。[1]

简而言之,使用结果指标来反映总体食品安全合规性原则上是可行的,尽管在数据质量和其他因素对所取得结果的合规性的影响方面当然存在局限性。然而,它需要在实践中对其进行认真的工作和投入。正如欧盟的监测实践所证明的那样,进行有代表性的调查以反映实际情况是具有可行性的。这种做法可以得到扩展和加强,例如,对特定人群进行流行病学调查,并测试特定食源性疾病的抗体流行率。这可以使研究者绕过医疗保健系统及其检测程序,并在不同的时间和空间维度上进行有效比较,作出可变性报告。在食品安全这样一个经常被作为关键和优先事项提出的监管领域,更好的绩效测量肯定是值得考虑和加大投入的。

第四节　测量职业安全与健康投入的效果

评估单个公司在职业安全与健康(Occupational Safety and Health, OSH)方面的合规性会遇到在食品安全领域已经经历的若干挑战。食品安全风险主要来自不安全的实践,而且一次性的合规工作永远无法完全预测未来的持续合规性。在食品安全领域,可能会有非常多的规则,如德国等(Tilindyte,2012),这意味着全面的合规验证会既费力又耗时。职业安全与健康法规通常适用于司法管辖区域内的所有公司或至少适用于所有雇主,这意味着数千名合规检查员可能需要与数百万家公司打交道(Blanc,2018a),因此检查仅能涵盖有限的样本。如果我们不仅考虑合规的正式标准,还要考虑职业安全与健康目标的实际实现情况的话,那么如何进行测量的问题也富有挑战性(Blanc,2018a,2019)。正如

---

〔1〕 这一案例清楚地表明,至少一些欧盟成员国(特别是德国)的(食品供应链)系统十分脆弱——请参见维基百科关于此类疫情爆发的文章:https://en.wikipedia.org/wiki/2011_Germany_E._coli_O104:H4_outbr eak and see how it compares to other food outbreaks here:https://en.wikipedia.org/wiki/List_of_foodborne_illness_outbreaks_by_death_toll(这再次表明与欧盟相比,美国"成为新闻"的大规模疫情数量更多)。

霍金斯(Hawkins,2002)总结的那样,“健康”部分尤其难以测量。与职业相关的对健康的影响往往滞后多年出现,造成这种情况的原因很清楚,即与过去很长一段时间中不同阶段的合规水平有关。相比之下,“安全”方面更容易进行实时测量,因为它们反映在职业相关事故的发生率中,但问题在于并非所有事故都被报告,因此测量结果可能被严重扭曲;正如蒂林迪特(Tilindyte,2012)所强调的那样,德国等拥有无过错保险制度和完善的职业医生网络的国家也有报告义务;而在英国,当报告一起事故可能会引发调查的话,就产生了一种尽量少报告的动机。相比之下,致命的职业事故通常难以隐藏,因此几乎都能受到调查。

因此,公司层面使总体效果测量在相关性方面存在局限性,并且在获得多方面的充分效果数据方面存在问题。尽管致命职业事故的发生率仅涵盖职业安全与健康的一个(安全)方面,然而它也是一个较为有效的综合结果指标。因为总体发生率相对较低,其与整体和综合测量更具有相关性,而不适合用于对个别公司的效果测量,并且该数据容易逐年出现较大的变化(因为总数很低),因此需要考虑多年的平均值,而非仅考虑个别年份的数据。总体而言,它提供了最可靠且易于比较的(如果经济结构得到调整)指标(Blanc,2018a)。归因理论在总体层面上的适用不太成问题,并且在取多年平均值时,虽然许多因素可以解释一次特定事故或糟糕的年度效果,但总体平均效果更稳定。如果在没有任何其他已知主要解释因素的情况下,年度效果随着时间的推移显著恶化,或者比可以类比的国家显著更差,那么有理由至少将部分责任归咎于合规性和监管有效性问题(Blanc,2018a)。

正如霍金斯(Hawkins,2002)所说那样,证明职业安全与健康监管有效性的困难在于,监管者必须证明缺失——即缺少事故和疾病。虽然证明监管活动的存在(检查、发现的违规行为、执法措施)很容易,但这不一定有意义(Blanc,2019)。正如其他学者所建议的那样(Blanc,2018a,2018b,2019),这可以通过使用比较方法来解决,即比较给定的司法管辖区在同一年度或往年的数据,或者比较不同的司法管辖区之间在同一年度或往年的数据。由于严重事故的数量逐年变化很大,最好使用几年的平均值,这反过来意味着确定特定年份的监管绩效实际上是不可行的。

因此,要对反映在最终结果中的合规性进行测量,以便于有效管理风险(根据具体规定来进行管理,例如,英国 1974 年《健康和安全法案》或欧盟的 1989 年框架指令),从而降低致命事故的发生率,最好是能够降低多年平均值。此外,为了确保经济结构(部门和规模构成)得到纠正,“正常化”发病率可能具有挑战性。事实上,不同经济部门的职业安全与健康状况大相径庭,有些部门的(严重和非严重)职业事故率远高于其他部门。大公司和小公司的事故率也不同。因此,调整经济结构至关重要。随着时间的推移,合规性的变化也可以反映经济结构的变化,在技术变化的方面更是如此,监管和合规可能在经济结构和技术变化等方面发挥了作用,但当然不能完全归功于它们。最后,尽管付出了最大努力(Blanc,2018b,2019),但跨司法管辖区的比较总是很困难,因为不同的司法管辖区对“安全”的态度存在复杂的差异,而这些差异并不能反映监管的作用。然而,从纯粹合规的角度来看,防止严重事故的措施仍将合理可靠地反映对关键安全要求的实际合规水平。

总而言之,职业安全与健康似乎确实是一个监管领域,至少在“安全”方面,通过效果来测量合规性实际上是可行的,甚至是相对容易的。反过来,重要的是这可以揭示更好的效果与哪些监管方法具有相关性(Blanc,2018a,2018b,2019),这对于提高监管体系的绩效是至关重要的。此外,在“测量的内容、得到的结果”以及监管授权的定义方式如何影响监管机构的工作方式(Blanc & Ottimofiore,2017)的一个有趣的例子中,记录最佳综合效果的监管系统使用的数据是通过测量中期和最终效果得来,而不是依据测量“产出”或公司层面所获得的合规性数据。[1]

---

[1] 例如,英国健康与安全执行局(Health and Safety Executive,HSE,请参阅:www. hse. gov. uk/aboutus/reports/ara-2018-19. pdf)似乎比关注精准控制和违规情况(例如法国劳动监察局,https://travail-emploi. gouv. fr/IMG/pdf/l_inspection_du_travail_en_france_2017. pdf)更能得到好的结果。

第五节　环境监管成果措施

环境法规旨在减少大部分经济活动的负外部性，同时考虑到对公众的强烈影响（Freiberg，2010；Macrory，2008；Sparrow，2000；Black，2002）。在“负外部性”的标签下，新古典经济学对气候变化、污染、自然和技术风险、有毒废物、物种灭绝、自然资源枯竭等问题进行了分类。有几种可量化以及不可量化的方法对环境进行评估，以测量它们对环境公域的影响。然而，由于缺乏“我们不知道如何给未来的、不确定的和不可逆转的意外事件赋予现在的价值”（Martinez-Alier，1995，p. 76）的测量标准，仅靠经济工具解决环境问题的能力有限。环境标准根植于复杂和多层次的背景中，可以在国家管辖范围之外设定，例如，在欧盟或国际层面。这可能会影响到规则的定义，以及形式合规和结果的实现（Kauffmann & Saffirio，2020）。

首先，不同等级的法规可能会发生冲突，尤其是在权力分散和政治竞争性较强的国家。在多层级治理背景下，由于不同公共权限的衔接而产生的冲突肯定会在法律执行方面造成问题，并且这意味着中央政府制定的法律与地方政府制定的法律之间可能发生冲突，导致频繁诉诸司法程序。尽管颁布的法规看起来很容易适用于不同的情况，但在国家和/或地方层面的执行阶段却很少是一帆风顺的：施行的政策和工具之间的错位、监管独立性缺失的可能性、检查所需资源的经常性缺失、技能以及私主体能力的不足、规则解释和执行程序的不一致等都会造成行政负担并降低效果（Sparrow，2000，2008；Gemmell，2010；Vannan & Gemmell，2012）。此外，风险认知和环境要求在同一司法管辖区之内和不同司法管辖区之间都可能存在差异，在寻找平衡外部性的可接受成本方面也存在挑战：如对损害、罚款和环境改善行动的征税和处罚方法。

由于整个欧盟的法规协调程度很高，欧洲环境指令的执法经验为我们提供了一个有趣的例子,欧盟成员国之间在合规规则和经济结构上存在的显著差异(但最多也只是不完全合规的标准)使有意义的比较成为可能(就不同的合规测量程序与结果而言)。欧盟立法的某些规则可能为成员国在具体执行方面留下很大差异的空间,可能需要成员国为了执行欧盟立法进行额外的立法。成员国立法可以相当具体,例如,在设定统一的排放限制方面,直接适用于全欧盟的指令和法规都可能存在执行问题,因为它们对不同成员国的国家行政或环境状况的巨大差异存在一种"钝感",而且在辅助性原则的限制下,欧盟法律在成员国执行方面的"深度"受到限制。国家和地区在执行方面的差异可能使合规测量和比较变得更加困难,因为具体司法管辖区的监管要求和措施存在差异。

界定环境绩效指标与为解决问题而采取的行动的重要性有关。"基于损害的方法"的核心是理解和定义损害,然后能够测量它(Sparrow,2008)。这可能需要出于"学习""评估"和"改进"为目的的应用绩效测量。一个关键的区别是指标的分类。环境政策中的产出指标反映了业务量,如检查员控制的许可证数量或检查次数。中期结果指标反映了通过行为的改变或在直接评估的合规性方面的改进,和为实现环境政策规定的监管目标的工作进展情况。环境法规的总体目标可以反映在最终效果指标中,也称为影响指标,如保障并可能提高水、空气和土地的环境质量以及环境可持续性的措施。此外,影响指标还可以评估与经济竞争力有关的结果。

产出指标,如处理的许可证数量或检查次数,不一定反映合规的程度,或(甚至更不反映)取得的成果。环境指标的一个具体挑战是,特定地点空气(或其他元素)质量的提升或下降可能是由于某种污染源或一系列污染源,或只是由于当地自然条件(如天气等)的变化。这在可度量性、分析的合理性和政策相关性方面带来了额外的挑战。

由于产出的"循环"性质,对其进行测量难以取得实际意义:因为由监管机构决定检查多少,然后报告,从而促使组织机械地提高这一指标的绩效,但就有效性而言这可能是没有意义的(Blanc & Faure,2018;

Blanc,2018a)。处罚和其他措施的数量也很模糊,因为它反映的是该机构的执行方法或立法结构,而不是公共福利方面的实际结果——而且,效果可能被“夸大”以显示绩效的“提高”,但这并不意味着效果的提升。这一视角揭示了监管机构绩效的合规测量。然而,我们也应该关注被监管企业的绩效。

从长远来看,对合规效果进行定义并不总是那么简单,最重要的是,需要使用的资源的有限性和明确测量效果的困难使其成为一种苛刻的测量标准。把效果指标放在特定环境背景下,需要充分考虑所有绩效指标、产出指标以及更广泛的经济、社会和自然背景。即使能够更广泛地收集所有上述信息,在将产出与结果联系起来以及在证明合规保证活动与改进的环境管理做法、减少污染排放和改善环境质量之间的因果关系方面的不确定性仍然是麻烦的。因此,斯科特、科基和盖梅尔(Scott, Cocchi,& Gemmell,2014)研究了环境管理绩效指标的性质、使用和滥用。

环境法规的许多领域是根据污染结果/程度来定义的:因为这些是基于结果的规范/规则,因此可以通过企业是否达到效果(保持在指定限度内)的指标来测量合规性。一个全面的例子是《欧盟工业排放指令》(Industrial Emissions Directive 2010/75/EC)(《欧盟综合污染预防和控制》指令的继承者)的实施,该指令旨在最大限度地减少工业污染源所造成的危害。在《欧盟工业排放指令》附件一中所涵盖的工业设备的经营商须向欧盟国家主管当局申领综合许可证,许可证内的条件须符合该指令的原则。《欧盟工业排放指令》基于一些关键性规定:首先,采用综合方法,这意味着许可证的发放必须考虑到工厂的整体环境表现,例如,包括向大气、水源和土地的排放、废弃物产量、原材料的使用、能源使用效率、噪音、事故预防以及工厂关闭后的重建工作。其次,包括排放限值在内的许可条件应基于与欧盟环境绩效相关的最佳可用技术(BAT),这是通过与成员国、行业和环境利益团体的专家交换信息来确定的。最后,该指令包含了对环境检查的强制性要求:成员国应基于以风险为本的准则,参与建立一套环境检查制度和制订检查计划,至少每一至三年就获批准的装置进行一次实地考察(基于附件一)。

为了设计保证合规性的效果指标,马祖尔(Mazur,2010,2014)确定了三种方法:

(1)绩效指标侧重于合规工具的有效性(如美国环境保护局的方法),测量由于合规协助、检查、执法行动等结果而改善的受监管群体的行为。

(2)绩效评估侧重于具体的环境问题(如英国、丹麦和爱尔兰采用的方法),以跟踪结果指标,例如,高风险工业重点污染物的发生和排放情况。

(3)多层绩效评估,测量地方一级和更高一级监管机构针对特定污染物开展的治理行动的结果(如加拿大使用的模式),重点是考察治理结果,并将其汇总为综合措施以说明减排对环境的影响。

苏格兰环境保护局设计的一个模型对不合规行为进行了分类,以观察其重要程度,并试图通过定量和定性指标的组合来评估单个受监管实体的合规绩效,这些指标基于合规性评估与绩效测量风险评估的集成,推动监管机构关注可测量性最高的合规指标(Campbell, Gemmell, & Scott,2013)。其目的是制定一种合规促进方法,在中间和综合结果方面产生尽可能好的结果。

为了确保充分评估监管制度的有效性和问责制,必须制订一项具有相应指标的战略计划。一个有趣的例子是美国的《政府绩效和成果法》(Government Performance and Results Act 1993,GPRA),该法案要求美国政府机构明确他们打算实现的目标和绩效措施,并告知国会和公民。在此基础上,美国环境保护局将制定:(1)五年战略计划,以确定长期目标和具体目标;(2)载有年度绩效测量标准的年度绩效计划,其中载有实现战略计划所载目标的年度绩效措施;(3)绩效和问责报告,以评估绩效指标的达成情况和了解失败的原因。环保局设立了一个专门的部门,名为“执法与合规办公室”(Office of Enforcement and Compliance Assurance,OECA),负责通过执法监督污染问题。执法与合规办公室与美国环境保护局区域办事处合作,成立了美国环境保护局措施审查委员会(EPA Measures Review Board,MRB),以审查绩效指标提案的质量,并建议作出新的措施。[1]

另一个较为全面的方法是南澳大利亚的高绩效框架(High Performance Framework,2013),这是一项政府倡议,旨在定义要求被认定为存在污染的企业所需要达到的治理效果,以及应该如何进行测量和报告。《环境保护法案》(Environment Protection Act,2009)和《环境保护局战略计划》(Environmental Protection Agency's Strategic Plan,2012)明确了所要求达到的结果,确定了五个环境目标:空气、土地和水的良好质量,以及防辐射和防噪声。这些都体现在行动和成果中,如减少影响人们和社区的事故数量,控制主要污染源和废物,减少现场污染的风险,收集工业和社区改进做法和行为的证据,以及控制辐射源。

使用测量指标对反映政策部门绩效来说很重要。然而,正如准备就苏格兰政府的脱欧计划向其提供建议的一份审查报告所发现的那样,一些司法管辖区——最初是环境监管的领导者——可能会"迷失方向"并看到环境质量的下降,部分原因是缺乏目标,或者是有过多和复杂的目标,这意味着不明确优先事项,将难以开展后续行动(Gemmell,2019)。确保充分和定期测量总体效果有助于避免这一问题,方法是定期反馈监管体系的实际表现(OECD,2018a,2018b)。

一般来说,如果可以从接近人口普查数据比例的实际人口范围中收集数据,以作为监管对象的代表性样本,则可以认为合规在统计学上是有效的(EPA,2006)。由于收集能够覆盖整个作为监管对象的人口的样本可能是麻烦和昂贵的(Mazur,2010),而且若强调对"每个人"都进行

---

〔1〕 美国环境保护局在监测和执法方面的经验里,可以借鉴的一些实例如下:由于合规监测而采取合规行动的受监管实体所占百分比;已结束的执法行动估计将减少、处理或消除的污染磅数;执法行动结束后,为改善环境而投入的资金(US EPA,2006)。

检测,则可能不是对稀缺的政府资源的最有效利用,基于风险的检测通常被认为是更可取的方法(Blanc & Faure,2018)。因此,基于风险的检测是近期合规保证系统发展的主要趋势之一(OECD,2010),其有助于在结果方面提高合规监测的效率——但在受控样本的代表性方面则非如此。有针对性的检测计划应集中于已经确定的特定风险(OECD,2014,2018b)。仅仅考虑不遵守规定的公司与被检查的公司数量的比例是不足以解决违反规定对环境影响的差异的。为了解决这一问题,一些经合组织国家(如丹麦和波兰)制定了从对环境没有影响的违法行为到产生严重污染的违法行为的不合规类别(OECD,2014,2018b),但违法行为最终的影响仍然取决于其活动的范围、设施的位置等。

事实上,以合规为重要支点的管制活动也有助于改善环境。一个很好的例子是由执法与合规办公室建立的"合规援助中心"(Compliance Assistance Centers),其目的是帮助企业、公民和监管机构了解和遵守环境要求。为了传播其行动的结果,执法与合规办公室出版了执法与合规办公室年度成果报告、国家执法趋势报告和载有合规援助结果的年度情况说明。这些报告包含若干合规绩效指标的信息,用于测量国家合规和执法项目活动的产出和结果。对希望遵守法规的污染企业提供支持对改善环境结果至关重要(Campbell et al. ,2013),而环境绩效指标是帮助实现这一目标的工具,例如,英国环境署使用的运营商污染风险评估机制(The Operator Pollution Risk Appraisal,OPRA)。

设计可用的、相关的、可测量的合规指标来反映环境监管效果是一项挑战。在环境保护方面,越来越多地使用新技术(卫星成像、无人机、自动污染监测等)使结果的大规模测量更容易、更有效(Masami & Young,2018;Roy & Braathen,2017;Huovinen,Ramírez & Gómez,2019;Trevathan & Johnstone,2018)。在环境主管部门的监督下,综合结果指标应与更广泛的环境和经济指标相结合,并进行跨时间维度的分析,以提供可靠的测量方法。

第六节　结　论

测量合规性是一项苛刻的、富有挑战性的、困难的任务，而且不同的方法都有其特定的缺点和问题。通过汇总结果(在一个国家/地区/司法管辖区的层面)来观察合规性，不仅有助于填补在个别企业层面测量结果上所存在的一些空白，[1]还促使人们检查监管体系是否实现了其规定的目标，例如，健康、安全或环境风险的管理。从系统性角度和工具性视角来看，最重要的是实现预期的效果，而这比实现确定的法律合规比例更为重要，因为涉及的技术规则数量众多，法律合规比例在任何情况下都难以定义。有时，如当法规是根据污染治理结果为导向来制定的时候，法律合规和结果实际上是相同的。但是，通常法律规范更多的是通向预期结果的中间步骤(并且有些"不确定")。因此，对某个群体汇总测量的结果并不总是与分别直接测量单个对象的合规性的结果的总和完全一致(后者在实践中是可用的)，而更多的是一种有用的补充，特别是因为它的优点和缺点可能不同于其他合规性测量方法，并代表一种关键的"现实检查"，以确保监管目标实际上得到了实现，而不管合规的正式级别是什么。

因此，在评估整个监管体系的有效性时，从总体结果来测量监管合规性是一个重要因素，可以为从设计到执行的所有监管阶段的实践提供信息。在比较情况相似的国家之间的结果时尤其如此，例如，那些实质性要求相似但体制结构、执法方法不同的国家。本章的目的是通过覆盖总体层面的视角来填补合规度量方法的空白——这在似乎不可能定期和可靠地"捕获"所有受监管实体的个别合规数据的监管领域尤其重要。"总体结果"方法的根本局限性在于效果的归属和因果关系很难确

---

[1] 正如前面讨论的，可能由于成本太高而无法以各种形式实施，但在受控制企业中存在选择偏差，或者当监管结果无法在企业层面有效衡量时完全不可能实施，例如食品安全就是这种情况。

定,尽管比较措施(比较同一时期相同国家的情况,不同的时间不同国家的情况)可以有所帮助。另外,个体层面的合规测量可以让人们更容易地推断归因和因果关系,尽管个体合规性的改善不一定会导致总体结果的实际改善——因此,以互补地使用两种方法是有价值的。[1]

在结果测量方面的几个实际挑战在原则上是可以解决的,但在实践中,这取决于优先次序和资源分配。例如,食品安全结果的测量在发现和报告食源性疾病方面存在偏差,这种偏差不容易纠正,因为它根据每个卫生保健系统的特点而有所不同。然而,如果考虑如何为这类研究分配资源,这个问题基本上可以通过例如代表性抽样(流行病学调查等)等方法来解决。这些测量工作可能是重要的领域,监管机构和政府可以考虑赋予它们更多的优先级,以便了解它们所做的是否实际有效。就"安全"部分而言,职业安全和健康相对更容易进行结果测量,但需要为"健康"部分制定更好的措施和监测方法。

最后,对那些取得了相对更好的总体结果,或随着时间的推移而改善其结果的司法管辖区的情况进行分析,有助于确定导致这些改善结果出现的监管方法。因此,从职业安全和健康的成果来看,积极参与监管部门的重要性在于,在"供应链"层面开展工作,分享改进的管理实践,并为合规分配资源,以帮助企业遵守监管要求(Blanc,2019)。几个司法管辖区在监管领域的经验显示出需要改变公司的内部文化和道德规范以提高合规程度,而不仅仅是监管规则和监管执法(Hodges,2015a,2015b)。换句话说,监管机构必须审视他们所监管的经济主体的内部文化,因为仅靠规则永远无法实现最优的合规程度(Diver,1983),而执法也不能成为塑造行为的充分有效的工具。确保有效合规的困难(即遵守规则,从而达到监管目标)表明,这不仅仅是"逐点"进行的合规,还需要改变企业的总体内部结构和文化。如果能够与公司内部合规系统相结合,而不是与公司"对抗",合规监管体系将会更有效地发挥作用。

---

[1] OECD(2018a,2018b)。

参考文献

Baldwin, Robert. 1995. *Rules and Government*. Oxford: Clarendon Press.

Bardach, Eugene and Robert A. Kagan. 1982. *Going by the Book*. Philadelphia: Temple University Press.

Becker, Gary. 1968. Crime and punishment: An economic approach. *Journal of Political Economy*, 76(2), 169–217.

Black, Jack. 2002. Critical Reflections on Regulation. *Australian Journal of Legal Philosophy*, 27, 1–35.

Blanc, Florentin. 2012. Moving away from Total Control in Communist Countries–the Risk Regulation Reflex in Inspections and Lessons Learned from Reforming them. *European Journal of Risk and Regulation*, 3(3), 327–41.

Blanc, Florentin. 2017. Inspections, Risks and Circumstances. Historical Development, Diversity of Structures and Practices in Food Safety. *Studi Parlamentari e di Politica Costituzionale*, 197–198, 47–88.

Blanc, Florentin. 2018a. *From Chasing Violations to Managing Risks – Origins, Challenges and Evolutions in Regulatory Inspections*. Cheltenham, UK: Edward Elgar.

Blanc, Florentin. 2018b. Tools for effective Regulation: Is more always Better? *European Journal of Risk Regulation*, 9(3), 465–82.

Blanc, Florentin. 2019. The Impact of Inspections, Measuring outcomes from Occupational Safety and Health Inspections. In Graham Russell and Christopher Hodges, eds., *Regulatory Delivery*. London: Bloomsbury Publishing.

Blanc, Florentin and Michael Faure. 2018. Smart Enforcement. Theory and Practice. *European Journal of Law Reform*, 20(4), 78–103.

Blanc, Florentin and Giuseppa Ottimofiore. 2017. The Interplay of Mandates and Accountability in Enforcement within the EU. In Miroslava Scholten and Michiel Luchtman, eds., *Law Enforcement by EU Authorities*. Political and Judicial Accountability in Shared Enforcement. Cheltenham, UK: Edward Elgar.

Braithwaite, John. 2008. *Regulatory Capitalism*. Cheltenham, UK: Edward Elgar.

Coglianese, Cary and Robert A. Kagan. 2007. Regulation and Regulatory Processes. In Cary Coglianese and Robert A. Kagan, eds. , *Regulation and Regulatory Processes*. Aldershot, UK: Ashgate, pp. xi–xxxvi.

Corini, Antonia, Bernd van der Meulen, Floris Kets, Giuseppa Ottimofiore, and Florentin Blanc. 2017. Enforcement of EU Food Law. In Miroslava Scholten and Michiel Luchtman, eds. , *Law Enforcement by EU Authorities: Implications for Political and Judicial Accountability*. Cheltenham, UK: Edward Elgar, pp. 195–200.

De Benedetto, Maria and Nicoletta Rangone. 2019. L' effectivité des règles et des décisions administratives. In Jean-Bernard Auby with the collaboration of E. Émilie Chevalier and Emmanuel Slautsky, eds. , *Le futur du droit administratif*. Paris: Lexis-Nexis, pp. 235–52.

Diver, Colin. 1983. The Optimal Precision of Administrative Rules. *The Yale Law Journal*, 93(1), 65.

Dugeree, Jigjidmaa, Giuliana Cola, Florentin Blanc, and Giuseppa Ottimofiore. 2019. Lessons from Creating a Consolidated Inspection Agency in Mongolia. In Graham Russell and Christopher Hodges, eds. , *Regulatory Delivery*. London: Bloomsbury Publishing.

Edelman, Lauren B. , Stephen Petterson, Elizabeth Chamblis, and Howard S. Erlanger. 1991. Legal Ambiguity and the Politics of Compliance: Affirmative Action officers' Dilemma. *Law and Politics*, 13(1), 73–97.

EFSA. 2018. The European Union One Health 2018 Zoonoses Report by European Food Safety Authority. www. efsa. europa. eu/en/efsajournal/pub/5926.

Freiberg, Arie. 2010. The Tools of Regulation. Sydney: The Federation Press.

Gemmell, Campbell J. 2010. Politics and better environmental regulation, Conference Paper to the Annual Regulatory Affairs International Symposium, Institute for Parliamentary Affairs and Commonwealth Association, London. http://regulationforum.org/docs/14-07-2010/08%20Campbell%20Gemmell. pdf.

Gemmell, Campbell J. 2019. Environmental Governance: Effective Approaches for Scotland Post-Brexit, Scottish Environment. www. scotlink. org/publication/environmental-governance-effective-approaches-for-scotland-post-brexit/.

Gemmell, Campbell J. and E. Marian Scott. 2013. Environmental Regulation, Sustainability and Risk. *Journals Sustainability Accounting, Management and Policy Journal, Bingley*, 4(2), 120-44.

Gunningham, Neil, Robert A. Kagan, and Dorothy Thornton. 2003. *Shades of Green: Business, Regulation and Environment*. Stanford, CA: Stanford University Press.

Hawkins, Keith. 2002. *Law as Last Resort-Prosecution Decision-Making in a Regulatory Agency*. Oxford: Oxford University Press.

Hodges, Christopher. 2015a. *Corporate Behaviour: Enforcement, Support or Ethical Culture?*. Oxford Legal Studies Research Paper No. 19/2015. https://ssrn.com/abstract=2599961 or http://dx.doi.org/10.2139/ssrn.2599961.

Hodges, Christopher. 2015b. *Law and Corporate Behaviour*. Oxford: Hart/Beck.

Huovinen, Pirjo, Jaime Ramírez, Luciano Caputo, and Iván Gómez. 2019. Mapping of Spatial and Temporal Variation of Water Characteristics through Satellite Remote Sensing in Lake Panguipulli, Chile. Environment, 679, 20 August, 196-208.

International Finance Corporation. 2016. Food Safety Toolkit. Washington, DC: International Finance Corporation. http://hdl.handle.net/10986/30897.

Kauffmann, Céline. and Camila Saffirio. 2020. Study of International Regulatory Co-operation (IRC) Arrangements for Air Quality: The Cases of the Convention on Long-Range Transboundary Air Pollution, the Canada-United States Air Quality Agreement, and co-operation in North East Asia, OECD Regulatory Policy Working Paper no. 12, Paris: OECD Publishing.

Macrae, Donald. 2021. Food Safety Compliance. In Benjamin van Rooij and D. Daniel Sokol, eds., *Cambridge Handbook of Compliance*. Cambridge, UK: Cambridge University Press.

Macrory, Richard B. 2008. *Regulation, Enforcement and Governance in Environmental Law*. London: Hart Publishing.

Martínez-Alier, Joan. 1995. The environment as a Luxury Good or "too Poor to be Green"? *Ecological Economics*, 13(1), 1-10.

Mazur, Eugene. 2010. Outcome Performance Measures of Environmental Compliance Assurance: Current practices, Constraints and Ways Forward. Environment Working Paper no. 18. www.oecd.org/env/workingpapers.

Mazur, Eugene. 2014. Working Party on Integrating Environmental and Economic Policies. ENV/EPOC/WPIEEP(2014)13/FINAL. www. oecd. org/officialdocuments/publicdisplaydocumentpdf/? cote = ENV/EPOC/WPIEEP (2014) 13/FINAL & docLanguage=En.

McBarnet, Doreen. 2001. When compliance is not the Solution but the Problem: From Changes in Law to Changes in Attitude, Working Paper no. 18, Centre for Tax System Integrity(ANU).

NFSA. 2018. Annual Report of the Norwegian Authority for Food Safety, Sweden. www. mattilsynet. no/om_mattilsynet/annual_report_the_norwegian_food_safety_authority_2018. 35406/binary/Annual% 20report% 20The% 20Norwegian% 20Food% 20Safety%20Authority%202018.

OECD. 2005. *SME and Entrepreneurship Outlook* 2005. Paris: OECD.

OECD. 2010. *Risk and Regulatory Policy–Improving the Governance of Risk*. Paris: OECD.

OECD. 2014. Regulatory enforcement and inspections. In *OECD Best Practice Principles for Regulatory Policy*. Paris: OECD.

OECD. 2018a. *Measuring Regulatory Performance*. Paris: OECD.

OECD. 2018b. *OECD Regulatory Enforcement and Inspections Toolkit*. Paris: OECD.

Onoda, Masami and R. Oran Young, eds. 2018. *Satellite Earth Observations and Their Impact on Society and Policy*. Berlin: SpringerOpen.

Parker, Christine and Vibeke Lehmann Nielsen. 2009. The Challenge of Empirical Research on Business Compliance in Regulatory Capitalism. *Annu. Rev. Law* Soc. Sci. 2009, 5, 45–70.

Radaelli, Claudio M. 2016. *Handbook of Regulatory Impact Assessment*. Cheltenham, UK: Edward Elgar.

Reichman, Nancy. 1992. Moving backstage: Uncovering the Role of Compliance in Shaping Regulatory Policy. In Kip Schlegel and David Weisburd, eds., *White Collar Crime Reconsidered*. Boston, MA: Northeastern University Press, pp. 244–68.

Roy, Rana and Nils Braathen. 2017. The Rising Cost of Ambient Air Pollution thus far in the 21st Century: Results from the BRIICS and the OECD Countries, OECD Environment Working Paper no. 124, OECD Publishing, Paris.

Scott, Colin. 2001. Analysing Regulatory Space: Fragmented Resources and Institutional Design. *Public Law*(Summer), 329–53.

Scott, E. Marian, Daniela Cocchi, and Campbell J. Gemmell. 2014. Defining a Fit for Purpose Statistically Reliable Sustainability Indicator. *Sustainability Accounting, Management and Policy Journal*, 5(3), 262–7.

Scottish Food Standards. 2018. Annual Report and Accounts 2018–2019. www.foodstandards.gov.scot/downloads/FSS_Annual_Report_and_Acco unts_2018–19.pdf.

Sparrow, Malcolm K. 2000. The Regulatory Craft: *Controlling Risks, Solving Problems & Managing Compliance*. Washington, DC: Brookings Institution Press.

Sparrow, Malcolm K. 2008. *The Character of Harms: Operational Challenges in Control. Cambridge*, UK: Cambridge University Press.

Tilindyte, Laura. 2012. *Enforcing Health and Safety Regulation. A Comparative Economic Approach*. Antwerp: Intersentia.

Trevathan Jarrod and Ron Johnstone. 2018. Smart Environmental Monitoring and Assessment Technologies–A new Paradigm for Low–Cost, Remote Aquatic Environmental Monitoring. *Sensors*(Basel), 18(7), 2248.

Tyler, Tom. 2004. Enhancing Police Legitimacy. *The ANNALS of the American Academy of Political and Social Science*, 593(1), 84–99.

US EPA. 2006. Expanding the Use of Outcome Measurement for EPA's Office of Enforcement and Compliance Assurance, Report to OMB, US Environmental Protection Agency, Washington DC.

van Rooij, Benjamin. 2021. Do People Know the Law? Empirical Evidence about Legal Knowledge and its Implications for Compliance. In Benjamin van Rooij and D. Daniel Sokol, eds., *Cambridge Handbook of Compliance*. Cambridge, UK: Cambridge University Press.

Vannan, Carolyn and Campbell J. Gemmell. 2012. The Role of Regulators in Reducing Regulatory Risk: Using Scenario Planning to Assess the Regulatory Framework for Carbon capture and Storage. *Risk Management*, 14(1), 27–41.

Voermans, Wim J. M. 2016. Legislation and Regulation. In Ulrich Karpen and Helen Xanthaki, eds., *Handbook of Legislation*. Oxford: Hart Publishing.

Wiener, Renda Soylemez, Lisa M. Schwartz, Steven Woloshin, and H. Gilbert Welch. 2011. Population-Based Risk for Complications after Transthoracic Needle Lung Biopsy of a Pulmonary Nodule: An Analysis of Discharge Records. *Ann. Intern. Med.*, 155(3), 137–44.

第三部分

企业合规测量的定性研究方法

第十一章 采用定性研究方法调查合规动机：了解合规的方式和原因

米歇尔·C.帕茨　莎拉·R.林弗雷特

第一节 引　言

由于合规性的内在本质以及可用于调查它的各种方法,理解合规性及其动机可能是一项复杂的工作。尽管合规似乎是一个简单的概念,但在实践中,它从根本上说是关于个人和组织的决策和行动,因此它并不简单。从经济学、刑事司法到组织理论和公共行政角度,来自不同学科背景的学者都在努力理解合规性问题。而在如此广泛的学科背景下,经常会出现各种令人困惑的研究方法,这些方法会进一步混淆对合规性的概念解读,并使不同学科方法难以相互兼容与合作。

在本章中,我们将讨论使用定性研究方法——特别是访谈和焦点小组——来调查合规性。更通俗地说,在这个日益倾向于定量方法的环境中,我们呼吁人们注意定性方法的重要性。我们认为,定性方法特别适合调查合规性,因为其核心就是社会参与和感知

(perception)。定性方法也能够敏锐地探索社会关系间的互动并解释这些互动的价值(Marshall & Rossman,1999)。具体而言,定性方法使研究者能够观察这个世界,使这个世界可见,并探索如何将人们组织起来,以在这个世界中创造价值(Denzin & Lincoln,2011)。

我们在本章的目的是讨论两种定性的方法——访谈和焦点小组,以及如何使用它们来理解合规性。为了明确一个基准,首先我们需简要地把合规性概念化,以此帮助证明定性方法更加适合这些调查。在此基础上,我们详细介绍了收集数据、访谈和焦点小组的方法,并演示了这些方法在研究合规性方面的用处。我们总结了为什么定性研究方法对于测量合规性很重要,同时认为混合研究法对于理解合规的复杂性至关重要。

第二节　给合规下定义

尽管遵守法律和法规似乎是一个简单的概念,但其实在实践中,它并不仅仅如此。从帕克和尼尔森(Parker and Nielsen,2011)将合规概念化开始,合规性就不再是仅关注法规本身,而是关注企业如何应对法规以及为实施这些法规而采取的决策和行动。公司的反应会很简单,要么遵守,要么不遵守,但正如哈特(Hutter,1997)所指出的,监管机构和公司之间存在一个合规的过程(process),因为法律授权可能明确也可能不明确。哈特进一步描述说:"遵守监管法规应被视为一个过程,而不是一个事件。监管官员可能既把遵守法规视为一种即时合规问题,又把它当作开放的长期过程……"(Hutter,1997,p. 13)因此,卡根、甘宁汉姆和索顿(Kagan,Gunningham,and Thornton,2011)认为,合规性是社会建构的,是监管机构和企业之间进行对话的一种功能(Kagan,Gunningham,and Thornton,p. 37)。

这些合规概念有助于在探索理解合规的定性方法时明确四个关键

点。第一,合规可以被认为是通过监管行为者的决定和行动实现法律合规的一个实例。第二,合规也可以被认为是一系列随时间变化的决定和行动所构成的合规记录。第三,合规既是一个过程,也是一个结果。许多因素和参与者都有助于促进进程,产生结果。这些结果可以是合规的离散实例,也可以是许多法规行为实例的最终结果。第四,也是最后一点,合规是个人和公司行为的结果,这可能包括一系列的行动,从提交所需数据和设备测试结果到通知机构出现故障,再到安装适当的监控设备和确保所需的过程组件。所有这些活动最终都必须由监管机构推动。

当监管行为者,主要是监管机构和受监管企业中的个人,采取行动(或不采取行动)履行监管义务时,合规性就发生了。这些行动包括广泛的行为,合规方程的一部分是监管机构或检查人员的工作,他们“从事真相调查、惩罚、谈判、教育、案例构建、纪律、故事构建、保护等工作”(van de Walle & Raaphorst,2019,p. 4)。可以说,合规性决定是监管机构寻求信息的一种功能(Hall,Lindgren, & Sowada,2019,p. 35)。合规方程中的另一个参与者是受监管社区,该社区的个人成员和他们的公司有“不同的动机……”,这些动机推动了他们实施的监管行为(Parker & Nielsen,2011,p. 12)。这些动机包括经济、社会和规范动机。但在监管方程中,这些参与者之间的互动不仅仅是寻求信息和改变动机;事实上,这些互动是关于“协商如何解释信息、是否允许访问信息或地点、如何解决问题、(以及)决定适当的补救方法”(van de Walle & Raaphorst,2019,p. 7)。这些参与者的作用以及他们之间的互动远非最简单的检查。正如范·德·瓦尔和拉普赫尔斯特(van de Walle & Raaphorst,2019)令人信服地指出,这些互动的性质已经发生了变化。因此,理解监管机构和公司的这些互动对于理解合规至关重要,因为合规从根本上说是一个社会过程。

在对合规性的实证探索中,帕克和尼尔森(Parker & Nielsen,2011)对合规研究的主要课题或变量进行了指导性的总结:(1)企业对监管作出反应的动机;(2)企业对监管做出反应的特征和能力;(3)不同的监管执行策略、风格及其影响；(4)监管行为和企业对它的回应是如何从监管互动中产生的(pp. 3,9)。我们认为，所有这些研究维度都受益于定性方法，包括访谈和焦点小组，因为每个维度的本质是个人和群体的态度和决定。理解合规必须包括研究方法，也就是培养调查这些基本社会行为的手段和调查这些行为的能力。合规性的概念化为探索一般的定性方法以及更具体的访谈和焦点小组方法提供了基础。我们从访谈的作用开始讨论定性研究方法的价值，然后转向焦点小组。

第三节　合规的定性研究方法：访谈

定性方法使研究者能够深入研究合规性和访谈的核心——社会行为和过程，特别是其使研究者可以深入了解这一方法的特点。起初，访谈可能看起来像是随意的对话，但它们并不是那么简单，也不是随意的。定性访谈“是研究者在扩展讨论中温和引导对话”(Rubin & Rubin, 2005, p. 4)。这些对话旨在探索他人的经验、动机和观点，以促进对社会过程的理解(Rubin & Rubin, 2012, p. 4)。鉴于其开放性，研究者可以从中获得大量的详细信息。因此，他们在试图了解监管机构为何对受监管公司采取这种行为，以及在执法方面为何做出选择时，有非常丰富的信息作为依据。相反，与受监管社区成员的访谈可以深入了解公司为什么会以这种方式回应法规、如何追求合规，甚至公司是否合规。杜波依斯(Dubois, 2019)通过广泛的访谈调查法国福利机构如何分配和控制福利，以促进对帕克和尼尔森(Parker & Nielsen, 2011)详述的第四个主题的理解：不同的监管机构如何认识监管和合规，这对监管的过程层面进行了分析。

访谈也有助于了解监管结果。例如，在许多情况下，可以根据受监管机构的自我报告，或者通过对工作日志进行监控来推定合规性。但是，与餐厅员工的谈话可能会揭示餐厅遵守公共卫生和食品安全法规的程度,因为行为可能会有不透明性,与日志中记录的数据可能存在差异。访谈与个人之间的普通对话非常不同。鲁宾和鲁宾(Rubin & Rubin, 2012)用以下方式阐述了两者的关键区别:访谈比对话更片面;面试官问了大部分问题,而被面试者提供了大部分答案;面试官不只是听,还会记录对话(例如,录音);讨论通常集中在一个主题上,并对其深入探讨;最后,访谈通常是在陌生人之间进行(Rubin & Rubin, 2012, pp. 5-7)。例如,研究者可能对学校食堂工作人员的经验和学童营养标准的实施感兴趣(e. g. ,Pautz, Jones, & Hoflund, 2018);这种关注表明了帕克和尼尔森合规研究的第二大主题:企业应对监管的职责和能力。在这种情况下,研究者可能会对食堂工作人员进行广泛访谈,讨论他们与政府监管机构打交道的经验,以及他们如何努力遵守政府关于向学童提供食品的规定。这些访谈将由研究者指导,从一系列预先确定的问题开始,但会根据被访谈者所传达的故事发展,比朋友之间的对话要正式得多。鲍炭等人(Pautz, 2018)对俄亥俄州代顿、奥马哈、内布拉斯加州和新泽西州纽瓦克的学校食品服务主管进行了广泛的半结构化采访,记录了不同学校系统应对《健康、无饥饿儿童法案》要求的不同能力。

一、访谈的类型

定性访谈有多种类型,从高度结构化到半结构化,而处于访谈中心的个人可以是高度特定的或者是笼统的。就访谈的结构而言,研究者为受访者准备问题,这些问题源自用以指导工作的研究问题。通常,总体研究问题不适合询问受访者。例如,如果一个研究项目试图了解合规审核员的监管方法,那么如"你的监管方法是什么?"这样一个访谈问题不太可能是针对审核员的好问题。对于每天与受监管社区接触并努力完成检查报告和现场访问的审核员来说,对这类问题可能并不清楚。相反,研究者可能想问审核员她如何准备检查,她在现场时使用什么工具,以及她如何应对违规事件。因此,准备好访谈问题所需的时间和精力是不应被低估的。

其他的问题可以通过在检查期间探究审核员的选择和行为的具体事例,来推断出她的总体监管方法。一旦准备好了问题,访谈过程可能会变为一个高度结构化的采访,在采访中,所有的采访问题都会有条理地以相同的顺序提问,而不会偏离采访的主题。提问的措辞和顺序都是预先确定的。或者,面试可能是半结构化的,其间会询问所有准备好的问题,但顺序可能会随着谈话的进行而变化,并且有空间对被采访者进行后续和探究性提问(Merriam & Tisdell,2016)。

半结构化访谈使研究者能够在访谈过程中调整问题及其顺序,并在对话过程中对受访者作出回应。在这种情况下,没有哪两次采访是一样的。每种类型的采访都有方法上的问题,因为在所提的问题、提问顺序、调查等方面的更大的灵活性可能会使采访者和被采访者之间产生信任,并揭示出对合规性的深刻见解;但如果没有严格的采访结构,有效性和可靠性问题会变得更加重要。最终,研究者在作出方法决策时必须平衡这些因素。

二、访谈的"方式"

一旦选择了访谈方法,就必须确定进行访谈的机制,因为有许多方面需要考虑,从研究人群识别和抽样,到进行访谈和应对共同挑战。首先,必须确定潜在受访者的人数。从最重要的研究问题中,必须确定合适的采访人群。从某种意义上说,未来的受访者可能是 50 个州和哥伦比亚特区的所有州一级环境监管机构。由于理论(例如,不同的州有不同的监管方法和解释)和实际(例如,"前往 50 个不同的州进行调查"这样一种调查规模可能不在研究预算之内,也可能没有足够的时间对 50 个不同的州进行数据收集)的原因,在这一人群中抽取监管机构样本可能是不可行的。

因此,研究者必须考虑确定适当的研究人群,或者专注于某个特定的州,或者确定几个监管机构进行研究。安排、进行面试和分析结果是非常耗时的,例如,在两项不同的研究中,鲍茨(Pautz,2009,2010)采用了这种方法,缩小了预期研究的环境审核员的范围,并在其中一项研究中将重点集中于在整个弗吉尼亚州的审核员群体,而在另一项研究中将重点集中于在俄亥俄州环境保护局的一个地区办事处的环境审核员群体。霍尔等人(Hall et al. ,2019)在与瑞典学校审核员进行面谈时也采用了类似的方法,以努力了解检查过程和方法。这些努力与帕克和尼尔森关于第三个主题的合规研究一致,该主题侧重于研究监管执行策略和风格。

鲍茨(2009b)采用了类似的抽样策略来研究弗吉尼亚州受监管社区的监管动机,这解决了帕克和尼尔森关于企业激励的第一个问题。更具体地说,在国家环境监管机构根据《信息自由法》(*Freedom of Information Act*)提出要求后,他们设计了一个进行分层随机抽样调查的公司,以代表一系列行业部门,然后对公司中对合规负有最大责任的人进行采访。考虑到不同州之间的地理差异,支持这些采访的后勤工作也需要进行额外的考虑。

在决定与谁面谈以试图了解合规性时,研究者也可以选择关注“精英面谈”方式。正如这个术语所暗示的,精英面谈是与某一特定领域的专家进行的,但对这些专家的概念很难界定(Harvey,2011)。精英可以是那些在特定领域或组织中拥有重大权力的个人,也可以是那些具有“高技能”的个人,甚至是那些处于组织高层的个人。这些人可以是受监管组织的高级领导人,也可以是监管机构检查部门的负责人。从一个角度来看,采访这些人对于理解合规过程,甚至监管决策,或检查策略的设计和实施方式,都有特别深刻的意义,但对这些人进行采访也存在额外的挑战(Goldstein,2002)。

例如,与其他潜在受访者相比,接触精英可能更具挑战性。研究者在为这一群体设计面试问题时必须深思熟虑,以期获得诚实的回答。在某些情况下,认识这一群体的介绍人和其他连接点对于研究来说是非常重要的。在考虑采访对象时,我们会挑选一些精英面试者。

确定了采访对象后,还必须决定如何进行和记录这些访谈。研究者需要考虑是否亲自或通过电话或电子方式(如视频电话)采访个人。采访的关键是采访者与被采访者建立融洽关系的能力,因为诚实的反馈和观点非常重要。与被采访者建立某种联系是帮助其与研究者相处融洽,甚至是建立信任的关键。在讨论合规性时,很可能会出现一些事例或特殊情况,在这些事例或特殊情况下,公司可能没有遵守规定,或者检查员可能没有看到合规问题,或者没有按照规定的做法行事。研究者希望被采访者坦诚对待访谈,因此帮助被采访者放松并建立融洽关系至关重要。研究者必须花时间思考如何进行采访和平衡各种因素。

在使用访谈来收集关于合规性的数据时,记录访谈及其内容的方法是不可或缺的。许多研究者选择记录整个采访过程,这样就可以记录下所有的谈话内容。例如,这使有记录的采访比没有记录的采访更容易被转录和筛选。

然而,对访谈进行记录可能会破坏研究者和被采访者之间建立融洽和信任关系的努力,因为被采访者可能会因为知道自己的声音正在被记录下来,他所讲的故事可能被分享出去而感到不自在(cf. Lincoln & Guba,1985;Woliver,2002)。

此外,合规性研究可能会偏离到未遵守法规和出现问题的对话中,如果有对话记录,受访者(无论是监管机构还是公司代表)可能不愿意讨论这些场景。访谈是一种极好的机制,可以收集对合规过程、决策和动机的见解,但研究者必须认识到记录访谈的优点和局限性,因为这可能会对谈话产生寒蝉效应。访谈的内容可以通过大量的笔记来进行记录。但就算访谈的内容没有被记录下来,也并不意味着访谈不是收集数据和加深对合规性理解的有效手段。访谈属于受试人研究协议指南的重要内容,因而上述所有这些关于访谈所需要注意的问题在准备向机构审查委员会(institutional review board)提交申请时都应当加以重视。

三、访谈的优势和局限

上文中所提及的这些考虑不应影响利用访谈来增进对合规情况的

了解。事实上,本章想指出的是,访谈应该更多地用于这一研究领域。与其他方法一样,访谈有它的优势和局限性。在承认访谈应该在这个研究领域被更多地利用的情况下,应考虑一下它们的一些优势,使研究者能够快速地收集大量各种各样的信息(Marshall & Rossman,1999,p. 108)。在访谈期间,研究者有机会立即跟进被采访者,以寻求对特定主题的澄清和更深入的理解(Marshall & Rossman,1999,p. 110)。研究者还能够捕捉到他们以前可能没有考虑过,但被采访者提供的见解和观点。这对于那些可能没有直接的个人经验知识的研究者来说尤为重要(Rubin & Rubin,2012,p. 4)。访谈也是一种可以获取关于潜在敏感话题的信息和理解的很好方式,例如,违规行为等(Rubin & Rubin,2012,p. 4)。与受监管的参与者进行对话可能有助于研究者对为什么做出合规决策持有一个深刻而微妙的视角。最终,访谈提供了通过社会互动以了解重点领域的机会,特别适合从社会过程中分析合规的内涵,并以此来研究“几乎看不见”的过程(如合规程度)(Rubin & Rubin,2012,p. 5)。这使访谈特别适合于研究合规问题,因为合规本质上是一个社会过程,问卷调查和回归模型很难解开合规问题的表现形式和深层原因。

访谈也有一些限制,需要明确加以说明。访谈需要花费大量时间,从联系和安排潜在的受访者到抄录和分析访谈数据,提前考虑这些需求对计划和执行访谈有很大帮助。此外,访谈需要研究群体的合作,因为受访者必须愿意与研究者接触(Marshall & Rossman,1999,p. 110)。仅仅获得采访的同意也可能会具有挑战性,因为监管机构或受监管群体的成员可能有理由不愿意与研究者交谈,也可能发生阻碍实现最佳的访谈意图的后勤上的不足。与受访者建立融洽关系和信任感也需要付出巨大努力,在某些情况下,建立这种融洽关系和信任感可能会因多种原因而变得极其困难。设计访谈问题的内容和顺序是至关重要的,因为这有助于让受访者轻松融入谈话,告诉受访者能在多大程度上帮助研究者更好地理解问题,并努力建立所需的融洽关系。

与此相关,研究者还必须知道该问什么,甚至要使用适当的术语或语言来收集所需的信息,这对研究者来说可能很难,特别是那些没有当过水质检查员的人,可能很难理解检查员的一些术语。这可能是采访期间收集信息的障碍(Marshall & Rossman,1999,p. 110)。此外,研究者可能也没有足够的专业知识来理解受访者的所有回答,这可能会妨碍数据的完整性和从访谈中得出结论。在进行精英访谈时,这些担忧尤其尖锐,因为很难获得精英的信任,更不用说与其接触了(Berry,2002)。

最后,让监管者和受监管群体的成员参与有关监管合规性的访谈可能很困难,研究者需要花费大量的时间来准备访谈,包括对大量的文献进行分析,收集相关领域已经作出的研究成果,甚至是实践或试点访谈。

对于合规来说,无论是从过程还是结果方面都可能是一个敏感话题,需要在访谈等一对一的场合讨论。访谈可以提供丰富的认识,但也需要通过建立融洽和信任关系的方式来更好的安排和实施访谈,并且要着意考虑如何最好地处理合规访谈的敏感性。研究者必须考虑他们将受访者置于何种位置,以及这是否会对受访者造成潜在的损害。在整个研究过程中都必须考虑保密因素,并且必须与研究需求相平衡,这是可以实现的,但需要从一开始就以刻意的方式进行处理。虽然这些限制可能很重要,值得认真思考,但这不应妨碍利用访谈这一特定方法来对合规进行调查。

访谈是了解合规本质的重要手段,因为它们有助于理解固有的社会过程及其结果。帕克和尼尔森在他们的合规研究中所总结出的四个主题,每一个都可以通过访谈来收集数据。而作为收集数据的一种方式,焦点小组是研究合规的另一种方法。

第四节　合规的定性研究方法:焦点小组

焦点小组也是一种成熟的定性数据收集方法(Grönkjær,2011)。这种方法有助于我们了解团队中的共同经历,而这些经历往往是一对一访谈中缺失的(Traynor,2014)。具体地说,“焦点小组通常被理解为一组具有共同特征的人,由研究者聚集在一起,作为一个群体进行互动,分享对特定主题的观点,讨论经验并提出建议”(Kitzinger,2005)。简而言之,焦点小组将一组人聚集在一起,就特定主题激发对话,以获得小组成员对其经历的反应(Traynor,2015)。本章的这一节首先描述如何构建焦点小组。我们认为这一背景分析非常重要,因为它很少用于合规性研究。该节为读者提供了指导,即如何在研究中采用新技术。我们还讨论了焦点小组研究的利弊。在我们的研究中,合规被用作为我们的描述性框架,作为一种定性研究方法来阐明焦点小组的细节或细微差别。

有意组成的小组保证了成员对特定主题的更好理解。焦点小组是一个重要的研究工具,因为可以使受试者告知研究者他们的集体意见。例如,在美国州或联邦机构的一个特定项目中,受试者与环境检查员组成一个焦点小组,这样可以传达他们对与监管机构日常互动的共同看法。这提供了来自一个集体团体的信息,而在一对一的采访中则没有这种信息。它还帮助我们了解检查者在日常工作中是否存在明显的问题或关切,以及确保遵守法律的潜在解决方案。

为了提供研究背景,一系列步骤对于开展焦点小组至关重要。初始阶段是确定首要的研究问题。我们使用一位作者最近召集的焦点小组来举例说明,这个焦点小组的目标是与环境检查员会面,了解美国和丹麦这两个不同国家如何看待性别在日常合规工作和环境政策实施中的作用。

在召开焦点小组会议之前,应先制定一份包含三到五个问题的清单,其中包括可能向与会者提问的潜在的子问题。凡姆等人在(Pham,2010)关于加拿大公共卫生监察员(Public Health Inspectors)认知工作的基础上,第一个阶段从询问参与者的背景信息开始,以形成一个可供讨论的合议空间(例如,“你的教育背景是什么? 你在你的岗位上工作了多长时间?”)。后续问题包括:“是什么吸引了你进入你的行业或工作?

什么是你遵守法规的最大障碍？你的现场访问经历有哪些？你认为性别会影响你的工作能力吗？”这个阶段的目的是让参与者能够与背景相似的个人就某个话题领域进行富有成效的对话。

焦点小组进程的第二阶段是招募参与者。样本应包含一些同质性，以“在群体成员之间建立和谐关系，减少权力失衡的可能性……”(Traynor,2015,p. 45)。具体而言，研究者试图为一个焦点小组招募工作或职位类型相似的参与者。在合规审核的情形下，若初级审核员与他们的主管被安排在一个焦点小组内，这可能会造成权力的影响，审核员会因为主管在场而感到不自在，难以坦率地分享信息。此外，将审核员和组织代表放在同一个焦点小组也可能会有问题，因为鉴于监管关系中的权力失衡，这两组人可能都会感到不舒服。例如，审核员可能会为一个组织写一份违规通知，而让审核员和组织代表处在同一个焦点小组中可能是一种尴尬的经历。相反，若召集具有类似背景的焦点小组成员的话，会为愿意分享集体经验的参与者创造一个舒适的环境。

为了鼓励和争取参与，研究者与被调查组织的领导人员一起工作。例如，如果分析单位是丹麦和美国等各自国家当地的审核员，研究者将从各自机构获得一份电子邮件列表，以便通过电子邮件发送邀请；或者各组织可以代表研究者发送电子邮件。邮件中说明将邀请环境审核员参加一个研究项目，分享他们对日常工作的看法。

根据可用资源的不同，参与者可能会获得少量的参与奖励(例如，餐饮服务、礼品卡等)。在我们以美国和丹麦为例的研究中，研究者为参与者提供了餐饮服务来奖励他们参与研究。

招募参与者的规模应限制在每个焦点小组 6—10 名成员。研究成果表明，少于 6 名、多于 10 名的参与者可能会使他们难以从该群体中获得对问题的认识(Traynor,2015)。在较大的群体(超过 10 名)中，一些人可能不太愿意参与。在较小的群体(少于 6 人)中，由于缺乏参与者，个人可能会感到不够自在。此外，应该同时创建多个焦点小组，因为这可以提高研究者在数据中检测主题的能力。再次以我们的环境审核员为例，研究者总共创建了4个焦点小组，每个小组有10名参与者。

该进程的第三阶段是开展焦点小组。焦点小组由主持人和引导者主导。主持人监督焦点小组，介绍主题，提问并鼓励参与者发言。引导者扮演观察角色，记录参与者的情绪并回答问题。主持人通常通过设定基本规则（例如，鼓励积极参与）和签署参与者同意书来启动焦点小组（Traynor，2015）。同意书确保了参与者信息的保密性。并讨论了如何汇总信息（Krueger & Casey，2008）。此外，需要重视的是应当向参与者告知焦点小组将被录音，这样研究者可以将录音与他们的书面笔记进行比较，并转录音频文件。

焦点小组通常持续60—75分钟。主持人的角色是保持持续的对话，将所有参与者融入对话中，并保持客观中立。例如，"这是一个非常有趣的观点。其他人是否同意、不同意或有其他见解？"主持人协助维持与参与者的对话流程。在研究监管互动时，研究者可以问环境检查员一些问题，例如，"在准备实地考察时，你采取了哪些步骤；你将如何描述你与州监管机构的关系；或者你将如何说明你在该职位上接受的培训？"回到美国和丹麦的例子，我们的一位作者担任主持人，试图确定他们对性别在日常合规工作中的作用的看法。

焦点小组结束后，研究者转录音频文件，并将这些文件上传到定性数据软件（如NVivo）中进行分析，该软件可以用来检测分析一致主题的数据。如果定性数据软件不可用，则可以使用归纳分析法来读取并检测数据中的主题。在数据分析中特别重要的是参与者互动的互动质量（Kitzinger，2005）。更具体地说，重要的是要考虑参与者如何就提出的问题进行互动的背景。将参与者的叙述置于焦点小组对话的大背景中，有助于得出更广泛的结论。例如，在焦点小组期间，参与者讨论了现场视察的困难情况，以及在他们看来，女性比男性更难与小型组织进行互动。在对来自美国和丹麦的焦点小组数据的分析中，很明显，处于敌对性的一方是由特定的参与者构成的——女性，而不是男性。分析表明，女性参与者在发现组织不遵守法律而发出违规信号时，会比男性遇到更多的具有敌对性的局面。

最值得注意的是,焦点小组为更广泛的合规研究提供了几个方面的作用。从焦点小组研究中获得的信息可以用来使公共和私营部门获益。正如(Traynor,2015)所建议的,"焦点小组研究可能很有刺激性,因为在一个小组内会产生能量,同时也面临着处理来源于不同角度的数据的挑战"(p. 48)。特别是,如果研究者能够调查与环境合规有关的各种参与者,这可能会带来重要的培训或合作机会。例如,美国污染预防和毒物办公室(US Office of Pollution Prevention and Toxics)与受其监管的主体(主要属于打印机和平版印刷机行业)开展了一系列焦点小组研究,以评估法律的实施情况和关注点(Lynch, n. d.)。此外,在我们所列举的美国和丹麦的例子中,研究的总体结果与相关机构共享,这就带来了新的培训机会(例如,内隐偏见或包容性培训)。对这些事例中所获得的信息进一步研究,推动了对监管机构和被监管机构如何更有效地合作(例如,培训、信息共享)的发现。

焦点小组研究为我们提供了超越访谈的能力,并提供更深入的解释。法恩和埃尔斯巴赫简明扼要地指出:"相对于传统的实验方法,定性视角会产生具有重要优势的理论。特别是,定性数据产生的结论与定量数据相比能够更准确地描述现实世界的问题和过程。"(Fine & Elsbach, 2000, p. 54)然而,焦点小组研究也存在局限性——焦点小组可能成本高昂,时间耗费密集。通常与焦点小组相关的成本包括会议室、奖励和定性软件的费用等;虽然这并不意味着不能在没有这些要素的情况下组织焦点小组,但这可能会限制参与者的范围与妨碍其积极性。此外,招募参与者和具体开展焦点小组可能需要几个月的时间,从而增加了收集数据的时间(Krueger & Casey,2008)。

焦点小组可能不具有普遍性,因为从参与者获得的回答可能代表也可能不代表更大的人群(Pham,2010)。选择偏差也可能很普遍。在焦点小组的招募和甄选过程中,大多数研究者要求志愿者参与。例如,意见更强烈的参与者可能更容易参与其中。此外,在参与过程中,参与者可以根据其同事在焦点小组中表达的反应调整其陈述。然而,总的来说,焦点小组是一种有效的数据收集手段,因为他们有能力分析人们的思维倾向,并对参与者态度的差异和相似性有更多的了解(Krueger & Casey,2008)。

焦点小组也可能带来道德挑战,正如西蒙和沃特菲尔德所建议的,"焦点小组中的分歧可能来自敏感话题的讨论,这可能会因为被公开讨论而进一步被放大"(Sim & Waterfield,2019,p. 3003)。在一个以合规为导向的焦点小组中,参与者可能会对与其他同行讨论他们监管机构的违法行为而感到不安。为了消除这些顾虑,在焦点小组开始时,主持人可以宣布禁止涉及特定主题领域。或者,如果讨论了敏感话题,主持人会在征得参与者同意的情况下删除报告中对该敏感话题讨论内容的引用和可识别的相关信息。

总之,在使用访谈和焦点小组时确实存在局限性。然而,我们认为这些方法对于更广泛地理解监管互动和合规至关重要。如我们之前所述,定性研究方法允许研究者超越通常从定量研究中获得的封闭式反应,以提供监管互动背后的意义。

总的来说,我们建议将访谈和焦点小组混合使用于研究或项目。在这种混合方法中,初步访谈可以确定个人对某一主题或现象的看法。反过来,这些调查结果可以为焦点小组使用的问题提供信息,以确定这些访谈结果是否与集体关注一致。例如,采访食品安全检查员及其监管人员,可以收集他们对合规性的个人看法。利用这些信息与受监管的组织、食品检查员来召集焦点小组,可以对数据进行三角分析,以便在参与者之间就更大的主题进行讨论。

第五节　结　论

本章阐述了在研究合规性时使用定性方法(特别是访谈和焦点小

组)的理由。将这些方法与定量方法结合使用,可以提供一种混合方法而使研究的内容与成果更为丰富。根据金、基奥哈内和韦尔巴(King, Keohane & Verba, 1994)的建议,当调查者可以将两种或多种研究方法结合起来进行研究时,其做出因果推断的能力会得到提高。根据金等人的研究,使用混合方法可以让研究者将理论和数据联系起来。混合方法是通过使用一种方法来应用另一种方法所得到的结果。在本章中,我们认为访谈和焦点小组在很多方面都有助于调查合规性(Pautz & Rinfret, 2013)。

第一点,定性数据可以阐明和丰富对定量数据的描述。如果监管机构就对受监管群体的认知开展一个全国性的调查,这些调查数据将为不同人群的封闭式反应提供一个快照,但这些数据通常只揭示了事实的一部分。通常,调查数据可能无法解释检查员为何对受监管群体持甚至可能超出预期的积极态度。因此,扩大研究项目的范围,包括定性访谈手段和焦点小组,可能会丰富全国性调查的方式与效果,以深入探讨检查员的看法和对合规性的进一步理解。

第二点,定性方法可以为定量研究和进一步的定量工作提供信息。回到对审核员进行全国性调查的例子,研究小组可能会将一些碎片化的信息进行整理以进行调查,但可能会担心如何妥当的使用一些非正式的行话和术语。换句话说,研究团队希望确保调查中的措辞和术语能够与监管专业词汇表相对应。研究团队可以利用焦点小组或访谈来对术语进行检查,而不是冒着提出糟糕调查问题的风险。此外,在由检查员进行全国性调查后,研究团队可能会对调查所得出的一些结果感到惊讶,因为可能无法解释调查结果中的一些发现。研究团队可以采用访谈和焦点小组的方式,在特定背景下跟踪调查的一些结果,而不是试图进行另一项同样规模和范围的调查。

第三点,上述这些方法对于最全面地了解合规情况至关重要。正如我们所看到的,合规既是一个过程,也是一个由个人和组织行为驱动的结果。对与合规行动(或不行动)相关的决策进行分析可能很难从数字上得出结论，与受法规约束的个人和执行法规的个人进行的丰富对话可以提供更完整的信息。深入访谈和焦点小组可以发现定量研究中未被注意到的创新实践。例如，在完成与美国和丹麦环境检查员的焦点小组调查时，发现特定的环境媒体（例如，努力进行信息挖掘的媒体）正在开展新的包容性培训，以解决女性环境检查员遇到的问题，这些信息是在与参与者的研究对话中透露的。此外，焦点小组有助于研究者了解特定行业中的安全管理者如何使其监管合规要求产生实际意义，以及为什么该行业的合规记录远远超过其他行业。

最后一点，混合方法可以用于对复杂现象进行更广泛的理解（Ivankova & Stick，2006）。应用包含多种方法的研究设计可提高研究的可靠性，并使我们能够从多个角度检查监管参与者，使我们能够将数据聚焦为研究结果，为确保监管合规性的最佳实践提供信息。

参考文献

Berry，Jeffrey M. 2002. Validity and Reliability Issues in Elite Interviewing. *Political Science & Politics*，35（4），679–82.

Denzin，Norman K. and Yvonna S. Lincoln，eds. 2011. *The Sage Handbook of Qualitative Research*，4th ed.，Thousand Oaks，CA：Sage Publications.

Dubois，Vincent. 2019. Welfare Fraud Inspectors between Standardization and Discretion. In Steven van de Walle and Nadine Raaphorst，eds.，*Inspectors and Enforcement at the Front Line of Government*. New York：Palgrave，pp. 167–86.

Fine，Gary and Elizabeth Elsbach. 2000. Ethnography and Experiment in Social Psychological Theory Building：Tactics for Integrating Qualitative Field Data with Quantitative Lab Data. *Journal of Experimental Social Psychology*，36，51–76.

Goldstein，Kenneth. 2002. Getting in the Door：Sampling and Completing Elite Interviews. *Political Science & Politics*，35（4），669–72.

Grönkjær，Mette，Tine Curtis，Charlotte de Crespigny，and Charlotte Delmar. 2011. Analysing Group Interaction in Focus Group Research：Impact on Content and the Role of the Moderator. *Qualitative Studies*，2（1），16–30.

Hall, Jeffrey B., Joakim Lindgren, and Moritz G. Sowada. 2019. Inspectors as information-Seekers. In Steven van de Walle and Nadine Raaphorst, eds., *Inspectors and Enforcement at the Front Line of Government*. New York: Palgrave, pp. 35-58.

Harvey, William S. 2011. Strategies for Conducting Elite Interviews. *Qualitative Research*, 11(4), 431-41.

Hutter, Bridget M. 1997. *Compliance: Regulation and Environment*. Oxford: Clarendon Press.

Ivankova, Nataliya and Sheldon Stick. 2006. Students' Persistence in a Distributed Doctoral Program in Educational Leadership in Higher Education: A Mixed-Methods Study. *Research in Higher Education*, 48(1), 93-136.

Kagan, Robert A., Neil Gunningham, and Dorothy Thornton. 2011. Fear, Duty, and Regulatory Compliance: Lessons from three Research Projects. In Christine Parker and Vibeke Lehmann Nielsen, eds., *Explaining Compliance: Business Responses to Regulation*. Northampton, MA: Edward Elgar, pp. 37-58.

King, Gary, Robert Keohane, and Sidney Verba. 1994. *Designing Social Inquiry*. Princeton: Princeton University Press.

Kitzinger, Jenny. 2005. Focus Group Research: Using Group Dynamics to Explore Perceptions, Experiences and Understandings. In Immy Holloway, ed., *Qualitative Research in Health Care. Maidenhead*, UK: Open University Press, pp. 56-70.

Krueger, Richard A. 1988. *Focus Groups: A Practical Guide for Applied Research*. London: Sage Publications.

Krueger, Richard A. and Mary Anne Casey. 2008. *Focus Groups: A Practical Guide for Applied Research*, 4th ed., London, Sage Publications.

Lincoln, Yvonna S. and Egon G. Guba. 1985. *Naturalistic Inquiry*. Beverly Hills, CA: Sage Publications.

Lynch, Julie. n. d. Summary of Focus Group Discussions with Screen Printers and Lithographers for the Design for the Environment Printing Project(epa. gov).

Marshall, Catherine and Gretchen B. Rossman. 1999. *Designing Qualitative Research*, 3rd ed., Thousand Oaks, CA: Sage Publications.

Merriam, Sharan B. and Elizabeth J. Tisdell. 2016. *Qualitative Research: A Guide to Design and Implementation*,4th ed. ,San Francisco:Jossey-Bass.

Parker,Christine and Vibeke Lehmann Nielsen. 2011. Introduction. In Christine Parker and Vibeke Lehmann Nielsen,eds. ,*Explaining Compliance:Business Responses to Regulation*. Northampton,MA:Edward Elgar,pp. 1-36.

Pautz,Michelle C. 2009a. Trust between Regulators and the Regulated:A Case Study of Environmental Inspectors and Facility Personnel in Virginia. *Politics & Policy*,37(5),1047-72.

Pautz,Michelle C. 2009b. Perceptions of the Regulated Community in Environmental Policy:The View from below. *Review of Policy Research*,26(5),533-50.

Pautz,Michelle C. 2010. Front-Line Regulators and their Approach to Environmental Regulation in Southwest Ohio. *Review of Policy Research*,27(6),761-80.

Pautz,Michelle C. and Sara R. Rinfret. 2013. *The Lilliputians of Environmental Regulation:The Perspective of State Regulators*. New York:Routledge.

Pautz,Michelle,John C. Jones,and A. Bryce Hoflund. 2018. On the Front Lines in School Cafeterias:The Trials and Tribulations of Food Service Directors. In A. Bryce Hoflund,John C. Jones,and Michelle C. Pautz,eds. ,*The Intersection of Food and Public Health:Current Policy Challenges and Solutions*. New York:Routledge,pp. 121-62.

Pham,Mai T. ,Andria Q. Jones,Jan M. Sargeant,Barbara J. Marshall,and Catherine E. Dewey. 2010. A qualitative Exploration of the Perceptions and Information Needs of Public Health Inspectors Responsible for Food Safety. BMC PublicHealth. doi:10. 1186/1471-2458-10-345.

Rubin,Herbert J. and Irene S. Rubin. 2005. *Qualitative Interviewing:The Art of Hearing Data*,2nd ed. ,Washington,DC:Sage Publications.

Rubin,Herbert J. and Irene S. Rubin. 2012. *Qualitative Interviewing:The Art of Hearing Data*,3rd ed. ,Washington,DC:Sage Publications.

Sim,Julius and Jackie Waterfield. 2019. Focus group methodology:Some ethical challenges. Quality & Quantity, https://link. springer. com/article/10. 1007%2Fs11135-019-009145.

Traynor,Michael. 2015. Focus Group Research. *Nursing Standard*, 29(37), 44-8.

van de Walle, Steven and Nadine Raaphorst. 2019. Introduction: The Social Dynamics of Daily Inspection Work. In Steven van de Walle and Nadine Raaphorst, eds., *Inspectors and Enforcement at the Front Line of Government*. New York: Palgrave Macmillan, pp. 1-10.

Woliver, Laura R. 2002. Ethical Dilemmas in Personal Interviewing. *Political Science and Politics*, 32(2), 677-8.

第十二章　承认不合规：评估未发现的法律偏差的访谈策略*

本杰明·范·鲁伊　梅丽莎·罗里

第一节　引　言

评估合规性的一个核心挑战是确定企业是遵守还是违反法律。任何研究企业合规性的方法都面临这一挑战,因为很多非法行为发生在公众场合或企业内部,不容易被观察到,在政府的检查数据中也不能完全发现或反映出来(大多数研究者和从业者也无法获得这些数据),调查或访谈中的受访者也不会完全报告。核心问题是因为不合规的行为本质上是违反法律的,因此大多数人在实施这种行为时不会有报告它的动机。反之,这些人更有可能规避对这种非法行为的检测。

本章将讨论研究者为尝试和克服这一挑战而开发的半结构化的访谈技术。在前文鲍茨和林弗雷特写作

* 致谢:这项研究是通过欧洲研究委员会(ERC-2018-CoG-HomJuridicus-817680)的慷慨资助实现的。

的章节中，我们已经了解了访谈的重要性，以及如何才能最好地组织和进行访谈。本章的重点是如何设计问题并进行访谈，使受访者可以讨论对法律实际实施效果的反应。通过这种方式，使得研究者有机会克服调查合规行为的基本挑战，战胜常见的社会期许性偏见和受访者敏感度问题。

在犯罪学领域中，已经有大量的研究通过采访犯罪嫌疑人来调查异常行为。通常情况下，在这种研究中，学者们会在犯罪嫌疑人被抓获并定罪量刑后接触他们（有时是在被监禁期间，有时是在监禁结束之后），进行一次或多次访谈，以了解影响其作出异常行为和犯罪行为的情况、动机和其他背景。这种方法也被用于法人犯罪。例如，范奥拉在荷兰采访了被定罪的欺诈罪犯，以了解他们的人生历程的是如何影响其实施非法行为的（van Onna，2018）。

和被定罪的罪犯进行访谈，确实可以为已发现的违法行为背后的情况和动机提供一个很好的观察视角，但这并不能让我们真正评估未被发现的违法行为。要做到这一点难上加难，因为这意味着要说服人们在违法行为被发现之前披露自己或同事的违法行为。这种披露有可能造成负面的就业或执法影响。

一般来说，人们不会简单地向一个陌生的即使是有资格证书的人忏悔自己的罪行。因此，即使是最不敏感的话题，采访也需要注意声音情感等方面的细微差别和技巧。特别是在与决策者或高层管理者交谈时，询问不合规问题需要非常微妙的方法。然而洛坎南（Lokanan，2018）以及道奇和吉斯（Dodge & Geis，2006）强调，企业犯罪人一般不会从内心将自己认定是犯罪人（Benson，1985），也不习惯被别人视为犯罪人。[1]因为企业犯罪人潜意识中认为自己的行为符合社会或商业规范，所以他们会更愿意谈论自己的行为（Petintseva，Faria，& Eski，2020）。

有一些很好的访谈研究范例已经讨论了不合规行为现有的几种不

[1] 洛坎南（Lokanan，2018）指出，这可能会助长以“猜测”而非实际为内容的报告。

同形式。例如,夏思和鲍勒尔(Chassé & Boiral,2017)在 2017 年考察了中小型企业在可持续发展战略的背景下发展其业务的努力。他们采访了 9 家加拿大公司的 33 位所有者、经理和其他决策者。最终,作者对这些人愿意谈论他们对环保措施的抗拒表示惊讶,但作者也特别提到他们(研究者)从一开始就做出了巨大努力来确保采访的保密性。作者还借助了公司文件、观察和工厂参观来补充他们的访谈,总的来说,他们发现了使用常见的"中和技术"(techniques of neutralizations)(Sykes & Matza,1957)作为强有力的支持,证明了被调查者对可持续发展战略并不感兴趣。

然而,作者也指出,参与访谈本身可能促使其中 3 个企业采取更多的环保措施。他们的结论是,访谈可能不仅仅是测量和了解不合规行为的机制,其还可以激发对不合规行为的讨论,进而鼓励企业改变。

另一个很好的关于对未被发现的不合规行为进行采访的研究范例是由柏欣(Pershing)在 2003 年进行的。她采用滚雪球式的抽样设计招募了 40 名美国海军学院的毕业生作为参与者,并采用了半结构化的访谈形式,结合二级数据分析来研究学校内的检举行为。总的来说,这些参与者认为轻微的不当行为(如撒谎或学术作弊)是"学校生活的一个组成部分"(p. 159),向学校行政部门举报同事的情形是相当罕见的。受访者更有可能非正式地警告他们的同事不要继续实施不当行为,通过使用中和技术(尤其是以"呼吁更高的忠诚度"的形式保护同事)来证明不采取更正式的处理措施是合理的。

作为最后一个基于访谈的研究未被发现的不合规行为范例,达布尼(Dabney)在 1995 年研究了重症监护室的护士中的职业不合规问题。他用滚雪球的方法采访了 25 名重症监护室的护士。但他指出,在采访时从未谈及谁向他推荐了参与者。访谈是相当非正式和谈话式的,采访护士们的是关于同事之间的员工盗窃行为以及他们自己参与员工盗窃行为的情况。他发现,在他的样本中,几乎每个接受采访的护士都承认了曾经偷窃过医院的用品,比如手术服,非处方药(OTC)等,同时在开麻醉药的程序中走捷径,而这些行为显然是违反医院规定的,但在护士群体中却普遍得以容忍。然而,盗窃麻醉药的行为被认为更严重,以至于只有一名护士承认在职业生涯中从事过这种盗窃行为。有趣的是,护士们把微小数额的盗窃(医务用品和非处方药)视为是工作中的“附带福利”,而把走捷径的行为归因于程序的过于烦琐,和/或把这种捷径看作“诚实的错误”。显然,这些访谈让我们了解到哪些行为在一个行业内是普遍存在的,同时也更加深入了解如何预防或解决这些行为。

显然,我们可以利用访谈来捕捉未被发现的不合规行为,并深入了解不合规/合规的(见第一章)“犯罪黑数”的情况。因为经常不被发现,所以是很难通过其他方法来掌握的。核心问题是,上述作者,以及其他研究者,是如何成功进行这种访谈的?在本章的其余部分我们将讨论学者和研究者在采访信息提供者关于其组织中未被发现的不合规行为时可能使用的几种技巧。具体来说,本章将详细介绍一些方法,这些方法既来自现有的关于采访未发现的不合规行为的文献,也来自我们自己的直接研究经验。本章的其余部分组织如下:首先讨论了各种类型的访谈(按整体策略、受访者类型和访问类型分类),接着是对访谈设计的探讨。在讨论了访谈设计之后,详细介绍了如何进行实际的访谈,最后是对这些方法的总结和启示。

在进入本章的主要部分之前,我们必须讨论伦理问题,这是任何涉及人类主体的研究的一个重要部分。这不是本章的重点,但任何研究者在采访他人时都必须认识到研究的伦理问题是多么重要,包括:知情同意、伦理批准、处理适当以及保护敏感的个人数据。在我们这里讨论的访谈中的情况尤其如此,因为它们涉及未被发现的不合规行为。就其本质而言,这些数据是高度敏感的。任何泄露数据的行为都可能导致对被采访者或其同事、员工或上级的法律诉讼(通常是刑事诉讼)。因此,在撰写访谈笔记时,研究者必须对所有受访者的姓名、访谈中出现的同事的姓名以及任何可能出现的可识别信息进行隐匿。(Goldstraw-White, 2011;Petintseva, et al. ,2020)

正如佩廷切瓦(Petintseva)等人(p. 155)所指出的那样,“……对参与者、第三方和可能违背研究伦理的所有类型的信息进行匿名化,也将保护研究者不受潜在的、有权势的和因研究成果即将公布而受到影响的人对研究者进行任何形式的打击”。但遗憾的是,即使对信息进行去识别化,也可能不足以保护受访者信息的机密性;根据当地法院的管辖权和法律适用,当法院命令或传唤此类数据时,研究者可能不得不披露访谈中涉及的信息。为了避免此类问题,任何进行敏感研究的人员都必须在项目开始前得到适当的伦理和法律建议,以确保研究对象和研究者都得到适当的保护。在这里,我们没有那么确切地说明他们可以这样做的详细方法,但大多数大学都有专家可以帮助研究者开发一个既符合伦理又符合法律的调查程序设计,这可能会限制我们在这里概述的一些选择,限制取决于所要适用的法律和进行研究的具体环境。

第二节　访谈策略

在进入访谈场合之前必须仔细地准备(Lee,1993),访谈者在这里必须做出几个决定。首先就研究对象所扮演的角色而言决定要进行什么样的访谈(Morse,1994),这在很大程度上取决于研究问题和访谈者想做的分析。我们可以区分两种一般的访谈形式。

第一种形式包括对信息提供者的一系列访谈,以构建他们在组织中存在的现实和认知。在这样的访谈中,研究者可以多次采访信息提供者,并且可以在不同的访谈中对信息进行三角测量以纠正不真实性。这种基于信息提供者的访谈在案例研究中最为常见,因为案例研究的分析单位是针对一个特定的样本(Bennett & Elman,2006;Gerring,2004),对合规性研究而言,样本可能是一个特定的组织或一个组织的次级单位。

第二种形式是利用受访者的独特视角。在这里,所有受访者都以同样的方式和次数接受采访。这使研究者能够在个人层面上分析他们的回答,并评估个人层面的变化。请注意,这种方法的目标不是为了验证叙述的真实性而将一个受访者的数据与另一个受访者的数据进行"比对",而是从每个受访者的独特视角来了解合规问题。

这是一个影响到整个访谈的准备和设计的基本选择。如果研究的目的是检索在一个特定的组织中发生了什么行为,以及了解这种行为对组织层面的影响,那么信息提供者方法可能是最好的。另外,如果研究的目的是了解组织内的个人如何对组织的规则做出反应,以及个人的看法、动机或情况如何影响合规,那么受访者方法是最好的。

与信息提供者的访谈在设计上可以更加灵活,因为每一次访谈都可以建立在上一次访谈的基础上,以便更深入地了解所发生的事件。即使最初采用正式的结构化方法,研究者也可以在发现新的事实或意见时改变方法。受访者形式的访谈需要更具结构化的设计,因为访谈者的内容与模式不应该在每次访谈中都进行改变,通过结构化的设计有利于将不同的样本的访谈结果进行比较。

在这两种方法中,信息提供者方法可能最适合于检测尚未被发现的不合规行为。由于研究者可以与同一个信息提供者进行多次访谈,所以可以在此过程中与研究对象建立信任,并且在随后的每次谈话中,从不太敏感的话题逐渐深入到更敏感的话题。在这个过程中,信息提供者可能会逐渐分享一些在与陌生人的第一次访谈中不会谈及的敏感事实。采访者甚至可以鼓励这种情况,即策略性地引入从其他信息提供者那里获得的知识,以便使被采访者知道"猫已经从袋子里出来了"(van Rooij,2006)。

信息提供者方法的另一个优点是,研究者可以将宝贵的访谈时间集中在愿意开放和分享经历的少数研究对象身上,而不是为了获得信息而去寻找尽可能多的受访者(因为许多人可能并不愿意分享他们对组织中不合规行为的了解)。

然而,许多形式的合规研究并不寻求进行样本研究,因此通常采用信息提供者的方法不那么适合,而是采用与受访者进行访谈的方法代替。例如,了解对威慑的认知是如何在未被发现的不合规行为中起作用的研究,那么受访者的方法就可以分析个人对威慑力的看法与个人层面的不合规行为的数据的关联。对于试图了解领导和工作人员的个性或个人特质如何在不合规行为中起作用的研究,也是如此。从本质上讲,需要研究的问题决定了这两种一般方法中哪一种更为有效。

还有一些研究者必须决定的现实考虑。在安排访谈之前要做出的一个重要决定是,单独进行访谈还是两个人一起进行访谈更可取。单独访谈可能很有吸引力,因为其更容易计划,可以与采访对象建立非常直接的关系,不受第二位采访者的任何动态干扰。但共同访谈也有多种好处,两个人了解的和记住的比一个人多,在采访和划分任务的过程中还可以相互依赖。布雷斯韦特(Braithwaite,1985)强烈建议在与强大的行业代表访谈潜在的不合规行为时应有至少两位采访者共同进行。同时有两位采访者,不仅可以防止对其中一位采访者的诽谤指控,而且另一位采访者的存在使采访看起来更有对话性,能使采访更加流畅、完善记录笔记,这在谈论受访者敏感部分的信息披露时更为明显。地位较高的受访者似乎很喜欢有两个采访人中的一个保持完全专注,不会因为做笔记而分心。此外,有第二个采访人可以帮助确保重要的主题或问题不会被忽略(Dodge & Geis,2006)。

两个采访者一起工作的另一个好处是,在写报告阶段的互动有益于对结果的解释和有效性。如果两位采访者具有不同的学术背景,那么他们所达成的共同的结论就更有说服力和更加有效(Braithwaite,1985)。此外,当一个采访者更密切地关注采访对象的身体语言,可能会对调查结果提供一些独特的理解,否则身体语言很可能会被忽视(Dodge & Geis,2006)。

另一个现实选择是进行访谈的地点。佩廷切瓦等人指出人们可能更愿意在一个非正式的环境中敞开心扉,对在工作场所发生的行为坦诚相待(Dodge & Geis,2006),但如果采访将触及敏感话题,则应避免使用公共场所。最好的做法可能是在当事人家中或午餐时进行访谈。正如布雷斯韦特(Braithwaite,1985,p. 138)所指出的那样:“很明显,针对敏感话题最有用的访谈是在午餐时喝了几瓶酒之后。”需要注意的是,一些学者认为与发生不合规行为的环境相距太远(例如,在监狱中采访囚犯),会影响回忆和解释事件的准确性(Goldstraw-White,2011)。与设定有关,佩廷切瓦等人(Petintseva et al. ,2020)指出采访者不应让受访者以书面形式(例如,通过电子邮件或短信)谈论敏感话题,许多人认识到以书面形式承认不合规行为会使他们承担责任。也许最好的办法是与其就争议性的问题进行电话访谈。电话访谈的匿名性更强,但仍然不需要研究者笔记之外的书面记录。

访谈策略的下一步是决定选择什么样的受访者。合规研究者有不同的选择,部分取决于研究问题和设计,部分取决于访问水平。一个选择是可以尝试采访那些可能直接参与未被发现的不合规行为的人。这当然是最有趣的,因为它让研究者能直接通过参与人了解不合规行为。然而,要接触到这些人或期望他们能够站出来也很困难(在某些情况下实际上就是不可能)。另一个选择是选择具有专业知识的人,无论是作为旁观者还是作为受害者来评估公司的合规性。范·鲁伊(van Rooij,2006)关于工厂所造成工业污染的研究是一个很好的例子。他从住在工厂旁边的村民那里了解到最多关于夜间发生的事(某些在夜间生产的工厂知道这个时间段不会有执法行动,就会更大胆地违反法律,向当地河流排污)。研究者应该仔细考虑他们可以采访的潜在行为人的范围,以了解未被发现的不合规行为。

访谈策略的另一个关键方面是如何与所选行为人接触。研究者必须意识到,他们接触受访者的方式可能会影响获得未被发现的不合规行为数据的能力。如果研究者是通过监管者介绍给一个组织,这会使该组织的访谈对象更惧于承认不合规行为。此外,当研究者通过组织中的直接上级与受访者见面时,受访者可能会把采访者与上司联系起来,同样会害怕分享信息。研究者必须仔细思考进入一个组织和在其内部进行访谈的最佳方式,这仍然是一个有争议的问题。与面对面的访谈相比,电话访谈增加了匿名性,但除了研究者的笔记之外,仍然不要书面记录。研究者必须通过试点研究(在第十二章第三节中有更全面的描述)来尽可能多地了解有哪些潜在的访问路径,以及每种路径可能存在的敏感问题。研究者了解得越多,就越有可能在建立第一次接触时,在尽可能减少这种敏感性的基础上做出决定(虽然这种敏感性会始终存在)。

第三节　试点研究的进行

如果没有详细了解所要研究的组织,包括其运作的法律和监管背景,那么将难以制定适当的访谈策略,难以设计访谈内容和准备进行访谈。因此,研究者应该在开始实际访谈之前就进行试点研究,最好是在对策略和访谈设计做出任何最终决定之前进行试点研究。这种试点研究包括做文献研究,尽可能多地了解适用的法律及其执行情况,以及要研究的组织。试点研究还包括与专家、监管机构进行一系列非正式访谈。以及如果可能的话,通过选择与研究对象类似的组织,与该组织中相对更容易接触到并愿意接受的人员进行一系列非正式访谈,有助于尽可能多地了解该组织,以指导访谈策略,为正式访谈做最充足的准备。

试点研究对于正确的研究设计来说确实是不可或缺的,在几个方面起到重要的作用。第一个方面,试点研究有助于使研究者准确了解哪些不合规问题可能正在发生。大多数好的访谈都非常关注相关问题的特定形式不合规问题。特别是在受访者访谈中(结构化程度较高),如果没有预先设定的重点,对不合规行为进行一般性研究是非常不现实的。重点应该是有依据的,并基于一些现实的经验。试点工作还可以让研究者了解,在一个特定的背景下哪些变量会潜在地影响合规性。例如,一项试点研究可能表明,在所研究的组织中几乎没有强制执行,或者不合规是相当正常和可以被接受的,这已经成为一种社会规范。这就影响了研究的重点,意味着研究者在访谈中更多或更少地关注诸如威慑力和社会规范等方面。

试点研究的第二个方面是尽可能多地了解被评估组织的情况。有助于研究者知悉可能参与不合规行为的人员,以及组织内外可能知晓不合规行为的人员。这对于确定访谈对象是不可或缺的。

试点研究的第三个方面是了解不合规的敏感性,以及潜在访谈对象之间讨论这种不合规的方式。这是试点研究真正重要的地方。一个很好的例子是范·鲁伊在尝试研究中国律师中的逃税问题时的做法(van Rooij,2016)。他在这项研究中试图了解逃税行为的个体差异,因此采用受访者方式。在进行关于逃税问题的100次访谈之前,首先以非正式的方式采访了几位法学教授、律师、税务机关和司法机关人员。在这些试点访谈中,他了解到逃税究竟是如何运作的、哪些方面是敏感的以及当地人是如何直接和间接地讨论逃税问题的。这些试点信息在他的访谈设计中被证明是非常宝贵的,详见第十二章第四节。

试点研究还有一个非常实用的功能,它可以避免浪费时间去问多余的问题。许多负责合规工作的人都忙得不可开交,很可能把接受采访看作是一种"恩惠"。因此,询问有关他们的工作职能或行业的基本问题很可能会使他们感到厌烦,并可能会让采访者显得毫无准备、没有知识储备,甚至可能是能力较差。佩廷切瓦等人(Petintseva et al.,2020)指出,一些专家或权威人士会反过来"测试"采访者,看他们是否值得信任,能否就手头的话题进行复杂的对话。准备好处理这种情况可以帮助采访者与参与者建立融洽的关系(Dodge & Geis,2006)。权威人士也倾向于抵制标准化的问题,并可能试图控制谈话,因此充分的准备(例如,记住重要的访谈问题)可以帮助采访者更灵活地处理访谈的流程,也有助于采访者感兴趣的话题得以重提(Petintseva,2020)。一些学者建议使用"提示表"来帮助采访者确保在谈话中涵盖所有相关主题的内容(Goldstraw-White,2011)。

试点研究和对研究对象的了解也可以防止研究环境中的一些潜在问题。首先,如果研究者不了解所研究的组织的合规性,容易被采访中得到的答案蒙蔽。布雷斯韦特(Braithwaite,1985)指出,他在医药代表的采访准备工作中受益匪浅——特别是他对行业中普遍存在的不合规行为的了解(以及他对其所负责的公司的记录的了解)。范·鲁伊(van Rooij,2006)在他关于企业的工业污染研究中也提到了这一点,他发现如果先概述已经知道的情况,就会更容易让采访对象谈论不合规问题,并进行更深入的讨论。

第四节　访谈设计

在进行试点访谈后,研究者应该为构成其研究的实质部分做更充分的设计准备。根据不同的访谈形式(结构化、半结构化或完全非正式的),访谈设计或多或少会有一些讲究(Turner Ⅲ,2010)。需要注意的是,即使在非正式访谈中,对访谈的设计也起着关键作用。为了研究未被发现的不合规情况,研究者主要的设计目标是找到一种方法,让研究对象(无论是作为信息提供者还是受访者)讨论违反规则的情况。一个好的设计有助于采访者在访谈过程中使用技术以进一步促进信息的良好流动。一个好的研究合规行为的设计,首先要清楚地知道研究的重点是什么法律规则和行为。这需要对规则的内容、如何解释这些规则进行适当的法律分析,并进行试点研究,以检验在被调查的组织中对这些规则可能产生的行为反应后。了解他们对特定规则的关注和行为反应后,下一步就是确定哪些行为人将被采访。根据规则和行为的类型,可能会有各种各样的行为人需要就组织中的合规性进行访谈,其中一些是身居要职的人,包括组织管理层、内部法律顾问和合规经理;采访这些精英人物需要采取与采访低级别员工不同的方法。低级别员工也可能在日常的合规工作中发挥重要作用,并有可能是未被发现的不合规行为的宝贵信息来源。

访谈设计的核心目标是使受访者的访谈经历尽可能自然,甚至是有趣。从高层管理者到低级别员工,没有人喜欢把时间浪费在研究者身上。因此,研究者主要的挑战是如何进行访谈,既要流畅,让受访者感觉很自然,同时又能收集到研究者想要的关于合规性(以及影响合规性的因素)的信息。对于信息提供者访谈,研究设计策略应该集中在如何在多个会话中安排访谈的顺序。

理想情况下,当研究者可以确保与一些研究对象多次交谈时,应采用基于信息提供者的访谈策略。第一次见面不应该是用来收集数据,而是用来相互了解。研究者也可以用它来试水,看看受访者是否可能掌握合规信息并可能愿意分享它。同样重要的是,第一次见面可以观察是否有可能建立某种融洽关系。第一次会面的设计是找到一些可以讨论的话题,但不是合规研究的核心话题。

当范·鲁伊(van Rooij,2006)对耕地建设进行研究时,在做非正式访谈的前几周里完全没有涉及当地的建设情况。起初,他与当地的村长和村民就一般经济问题进行了多次简短的交谈。问了一些问题,比如会种植什么作物,农产品能赚多少钱,以及如何出售农产品。他还谈到了村里当前的问题,比如村民之间的纠纷,刚刚举行的地方选举。通过这种方式,他获得了关于社会、经济和政治背景的宝贵知识,这都是他后来分析非法建筑行为背后因素时所需要的。更重要的是,他能够逐渐了解当地的情况。他了解村民的个人信息,村民们之间的关系如何,还赢得了村民的信任。村民们看到他不是只来一次询问一些他不了解的地方事务的敏感问题,而是一次又一次地来,真正地倾听他们心中的想法。这也有助于范·鲁伊逐渐转向询问有关建筑的问题。在反复交谈过程中,村民们有时会自己提出这个问题,他也可以轻松地将话题引向正在建的新学校、新寺庙或新工厂上。

对于信息提供者的访谈,一个能让研究者了解组织情况并建立足够信任以讨论敏感话题(如未被发现的不合规行为)的设计至关重要。这样的设计还应该考虑到,即使具备对当地足够的了解和受到当地人足够的信任,讨论不合规行为也不那么简单。研究设计应该着重于找到那些愿意讨论敏感问题的人，与他们就合规问题进行多次讨论（从仅仅是“隔靴搔痒”到提出越来越直接和严厉的问题），并确保一个来源的信息与其他来源的信息进行三角对比（比较和检查）。尽管安排多次访谈可能会有困难（尤其是在谈论敏感问题时），但多次会话的另一个好处是，可以让访谈者和参与者反复检查以前的讨论内容，并使各方能够思考在之前的访谈中出现的问题（Alvesson，2003；Lee，1993）。当研究者做到这里就会发现信息提供者在第一次或第二次访谈中所说的话与他们在第十一次或第十二次访谈中所说的话是会有所不同的。

洛坎南（Lokanan，2018）曾经提到，在多个方面的不一致性应当引发更详细的探讨，并可能引导研究者找到其他有合规相关信息的各方。也就是说，不一致不一定是不合规的信号——研究者应该考虑不一致的其他原因（例如，也许被调查者不在可以自由交谈的环境中，也许他们试图告诉采访者他们认为采访者想听的，等等）。一旦研究者对合规性进行了这种研究，就会永远对基于单一访谈的合规性评估的研究持怀疑态度（就像大多数调查和半结构化访谈那样）。

为评估个体差异和变量而进行的受访者类型的研究（当没有时间做真正基于信息提供者的分析所需的费力工作时），通常不依赖于对每个研究对象的多次访谈，而是每个研究对象一般只接受一次访谈。因此，通过与采访对象建立必要的信任关系来对未发现的不合规行为进行采访会是额外的挑战，一个好的研究设计可以起到很大帮助。在后来的工作中，范·鲁伊转而采用了受访者访谈方式。在他指导的一项研究中，严惠麒（Yan Huiqi）采访了农民使用杀虫剂的问题（Yan，van Rooij，＆van der Heijden，2015，2016；Yan，van der Heijden，＆van Rooij，2017），而在另一个他所主持的采访中，对一些律师的逃税行为进行了调查（van Rooij，2016）。在这些研究中，范·鲁伊和他的同事试图找到一种设计有关未被发现的不合规行为的访谈的方法，使研究对象感到流畅自然，但也能评估他们想要分析的所有关键变量。范·鲁伊称这种采访为脚本对话形式。他的意思是，这种设计使访谈更像是一个自然流畅的对话,尽管是事先精心编排和设计的。这需要首先做一个详细的试点研究,用自然的方式来讨论非法行为。

对税收研究,范·鲁伊(van Rooij,2016)通过非正式的访谈发现,很多律师通过向事务所少报收入来逃税,因为事务所从客户付款中获得的分成远远高于扣税。更甚者,律师们通常不会向事务所报告与客户的直接交易。范·鲁伊了解到这是联系人非常愿意谈论的一种常见做法,因为这种行为并不具有非法行为的含义(根据法律,这种行为是不允许的)。然后他编写了一个对话表,讨论律师来自哪里,为什么去学习法律,如何得到现在的工作,以及如何找到客户等问题。这些话题在第一次谈话中都是很正常的,也是了解律师的一种方式,同时也是范·鲁伊展示自己的一种方式,因为他也曾从事过法律工作,上过法学院,并且对律师们因来自不同地区而造成的区别非常感兴趣。一旦谈话转向他们如何获得客户,范·鲁伊的设计就通过一系列的步骤将其引向税务行为。他首先询问律师,客户是否曾经就法律服务的价格进行过谈判。范·鲁伊通过他的试点研究了解到,许多客户都会这样做,而律师们讨厌这种做法,且经常抱怨这一点。因此,这个问题建立了让律师们感到被理解的契机,并在讨论客户试图讨价还价的方式(有时是愚蠢的)时建立起一种联系。通过这个问题,对话也可以自然而然地转入关于合规的主要问题。在这一点上,范·鲁伊会询问律师,当法律服务的价格确定之后,下一步应该如何进行。

在准备访谈的过程中,范·鲁伊了解到这是讨论逃税的最佳方式,因为他知道,当律师逃税时,他们不会向事务所报告收入(或不完全报告收入),也不会得到事务所的正式批准和客户之间签订法律服务协议(或没有涵盖全部费用的协议)。对"律师在向客户报价后会做什么"这个看似不敏感且具有高度事实性的问题,范·鲁伊可以让讨论继续自然地转向他感兴趣的合规实践:若律师向事务所报告所有收入,在获得事务所的正式批准后签订协议,这就意味着事务所会以全部收入额来报税(范·鲁伊从他的试点研究中了解到)。

通过适当的设计，在讨论非敏感问题时，应答式访谈也可以使研究者在访谈的第一阶段就获得受访者的信任，并建立联系。此外，通过适当的设计，采访者也可以问一些公开的、看起来不敏感的，涉及不合规行为的问题。这里的核心是，采访者要尽可能多地了解该行为，以便能够高度真实地讨论。从这个意义上说，研究者在不需要询问受访者是否承认违法的情况下，也可以简单地专注于讨论可能是违法的活动，不强调违法的事实。在这样的设计下，研究者在访谈过程中考虑不同时期的敏感程度至关重要。在敏感问题上不宜停留太久，最好是从非敏感问题过渡到敏感问题，再回到非敏感问题。在律师逃税问题研究中，在第一轮关于报告收入的敏感调查之后，范·鲁伊会进行一项关于律师的直接上级的简短调查，然后是关于律所文化和氛围的问题。

正如范·鲁伊在试点研究中所了解到的，律师们非常喜欢谈论他们的主管和整体文化。通过这些问题，能够将敏感度完全降低。然后，他把访谈设计成最后以不同的方式回到逃税的问题上。在这里他使用了一种不同的策略，也是基于他的试点研究。他询问受访者对将提高律师税的新税收修正案有何看法。他知道这会让受访者感到愤怒，而且他在访谈中发现，那些在第一轮问题中原本给出的答案表明完全合规的律师，在表达了他们对加税的不满之后，会承认已经在进行的各种逃避法律的行为。因此我们可以看到，通过精心设计，受访者访谈也可以提供某种形式的三角定位，即将对话中前面所说的和后面提到的内容联系起来。

第五节　进行访谈

通过适当的准备、良好的研究策略和设计，同时通过安排适当的访问，研究者应该尽可能地做好进行访谈的准备。虽然有完整的文献和许多培训课程介绍通常如何进行访谈，但在研究未发现的不合规行为时，研究者应注意一些具体的方面。

首先，研究者需要认识到，虽然已经组织了接触（无论是通过认识的人介绍的非正式接触，还是通过组织本身或通过受访者的上司的正式接触），他们仍然需要与受访者建立关系和信任。为此，至关重要的是要记住，进入组织获得访问权后并没有结束；对于每一个新的受访者，研究者都必须建立新的联系。这本质上是建立个人层面的访问权，以便进行研究。其关键是要有耐心和开放的态度。一个人必须首先正式介绍自己，同时建立道德保障和对话的轮廓。

当为采访者向潜在的访谈参与者介绍自己时，很重要的一点是强调自己作为研究者的角色，而不是作为调查的掌控权威者（Dodge & Geis，2006；Petintseva et al.）。人们，即使是那些不合规的人，往往倾向于对一个没有偏见、与他们关系良好的人讲述他们的故事。作为采访者要提醒自己，我们不是去评判别人的行为，我们只是去了解为什么会发生这些行为（Dodge & Geis，2006；Goldstraw-White，2011；Petintseva，2020）。

研究者向受访者介绍自己的访谈风格也很重要，特别是如果研究者想问一些可能被理解为对抗性的问题的话。不过，一些学者建议以非对抗性或轻松愉快的方式进行访谈，如类似于八卦闲聊的方式（Dodge & Geis，2006；Petintsev et al.，2020，pp. 130-131）；而其他一些学者发现，在访谈时表现地具有侵略性更有助于获取信息。如果研究者准备以一种可能被视为过于激进的方式问一些有争议的话题，比如，不合规问题，佩廷切瓦等人建议在访谈开始时，研究者就应告诉受访者采访计划是激进的，向受访者说明会问一些有争议的问题，以促进对该话题更全面更彻底的理解。当然，这取决于访谈的设计。如果使用前文讨论过的脚本式对话技巧，那么最好不要从一开始就明确说明访谈的敏感性和争议性，而是应当遵循对话的流程。

在研究者向受访者介绍访谈计划之后，花一些时间来尝试与受访者建立融洽的关系是非常明智的。理想情况下，这应该是研究设计的一部分。对知情者类型的研究，特别是研究者认为可以再次采访的，那么第一次采访就应该是建立这种融洽关系。研究者可以对受访者表现出兴趣,从非敏感的问题开始进行访谈设计,创造一种积极的气氛和一些相互理解的情绪。所有这些都是可以设计的,然后研究者需要做的就是遵循最初的设计,同时在必要时对其进行调整以适应谈话的流程。

随着访谈的开始,学者们指出要重点观察受访者的肢体语言和对话模式(Lee,1993;Lokanan,2018;Petintseva et al.,2020)。在我们的日常生活中,当有人试图向我们隐瞒信息时,我们常常可以感觉得到,这与访谈中看到的情况类似。当某人隐瞒细节甚至撒谎时,可能会在谈话中犹豫不决或停顿很久,使用明显经过排练的短语,重复某些词语,提供的细节很少,听起来对谈话不太投入且不确定,说话的音调较高,或者显得紧张等(De Paulo et al.,2003;Goldstraw-White,2011;Lokanan,2018;Petintscva et al.,2020)。另一种情况是采访者收到来自不同受访者的完全相同的回复(Petintseva et al.,2020)。采访者应该制定一种敏感度表,用以评估谈话对研究对象的敏感程度。建议不要在高度敏感的话题上停留太长时间,可以先谈别的话题,然后再回到这些话题上,这也可以成为访谈设计的一部分。如果研究者发现受访者对敏感话题的反应非常消极,就需要思考如何调整访谈设计。反之亦然,如果研究者观察到受访者想分享更多信息,就可以在这些话题上深入研究,停留更长时间。

当研究者觉得他们所收到的回复是一套标准化的组织话语,或者是预先设计好的回应时,应该想办法让受访者详细说明,或者在采访后期用不同的语言来表达这个话题(Alvesson,2003)。这也是为什么制定一个好的访谈设计方案很重要。设计一组开放性的问题,有经验的研究者可以把这些问题作为深入研究的关键起点。这不仅可以使研究者在访谈结束后再审视追踪更广泛的问题,也能使其注意到受访者试图逃避某些问题。(Petintseva et al.,2020)

此外,如果觉得受访者的回复都是预先设计好的话,研究者可以要求按相反的顺序描述事件/情况("在那之前发生了什么?"),这会引发受访者更多的思考,也可能导致与脑海中预先设计话语的矛盾,促使其对事件进行更详细和更准确的描述(Lokanan,2018)。请受访者举例说明或询问他们一些假设的情况,然后询问这些情况的现实性如何都是有帮助的。当受访者仍然模糊不清时,另一种技巧是沉默(Hill,Thompson & Ladany,2003)。当研究者在受访者回答后不说话,受访者很可能会继续说下去,而且很可能会说得更具体。研究者使用赞同或理解的语气词,或者一个简单的"是"或"有趣"也会有所帮助。但沉默是一种非常强大的工具,要小心使用。

范·鲁伊(van Rooij,2006)在他所做的一次采访中,他多次用沉默将话题向前推进,但突然气氛发生了变化,因为受访者似乎意识到他透露了太多的信息。在那之后,就不可能有进一步的采访了。此外,范·鲁伊也为自己鼓励(甚至是通过沉默的方式)受访者透露比通常自愿透露的更多的信息而感到不快。

如果认为受访者隐瞒了什么,下面有一些可以鼓励他们诚实透露信息的方法。第一,研究者可以从一开始就提醒受访者,参与是自愿的,所有的信息都是完全保密的(Goldstraw - White, 2011; Petintseva et al., 2020),包括在调查中出现的任何同事的名字(Petintseva et al.,2020)。但在受访者从未考虑过(例如,在与较低级别员工的非正式访谈中)访谈的敏感性的时候,这可能会造成一些意料之外的影响。第二,一般来说,从威胁性或敏感性较低的问题开始访谈(正如我们在设计访谈一节中讨论的那样),然后慢慢转向更加具体和敏感的询问,这会是个好主意。第三,去询问有关"第三方"的行为是一个重要的技巧,这既可能是访谈设计的一部分,也可能是现场临时加入的。受访者通常更愿意谈论同事、业内人士,其他公司的人,甚至是假想公司的行为。如果不合规问题在工作场所内是相当正常的,受访者也更有可能承认这种行为。同样的,问一些非对抗性的问题也可以引出有关敏感话题的信息,而不涉及任何人的具体行为。例如,"我听说这是一种常见的现象,你对发生这种行为的原因有什么看法?"(Braithwaite,1985;Petintseva,2020)。正如在柏欣的研究中(Pershing,2003),询问受访者对见到不合规行为的反应,可以作为评估一个组织中存在多少不当行为的方法。即便无法得到确切的数字,但了解不当行为是否猖獗、是否罕见或介于两者之间,对于确定更多量化研究和检查的方向非常有用。

另一个获得更真实答案的方法是研究者直截了当地说出其从其他访谈中已经知道的情况。但这种技巧不能用于受访者类型的设计(在这种设计中,研究者只与每个受访者只会面一次),会导致后来的访谈(研究者事先拥有更多的信息)与先前的访谈无法比较。对于知情人类型的访谈(在这种访谈中,研究者寻求与愿意讨论敏感话题的人进行多次访谈),它可以鼓励研究对象诚实解释研究者已经知道的事情(这样也可以加快信息收集的速度)。透露这些信息也表明研究者是“知情者”,而且研究者不会以任何方式评判这一点,这样受访者就会乐于分享更多信息。

在合规性研究中,有一种相对未被探索的策略是在描述具体事件时使用认知访谈技术。洛坎南(Lokanan,2018)在金融犯罪领域对证人和犯罪嫌疑人运用了这种技术,提供了使用各种工具来改善记忆的建议。首先,研究者可以要求受访者在脑海中重温当时的场景,基本上是在非常广泛的范围内回忆当时的环境和自己的经历(例如,房间的光线是好是坏,当时有什么情绪,是否害怕,当时在思考什么?)在受访者描述情况时,即使有些事情看起来并不那么重要,或者受访者觉得他们好像在自相矛盾,研究者也应鼓励他们尽可能多地提供细节。这些“微小”的细节可以用来比较不同受访者的叙述。

进行访谈的一个关键挑战是如何坚持访谈的设计,特别是当受访者走上完全不同的轨道并开始控制访谈的时候。范・鲁伊在研究律师事务所的逃税问题时,采访了一位年长的律师(范・鲁伊工作的城市中最顶尖的刑事辩护人之一)。他的第一个问题是“你来自哪里”,这是一个不敏感的问题,引发了这位律师开始讲述他的人生故事(这是一个长达两小时的长篇传奇故事),虽然非常有趣,但与当时的研究重点基本不相关。这种情况时常会发生,以这种方式进行访谈也不是坏事。但一个准备充分的研究者会打断受访者,引导访谈回到原先的设计上。有几个技巧可以做到这一点。常见的是通过总结受访者所说的话来获得控制权,通过转述受访者所说的话,表明确实听到了他们所说的——但在总结结束时,可以插入一些简短的话语以把它转回到主题上。当受访者偏离方向时,研究者要学会自我镇定,就让对方说话,并花时间思考如何最好地打断偏离了方向的受访者,并将访谈引导回主题。

研究者还要注意如何结束访谈。第一个问题是何时结束。不要让访谈超过最初所预定的时间,除非得到可以进行更长时间访谈的明确信号。在某些情况下,如果研究者清楚地认识到受访者不愿意或不能分享想要的信息,可以决定提前结束访谈以避免浪费时间。在研究者结束采访时,以能维持现有关系的方式向受访者进行告别很重要,这不仅是表示感谢,也是询问受访者对访谈的感受与反馈。此外,研究者还可以询问如果有进一步的问题,是否可以再次联系受访者,以及受访者是否认识其他可以进行采访的人。访谈结束时,研究者可以向受访者解释下一步的工作,以及在处理数据时会关注的问题。如果合适的话研究者可以询问受访者是否愿意核实引文,也许可以对材料提供一些反馈(Dodge & Geis,2006)。

道奇指出,这往往可以让受访者更好地理解这个现象,因为受访者阐述了重要的观点,或者更重要的是可以防止出现令人尴尬(甚至可能是造成诽谤)的错误。

第六节　小　结

合规研究中最严峻的挑战之一是如何评估未被发现的公司不合规行为。在这方面,从业者和学者们不能依赖于政府的执法数据,调查也因此具有额外的挑战性,因为未发现的不合规行为特别敏感,社会期许性偏差将更高,更难以克服。本章讨论了如何设计良好的访谈策略以有助于评估和分析这种未被发现的不合规行为。

本章研究了两种核心访谈策略，即知情者方法和受访者方法。知情者方法最适合于进行深入的案例研究，以了解所发生的事情，并在组织（或下级组织单位）的层面上进行分析。受访者方法最适合于评估个人层面的认知和因素与组织不合规的关系。

一个成功的访谈，无论是使用知情者方法还是受访者方法，都能尽可能地减少社会期许性偏差，并能在多次访谈中进行系统分析，以评估合规性和具体推动合规。为了进行这样的访谈，本章表明，准备工作是关键。这要从适当的试点研究开始，以了解在不合规方面有哪些变化，以及讨论这种不合规的最佳方式是什么。在此基础上，研究者需要制定一个访谈策略，根据最适合研究目的和最具有实际操作可行性的标准，选择知情者或受访者方法。一个好的访谈设计可以使访谈自然流畅，贴近语言和受访者的经验，以最不敏感的方式处理不合规问题。

本章进一步讨论了如何进行访谈，从获得访问权限到如何确保受访者进行响应，以及如何在坚持设计的同时保持访谈的自然流畅。访谈之后，对数据的分析是非常重要的。本章没有详细讨论这个问题。这种分析需要根据研究设计开发一个编码本，基于访谈的关键方面和采访中的问题的视角进行编码（Campbell，Quincy，Osserman，and Pedersen，2013；Aberbach & Rockman，2002）。定性比较分析（Rihoux & Ragin，2009；Schneider & Wagemann，2010）在这个领域中是一种有效的分析方法，因为它应用了布尔代数来发现访谈中的因果路径（Yan，van der Heijden，& van Rooij，2017）。使用定性比较分析或类似类型的分析方法的问题在于，它将丰富的访谈数据简化为数字代码，在这个过程中很可能会失去一些来之不易的对合规性的深入了解。定性文本分析软件，如 Atlas Ti（Friese，2019）或许提供了一种不同的、更合适的分析形式，因为这让人们将编码与访谈中的谈话记录结合起来。这样，研究者不仅可以找到一种分析模型，还可以直接用访谈中的谈话记录来对这些模型进行具体说明。

和所有评估合规程度的方法一样,访谈也有其局限性。考虑到所研究的不合规行为的性质,基于缺乏访问权限或伦理道德方面的考虑,访谈也不是万能的。即使是经过精心准备、设计和进行的访谈,也无法完全克服社会期许性偏差,因此也无法检测出所有未被发现的不合规情况。而且与定量方法相比,访谈将更难被大范围推广,因为深度访谈不可能在一个非常大的样本中进行。

尽管有这些局限性,访谈仍是评估和分析未发现的不合规行为的重要方式。访谈的确应该是合规评估中混合策略的一部分,它应该与政府和组织的大数据相结合,然后再进行调查,以更广泛地测试基于访谈结果所构建的模型。在这种混合方法中,访谈为人们理解通过大数据而构建的模型,分析新的模型和不合规的根本原因,并为制定具备最适合所研究组织的语言和经验的调查奠定了基础。

参考文献

Aberbach, Joel D. and Bert A. Rockman. 2002. Conducting and Coding Elite Interviews. *Political Science and Politics*, 35(4), 673-6.

Alvesson, Mats. 2003. Beyond Neopositivists, Romantic, and Localists: A Reflexive Approach to Interviews in Organizational Research. *The Academy of Management Review*, 28(1), 13-33.

Bennett, Andrew. and Colin Elman. 2006. Qualitative Research: Recent Developments in Case Study Methods. *Annual Review of Political Science*, 9, 455-76.

Benson, Michael L. 1985. Denying the Guilty Mind: Accounting for Involvement in a White-Collar Crime. *Criminology*, 23(4), 583-607.

Braithwaite, John. 1985. Corporate Crime Research: Why Two Interviewers are Needed. *Sociology*, 19(1), 136-8.

Campbell, John L., Charles Quincy, Jordan Osserman, and Ove K. Pedersen. 2013. Coding in-Depth Semistructured Interviews: Problems of Unitization and Intercoder Reliability and Agreement. *Sociological Methods & Research*, 42(3), 294-320.

Chassé, Sonia and Olivier Boiral. 2017. Legitimizing Corporate (un) sustainability:

A Case Study of Passive SMEs. *Organization & Environment*,30(4),324–45.

Dabney,Dean. 1995. Neutralization and Deviance in the Workplace:Theft of Supplies and Medicines by Hospital Nurses. *Deviant Behavior*,16(4),313–31.

De Paulo, Bella M. , James J. Lindsay, Brian E. Malone et al. 2003. Cues to Deception. *Psychological Bulletin*,129(1),74–118.

Dodge, Mary and Gilbert Geis. 2006. Fieldwork with the Elite: Interviewing White–collar Criminals. In Dick Hobbs and Richard Wright,eds. ,*The Sage Handbook of Fieldwork*. London:Sage Publications,p. 79.

Friese,Susanne. 2019. *Qualitative Data Analysis with ATLAS*. Ti. New York:Sage Publications.

Gerring,John. 2004. What is a Case Study and What is it Good for? *American Political Science Review*,98(2),341–54.

Goldstraw – White, Janice. 2011. *White – Collar Crime: Accounts of Offending Behavior*. Basingstoke,UK:Palgrave Macmillan.

Hill,Clara E. ,Barbara J. Thompson,and Nicholas Ladany. 2003. Therapist use of Silence in Therapy:A survey. *Journal of Clinical Psychology*,59(4),513–24.

Lee,David. 1993. White Collar Crime and the Financial Sector – Gathering the Evidence. *Commonwealth Law Bulletin*,19(4),1932–40.

Lokanan,Mark Eshwar. 2018. The application of Cognitive Interviews to Financial Crimes. *Journal of Financial Crime*,25(3),882–90.

Morse,Janice M. 1994. Emerging from the Data:The Cognitive Processes of Analysis in Qualitative Inquiry. In Janice M. Morse, ed. , *Critical Issues in Qualitative Research Methods*. Thousand Oaks,CA:Sage Publications.

Pershing,Jana L. 2003. To Snitch or not to Snitch? Applying the Concept of Neutralization Techniques to the Enforcement of Occupational Misconduct. *Sociological Perspectives*,46(2),149–78.

Petintseva,Olga,Rita Faria,and Yarin Eski. 2020. *Interviewing Elites,Experts, and the Powerful in Criminology*. Cham,Switzerland:Palgrave Macmillan.

Rihoux,Benoît and Charles C. Ragin. 2009. *Configurational Comparative Methods,Qualitative Comparative Analysis(QCA) and Related Techniques*. Thousand Oaks,

CA:Sage Publications.

Schneider, Carsten Q. and Claudius Wagemann. 2010. Standards of Good Practice in Qualitative Comparative Analysis (QCA) and Fuzzy-sets. *Comparative Sociology*, 9 (3), 397-418.

Sykes, Gresham M. and David Matza. 1957. Techniques of Neutralization: A theory of Delinquency. *American Sociological Review*, 22(6), 664-70.

Turner Ⅲ, Daniel W. 2010. Qualitative interview design: A practical Guide for Novice Investigators. *The Qualitative Report*, 15(3), 754.

van Onna, Joost. 2018. Blurred Lines: A Study of White-Collar Crime Involvement. PhD Thesis, Defended at the Free University of Amsterdam, July 5, 2018.

van Rooij, Benjamin. 2006. *Regulating Land and Pollution in China, Lawmaking, Compliance, and Enforcement: Theory and Cases*. Leiden: Leiden University Press.

van Rooij, Benjamin. 2016. Weak Enforcement Strong Deterrence: Dialogues with Chinese Lawyers about Tax Evasion and Compliance. *Law and Social Inquiry*, 41(2), 288-310.

Yan, Huiqi, Jeroen van der Heijden, and Benjamin van Rooij. 2017. Symmetric and Asymmetric Motivations for Compliance and Violation: A Crisp Set Qualitative Comparative Analysis of Chinese Farmers. *Regulation & Governance*, 11(1), 64-80.

Yan, Huiqi, Benjamin van Rooij, and Jeroen van der Heijden. 2015. Contextual Compliance: Situational and Subjective Cost-Benefit Decisions about Pesticides by Chinese Farmers. *Law & Policy*, 37(3), 240-63.

Yan, Huiqi, Benjamin van Rooij, and Jeroen van der Heijden. 2016. The Enforcement-Compliance Paradox: Implementation of Pesticide Regulation in China. *China Information*, 30(209-231), 1-23.

第十三章　合规民族志

——合规测量中缺失了什么*

本杰明·范·鲁伊　吴云梅　李　娜

第一节　民族志研究的含义与特征

组织合规性的研究往往是一种测量和定量分析的研究，学者们往往使用自我报告调查(e. g. ,Parker & Nielsen, 2009b, 2011; Braithwaite, 2003a, Braithwaite, Murphy, & Reinhart, 2007; Thornton, Gunningham, & Kagan, 2005)、阶乘调查(Rorie, Simpson, & Boppre, 2018)、实验(Baxter, Holderness, & Wood, 2016)或政府数据检验等方式(e. g. ,Short & Toffel, 2008; Ko, Mendeloff, & Gray, 2010)。这种工作模式的核心方法是收集有关组织对法律的响应的数据，并将其编码为合规或不合规，在两个数值极端之间的范围内进行编码。这种工作模式还收集对合规存在潜在影响的数据。然后，研究试图评估影响和合规行为变化之间的因果关

* 致谢：这项研究是通过欧洲研究委员会(ERC-2018-CoG-HomJuridicus-817680)的慷慨资助实现的。

系。这些定量方法的优势在于,根据设计方案和数据,可以进行大量的观察,在对更大的群体样本进行检测的时候可以有更好的代表性,使用统计分析来确定样本的显著性和模型间的交互效应,并且在使用实验设计时可以分析因果推理(Parker & Nielsen,2009a)。此外,这些研究或者显示出样本间显著关系或显著影响,或者显示不具有显著关系或显著影响,因而得出了明确和容易理解的结果。

其他章节更多的从细节上探讨了关于这种定量方法的优点和局限性,并以此来测量合规性。本章试图展示当对合规性进行定量测量时可能会缺失什么。当研究组织合规性的定量方法确实提供了关于组织行为的数据时,考虑到统计分析,它们可能无法一直提供足够的细节来获取实践中组织合规性的实际情况。

本章介绍了我们可以通过民族志的方法在日常实践中评估合规性。使用这种方法的研究者试图通过直接观察社会现实,了解在现实中具体发生了什么,以及这对参与社会现实的行动者意味着什么。简单地说,民族志是通过长期的实地调研的方法来对一个社区进行研究。在这样的实地调研中,研究者将尝试观察社区中的活动,并尽可能地参与这些活动,进行非正式的访谈;也可能通过访谈进行历史分析,并分析相关文献,从社区内部的角度来理解这些活动。这样的民族志方法使研究者能够窥一斑而知全豹,通过当地社区的视角来了解更广阔的世界(Geertz,1983,2000;Malinowski,1928;Platt,1983)。通过这种局部的视角,研究者可以了解社会结构、价值和意义所形成的社区文化(Geertz,1973)。正如一本民族志手册所解释的那样,民族志学者通过日常生活的实践,将社会生活理解为日常生活实践的内在结构与外在表现相互作用的结果。民族志方法研究了社会生活的发展,包括观察人们在其社区背景下的感受,并随着时间的推移对更广泛的结构进行分析。随着民族志方法的展开,它还反射性地考察了一个人在社会生活的构建中所扮演的角色。

对大多数合规研究来说,这种完全当地化的嵌入模式(以及对目标人群感受的全面理解）是不可能的，真正的民族志方法所追求的对内部组织的完全理解也是不必要的。相反，本章侧重于更有限的民族志方法，研究者可以通过观察组织在现实中发生的合规机制，从而了解公司内部的日常情况。这种直接观察可以在研究者获得以研究为目的的观察许可时进行（Angrosino & Rosenberg，2011），也可以在研究者获得一般性的观察许可，同时参与所研究组织的常规活动时进行，即进行参与性观察（Platt，1983；Musante & DeWalt，2010）。在这两种情况下，民族志实地调研方法包括非正式访谈和文件分析，以检测目标群体对待法律、组织规则和程序的态度，以及相应的组织行为，研究者也开始观察之前发生的事件的发展状况。

与定量研究相比，民族志方法在企业合规研究中比较少见，原因在于高昂的成本、难以获得信息和道德保障，以及人类学家在研究企业对法律的反应方面兴趣有限等。有一些民族志的工作虽然不关注企业本身是否遵守法律，但确实为真正的合规提供了灵感。其中一项工作包括安全民族志，学者们在广泛的组织环境中使用民族志方法来检测发生事故和危险操作的根本原因（Leslie，Paradis，Gropper，Reeves，& Kitto，2014；Dixon-Woods，2003；Ziman，Espin，Grant，& Kitto，2018；Almond & Gray，2017）。这些工作告诉我们组织安全过程在现实中如何发挥作用；员工和管理层如何理解安全及安全程序；以及如何使组织结构、价值观和文化符合安全要求。因此，有很多可能与合规相关的东西需要学习。然而，这类工作较少关注从其合规研究方法和组织对法律规则的反应方式中得出结论。

本章将展示中国西南地区两项关于合规的长期民族志研究（一项采用参与性观察，另一项采用多地点直接观察，均涉及非正式访谈和文件分析，参见 Li & van Rooij，2021；Wu & van Rooij，2021），以突出组织合规实践中的两个核心方面，这些方面在使用定量测量的研究中很容易被遗漏。这样做并不是为了批判定量研究的质量，而是为了展示民族志研究的附加价值，并作为合规研究的论据，将定性和定量方法结合起来，形成其独特的优势和劣势。

第一项研究通过分析小型餐厅,评估了食品和酒店行业对一系列法律规则(包括健康安全、商业登记、环境保护、消防安全和税收)的合规情况。第二项研究调查了建筑公司对健康安全规则的合规情况。这些研究提供了对组织实践中合规复杂性的两个重要结论。首先,它们表明,合规是动态的,并且在不同的时间点因不同的法律规则而异。其次,它们表明,从理论上讲,合规涉及从政府监管机构到合规管理者再到个体工人的一系列流程,但实际上,即使这种流程在每个关键时刻都被打断,也可能不会影响合规。本章将讨论这些观点对合规测量的意义。

第二节　早期的合规民族志研究

民族志研究是定性研究的基础。至少从马林诺夫斯基 1926 年的《野蛮社会中的犯罪与习俗》开始,它们就被用来理解社会规则与人类和社区行为之间的关系(Nader,2002)。随着时间的推移,研究已经从社区转向在公司和组织环境中进行观察,通常结合访谈和定性文件分析,从 NASA 到医院再到工厂。这些工作产生了三个关于合规的本质和复杂性的重要观点,它们对合规测量提出了根本的挑战。第一个观点是,认识到合规性不是二进制的,甚至不是数字的,而是应该在语言中被捕捉和限定的。第二个观点是,在日常的组织现实中,合规是多元规范(字面意思就是它含有多种并存的规范),涉及大量具有不同行为要求的法律规则。第三个观点是,合规是动态的而不是静态的,其涉及一系列规范传递和竞争的过程。在这里,我们将对上述观点进行分析,并在本章进一步研究如何对它们进行扩展。

一、用多种语言代替数字描述实践中合规的复杂性

民族志合规工作以其所谓的内生合规方法而闻名(Parker & Nielsen,2009a)。与试图了解哪些因素塑造了合规性的外生方法(这在定量研究中很常见)相比,内生方法通过探寻组织对法律的反应来丰富对法律的解释(Talesh,2015,2009;Edelman,Petterson,Chambliss, & Erlanger,1991;Edelman & Talesh,2011;Lange,1999)。这项工作的核心前提是,立法将一部分法律解释的裁量权留给被监管的组织,合规是一种以监管者和被监管者的解释和互动为依据的社会结构(Lange,1999;Hutter,1997)。这些工作表明,用"合规"或"不合规"这两个简单的二元术语来测量合规性是不符合现实的。它表明,合规涉及监管者和被监管者之间的一系列交互作用,这些交互作用决定了法律被解读的方式。

我们将这种观点延伸到被监管的组织如何解释法律之外。我们的目的,即了解法律规则如何塑造组织行为,核心是组织遵循法律解释的反应。在这里,我们看到大多数合规性研究和测量都使用了一个预定义的概念,即什么是合规,什么不是,并以二进制术语(合规,不合规)或数字量表报告此类行为。

遵循民族志方法,即在组织的日常实践这一显微镜下研究合规性。这不仅可以让人们了解法律规则是如何被解释的,还可以让人们看到组织的不同成员在不同时间和不同情况下对不同规则的反应差异。这就需要用一种不同的方法来讨论合规性——不是用数字来测量是否存在合规性,而是需要用语言来限定合规性是如何发生的。

因此,我们可以从这些着眼于构建法律意义的内生合规研究中得到启示。这些研究警示人们不要试图以预定义的简单方式将合规概念化。即使法律解释很清楚(对于某些规则来说可能是这样),但使用二进制或简单的数字量表来获取合规性并不能公正地反映导致合规决策的动态过程(有时是特定场景)。

为了开发一种语言来捕捉超越数字测量的合规性,我们可以利用监管学原理,它试图捕捉组织响应规则时的动机和承诺。例如,我们可以使用布雷斯韦特关于动机的研究,捕捉被监管的行为者如何回应监管者。这项研究区分了五种动机,包括承诺合规、屈服合规、逃避合规、表面合规、不合规(Braithwaite, Gibson, & Makkai, 1994; Braithwaite, Murphy, & Reinhart, 2007)。我们也可以利用环境法规研究中形成的分类,使用领导者和落后者等术语来限定行为者在合规方面的承诺程度(Gunningham & Sinclair, 2002)。最后,我们可以参考学术界试图区分的被监管的行为者如何看待他们与监管机构的关系,从那些将监管机构视为盟友的人到那些将它们视为障碍或威胁的人,对法律规则的行为反应进行分类。

在接下来对民族志研究的描述中,我们将与使用传统的二进制或数字量表方法描述合规性相比,这三种语言形式是否能够更好地捕捉人们通过直接观察所看到的丰富的合规性实践。

二、合规规则的多元化

关于法律的民族志研究历来强调法律多元主义的存在,这意味着多种形式的类似法律规范的同时存在(e. g., Riggs, 1964; Griffiths, 1986; Merry, 1988; von Benda-Beckmann, 2006)。这一观点同样适用于国家法(正式)和习惯法(非正式)混合的社会,以及组织规范和法律规范混合的组织环境。像社区一样,组织发展自己的规范,以调解或缓和法律规范影响其行为的方式。例如,莎莉·福尔克·摩尔对纽约市服装业和坦桑尼亚咖啡农的研究表明,在这两种情况下,社区群体如何发展自己的领域(所谓的半自治社会领域),可以"在内部产生规则和符号",从而抵制外部法律规范的影响(Moore, 1973, p. 720)。

卡罗尔·海默更详细地展示了组织规则和法律规则如何相互作用并塑造行为。她在对新生儿重症监护病房的研究中,分析了医院医生和护士的医疗规范以及患者家属规范如何与法律规范博弈,从而形成有关治疗的医疗决策(Heimer, 1999)。她的研究表明,在这种竞争中,医疗规范占主导地位,医院工作人员忽视了他们认为不那么重要的法定程序和惯例。只有适应医院工作人员的惯例、利益,甚至时间表,法律规范的适用才能产生效果(Heimer, 1999)。

作为组织规范如何塑造法律规范效果的第三个民族志例子，我们可以看看戴安·沃恩关于挑战者号航天飞机灾难的详细工作。通过对发射事故前的组织流程进行细致的分析，她展示了美国宇航局子单位如何制定自己的规范和价值观，破坏了对安全标准的合规。造成了一种“越矩行为的正常化”，使其不遵守安全协议成为常态(Vaughan,1997)。

我们利用这些民族志方法，认识到合规是在法律多元化的背景下运作的，在这种背景下，有多套规范在对行为进行塑造。在以往的大多数研究中，这种多元化指的是法律规则与社区和组织规则的共存。本章同样把法律多元化作为合规的一个基本方面，但它集中讨论的是法律制度本身存在的多元化。当代监管法律体系通过众多法律规则来规范组织行为。企业必须遵守法律，从税收到职业健康，从会计到环境保护。根据20世纪90年代初的一项研究结果的估计，美国公司必须遵守约30万项刑事公司规定，所有这些规定都有潜在的刑事执法机制支持(Coffee Jr.,1991,p.216)。[1] 要注意，这项研究发生在约30年前，而且仅集中在公司法人犯罪领域。随着法律规范的多元化，组织可能会面对相互之间具有冲突性的规则，而不可避免地产生冲突行为(Maxwell, Antón, & Swire,2011)。例如，美国监管公司软件系统的法律规定了五套不同的、有时甚至是相互冲突的合规要求。安东·麦克斯韦·太古研究了这些冲突后解释道，“根据1996年《健康保险便利和责任法案》(Health Insurance Portability and Accountability Act)，被保险实体在向个人提供受保护健康信息(Protected health information)副本时可以收取合理的成本费用，而在《联邦法规汇编》第50篇，第1910节、1020节中，雇主必须免费向员工提供医疗记录的第一份副本。

因此，与侧重于研究组织对单个或少量法律规则反应的现有合规性测量相比，组织合规的现实是一种法律多元化，组织必须对多种规则作出反应。在本章中，我们试图理解这种法律多元化对于合规意味着什

---

[1] 本章引用了斯坦利·阿金(白领犯罪领域的著名从业者)在1990年10月的乔治·梅森会议上的预测，该预测所促成的研讨会引发了科菲所创作的文章(see also Leary,1990,p.144 note 10)。

么,以及我们如何才能最好地做到这一点。

三、合规不是一个是或否的结果,而是存在于过程之中

我们从民族志工作中得出的第三个也是最后一个观点表明,合规是一个过程,而不仅仅是一种情形。学者们特别关注监管机构和被监管者面对面交流时发生的合规过程。通过这样的工作,我们了解到监管机构和被监管者可能对彼此有不相匹配的看法(Mascini & Wijk,2009),被监管者如何学会玩“捉迷藏”的游戏,试图逃避和阻碍监管机构(Gray & Silbey,2014),以及由监管机构和被监管者来协商什么是可接受的,什么是不可接受的(Lange,1999;Hutter,1997)。因此,这种民族志方法侧重于整体合规过程的一个方面,特别是监管机构与被监管者之间的接触。

一些学者明确地将合规视为一个线性过程,并超越单一的监管视角来看待合规。这些学者将合规视为从法律规定到最终合规决策和行为的一系列连续、有序的步骤(Henson & Heasman, 1998; Chenmnitz, 2012)。然而,另一项关于法学的研究表明,预先设定的从法律到行为的时间顺序和线性过程的合规概念可能是有缺陷的。如果法律真的是在一个线性过程中对行为进行塑造,那么一个核心步骤就是,一旦法律被采用,人们就会了解法律和它的动机,然后决定是否遵守。然而,跨法律领域的实证研究表明,人们往往并不了解法律,他们根据自己认为正常和可接受的行为来假设法律对他们的要求或赋予他们的权利(Kim, 1999;Darley,Carlsmith, & Robinson,2001;van Rooij,2021)。当这种情况发生时,不是法律塑造行为,而是日常实践和规范形成了人们对法律的看法。换句话说,顺序颠倒了,行为决定了法律。

本章将通过扩展到对整个合规过程进行观察的视角,以此来更深入地研究合规的本质。大多数对合规过程的研究都集中在监管机构和被监管者在特定监管事件的互动上,或者集中在公司内部发生的事件过程上。本章所述的研究旨在拉长时间框架,拓宽研究对象和过程的范围,以分析合规行为和流程。在第一项民族志研究中,我们评估了整个商业

周期的合规过程,包括在初始启动阶段以及在进行实际参与观察的日常操作期间。在第二项研究中,我们着眼于整个合规流程,从监管机构内部的监管执行过程开始,到监管机构和组织合规经理之间的互动,组织合规经理和被监管员工之间的互动,最后是员工自己的决策和行为反应。

第三节　对两个行业的合规性民族志研究

研究一:对两家餐厅 30 个月的参与观察。

研究者在中国西南部的两家小餐厅进行了第一项合规民族志研究。这项研究的重点是餐厅,因为它们是小规模的企业,且必须遵守大量的法律规定,因此研究者的介入和民族志方法非常可行。这些餐厅在规模和业务运作上相似,但老板、经营理念和组织文化却大相径庭。这两家餐厅呈现了两个极端案例(cf. Seawright & Gerring,2008),其中一家是有机餐厅,老板是一个关心食品安全和环境的理想主义者;另一家餐厅的老板是一个追求利润最大化的人,他总是在寻找减少成本的方法。

为了进行民族志研究,第二位研究者通过在两家餐厅担任服务员,对两家餐厅进行了长时间的参与式观察(cf. Bernard,1995),并在进行研究时得到了老板和员工的明确许可。实地调查从 2011 年 5 月到 2013 年 9 月,历时 30 个月。在实地考察的过程中,她可以直接观察到两家餐厅的日常业务运作,以及他们的老板、经理和员工对适用法律规范的反应。在研究期间,她还进行了许多简短的非正式访谈,以及 26 次深度半结构化访谈(cf. Bernard,1995;Bennett & Elman,2006)。通过这些访谈,她可以更深入地了解餐厅是如何开始经营的,以及他们在创业初期和第一次经营阶段的经营方法,然后进行介入式观察。这些数据被研究者细致地记录在现场笔记中,然后进行编码和分析,以了解两家餐厅相关人员在不同时期对不同规则的不同行为反应。

研究二:在3个建筑项目现场8个月的观察。

第二项研究考察了中国西南部一个省会城市建筑行业的工人安全法规。第三位作者进行了一年多的实地考察,包括在负责执行工人安全规则的建筑工地、监管执法机构两个地方总共8个月的直接观察。她在3个选定建筑项目的内部安全管理办公室以及建筑工人所在的建筑项目现场都进行了观察。

和第一项研究一样,这项研究的目的不是将民族志方法推广到更大的人群,而是做一个深入的参与式观察,允许其他人在更大的群体样本中进行概念的研究和发展,但这就影响了研究组织的选择。选择两个不同的监管机构是因为它们在不同的地区运作:1个位于主要的经济和政治中心的老城区,而另一个是在一个新开发的、有很多新的建设工程的城区。3个建筑地点的选择是基于它们的位置(在一个选定的监管机构的管辖范围内)和实用性,我们选择的地点允许外部研究者、安全管理者和工人进行参与式研究。所选的3个建筑工地具有不同的特点:一家是小型建筑公司,两家是中型建筑公司;两家是非本地公司,一家属于本地公司。

第三位作者对她研究的3个参与者:管理者、安全管理者和工人,进行了总共14周的全职参与性观察。作为一名实习生/研究员,她可以在施工现场检查之前、期间和之后陪同监管机构的检查者。因此,她可以直接观察检查员如何适用和执行规则,他们在现场时如何与安全管理者互动,以及他们在多大程度上和如何传递他们试图在被检查的组织中执行的规则。她还对所研究的两个司法管辖区的诸多检查者进行了深入的半结构化访谈。这些访谈提供了关于检查者如何组织实施检查工作,他们如何看待现有的法律规则,以及他们如何在其检查实践中适用和执行这些规则等信息。

第三位作者还在3个选定的建筑工地进行了长时间的参与式观察。在这里,她和安全人员一起实习,做直接的参与式观察。在此期间,她对每个现场的安全合规经理的日常活动进行了第一手的观察。她观察管理层的定期会议，了解管理层如何讨论工程进度及管理问题。她被允许在建筑工地自由走动，观察低层管理者的行为以及他们与工作团队的互动。她还对 3 个选定的建筑工地的 41 名管理者进行了深入访谈，包括高层管理者、项目管理者、安全合规官员、劳务分包商和工作团队负责人。

最后，第三位作者通过直接观察和半结构化访谈相结合的方式，对员工个体及其合规行为进行研究。为了理解他们的行为，第三位作者直接观察了工人在工人安全法律法规所规定的 3 个关键日常操作方面的行为：头盔的使用（这是现场强制的），安全绳的使用（这是高空作业的强制要求），以及正确安全的使用电力设施（直接从接地良好的插座上使用，并在管理者的监督下使用）。她根据行为是否符合相关法律规定对其进行编码。在观察之后，她采访了被观察的工人。采访使用的对话结构改编自早期的个体合规性研究（van Rooij，2016；Yan，van der Heiden，& van Rooij，2017；Yan，van Rooij，& van der Heijden，2015，2016；van Rooij，2016）。这使工人们能够流畅而自然地讨论对他们行为的核心影响，如威慑、社会规范、内心的道德，以及遵守安全法规的运营成本和收益。

第四节　两家餐厅的合规调查情况

通过上述这两个合规民族志的研究，我们对所研究的组织中的日常合规情况是什么样的，以及这对我们如何测量合规意味着什么等问题有了新的和不同的见解。第一个观点是，合规不是一个非此即彼的问题，也不是一个多或少的问题，而是基于不同的规则和不同的情况呈现多种多样的表现。

我们可以通过上述第一项研究中的民族志方法来更好地理解这一点。这项研究强调了中国两家非常小的餐厅合规的复杂性。这两家餐厅的老板及其经营策略截然不同。第一家餐厅的老板,我们称之为“理想主义者”,他试图经营一家提供优质和健康的食物的餐厅。刚开始的时候,理想主义者真的想遵守所有相关的法律规则。第二家餐厅的老板及其经营理念则完全不同。在这家被称为“利润最大化者”老板的餐厅里,老板只关心利润和保持低成本。在这种商业模式中,合规性只是需要尽可能避免的成本。然而,尽管这些企业在合规方面有如此不同的目的和观点,但第一项研究发现,两者的行为差异都难以轻易确定合规性,更不用说测量了。

第一项研究发现,理想主义者确实在努力遵循法律规则。对于某些规定,餐厅甚至超出了法律规定的范围,例如,安装了比法律规定的更昂贵和更好的油烟净化系统。然而,理想主义者有时也违反法律,因此不能仅仅被视为绝对的“合规”或“遵从”。例如,餐厅没有完全按照法律明确规定的那样对大的供餐盘子进行消毒,而小的单独的盘子则始终如一地进行消毒。更麻烦的是,理想主义者通过欺诈的方式获得了废水处理许可证,因为餐厅是以提交从餐厅外获得的清洁水样本通过了许可证的申请测试,而不是法律规定的从餐厅自己的排水系统提取的水样本。同时,该餐厅伪造消毒记录,并提交伪造的检疫证明,证明其猪肉符合法定食品卫生标准,以上行为都存在欺诈。理想主义者还违反了税法,当他用完正式的增值税发票后,就开始使用旧的增值税发票(因此少报了应纳税收入)。

因此,第一项研究揭示了理想主义者非常混乱的合规情况。其餐厅显示了符合合规标准和超出合规标准的行为,但也显示了一系列违规行为——从轻微违规到公然欺诈。这无法通过以二进制的方式来显示合规或者不合规的测量结果,也无法用单一的数值范围来显示测量结果,甚至打破了其他研究中所使用的语言资格。我们是否应该将理想主义者定性为一个忠实的合作者、一个玩家,还是一个抵制者(Braithwaite,2003b)?他是领导者还是落后者(Gunningham & Sinclair,2002)?理想主义者是否将监管机构视为盟友、威胁或障碍(Gray & Silbey,2014)?

根据其所涉及的行为,所有这些标签都可以适用于理想主义者混乱的合规行为。

利润最大化者的餐厅显示了同样混乱的情况。也许正如预期的那样,这家餐厅经常违法。该公司在营业执照申请中做假,谎报员工数量,从而被归类为小型企业并支付较低的费用,也通过少报收入来逃税。其在消防许可证申请中作假,使用假的照片声称有 6 个灭火器,但实际上只有 2 个。

与此同时,即使是利润最大化者——从严格的功利主义角度看待合规——也遵循了法律规则。例如,当检查员威胁要制裁该餐厅时,这家餐厅就更新了它的酒类经营许可证。在没有强制执行威胁的情况下,其也遵守了规定。为了符合餐饮服务许可证的要求,该公司进行了一笔昂贵的投资,将旧的石质厨房台面换成不锈钢台面,尽管其可以通过提交假照片来伪造合规(就像其后来对其灭火器所做的那样)。在申请环境许可证时,其还按照要求安装了新的滤油器和烟雾净化器。即使没有监管的压力,利润最大化者也会更新其餐饮服务许可证。

因此,与理想主义者的餐厅一样,在利润最大化者的餐厅那里测量或鉴定合规并不容易。我们不能简单地说这家餐厅整体上是合规的还是不合规的,它的合规状态因不同的规则和不同的情况而不同。我们也不能简单地说,这仅仅是一个游戏玩家、抵制者或落后者,将监管机构视为障碍,在某些情况下,他是积极主动的,并没有落后。虽然在某些情况下,他将监管机构视作威胁,但后来甚至可能将其视为盟友。

从这一点和以往的研究中我们知道,合规是存在一定的不确定性的,并且会因不同的法律规范和不同的情况发生变化。一旦我们将问题进一步放大,我们就会发现,即使是对单一的法律规范,人们的反应也会有所不同。强制申请餐饮服务许可证的法律规范就是一个很好的例子,这一规范至少规定了 3 件事:餐厅必须安装所需的卫生设备,必须满足所需的环境条件,必须确保所有员工都持有有效的健康证明。上述第一项研究发现,两家餐厅都完全符合前两项要求,但第三项则不然,两家餐厅要么部分遵守,要么通过欺诈的方法遵守。

所以即使在这些小型组织中,对于不同的法律规则,甚至是单一的法律规则,反应也可能存在很大差异。这违背了用二进制方式、数值范围,甚至静态语言术语测量合规的原则。它还要求在实际发生时进行合规讨论,而不是简单地贴上整洁的标签。

第五节 合规的动态性

当正确地通过民族志方法进行研究时,我们可以对合规性采取一个长期的视角。在第一项研究中,实地工作的总时间覆盖了三年,通过访谈,我们能够重建两家餐厅在创业和初始商业阶段的运作方式。通过分析数据可以发现,合规是高度动态的,随着业务、经营和监管情况的变化,合规的内容也会随着时间而变化。

作为第一个发现,我们看到合规随着企业的生命周期的延展而变化。我们的研究发现与犯罪学的最新研究成果相似,即将对犯罪嫌疑人生命历程的犯罪学研究应用在企业领域(Stam & Verbeeten,2017)。这两家餐厅在刚开业时遵守了法律,而在日常运营时却发生了变化。一般来说,开业期间合规程度很高,因为他们必须申请许可证,就需要接受额外的监管审查。一旦顺利开业之后,就会出现较多的违规行为而对合规性产生侵蚀。

举个例子来说,我们可以构想一下利润最大化是如何实现的。在餐厅启动过程中,为了遵守相关的环境法规,利润最大化主义者安装了所有规定的减排设备,包括一个昂贵的油烟净化器。这样的合规是必要的,因为这是餐厅获得开始经营所需的环境许可证的先决条件。但后来,在获得许可证并开始营业后,为了节约成本,利润最大化主义者停止使用净化器。更严重的是,三年后,在其公司环境许可证即将失效时,利润最大化主义者没有更新其公司环境许可证,而是购买了伪造的印章,制作了一个假冒的公司许可证。因此,利润最大化主义者为了开业而安装好了设备,但开始营业后却不予使用,这就出现了欺诈性违规,因而在短短的三年时间里,合规从开始时的完全合规彻底转变为“表面”合规。

一个重要的问题是,为什么企业合规发生了如此大的变化?这体现了监管机构的监督审查在企业合规中发挥了重要作用。在开业期间,当餐厅申请执照时,他们会受到额外的审查,所以必须证明他们符合开业的所有必要要求。然而,一旦进入日常运营,情况就会发生变化。因为监管机构的检查是不定期的,餐厅被发现违法排放的可能性也很低。在这种情况下,环保部门不会经常进行现场检查,因为餐厅排放的监督事项不是监管机构的优先工作事项。因此,管理者根本没有看到风险,就像他会错误地解释说:“环保许可证只是环保局创收的一种手段”“反正只要我给钱了,监管机构就会给我新的环保许可证”。即使检查者会发现其违规行为,管理者也认为后果会很小。他认为自己对监管机构有影响力。

我们看到理想主义者的公司从刚开业到营业的合规性也发生了同样的变化。最初,这家餐厅完全符合所有餐饮服务许可证的要求。它安装了正确数量的水槽,并安排所有员工接受健康检查和持有健康证明。然而,开业后,公司拆除了一个水槽,以便在厨房里腾出更多空间,也不再为一些新雇员安排健康检查并使他们持有健康证明。

第一项研究还发现,在同一商业周期内,合规内容可能会发生变化。一个很好的例子是理想主义者在创业初期申请消防许可证时如何改变合规性。最初,公司超越了合规要求,购买了比法律规则要求更多的灭火器。然而,当审批需要很长时间时,在同事的建议下,管理者却试图向消防安全监管机构行贿。具有讽刺意味的是,消防检查员没有接受贿赂,但还是颁发了许可证,因为这家餐厅已经达到了合法标准。所以,在创业初期的几周时间里,公司从超越合规到企图贿赂,再到最终获得许可证时的合规。值得注意的是,这不仅仅是一个单一事件。理想主义者的公司在申请排水许可证时也经历了类似的过程。老板非常担心不能通过审批程序,以至于当她被要求提供排水样本时,她欺诈性地提供了餐厅之外的纯净水样本。

在营业阶段,合规性也会发生变化。这一点在接受检查时表现得最为明显,餐厅会暂时表现得像遵守规定一样。在检查期间,利润最大化公司会根据检查要求立即给厨房里的容器贴上标签,但当标签在后来的定期清洁中被洗掉时,他们不会重新贴上标签。因此,有了检查,就有了合规,而当检查结束时,违法行为便又恢复了。这里的发现与早期的研究结果一致,该研究表明,监管执法可能会造成临时合规,即一种波将金村式(Potemkin Village)的假象,制造现场检查期间没有违规行为的假象(Gray,2002,2006)。另一个例子是,研究中发现某地的污染行业白天会按照规定使用减排设备并检查,但在晚上(即当检查者一般不会到场时),他们总是会关闭这些设备(van Rooij,2006)。

总之,合规性不是静态的,它在商业周期之间和商业周期内都会发生变化。这使测量合规性变得极其困难。这也意味着测量的时刻可以用来定义合规性水平,并且是在研究者不知情的情况下这样做。这对于依赖检验数据作为合规性测量的研究尤其重要。如果像这里讨论的例子一样,检查期间的合规性在结构上比平时更好,那么结果数据将无法反映日常现实。然后发生的是一种间接观察者效应(也称为霍桑效应(Hawthorne Effect,see Adair,1984),即研究者的行动也间接地(即通过检查者的眼睛来观察研究对象)影响了观察对象的行为(cf. Eckmanns, Bessert,Behnke,Gastmeier, & Rüden,2006)。但是如果研究者是在足够的尊重和信任下长时间进行观察,那么其所研究的对象不太可能像在检查或短期现场访问研究期间那样维持更合规或不正常的状态。

第六节　作为一个非线性过程的合规

第二项研究使我们能够非常仔细地观察合规过程在实践中是如何

发挥作用的。理论上,法律对组织行为的影响遵循一个线性过程。一旦立法者采纳了法律规则,执行机构(通常是政府机构,但越来越多的是非政府机构)就开始传播、适用和执行这些规则。然后,组织中的合规管理者开始制定合规机制并实施内部监督,以确保合规,最终高管和员工均使自己的行为符合法律规定。但第二项研究中收集的数据表明,在日常的监管和合规实践中,从执法到合规管理再到个人行为,这一过程并不是以线性方式在发挥作用。

第二项研究分析了四个过程:(1)监管机构如何选择和解释他们试图执行的法律规则;(2)监管行为者如何与组织合规管理者互动,将法律规则的内容传递到组织中;(3)组织合规管理者如何将组织规范传递给组织和个人;(4)组织中的个人如何使其行为适应组织规范。(参见图 13.1)

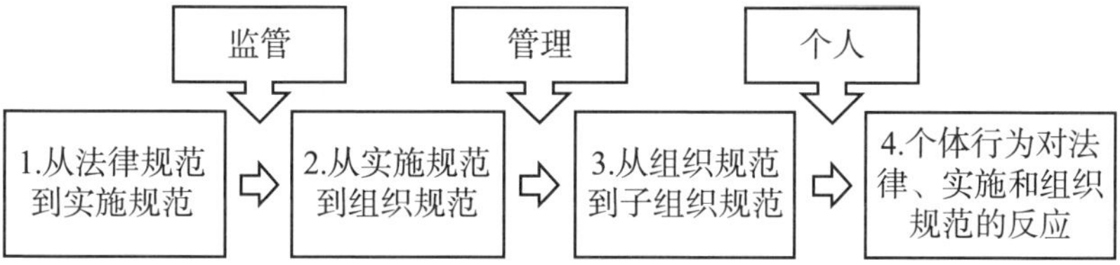

图 13.1　四个合规过程图

过程一:从法律规范到实施规范。

负责执行建筑业工人安全标准的官员必须执行大量的法律规定。因此,检查者必须选择他们检查和执行所依据的法律规则。

在第二项研究的分析中,相关的法律依据是中国的《建筑法》(2011 年修订),该法在《建设工程安全生产管理条例》和住房和城乡建设部发布的《关于建筑施工安全检查标准》中得以实施。根据《建筑施工安全检查标准》,监管机构在检查中必须对 19 类问题进行评估,包括 189 个详细项目。实际上,安全检查员在检查时无法涵盖所有项目。负责检查与研究的各局由于其管辖范围内建筑工地众多,人员严重不足(其中一个有 5 名检查员,另一个有 6 名检查员)。基于建筑工地作业的规模和复杂性,并且由于人手有限,每次检查大约需要 1 小时,每次需要 2—3

名检查员来处理相关事务。此外,这些规定非常详尽和复杂,以至于检查员承认他们不可能详细记住所有规则。

第二项研究发现,检查员通常只关注他们应该依据的 19 类法律问题中的 4 类:安全管理工作状况的文件记录、安全措施和设备(如建筑物外的安全网和攀爬防护设施)的正确使用、电力设施的正确设计和使用、高塔起重机的整体状况。但即使他们在检查这 4 个问题时,他们仍然没有严格依据法律规定,影响他们检查力度的是检查期间他们在现场发现了什么。如果他们看到建筑工地干净有序,管理者反应迅速,他们很可能就会简单地进行一次快速而表面化的巡视,而不会担心重大的安全问题。只有当检查员遇到混乱的现场,或者他们认为现场管理者反应迟钝时,他们才会进行彻底的检查,更仔细地检查合规和安全问题。

我们还发现,检查员在发现违规行为时几乎从不当场实施制裁(数据见表 13.1)。统计中的所有检查员所做的只是口头警告,有时是书面警告。

表 13.1 研究期间观察到的违规和执法反应表

违规级别	执法对策				
	口头警告(次)	书面警告(次)	罚款(次)	责令停止工作(次)	严厉制裁(次)[1]
轻微(n=8)	8	0	0	0	0
中等(n=19)	18	1	0	0	0
严重(n=18)	12	6	0	0	0

因此,我们看到,只有一小部分主要的法律在检查中得以被遵循,但检查一般不会导致执法行动。所以,只有很小一部分的法律规范成为强制性规范。

过程二:从实施规范到组织规范。

第二项研究随后评估了强制性规范是如何进入组织的。它分析了

[1] 严厉制裁是指降级或撤销资格。

安全管理者对检查的看法和反应。我们发现,三个建设项目的安全管理者对安全法规的适用各执己见(cf. Mascini & Wijk,2009)。他们都在强制性的认证培训中学习了安全法规,他们也知道监管能力有限,以及监管机构无法视察和检查法律规定的所有 19 个方面的所有 189 项相关项目的事实。一位经理解释道:"每次检查只有两到三名检查员。因此,他们所能做的就是进行一些例行检查,并讨论他们接下来所要观察的内容。"另一位经理说:"(检查员)会检查有关建设项目的文件和记录,这听起来很复杂,但是文件审查只是为了看看我们是否有这些文件,检查员通常不会检查文件的实质内容。"

安全管理者还注意到,检查往往不够彻底,检查员无法涵盖他们应该检查的所有方面。管理者表示,即使他们被发现有违规行为,后果也很轻微。管理者认为他们只会面临重大、严重危害事故的罚款,而不会面临正常违规行为的罚款。因此,他们的观点与我们前面分析的实际执法实践非常一致。

安全管理者已经在学习适用法律和体验其执行的过程中认识到,书中的法律与实践中的法律是多么的脱节。通过这些经验,安全管理者了解到,有一套广泛的法律体系适用于他们,其中只有小部分得到了遵守,而大部分都没有得到执行。

有趣的是,尽管如此,安全管理者仍然会尽最大努力对检查者隐瞒违规行为。就像第一项研究中的餐厅一样,管理者会努力让他们的场所"看起来合规"。为了准备应对检查,建筑企业的安全管理者开始严厉打击违反安全帽规定的行为,对违反规定的工人处以 1000 元的罚款。然而,在监管机构检查之后,安全管理者立即停止了他们的内部执法活动,很快违法行为和危险行为就又恢复了。

安全管理者还需要确保他们工作的书面记录看起来合规。他们会尽职尽责地对他们按照要求所进行的检查程序进行形式上的记录,而不是进行实际检查并对发现的安全问题进行纠正。一位经理在访谈中表示:"如果安全检查员来检查我们是否对安全合规性进行了适当的内部监督,那么我就需要去制作证据档案以应对。”然而,实际上他从未真正检查过安全监察员所要检查的机器是否在正常的运作。

因此,我们看到,即使安全管理者学习了法律条文,也只会体会到合规是一种执行力薄弱的法律形式,他们会倾向于敷衍检查员和避免法律规范实施所带来的成本。因此,在这些情况下,将强制执行的法律规范向组织传递的过程受到了极大的阻碍。

过程三:从组织规范到子组织规范。

第二项研究进一步分析了安全管理者如何寻求将组织安全规范进一步传递到组织中,再传递给监督日常施工工作的部门经理。建筑项目内部结构的复杂性严重影响了此类安全规范在内部的顺利传递。每个建设项目都由一个复杂的组织结构组成。为分包商工作的负责人直接向建筑工人支付工资和进行管理,而实施整个项目和雇佣安全管理者的建筑公司对负责人和工人都没有直接的发言权。因此,安全管理者只能间接控制施工现场的工作。

负责人在这里扮演着至关重要的角色,因为他们直接监督工人,从而可以最直接地影响他们的行为,并最终影响他们的合规性。正如一位公司安全管理者所说:“有些工人可能很听话,但实际上你和他们之间没有任何联系。所以我通常直接联系负责人。”但由于组织特殊的结构和负责人在组织中独立于安全管理者的地位,负责人可能会抵制或忽视安全管理者的安全指示。正如一个钢结构施工团队的负责人所说:“我们承包了这座建筑的钢结构工程,我们一般是按照我们自己的时间表建造。我们当然会与安全管理项目经理协调,但如果有时我们意见不一致,我将执行我的决定。”在特殊的情形下,施工团队负责人甚至会破坏安全管理。一名公司管理者解释说:“如果我对钢筋固定工程的负责人罚款 500 元,作为报复,他们有可能会在工作期间悄悄浪费掉 5000 元的建筑材料。”

公司安全管理者难以克服来自施工团队负责人的这种阻力,而当他们试图求助于雇佣这些负责人的分包商时,分包商们往往也没有反应。

分包商是高度独立的,因为他们支付了大部分建筑成本,并且在日常工作中有很大的自主权。

安全管理者在工作中也面临挑战,因为施工项目涉及来自不同分包商的许多不同工作团队。协调这些团队非常困难。以在项目三中发生的事情为例,在一次安全会议上,负责管道和电力的团队投诉说,其他团队破坏了他们的电线管道,造成电线裸露。会议上的其他小组都否认对此负有责任,并最终因工作中断而相互指责。最终,项目经理不得不亲自出面解决问题。

因此,第二项研究发现,即使合规管理者试图确保在组织中对规则的遵守和工作的安全,他们也往往无法将组织规范更深入地传递到组织的子单位。建设项目组织的碎片化、高度自治,加上负责人的抵制,使得内部合规工作非常困难。所有这些都进一步造成了工作场所的安全标准偏差,安全管理者似乎已经接受了这一点,因为他们没有太多的权力去改变它。有人解释说:“理论与实践之间存在一些差距,如果法律标准得到全面实施,任何建设项目都难以继续运行。因此,实践中存在错误(即非法操作)是正常的。主要区别在于错误量的多少,因此实际上需要以一些灵活的等级来讨论安全问题。”(Int. M-II-LIU)

过程四:个体行为对法律、实施和组织规范的反应。

最后,第二项研究评估了工人对法律和组织安全规范的反应。为了研究这一点,正如我们在“方法”这一节所概述的,第三位作者对工人如何工作进行了详细的观察,以评估他们是否遵守了安全标准。在这里,她重点介绍了三个规范,即强制使用头盔、强制使用安全绳,以及正确安全的使用电力设施。[1] 这些规范涉及施工现场常见和高度可见的行

〔1〕 当然,还有其他经常被违反的规则;例如,若几台塔式起重机只有一名地面指挥官指挥,则工作团队此时不再等待,而是直接使用对讲机发送指令。工人们在不戴防护手套的情况下操作小型机器;或者工人们使用快速简单的接入点,而不是正式的出口通道。碰巧的是,工人们也存在不遵循操作流程的情况,例如,除了上述违规情况之外,还有木匠们不是自己打地基,而是搭设脚手架施工的情况,这使得货架必须承受额外的重量并成为一种新的危险,导致持续冲突。我们没有研究这些类型的规则,是因为它们没有像我们所选的三个规范那样被普遍的用于实践之中。

为。此外,规范非常简单,因为它们不允许解释,这里的行为可以用合规或不合规的二进制术语进行评估和限定。每次观察后,她都进行了一次采访,以了解他们为什么会这样工作。她总共观察并采访了 3 个建筑工地的 183 名工人。她观察到有 152 名工人的行为符合相关安全标准,有 31 名违反安全标准。根据上述数据,我们观察到的工人中有 83%都合规。

这表明,正如我们在过程一至过程三的讨论中看到的那样,即使将法律规则传递到实施规范、到组织规范、到下级组织规范的过程受到阻碍,但仍然可能存在很高的合规性。这一发现对我们如何理解合规过程具有重要意义。与从步骤一到步骤二、步骤三到步骤四的线性过程不同,我们看到,这里的合规仅存在于步骤四,而没有从步骤一到步骤三的整齐而有序的过程。因此,在这种情况下,我们没有从法律到组织管理再到个人行为的线性合规过程。

第二项研究试图进一步理解这一点,通过分析当没有成功地实现从法律到组织到个别工人的成功传递时,是什么塑造了个人合规性。通过访谈,研究者评估了员工个人对合规的看法。从这些访谈中得到的第一个发现是,工人们对适用的安全法律知识知之甚少。在接受采访的 152 名合规者中,只有 14 名工人确认了此次研究的 3 种规范的存在,但即使是这 14 名工人也无法确定这些规则是源自国家制定的法律还是公司发布的安全规则。另外有 138 名接受采访的工人没有将这 3 种规范视为法律或公司安全规则,而是将其视为工人的一种操作习惯。简而言之,这表明强制执行的法律规范从未传递到个人。这些发现与现有的关于法律知识的研究一致,即无论是外行人还是专业人士通常都不具备健全的法律知识(Kim,1999;Darley,Carlsmith, & Robinson,2001;van Rooij,2021)。令人惊讶的是,尽管工人们并不了解规则,但合规程度却很高。

为了了解是什么影响了他们的合规行为,第三位作者在访谈中向这些工人提出了两个问题。首先,她询问了他们对主要潜在影响来源的看法,包括对国家当局的威慑和其他人的行为。然后她问了一个开放性的问题,要求他们根据我们研究的 3 种规范解释自己的工人安全行为。

这两个问题的答案让我们了解了工人如何看待因违反安全标准而被抓住并受到惩罚的风险。总的来说，工人们确实看到了被公司安全管理者发现的风险（约65%），但这些工人认为，一旦被抓住，他们受到惩罚的概率并不高（总计约14%）。工人们还被问及他们是否认为大多数同事都遵守了这些规定。只有约28%的人认为大多数人会遵守规定，约23%的人不知道，而约49%的人表示大多数人会违反规定。

因此，我们仍然不清楚为什么这么多工人遵守法律安全标准。他们既不懂法律，也不懂公司安全规则。此外，他们认为自己不太可能受到惩罚。超过1/4的工人认为合规是正常的，而有一半的工人则认为违规是常态。

为什么这么多人会自愿遵守规定？工人们对他们为什么使用安全装备这一开放性问题的回答对此提供了更多认识。工人们表示，他们有自己的安全标准，这些标准不是来自国家法律规范或对惩罚的恐惧，而是来自他们日常工作中的直接经验，以及他们认为的安全装备的成本和收益。合规的工人群体几乎都看到了使用安全防护措施的好处。关于戴安全帽，他们给出了一些答案："它有助于保护头部。我们的工作很容易受伤。看，我的头盔上有许多划痕。""它可以防止坠落物，你需要照顾好自己。""哪怕只是一块小石头从上面掉下来也很可怕""这是为了你自己的安全，也是为了所有的家人""如果你戴着它在架子或钢筋下面工作时，你会感到放心"。（Int. W-A04，W-A07，W-A16，W-A29，W-A41，W-B24，W-B35，W-C28，W-C39，W-C47，W-C52）一些工人会进行成本效益分析，得出利大于弊的结论。比如，有一名员工说的："说实话，戴头盔会出汗。但是你没有选择，因为头盔也会提供保护"（Int. W-C35）。同样，工人也看到了使用安全绳的好处："在高空工作时，系上一根绳子是一种保护措施，以防强风来袭，或意外摔倒。"（Int. W-C35）我们在遵守电力安全程序方面也有类似的想法："如果你只是随便用电，谁能保证你不会触电？"（Int. W-A20）因此，这些工人的合规不是来自外部激励，不是来自执法，也不是来自安全管理者的压力，甚至也不是来自他们的负责人和同事。它来自内在动机,即合规成本低于收益。

同样,我们对不合规的工人也做了同样的分析,但得出了不同的结论。对他们来说,遵守安全程序所带来的成本和麻烦根本不值得。举个例子,想想一个工人是如何解释他为什么不想戴安全绳的:这个要求并不总是适合每天的工作,如果要上下移动,就必须系上绳子。而如果工作内容需要在工作台上水平移动,戴上绳子就不方便了。工作时,我怎么可能不停地解开绳子,然后把自己固定在一个新地方?(Int. W-A58,W-A61,W-B12)

或者想想,其他不合规的工人是如何解释遵守安全程序的麻烦,并使他们暂时违规的:"天太热了,头盔里的汗太多了,所以我就把它脱了一会儿。"(Int. W-A03,W-B22,W-B25)"有时候人们只是在汗流浃背的时候把它脱下来一会儿。这很正常,并不意味着他想要违规。"(Int. W)一些工人强调他们从合规中获得的好处微乎其微:"接电很简单,我自己就能做,为什么要等电工来?"因此,我们看到,对于那些被观察到违规的人,就像那些合规的人一样,他们自己的内在动机最重要,因为遵守安全标准的麻烦超过了他们所看到的好处。

最终,我们在这里看到了一个脱节的合规过程。法律规范不是以线性方式从监管检查员传递到安全管理者和中下层管理者再到工人个人。相反,这里的合规是通过基层的个人决策而存在的,工人通过权衡成本和利益,遵循自己的内在动机和实际考虑。

因此,第二项研究表明,合规并不一定是一个从法律到行为的整齐的线性过程。相反,合规民族志可以显示一个在监管者和被监管者每一次遇到时都会被打断的过程。行为反应仍处于基层,与监管和合规管理流程相对隔离。

第七节 合规测评应该与观察性评估相结合

民族志是检测组织合规性的关键方法。这里讨论的两个合规民族志显示了参与性观察、非正式访谈和半结构化访谈的组合如何产生关于法律规则如何形成组织行为的基本见解。

这两项研究表明,组织合规性是一件难以评估的事件。关于组织合规性的二进制和数字陈述掩盖了这样一个事实:在日常的组织实践中,不同主体的行为因个人、法律规范和具体情况而异,也因小时、日和周而异。甚至是非数字语言的符合性资格,如动机性或公司在制定合规管理实践中的积极性水平(博弈、主动合规、抵制合规;Braithwaite et al.,1994;Braithwaite,Murphy, & Reinhart,2007),都是很难用来证明实践中的合规性的。民族志方法超越了一般性的合规测量,并进一步捕捉了日常现实中合规的动态模式。

这些研究还显示了合规是如何由一系列涉及监管行为者、组织管理者和个体员工的场景过程组成的。它们展示了这些流程如何在不同的商业周期中发生变化,特别是从初创到日常运营。在这里,合规的民族志解释有助于在白领犯罪学领域中进行生命周期分析方法的具体应用(参照 Stam & Verbeeten,2017)。这些研究还表明组织合规的逻辑过程不必从法律到组织再到员工个人,个人合规可以在法律和管理过程之外产生。

合规的民族志方法具有重要的方法论意义。早期的研究强调了合规的内生性质,即合规过程塑造了法律的意义。但民族志也有助于我们评估人们对法律如何反应,而不仅仅是这些反应如何塑造法律的意义。在这里进行的民族志分析表明,传统的合规测量提供了一个数字的、静态的、与上下文无关的合规图像,不适合组织对法律响应的混乱的、动态的和场景化的现实。通过测量在特定时间内对特定法律规则的合规性,以及从一个从法律到组织到行为的线性过程的隐式假设,测量无法捕捉到实际执行时的合规性。它只提供了一个快照,而合规性需要完整的视频和音频判断。在最坏的情况下,研究可能会导致直接或间接的观察者效应,即不是测量行为对法律的反应,而是测量本身塑造了这种反应。

民族志方法对合规性的学术和实际测量有几层含义。首先,它显示了在定量测量中缺失了什么。使用定量测量的研究不能简单地提供关于日常合规行为的相同有效和详细的数据。其次,民族志方法是分析受管制行为者自身如何理解合规以及形成合规的力量的唯一方法。这种分析对于更复杂的情况至关重要,在这些情况下,不合规问题已经深入到组织实践和价值观中,以及更深层次的组织文化中(van Rooij & Fine,2018)。最后,对合规行为的民族志理解也可能对如何减少非法行为产生重要的见解。民族志方法可以详细了解不合规的过程,这可以形成寻求减少非法行为干预措施的基础(Benson,Madensen, & Eck,2009;van Rooij & Fine,2021)。

总之,民族志是研究合规性的重要方法。这并不是说它没有局限性。就其本质而言,民族志工作需要进行大量的观察,但只深入检测了少数情况,因此很难将其推广适用于所有类型的企业,这里介绍的研究也不例外。但它们确实提供了可以在其他地方进一步探索的理论和方法论依据。直接观察非常耗时、昂贵,在实践上也有局限性,因为需要进入组织进行观察,而这通常很难安排,并伴随着高度的道德责任。因此对于大多数需要评估或认证合规性的从业者来说,民族志方法不是首选。

在认识到这些局限性的基础上,我们可以得出的结论是,合规测量实际上应该与观察性评估相结合,观察性评估可以限定对法律规则的行为反应,并将它们置于能够发挥作用的环境中。通过将定量测量与对日常实践的定性理解相结合,可以让我们更全面地了解合规情况,帮助评估存在哪些合规问题,以及如何克服它们。

参考文献

Adair,John G. 1984. The Hawthorne Effect:A reconsideration of the Methodological Artifact. *Journal of Applied Psychology*,69(2),334.

Almond,Paul and Garry C. Gray. 2017. Frontline Safety:Understanding the Workplace as a Site of Regulatory Engagement. *Law & Policy*,39(1),5-26.

Angrosino,Michael and Judith Rosenberg. 2011. Observations on Observation.

In Norman K. Denzin and Yvonna S. Lincoln, eds. , *The Sage Handbook of Qualitative Research*. London: Sage Publications, pp. 467–78.

Baxter, Ryan J. , D. Kip Holderness Jr. , and David A. Wood. 2017. The Effects of Gamification on Corporate Compliance Training: A Partialreplication and Field Study of True Office Anti–Corruption Training Programs. *Journal of Forensic Accounting Research*, 2(1), A20–A30.

Bennett, Andrew and Colin Elman. 2006. Qualitative Research: Recent Developments in Case Study Methods. *Annual Review of Political Science*, 9, 455–76.

Benson, Michael L. , Tamara D. Madensen, and John E. Eck. 2009. White–Collar Crime from an Opportunity Perspective. In Sally Simpson and David Weisburd, eds. , *The Criminology of White Collar Crime*. New York: Springer, pp. 175–95.

Bernard, H. Russell. 1995. *Research Methods in Anthropology, Qualitative and Quantitative Approaches*. Walnut Creek, CA: Altamira Press.

Braithwaite, Valerie. 2003a. Tax System Integrity and Compliance: The Democratic Management of the Tax System. In Valerie Braithwaite, ed. , *Taxing Democracy: Understanding Tax Avoidance and Evasion*. Aldershot, UK: Ashgate Publishing, pp. 271–90.

Braithwaite, Valerie, ed. 2003b. *Taxing Democracy*. Aldershot, UK: Ashgate Publishing.

Braithwaite, Valerie, John Braithwaite, Diane Gibson, and Toni Makkai. 1994. Regulatory Styles Motivational Postures and Nursing Home Compliance. *Law & Policy*, 16(4), 363–94.

Braithwaite, Valerie, Kristina Murphy, and Monika Reinhart. 2007. Taxation Threat, Motivational Postures, and Responsive Regulation. *Law & Policy*, 29(1), 137–58.

Chemnitz, Christine. 2012. The Impact of Food Safety and Quality Standards on Developing Countries Agricultural Producers and Exports. PhD thesis, Humboldt–Universität zu Berlin, Landwirtschaftlich–Gärtnerische Fakultät.

Coffee Jr. , John C. 1991. Does Unlawful Mean Criminal: Reflections on the Disappearing Tort/Crime Distinction in American Law. *BUL Rev.* , 71, 193.

Darley, John M. , Kevin M. Carlsmith, and Paul H. Robinson. 2001. The Ex Ante Function of the Criminal Law. *Law and Society Review*, 35(1), 165–90.

Dixon-Woods, Mary. 2003. What can Ethnography Do for Quality and Safety in Health Care? *BMJ Quality & Safety*, 12(5), 326–7.

Eckmanns, Tim, Jan Bessert, Michael Behnke, Petra Gastmeier, and Henning Rüden. 2006. Compliance with Antiseptic Hand Rub Use in Intensive Care Units the Hawthorne Effect. *Infection Control & Hospital Epidemiology*, 27(9), 931–4.

Edelman, Lauren B, and Shauhin A. Talesh. 2011. To Comply or not to Comply–That isn't the Question: How Organizations Construct the Meaning of Compliance. In Christine Parker and Vibeke Lehmann Nielsen, eds. , *Explaining Compliance: Business Responses to Regulation*. Cheltenham, UK: Edward Elgar, pp. 103–22.

Edelman, Lauren B. , Stephen Petterson, Elizabeth Chambliss, and Howard S. Erlanger. 1991. Legal Ambiguity and the Politics of Compliance: Affirmative Action Officers' Dilemma. *Law & Policy*, 13(1), 73–97.

Geertz, Clifford. 1973. Thick Description: Toward an Interpretive Theory of Culture. In Clifford Geertz, ed. , *The Interpretation of Cultures, Selected Essays by Clifford Geertz*. New York: Basic Books, pp. 3–30.

Geertz, Clifford. 1983. Local Knowledge: Fact and Law in Comparative Perspective. In Clifford Geertz, ed. , *Local Knowledge*. New York: Basic Books, pp. 167–234.

Geertz, Clifford. 2000. Deep play: Notes on the Balinese Cockfight. In *Culture and Politics*. Springer, pp. 175–201.

Gray, Garry C. 2002. A Socio – Legal Ethnography of the Right to Refuse Dangerous Work. *Studies in Law, Politics, and Society*, 24, 133–69.

Gray, Garry C. 2006. The Regulation of Corporate Violations Punishment, Compliance, and the Blurring of Responsibility. *British Journal of Criminology*, 46(5), 875–92.

Gray, Garry C. 2009. The Responsibilization Strategy of Health and Safety Neo–Liberalism and the Reconfiguration of Individual Responsibility for Risk. *British Journal of Criminology*, 49(3), 326–42.

Gray, Garry C. and Susan S. Silbey. 2014. Governing Inside the Organization: Interpreting Regulation and Compliance. *American Journal of Sociology*, 120(1), 96-145.

Griffiths, John. 1986. What is Legal Pluralism? *Journal of LegalPluralism*, 24, 1-50.

Gunningham, Neil and Darren Sinclair. 2002. *Leaders and Laggards, Next-Generation Environmental Regulation*. Sheffield, UK: Greenleaf Publishing.

Heimer, Carol A. 1999. Competing Institutions: Law, Medicine, and Family in Neonatal Intensive Care. *Law & Society Review*, 33(1), 17-66.

Henson, Spencer and Michael Heasman. 1998. Food Safety Regulation and the Firm: Understanding the Compliance Process. *Food Policy*, 23(1), 9-23.

Hutter, B. M. 1997. *Compliance: Regulation and Environment*. Oxford: Clarendon Press.

Kim, Pauline T. 1999. Norms, Learning and Law: Exploring the Influences of Workers' Legal Knowledge. *University of Illinois Legal Review*, 1999(2), 447-516.

Kluin, Marieke H. A. 2014. Optic Compliance: Enforcement and Compliance in the Dutch Chemical Industry. PhD thesis, Delft University of Technology.

Ko, Kilkon, John Mendeloff, and Wayne Gray. 2010. The Role of Inspection Sequence in Compliance with the US Occupational Safety and Health Administration's (OSHA) standards: Interpretations and Implications. *Regulation & Governance*, 4(1), 48-70.

Lange, Bettina. 1999. Compliance Construction in the Context of Environmental Regulation. *Social & Legal Studies* 8(4), 549-67.

Leary, Thomas B. 1990. The Commission's New Option that Favors Judicial Discretion in Corporate Sentencing. *Fed. Sent'g Rep.*, 3, 142.

Leslie, Myles, Elise Paradis, Michael A. Gropper, Scott Reeves, and Simon Kitto. 2014. Applying Ethnography to the Study of Context in Healthcare Quality and Safety. *BMJ Quality & Safety*, 23(2), 99-105.

Li, Na and Benjamin van Rooij. 2021. Law Lost, Compliance Found: A Frontline Understanding of the Non-Linear Nature of Business and Employee Responses to Law. *Journal of Business Ethics*.

Malinowski, Bronislaw. 1926. *Crime and Custom in Savage Society*. London: Kegan Paul, Trench, Trubner & Co.

Malinowski, Bronislaw. 1928. *Argonauts of the Western Pacific, AN Account of Native Enterprise and Adventure in the Archipelagoes of Melanesian New Guinea*. London: Routledge & Kegan Paul.

Mascini, Peter and Eelco van Wijk. 2009. Responsive Regulation at the Dutch Food and Consumer Product Safety Authority: An Empirical Assessment of Assumptions Underlying the Theory. *Regulation & Governance*, 3(1), 27-47.

Maxwell, Jeremy C., Annie I. Antón, and Peter Swire. 2011. A Legal Cross-References Taxonomy for Identifying Conflicting Software Requirements. *Requirements Engineering Conference*(RE), 2011 19th IEEE International.

Merry, Sally Engle. 1988. Legal Pluralism. *Law and Society Review*, 22(5), 869-96.

Moore, Sally Falk. 1973. Law and Social Change: The Semi-Autonomous Social Field as an Appropriate Subject of Study. *Law & Society Review*, 7, 719-46.

Musante, Kathleen and Billie R. DeWalt. 2010. *Participant Observation: A Guide for Fieldworkers*. Walnut Creek, CA: Rowman Altamira.

Nader, Laura. 2002. Moving on, Comprehending Anthropologies of Law. In June Starr and Mark Goodale, eds., *Practicing Ethnography in Law*. New York: Palgrave Macmillan, pp. 190-201.

O'Reilly, Karen. 2012. *Ethnographic Methods*. Abingdon, UK: Routledge.

Parker, Christine and Vibeke Nielsen. 2009a. The Challenge of Empirical Research on Business Compliance in Regulatory Capitalism. *Annual Review of Law and Social Science*, 5, 45-70.

Parker, Christine and Vibeke Nielsen. 2009b. Corporate Compliance Systems: Could they Make any Difference? *Administration & Society*, 41(1), 3-37.

Parker, Christine and Vibeke Lehmann Nielsen. 2011. Deterrence and the Impact of Calculative Thinking on Business Compliance with Regulation. *The Antitrust Bul-*

letin,56(2),377-426.

Platt,Jennifer. 1983. The Development of the Participant Observation Method in Sociology:Origin Myth and History. *Journal of the History of the Behavioral Sciences*,19(4),379-93.

Riggs,Fred W. 1964. *Administration in Developing Countries*,*The Theory of the Prismatic Society*. Boston,MA:Houghton Mifflin Company.

Rorie,Melissa,Sally S. Simpson,and Breanna Boppre. 2018. Factorial Survey Research in the Study of Environmental Regulatory Processes. In Willem H. van Boom,Pieter Desmet and Peter Mascini,eds. ,*Empirical Legal Research in Action*. Cheltenham,UK:Edward Elgar,pp. 137-72.

Seawright,Jason and John Gerring. 2008. Case Selection Techniques in Case Study Research:A Menu of Qualitative and Quantitative options. *Political Research Quarterly*,61(2),294-308.

Short,Jodi L. and Michael W. Toffel. 2008. Coerced Confessions:Self-Policing in the Shadow of the Regulator. *Journal of Law*,*Economics*,*and Organization*,24(1),45-71.

Stam,Erik and Frank Verbeeten. 2017. Tax Compliance over the Firm Life Course. *International Small Business Journal*,35(1),99-115.

Talesh,Shauhin A. 2009. The Privatization of Public Legal Rights:How Manufacturers Construct the Meaning of Consumer Law. *Law & Society Review*,43(3),527-62.

Talesh,Shauhin A. 2015. Rule-Intermediaries in Action:How State and Business Stakeholders Influence the Meaning of Consumer Rights in Regulatory Governance Arrangements. *Law & Policy*,37(1-2),1-31.

Thornton,Dorothy,Neil Gunningham,and Robert A. Kagan. 2005. General Deterrence and Corporate Environmental Behavior. *Law & Policy*,27(2),262-88.

van Rooij,Benjamin. 2006. *Regulating Land and Pollution in China*,*Lawmaking*,*Compliance*,*and Enforcement*:*Theory and Cases*. Leiden:Leiden University Press.

van Rooij,Benjamin. 2016. Weak Enforcement Strong Deterrence:Dialogues with Chinese Lawyers about Tax Evasion and Compliance. *Law and Social Inquiry*, 41(2), 288-310.

van Rooij, Benjamin. 2021. Do people Know the Law? Empirical Evidence about Legal Knowledge and Its Implications for Compliance. In Benjamin van Rooij and D. Daniel Sokol, eds., *Cambridge Handbook of Compliance*. Cambridge, UK: Cambridge University Press.

van Rooij, Benjamin and Adam Fine. 2018 Toxic Corporate Culture: Assessing Organizational Processes of Deviancy. *Administrative Sciences*, 8(3), 23-61.

van Rooij, Benjamin and Adam Fine. 2021. The Opportunity Approach to Compliance. In Benjamin van Rooij and D. Daniel Sokol, eds., *Cambridge Handbook on Compliance*. Cambridge, UK: Cambridge University Press.

Vaughan, Diane. 1997. *The Challenger Launch Decision: Risky Technology, Culture, and Deviance at NASA*. Chicago: University of Chicago Press.

von Benda-Beckmann, Franz. 2006. The Multiple Edges of Law: Dealing with Legal Pluralism in Development Practice. In Caroline Sage and Michael Woolcock, eds., *The World Bank Legal Review: Law, Equity, and Development*. Washington, DC: Martinus Nijhoff, pp. 51-86.

Wu, Yunmei and Benjamin van Rooij. 2021. Compliance Dynamism: Capturing the Polynormative and Situational Nature of Business Responses to Law. *Journal of Business Ethics*, 168, 579-91.

Yan, Huiqi, Jeroen van der Heijden, and Benjamin van Rooij. 2017. Symmetric and Asymmetric Motivations for Compliance and Violation: A Crisp Set Qualitative Comparative Analysis (csQCA) of Chinese farmers. *Regulation & Governance*, 11, 64-80.

Yan, Huiqi, Benjamin van Rooij, and Jeroen van der Heijden. 2015. Contextual compliance: Situational and Subjective Cost-Benefit Decisions about Pesticides by Chinese farmers. *Law & Policy*, 37(3), 240-63.

Yan, Huiqi, Benjamin van Rooij, and Jeroen van der Heijden. 2016. The Enforcement-Compliance Paradox: Implementation of Pesticide Regulation in China. *China Information*, 30(209-231), 1-23.

Ziman, Roxanne, Sherry Espin, Rachel E. Grant, and Simon Kitto. 2018. Looking Beyond the Checklist: An ethnography of Interprofessional Operating Room Safety Cultures. *Journal of Interprofessional Care*, 32(5), 575–83.

第四部分

建立在现有合规研究基础上的混合方法

第十四章　使用混合方法理解合规研究

亚历克桑德拉·乔丹奥斯卡　尼古拉斯·洛德

第一节　引　言

本章的主要目的是简明扼要地介绍混合使用或综合使用多种研究策略和方法来理解与合规有关的核心争议和问题。研究者以各种方式将合规概念化，这导致了对不同主题的调查，如行为者是否在不同（或类似）的条件下寻求（或被说服）去遵守不同的法律、规范和社会惯例，以及一系列不同的相关因素。例如，在2020年撰写本章时，新型冠状病毒仍然在全球肆虐，在成功推出大规模疫苗接种计划之前，很多国家政府试图说服公民遵守迅速实施的法律机制，或在某些情况下遵守不具法律约束力的公共卫生建议，以期最大限度地减少病毒的传播（合规成为一种现实的存在状态），但遵守水平各不相同，并不断下降。在这些方面，合规与个人层面的行为变化有关，有时在国内层面上，混乱的法律和规范环境并不总是以科学证据为基础（甚至更少以社会科学证据为基础），这反过来为确保合规带来了合法性危机。然而,2020 年还发生了与全球非法资金流动有关的数据泄露事件,因为“FinCEN 档案”再次引起了人们对全球反洗钱制度实施情况的关注,特别是组织行为者,主要是金融机构,向美国金融犯罪执法局(FinCEN,美国金融情报部门)提交了其所担忧的客户交易的可疑活动报告。

上述文件从国际标准、国内刑法框架以及组织内部职业合规人员的角度来分析了如何管理具有被定罪风险的业务。这只是与合规有关的调查对象的两个例子,但它们展现了该问题在实践和理论上的不同表现。

合规研究中存在的多样性的影响可能导致研究者在界定合规现象的基本和相关事项时出现一定的任意性,这也会给理解和测量不同形式的合规的性质、程度和范围带来困难。考虑到这一点,我们如何确保我们的理论和概念认识是针对相同的合规结构,特别是当经验研究中存在本体论和认识论的差异时?我们如何知道我们在与来自不同视角的人讨论合规问题时,不是在相互争吵,而是在相互交流?在合规概念的弹性方面建立共识是否可行或必要?在这一章中,我们提出,通过接纳社会科学与哲学理论中存在的矛盾,以合理和一致的方式采用混合方法进行研究,可以使合规的理论和概念得到有力的发展。当然,研究策略和方法的选择首先要确保我们提出的研究问题是合理的、符合逻辑的和一致的,因为这意味着要用适当的方法和策略来从实证的角度理解合规,而当不同的方法需要混合起来使用时,这一点就显得尤为重要。

本章的结构如下。第一,不同于传统的研究方法,我们分析了支撑合规研究的哲学理论问题,以及这些问题对混合方法研究的影响。同时也分析了不同研究传统的方向,以及这些对混合方法研究的影响。第二,我们对混合策略和混合方法进行概念化,思考混合策略的不同方式,以及其基本原理和逻辑。第三,我们考察了混合研究方法在合规研究中的具体实施情况,认为一些项目更多的体现了以修辞或平行逻辑来解释合规的倾向,而不是通过更费力地寻求理解合规的多维性和社会复杂性。第四,我们提出了进一步的调查方法和对合规研究的思考方式。在这里,我们考虑了混合策略和方法的价值,这些方法借鉴了审议方法、比较视角、时间序列分析或新的研究技术。然后,我们考虑新型冠状病毒肆虐的影响,以及在这样的背景和条件下如何通过混合方法的框架来分析合规。第五,我们认识到开展混合方法对合规研究所面临的实践、政治和资源方面的挑战,但我们认为,通过追求综合的、合作的和多维的研究方式,可以改善多个学科和哲学之间的紧张关系,并促使其繁荣发展,而不是限制对合规的理解,这样有利于进一步推动获得关于合规的社会复杂性方面的知识。

第二节　制定和理解合规研究

对合规的理解有多种方式,从服从或遵守规则的简单定义,到“规则如何塑造行为”的概念(van Rooij, Fine, & Zhang, 2017),或者合规是一种社会建构,嵌入在社会实践和被监管者对监管的反应(Edelman, Ugger & Erlanger, 1999; Edelman & Talesh, 2011)或监管者与被监管者之间的互动中(Hutter, 1997; Lange, 1999; Williams, 2012)。研究者在合规研究中使用的不同概念,与客观主义和解释主义方法所采用的认识论、理论和方法论框架之一相一致,(Parker & Nielsen, 2011; Patton, 2014; Gray, 2017)。客观主义方法认为,研究是为了发现“客观真理”,并与实证主义的论点密切相关,即现实是研究者的外部环境,应该通过严格的科学方法进行研究(Gray, 2017, p. 20; McChesney & Aldridge, 2019)。合规研究中的客观主义方法侧重于研究人类行为、知识、意见和情绪的不同方面,这些方面被认为与合规的预定定义密切相关。这种研究通常将合规作为所研究的关系、因素、行为或态度的外生因素来观察(Parker & Nielsen, 2009)。它也专注于测试不同的理论命题,即所值得的注意因素和行为与认知之间的因果关系和机制,但这可能导致只对可观察到的事件进行肤浅的分析,而没有充分理解这些“真正的”导致这些事件的不可观察结构的因素。

由于其本体论的本质,实证主义方法可以用来调查现实和潜在的合规行为,例如,当调查结果被用来表达遵守或不遵守特定法规的程度时(Winter & May,2001;Kelly,2010),或者当实验方法被用来表达假设场景中的潜在行为时(Simpson,2002;van Rooij et al.,2017)。然而,这些方法往往忽略了我们的观察是如何依赖于对理论的反思,而这对产生更充分的知识具有积极影响。

解释主义方法将合规视为"实践中"的合规,或视为被监管者对在监管领域内发布的规则的理解。解释主义或建构主义对合规采取了基于本质主义的本体论观点,其意义只能通过被监管者的生活经验来理解,而无法通过先入为主的概念或定义。在这个意义上,研究者将合规视为在他们所研究的领域、关系或被监管者中的内生状态(Parker & Nielsen,2009)。对于上述问题已经形成了丰富的研究成果,可以观察到监管和合规在以下领域是通过监管互动或跨监管领域的对话进行社会构建或规则发布的:金融市场(Black,1997;Williams,2012;Gilad,2014;Jordanoska,2021);环境监管(Lange,1999;Hawkins & Hutter,1993;Hutter,1997);食品安全监管(Buckley,2016)。然而,解释主义可能只是从一个狭隘的视角来对世界进行观察,因为这一传统的方法突出了对被调查者的话语实践和生活经验的研究,但并不能超越这一点,所以未能更多地考虑到独立于人类意识而存在的社会结构的因果力量。更严重的是,解释主义的观点可能会走向相对主义,从而反过来影响评估哪一种合规理论或概念在特定语境中更合理。

这些观点都基于一个独特的社会性世界观念:客观主义认为,社会性世界可以以一种"客观"的方式进行理解和测量;而解释主义认为,社会性世界没有固定或预先存在的意义,而是在研究对象的视角中发现的或在社会互动中形成的。这些也更自然地与不同的调查方法设计相一致:定量方法与客观主义/实证主义研究相结合,定性方法与建构主义/解释主义方法相结合。对单一方法的依赖提供了特别的优势,因为定量方法能够进行测量、测试和理论扩展；而定性方法能够对被调查者的真实经历进行探索和深入研究。然而，孤立地使用定量或定性方法也存在问题，即它们各自的缺点，正如客观主义与解释主义方法的缺点一样，可能无法克服。

使这一领域变得更加复杂的事实是，关于合规的研究已经在一系列学科中进行，如监管治理学、犯罪学和经济学，以及安全、环境、食品、城市规划和公共卫生科学等。尽管认识到合规有多面性，但学者们仍然通常使用他们各自学科固有的理论、词汇和方法，并在合规研究中受其影响。所以在方法上的跨学科交流比较少。

一、混合法和合规研究

在社会科学研究中，混合研究方法由来已久，诸如“结合法”和“多级法”等术语被用来表示不同的方法是如何在实证研究中一起使用的。（Timans，Wouters & Heilbron，2019，p. 193）。然而，并非所有融合两种或两种以上研究方法的研究设计都可以被称为“混合法”，需要对“多级法”和“混合法”这两个概念进行区分。“多级法”研究涉及任意两种或两种以上方法的结合，包括定性分析（例如，结合访谈和民族志观察）和定量分析（例如，结合实验设计和调查）。“混合法”研究代表了一种密切相关但又不同的研究类别，即“研究者将定量和定性的研究技术、方法、途径、概念或语言混合或结合到一个单一的研究当中”。（Johnson & Onwuegbuzie，2004，p. 17）。混合法的使用与单一方法相比有以下几个优点：它能够在定性和定量方法中吸取长处并避免缺点（例如，将定量方法提供的概括和大样本数据与定性方法提供的对问题的深入研究相结合；或同时解决验证性和探索性问题）；它能够收集大量关于研究问题的数据，并得出更有力的结论（Creswell & Plano Clark，2006；McChesney & Aldridge，2019）。而实现上述效果的关键是将研究的定性和定量部分的真正整合（Creswell & Tashakkori，2007；McChesney & Aldridge，2019）。

自 2006 年以来，在标题或摘要中提及“混合法”的出版物数量迅速增加，表明围绕此类方法的讨论越来越多（Timans et al. ，2019，pp. 194-

5)。同样,一系列混合法设计的类型学研究已经发展起来,这些似乎经常代表整合方法或策略的可能方式,而不是如何整合的实际和具体的例子(Bryman,2006)。因此,混合方法研究策略的设计应遵循以下考虑因素和类型(Bryman,2006,pp. 98-9;Mason,2006;Creswell & Plano Clark,2006,pp. 58-88):

过程或时间:即同时或按顺序收集数据。当研究者在研究的单个阶段收集定量和定性数据时,就发生了同步或并行研究。而按顺序收集数据更侧重于一种数据类型紧接一种数据类型的收集方法。

优先级或权重:定量和定性数据是否具有同等的权重,或者其中一个是否具有优先级?将一类数据优先于在研究中起次要作用或辅助作用的另一类数据,这就是嵌入式混合方法设计(Creswell & Plano Clark,2006)。

功能:数据的整合是用于三角测量、解释还是探索?"三角测量"通常是指结合各种研究方法进行数据验证以证实发现和推论。这是混合方法设计中最常见和最著名的方法(Creswell & Plano Clark,2006)。解释性设计代表两阶段设计,其中定性数据有助于解释初始定量数据,而在两阶段探索性设计中,定性方法的结果有助于发展定量方法。

阶段:即何时进行多策略研究(研究问题制定,数据收集,数据分析,数据解释)?

数据链:有一个还是多个数据链?

通过对混合法研究成果的出版物进行分析,其结果表明这些研究成果并不总是经过了充分思考,研究过程中所产生的大量数据导致了意想不到的结果(Bryman,2006)。确保使用混合法来实现既定研究目标的清晰逻辑是关键,这需要在早期阶段设计相应的方法途径。通常,研究策略与特定的哲学研究方法一致,如前所述,在合规研究中有各种混合或组合的方法及策略。表 14.1 概述了合规研究领域的常见策略、相关原理和逻辑、挑战和机遇以及应用实例。这些策略反映了这些不同的哲学方法与选择的分析逻辑之间的关系,以纳入混合策略、方法和或数据,以及如何将这些结合起来以产生有用的知识。

表 14.1 合规研究中的混合/组合策略表(改编自梅森,2006)

常见策略	相关原理/逻辑	挑战和机遇	应用实例
1. 混合方法用于制作更大画面的特写插图或背景	尝试增加广度和深度,反之亦然。修辞逻辑使用其他形式的数据来修饰,而不是作为论证的必要组成部分	由于没有真正尝试进行多方法解释或对话,所以具有有限的解释价值,但不能带你走得更远。容易使定性和定量两极化,而不是真正关注对方的价值	例如,以定量逻辑驱动的研究,利用大样本调查来确定反贿赂和腐败政策在企业间的实施模式或规律,再通过一些商业案例研究提供背景,尽管这并非主要目标,对核心论点贡献也甚微
2. 混合方法用于提问和回答不同构想或独立问题	暗示不同的研究问题与同一现象有广泛联系,但没有特定的分析关联 平行逻辑是因为不同的方法和策略必然存在,但并非综合性整体论证的一部分,即并行运行的"迷你研究"	操作相对简单,风险适中,但收益有限,因为在不同研究问题之间连接数据的问题没有得到解决,尽管一些有趣的潜力可以用于利用所使用的多种方法,尤其是在后期阶段	例如,关于企业遵守污染法规的项目有两个独立的研究方向,一个调查企业违反的法规,另一个审查企业内部决定污染的情况;虽然问题相关,但缺乏分析整合
3. 混合方法用于提问关于连接社会各部分、片段或层次的问题	设计具有多个组成部分,但清楚地认为这些是整体的一部分。 整合逻辑是每种方法都在理性上适用于现象的特定部分,而正是这种组合增加了意义	旨在直接混合或连接数据,这使操作更加困难,因为需要确保在整个组成部分之间明确和共识的理解用于整合的模型。 如果没有有效执行,收益是不确定的,因为团队成员可能会在研究问题、理论和方法上分化	例如,研究的总体目标是了解在哪些方面和在哪些条件下年轻人有动力违反 COVID-19 限制——人们可以策略性地结合个体半结构化访谈与社交媒体上的情感分析,以了解先行因素

续表

常见策略	相关原理/逻辑	挑战和机遇	应用实例
4. 通过三角测量混合方法以实现准确测量	特指从两个或更多不同角度“测量”符合性的研究,以便准确捕捉现象,或提高、测试或验证观察的准确性。 协作逻辑是因为使用不同形式的数据和方法来证实它们测量的内容,有时也是为了互相证实	许多挑战,因为强调测量的精确性不容易适应许多社会科学解释方式的复杂性和过程性质,同时也因为不同的方法和途径很少直接互相证实。由于对某些思考和提问方式的偏好,机会有限	例如,在追求更具“科学性”的合规研究时,明确调用三角测量以增加严谨性,研究人员首先为食品加工中个体接受掺杂的统计建模开发一个量表,然后进行基于工厂的民族志研究以深入了解个体接受度,但证实可能并非总是发生
5. 混合方法,提出独特但相交的问题	指的是一种集体(与合相对)方法,涉及不同学科、认识论和/或本体论传统的研究者提出关于合规问题,需要交叉视角和思考方式。 多维逻辑是因为不同的方法和途径具有独特的优势和潜力,如果充分发挥,可以帮助我们理解多维性和社会复杂性	很难实现,因为挑战哲学、知识生产和研究实践的边界,导致分裂或变得“整合”的风险,但如果允许区别和“创造性紧张”发挥作用,而不是将所有内容降低到最低共同标准(标榜为“跨学科”),则有极大的潜力提高社会科学解释	例如,一个关于购买假冒商品的项目,并没有将消费者决策问题留给心理学家,商品化问题留给经济学家,社会地位的社会建构问题留给社会学家,刑事法律的执行问题留给犯罪学家,而是采取一种集体方法,让学科间的紧张关系充分发挥作用,而不是被彼此的偏好所吞没,以鼓励多维视角
6. 机会主义地混合方法	指的是混合方法和数据的可能性更多地源于意外而非设计,特别是在现有数据集意外或偶然地变得可用,或者在可以访问潜在数据源的情况下	无内在逻辑没有明确的策略,因此没有单一的内在逻辑,这意味着研究者需要迅速找到有效的前进方式并将其付诸实践。但是可能出现好的机会,因此需要对这些进行仔细评估	例如,一项关于组织文化如何有助于工作场所健康与安全违规行为的研究,偶然地从监管机构获得案例文件数据,这些数据最初并未纳入研究策略

混合方法研究需要由已确定的研究问题作为驱动,确保研究策略、研究设计、研究方法、数据收集和分析之间的逻辑一致性。正如梅森(Mason,2006,p. 3)所指出的,“从事混合法研究的学者需要清楚地了解他们所采用方法的逻辑和目的,以及他们想要实现的目标,因为这些最终必须支持他们的实际策略,不但包括为了选择和部署特定的混合方法,而且分析性地采用他们所需的不同来源的数据也是至关重要的”。这里所提到的所有策略都是由实际情况决定的(例如,研究者不具备足够的研究技能);政治(例如,权力、地位以及研究者、团队和学科之间的不平衡);资源(如资金限制)问题(Mason,2006,pp. 11-12)。

同样,已经确定了实施“真正整合”的混合法研究中会遇到的障碍,包括不同受众的期望、方法偏好、研究项目的结构、时间线的作用、技能专长、数据的性质、弥合本体论分歧以及范例问题(Bryman,2006,pp. 12-20)。

例如,关于合规的研究问题究竟是意味着更深入的分析还是更广泛的分析(Sayer,2010;Edwards & Levi,2008)？前者的问题是,在一个特定的案例或一些案例中,合规过程是如何运作的,是什么产生了合规行为的变化,或者特定的行动者实际上做了什么,或者他们实际上是如何互动的;其本质上是寻求丰富的实质性联系和情境化的洞察力,从而阐明因果解释和结构分析。后者则是确定合规现象的规律性、模式和显著特征,或某些合规特征或过程的分布或表现的广泛程度,其本质上是在形式上的相似性方面进行概括和关联。

当然,这些策略可以根据表14.1中的方法进行混合和组合。这些策略和研究问题也意味着不同的分析单位(如个人、组织、城市、机构、民族国家);不同的时间跨度(例如,从瞬间到长时间);不同的分析焦点(例如,微观,中观和宏观层面);以及所需观察值的变化(例如,单个实例、代表性样本或整个群体),以便进行定性、定量或混合/组合数据分析(Maggetti,Gilardi & Radaell,2013,p. 53)。

混合法研究对合规领域的学者产生了巨大的吸引力,原因有五。第一,混合法研究的发展历史与社会科学中的多次运动密切相关,即随着后实证主义的出现和建构主义/解释范式的广泛使用,实证主义不再作为主导理论范式(Bryman,2006;Mirchandani et al. ,2018,p. 136)。传统研究方法的混合很好地迎合了合规研究,因为实践中学者们经常超越客观主义者和解释主义者的分歧,并与合规的两种概念联系起来(Parker & Nielsen,2011),认识到现实事件是如何分层和出现的,考虑整体的机构和结构,并加强多维因果趋(Sayer,2010;Gorski,2013)。此外,混合法设计不仅让研究者利用了优势因素,同时也使其避免了单一方法的弱点(Mirchandani et al. ,2018)。

第二,混合法研究与行为研究视角密切相关:与不断发展的政治性因素保持密切联系(Denzin,2010),不断变化中的混合方法设计方案(Mertens,2007),促进面向社会正义的研究(Mirchandani et al. ,2018)。合规研究者经常在他们的研究中直接或间接的涉及社会正义问题,因为学者们对企业权力和外部性感兴趣,并关注不合规、创造性合规(McBarnet,2016)或表面合规(Krawiec,2003)如何危害更广泛人群和环境的问题。

第三,与前两者相关,混合法研究很好地与对话式研究保持一致,这意味着平等的参与定性和定量方法(Mason,2006),但这也意味着在多学科和多利益相关方研究团队中"有意识地持续协商认识论和方法论差异的过程"(Mirchandani et al. ,2018,p. 137)。这使更丰富和更稳健的理论概念和经验认识不断发展,并最终达成共识:"合规的多元概念化,并因此使用多种方法测量合规是可取和必要的。"(Parker & Nielsen,2009,p. 64)

第四,在这些立场之间,还有对社会性世界的其他思考方式,如批判现实主义,其专注于理解客观现实之间的真实联系(即当某个事件发生时,导致特定事件的潜在生成结构和因果机制)、专注于理解现实本身(即所发生的特定事件的领域)和专注于理解经验(即专注于我们对已发生的事件所积累和总结的经验)等维度。实证主义倾向于在"现实"

(actual)的领域内寻找因果关系,而解释主义否认“真实”(real)领域的存在。批判现实主义是一种针对错误进行研究的哲学,它认识到我们产生的知识可能是错误的,同时也追求一种对其进行调整的方法,通过将潜在的因素抽象出来,并分析它们如何在特定的背景下共同形成特定事件,以此来持续和累积地对理论进行构建。

由此可见,“现实主义者是方法论的多元主义者。现实主义者习惯于使用多元的研究方法来设计调查方案,只要它们有助于对犯罪的具体概念进行调整和提炼就全部都使用,而不是将某些方法(例如,从实验结果中对犯罪行为进行推断,或将人种学理论来与诱发犯罪比例相联系)列为优先考虑对象”(Edwards,2015,p. 27)。

批判现实主义被用作研究监管的一个富有成效的概念框架;例如,RegNet 小组的大部分工作被定性为处于批判现实主义传统中(Drahos,2017)。批判现实主义也“有能力将定性和定量方法视为辩证统一的一部分”(Losoncz,2017,p. 86)。

第五,混合研究方法在评估研究中已经变得相当流行(Mertens,2018)。因此,它们可能对寻求开展评估研究的决策者有吸引力,以“更好地理解政策、计划或实践的有效性而进行具体实施”(Palinkas et al.,2019,p. 437)。在这个意义上,对实施进行研究,旨在评估具体方案的过程和结果,而有效性研究旨在评估干预措施的成功与否(Palinkas et al.,2019)。在合规研究的背景下,决策者可以卓有成效地使用混合方法设计来评估合规机制的实施效果。采用混合法进行评估的一个最近的例子是英国审慎监管局(Prudential Regulation Authority,PRA)进行的评估,该评估审查了高级管理者和认证制度(Senior Managers and Certification Regime,SMCR)的实施情况,旨在评估该制度如何实现其最初的目标(Prudential Regulation Authority,2020)。审慎监管局通过多种方法收集的数据开展评估:监管数据审查;对高级管理者和认证制度的使用情况及其效果的调查;对 140 家受审慎监管局监管的公司和高级管理者个人进行的高级管理者和认证制度体验调查;以及与合规从业者、顾问和主管的结构化访谈。

尽管如此,混合法在合规研究中的使用并不常见。下面将对混合方法在合规研究中的应用进行回顾。

二、研究合规的混合方法:研究方法学的现状

与混合法的设计相比,更常采用多种方法(通常是定性方法)对合规进行实证研究。在监管研究中使用定性方法的组合有着悠久的传统,并延伸到相关领域:如在监管执法中的自由裁量权的使用(Hawkins,1984,2002);监管互动(Lange,1999;Williams,2012;Jordanoska,2021);以及社会政治因素对监管设计的影响(Almond & Esbester,2018)。如前所述,在合规研究中,定性方法经常被用来获取关于被监管者所理解和构建的合规数据。在这种情况下,常用的方法是民族志、参与式观察和半结构化访谈的组合。这些方法已被用于诸多领域以收集丰富的数据,如:监管者对合规环境监管的认识(Lange,1999;Gray & Silbey,2014);工作中的健康和安全(Gray,2006;Wu & van Rooij,2019);金融监管(Currie,Gozman, & Seddon,2018);以及食品安全法规和小型食品加工(Buckley,2016)。进一步的设计还整合了对组织制作的文件和声明的内容分析,以及对组织内部人员的半结构化访谈,以调查工作场所的歧视性行为(Talesh,2015)和反现代奴役法案(Mociardini et al. ,2019)背景下合规的意义。

在合规研究中,通过结合定性和定量的方法来使用混合方法设计似乎不太常见。此外,采用混合方法的合规研究更多的是采用序贯设计(sequntial design),即通过添加或扩展一个数据集来整合另一个数据集。此外,混合方法的研究通常使用序贯设计,即通过增加或扩展一个数据集来整合另一个数据集,而不是像梅森(Mason,2006)所建议的那样,采用真正的对话方式。

按照这种思路,合规研究中最常采用的混合方法设计是解释性的序贯设计,其中定性数据被用来进一步分析定量结果,并从质量上来解释

定量机制如何发挥作用。在合规研究中,这需要结合使用调查方法,然后对研究样本中的一小部分进行后续访谈。例如,通过这种方法,有学者研究了小公司对健康和安全法规的反应,其从一开始就采用了客观主义的合规结构(Vickers,James,Smallbone & Baldock,2005)。而持客观主义观点的学者认为,可以通过数据的分析来研究警察交通拦截的合规性(Chanin & Welsh,2020)。

有学者提出了一个较小的研究样本,并在其中采用了探索性的序贯设计,将观察到的定性数据用来设计定量研究方法,特别是调查方法。有学者采用了混合方法来研究一个较少探讨的影响合规的因素:情绪(Enachescu,Olsen & Kogler et al.,2019)。他们首先从焦点小组中收集定性数据,以确定纳税人在纳税时所引起的情绪。然后,通过将标明与税收有关的程序和情况的代码与评价性代码进行交叉分析,开发了一项调查,从而得出了引起最多情绪的程序和问题的情况概览。有学者得出结论:“情感体验在税收合规决定中起着重要作用”,并呼吁在设计税收合规的政策时考虑到纳税人的主观感受(Enachescu et al.,2019,p. 1)。有学者在两个时间点上对医疗机构的合规发展进行研究,在这两个时间点上都开展有定性研究的焦点小组,并在第二个时间点上整合了访谈数据以制定调查计划(van Erp,Wallenburg & Bal,2020)。他们的重点是将合规纳入制度规则之中,但也关注监管制度和社会政治环境等更广泛问题之间的联系。

有一些新的研究模式采用了融合性的平行设计方法,包括同时收集和分析两种类型的数据,并在研究完成后对两种来源的结果进行比较和验证(Creswell & Plano Clark,2006)。这些设计更有利于实现真正的对话式研究方法,研究者可以将两种类型的数据进行平行建构来评估研究结果,也可以在讨论中进行比较(Wisdom & Creswell,2013,p. 2)。有学者基于上述方法,通过客观主义和解释主义的视角对加拿大安大略省的就业标准的合规情况进行了调查(Mirchandani,2018),其主要关注目标是底薪工人,使用了基于随机抽样的电话调查方法,以及对工人和工会律师的定性研究、半结构化访谈和焦点小组调查方法。电话调查方法被用于描绘明确的违法行为的性质和程度，并通过询问工人他们在工作中遇到事件的开放式问题，来调查工人自己对工作场所问题的界定。定量数据收集整合了从半结构化访谈中获得的见解，而对开放式问题的回答为访谈日程的制定提供了信息。这种方法以“基于证据的研究”为基础，同时“让研究参与者发声”（Mirchandani et al.，2018，p. 143）。有学者使用了一个融合性的混合研究方法，其中一个启发式研究，采用开放式问题、调查和半结构化访谈等方法来调查员工的是否遵守工作场所法律的决定（Frawley，2018）。

关于表 14.1 中概述的策略，尽管合规的混合方法和策略研究的目的可能是以综合或协作的方式进行研究，但其往往由具有夸大色彩的修辞方式或平行逻辑驱动。反映多维逻辑的合规机制并不常见，因为提出的问题要求以交叉的方式看待和思考，并且反过来解释激活（或不能激活）合规事件的多种因素。在我们看来，在合规领域有更先进的混合方法研究的空间，但有一些现实上的、政治上的和资源上的问题限制研究者这样做（Mason，2006）。

第三节　混合研究设计中进一步的调查和研究方法

在这一节中，我们提出了一些新方法，这些方法可以作为混合方法研究的一部分，具体来说，就是结构验证、比较视角、时间序列分析，以及使用技术来研究合规状况的一系列审议方法。

一、审议方法（用于结构检验）

如前所述，关于合规的构成的观点是有争议的，也是多种多样的，这对在同一学科内和不同学科间对合规进行的研究会产生不利影响，因为合规的概念在学术讨论中是否拥有共同的参照物或属性并不总是很清楚。确保针对合规的具体研究、概念和研究者能够相一致，而不是相互冲突是非常重要的，这反过来又对前面概述的各种混合策略方法的选择与实施产生了影响，而且对合规的政策和实践也有更广泛的影响。

我们感兴趣的两个核心问题涉及：

（1）我们如何使用混合策略研究方法在来自不同学科背景和意图的合规研究者之间建立关于合规的概念参数的共识。

（2）当我们在理解合规的过程中所生成和构建的理论时，如何将不同研究领域内和来自不同研究领域间的对合规不同构造的认识带入这样一种理论生成和构建的过程。

这些问题的解决很重要，因为我们要设法产生对不同受众（无论是社会科学家、从业者还是政策制定者）有实际用途的知识，这些利益相关者需要理解我们打算使用的概念。例如，在对合规的规范和实证分析中，我们可以想象得到，哪些现象应该被视为优先关注的合规问题（例如，新冠疫情限制条例与采购腐败等），或哪些行为者应该对监管和应对这些问题承担最终责任（例如，国家监管当局或部门、商业或行业机构、非政府组织等）方面可能存在差异。换句话说，现在还不能假定不同学科之间甚至是不同学科内部对合规的概念都有共同的理解。但如果能够有共同的理解，那么就可以在考虑学科的差异、它们的形成意图和发展轨迹的前提下，对如何向前发展达成共识。

上述分析表明，现有的研究基础在理解合规方面存在明显的不足。占主导地位的范式倾向于特定的研究方法，但在将研究方法进行混合的情况下，我们发现了这种混合研究方法之中所存在的潜在逻辑问题，无论是修辞的、平行的，还是根本没有内在的逻辑。例如，对定量调查或准实验方法的偏爱没有办法充分捕捉问题的特殊性，而是呈现出一种虚假的普遍性（即以一个概念来适用于所有情形）。同时，以定性的、高度特殊的认识为重点的研究使得知识具有了场景特殊性，阻碍了跨场景的受众之间的对话。这就提出了一个问题：我们如何才能更好地推动监管机构和合规部门认识到合规研究领域之间和研究领域内部所存在的矛盾冲突,并进一步开发对合规概念多维度的解释。

为缓解在不同合规概念和相应知识之间的紧张关系,一个有希望的探索路线是使用在普遍性和特殊性的交汇处的,以混合策略和多维逻辑为基础的"协商方法"(deliberative methods)。协商方法,如 Delphi 方法(见下文),可以提供一种"构建群体交流过程的方法",使一群人可以作为一个整体来共同处理一个复杂的问题(Linstone & Turoff,2002,p. 3)。通过将个别知情受访者(如社会科学家、实务工作者和政策制定者)的主观认识随着时间的推移转化为更客观的群体共识,协商方法可以帮助建立与合规现象有关的赞同或反对的共识。当人们对现象的性质,或一个成功的解决方案必须包含的组成部分缺乏共识或认识不完整时,协商方法的使用将显得尤其重要。

Delphi 方法是最成熟的、久经考验的协商式研究方法之一。对该方法的倡导者们还注意到,它的优势在于能够使在地理上分散的合作者进行有效的交流,特别是在让这些合作者聚集在一起进行面对面会谈时将受到时间和成本上的较大限制时,协商方法更能发挥其作用。Delphi 方法包含了匿名迭代(如进行多轮研究)和协商化交流体系(如允许受访者在一段时间内匿名参与彼此的研究贡献),可以促进对合规本质的深层次的理解,以便为社会科学讨论和政策议程及干预提供信息。这些方法可以定量使用(如在线结构化调查)、定性使用(如半结构化访谈和定性问卷),或者作为一种混合方法,而后者能够产生在特定场景下和代表性的知识,因为受访者利用他们自己的专业知识为更广泛的概念争论作出贡献。例如,在第一轮调查中,调查的目标是"问题化"的,即受访者匿名分享对某一特定合规问题(概念参数,建立政策等)的看法。研究协调员将分析这些不同的看法,并将其纳入第二轮调查的内容(发给相同的一批受访者,然后他们可以看到其他受访者的匿名答复),其目的是确定问题的"优先级"。研究协调员将再次分析数据,并将结论纳入第三轮调查(再次发给相同的一批受访者),其目的是"证实"。然后,研究协调员将利用各轮调查的定量和/或定性数据,分析第一轮中专家们自己最初的主观解释如何在第三轮中转化为客观的群体共识，并反过来方便受访者的进一步工作并构建概念的有效性。这种方法使整合来自不同学科、认识论和/或本体论立场的研究者或其他利益相关者的经验和理论见解成为可能，因为我们让这些不同的参与者进行对话，反过来让彼此之间存在紧张关系的不同观念随着时间的推移而交锋和交流，并创造性的推动观念认识的发展，最终形成共识。效率和便利性也是该方法的明显优势。[1]

举例来说，我们可以尝试通过实证分析来研究制药行业内合规研究者的观点和见解，以便产生包容性、审议性和迭代性的对话，为以下问题的分析建立依据与基础：

制药行业中合规和不合规的性质和潜在的"真正原因"（即如何理解合规）？

如何最有效地应对（不）合规的性质和"问题"？

如何为解决不合规问题而采取适当行动和落实问责机制（即哪些当局有责任或应该负责）？

负责人员所应具备的专门技能和知识类型有哪些（即行动和能力建设的技能和胜任能力）？

考虑到不同的研究背景和领域，应该用什么方式传播这种对话和讨论的结果，以便在实践中最大限度地加以利用？

这些领域的问题各不相同，但又相互交叉，而结构化交流的每一次迭代都能以产生定量或定性数据为目标，反过来又可以随着时间的推移证实以前迭代的见解，并验证组织的有效性。通过协商研究，来自不同学科背景的主要专家可以就合规（如前所述）的性质，以及对合规的政策和实践取得共识。这种方法使对话成为可能，这种对话不受研究过程中的直接压力的影响，从而实现对与合规有关的概念进行强有力的"结构化验证"。协商研究的过程使这种结构性对话得以发生，进而在不同

---

〔1〕 关于 Delphi 方法在社会上的应用，以及具体应用于安全领域相关的犯罪学问题的概述（Edwards，Housley，Williams，Sloan，& Williams，2013）。

群体(如学者、决策者和从业者)之间确立一致的对话术语,这在跨文化比较研究的背景下尤其有益。这种方法提供了一种对话的前景,这种对话不受研究过程中更直接的、针对个人的压力的影响,因此,与合规有关的概念的“结构化验证”更有说服力。该方法使受访者能够获得对合规概念的构建和论述的共同拥有权。

二、比较视角

当试图了解跨国界法律合规的含义和程度时,前面强调的定义问题就变得更有预见性。实证主义所存在的问题仍然没有改变:我们无法在不同的地理空间中测量完全相同的事件。解释主义所存在的问题因政治、经济和组织系统的差异而变得更加复杂,在这些不同的系统中,不同的行动者在塑造合规的定义上存在利害关系,这必须根据他们所对等的功能来进行确定。

然而,比较视角提供了一个机会,让我们可以深入了解不同的社会政治、经济和法律因素如何影响和塑造国家(和跨国)的监管和合规模式。例如,范·鲁伊(van Rooij,2017)通过对两国学生进行虚拟场景调查(vignette survey),研究了在美国和中国的数字法律合规问题。基于执法环境的影响,调查参与者对违反数字盗版法的倾向(对合规的一种定义,该定义概括了自我报告的不合规)有所不同:对于中国学生来说,不管有没有明确的执法环境,不合规都取决于对行为的感知和他人的确认。对于美国学生来说,如果没有明确的执法环境作为参照,社会规范会促使他们遵守法律,同时他们也会感知到遵守法律的义务;而如果有明确的严惩措施,他们也会感知到一种威慑。范·鲁伊等人告诫不要将合规理论泛化到西方背景之外,并呼吁进行更多的跨国比较研究与参考。混合研究方法特别适合用于这项工作,因为我们可以通过纳入一些不同的研究方法来进行全面的跨国比较研究与参考。当研究在特定地理位置出现的合规事件时,这些不同的方法可以同时揭示合规的含义、感知和理解,以及这些构造和从属因素,如动机,组织能力,监管和执行以及社会政治环境(Parker & Nielsen,2011)之间存在什么样的因果机制和联系。

第二个卓有成效的途径是将调查和测量不同行业和监管制度的合规的研究概念化。格雷和塞尔比沿着这些思路对合规进行了一些富有成效的理论研究,他们使用了3个不同的民族志项目的结论,这三个项目是关于卡车运输、制造业和科学研究中的安全、健康和环境法规合规实践的研究(Gray & Silbey,2014)。在此基础上,格雷和塞尔比记录了一个组织内部和组织之间的多种合规事件,并归纳产生了一种在组织内部如何感知监管者的类型学。此外,格雷和范·鲁伊(Gray & van Rooij,2021)通过多站点民族志方法开发了一个分析框架,该框架是基于社会的监管和公民作为监管者所发挥的作用的来进行开发的。这篇文章的关键论点——公民的代理权有限,无权充当监管者——来自对4个早期案例研究的分析,这些案例研究涉及了具有高度不同的社会和政治背景的国家,包括3个国家(中国、加拿大和美国)和四个监管问题(农村污染、农业和制造业的健康和安全、医学伦理)。其他研究则是针对某一特定事件或时间点进行的,该事件或时间点对监管规定以及监管者和被监管者的行为都产生了重大影响。例如,有学者通过详细分析在不同行业和监管领域的具体危害事件,研究了事件发生后监管者的动员情况(Haines,2011;Hutter & Lloyd-Bostock,2017)。合规研究可以在这些方法的基础上,从项目一开始就整合混合方法设计和跨行业比较研究设计。

第三条研究路线可能集中于考察受多重、并行管理体制制约的受监管者的行为、动机和规定。例如,银行和类似的大型金融机构受多种监管制度的约束,并通常被进行单独审查。银行主要受制于金融监管制度,包括围绕审慎监管、金融产品销售、批发市场交易和金融犯罪的一系列要求,但现在也开始受制于越来越多的非金融监管要求,涉及遵守现代反奴役法规(Dean & Marshall,2020)、环境监管和日益增长的绿色金融等非国家制度(Bowman,2015)。此外,银行的业务渗透一系列不同的市场,在一些市场中由非金融监管机构进行监督,增加了不合规的风险和不同监管机构的执法压力,例如,美国联邦能源监管委员会对巴克莱银行操纵能源市场行为进行的罚款(Reuters,2017)。受监管者为应对不同监管领域的要求而关注于设置适当的合规部门和规定,这种关注往往来自同一个受监管者组织的权力和决策中心。因此,将关注重点从监管制度的性质转向受监管者行为的性质,有助于更深入地理解和嵌入影响到监管机构对受监管者的要求的遵守情况的内部组织因素,而不需要过度的考虑不同监管要求的来源和实施监管的机构。

同时,这也有助于实现实时观察不同监管机构和行业要求的条件(例如,"软"法律与"硬"法律;响应式监管制度与集中式监管制度;基于风险考量的检测和惩罚;对声誉敏感的行业),[1] 以及这些条件如何对同一受监管机构的合规动机和动员效果产生不同影响。

三、时间序列分析

作为社会科学领域的学者,我们很清楚,与只收集和分析横向数据相比,在纵向时间维度上收集和分析数据会带来更多的挑战,更不用说这样做所受到的现实、政治和资源限制,正如我们在真正的混合策略研究中所看到的那样。也就是说,随着时间的推移,在特定的当代案例或合规事件与重大社会变革之间建立联系,对于识别造成不合规行为的内在结构和表现模式非常重要(Braithwaite,2016;Maesschalck,2021)。这种方法可能会从定量时间序列分析开始,然后转换为案例分析。在案例分析中,可以整合混合策略和方法,以对宏观演变进行更深入的解释(Maesschalck,2021)。

我们无法回到过去收集特定时期的数据,但有一些辅助数据集可以构成合规问题多维分析的一部分资料。例如,宏观层面的经济数据,包括特定行业的统计数据、与重大法律或监管规则与政策变化相结合的执

---

[1] 企业如何以及为什么考虑在声誉敏感行业实施比合规要求更高的措施超越合规(Gunningham et al.,2014,2015)。

法数据、关于劳动分工的就业和普查数据等。基于相关辅助数据研究得出的长期趋势和模式使人们对重大社会变化有了更深入的了解，这对于理解当代地理历史背景和现代社会关系的产生非常重要。将这样的辅助数据与更深入地询问特定变量的初级密集型研究和广泛的研究相结合，可以明确多方面的合规因素。当我们需要处理来自其他学科的数据时，因为这些学科并非我们所从事和熟悉的学科，而且这些学科对不同的变量感兴趣（例如，对市场份额的关注而不是对金融法规的遵守），因此，这样做无疑是具有挑战性的。

如果在未来几年我们开始进行宏大的时间序列研究，那我们可能会面临来自资助者和雇主的质疑，因为他们往往要求研究立即对政策产生影响。为了了解这具体可能会是一种什么样的情况，我们可以看看布雷斯韦特（Braithwaite，2016）提供的关于煤矿安全执法的例子。布雷斯韦特引用了刘易斯-贝克和阿尔福德（Lewis-Beck & Alford，1980）的研究成果，该研究涉及美国联邦政府的健康和安全执法预算与矿难死亡人数之间的时间序列的强烈的相关性。刘易斯-贝克和阿尔福德证明了重大灾难与《健康和安全法》改革之间的关系，这些重大灾难造成了70多名矿工死亡，这极大地推动了监管规则的改革与执行。虽然在监管规则对一些煤炭行业无法有力实施的地方，矿工的死亡率没有受到太大的影响，但那些规则改革确实导致了执法预算和执法工具的剧增，而这项行动大大降低了美国的总体矿难死亡人数。理解这种巨大的历史性转变可以帮助我们理解在当代社会中发生的边缘性转变，并促进对合规发展的了解，进而促进对地理历史条件和背景之间联系的认识，以及认识到当代合规现象、结构和原因的实质性联系。时间序列研究能够将客观主义和解释主义的方法结合在一起，以处理同一个合规事件。有学者（van Erp，et al. ，2020）通过2013年和2016年之间的访谈，调查了同一医疗机构中遵守和不遵守医疗法规的比率。上述学者对在2013年进行调查的表面上的合规和不合规事件如何在随后的2016年研究期间转变为制度化的合规问题充满兴趣。除了访谈和调查数据外，作者还整合了对荷兰长期以来政策变化的研究，以了解一些重大变化（其中最明显的是医疗支出的减少和向绩效管理以及新的问责制网络的转变）是如何改变了制度的实施机制和行业的激励措施，反过来为响应性的、非强迫性的监管策略创造机会。上述研究一方面有一个解释主义的框架，展示了在两个不同的时间点，在一个特定的环境中如何理解合规；另一方面，它也是一项客观主义的研究，因为不合规的既定状态（和表面上的合规）被当作自变量来分析影响其变化的因素。

时间序列研究可以通过研究公司层面的属性和特征（如管理层的继任和 CEO 的背景）的变化，以及通过特定的理论框架的视角，如紧张理论（Strain）来考察公司在一段时间内发生的违规行为。辛普森和库珀（Simpson & Koper，1997）综合分析了 43 家公司 22 年间在公司层面的特征，以及联邦贸易委员会案例裁决（Federal Trade Commission Case Decisions）和商业票据交换所贸易案例（Commerce Clearing House Trade Cases）中关于反垄断犯罪的宏观执法数据。高层管理者的履历数据来源广泛，如《美国名人录》和《商业周刊》杂志；关于公司战略和结构的数据来源于行业调查报告，如穆迪工业以及其他公司的报告和监管机构的报告中收集。研究的重点不是市场环境，而是集中于组织内部的压力来源，以及与犯罪的关系。

有研究表明，过去发生的违法行为预示着未来发生违法行为的可能性，由财务和行政首席执行官领导的公司有较高的违法风险，高层管理者的更替降低了违法风险，而产品主导型战略增加了反垄断违法行为。通过对市场环境、组织文化和员工互动的定性结构分析，可以进一步加强对公司层面内部变化的了解，从而可以进一步加深对公司的违法行为因果关系的分析。

四、利用技术研究合规

近年来，在社会科学领域的人们越来越多地使用不同的技术和方法来进行研究。这些新技术和方法指的是使用数据挖掘或大数据集技术，以及量化文本数据方法（text-as-data approaches）。美国国家科学基金会（2012）将大数据定义为“从仪器、传感器、互联网交易、电子邮件、视频、点击流和/或当今及未来所有其他数字来源产生的大型、多样、复杂、纵向和/或分布式的数据集”。它（至少）涉及三个“V”——数量（Volume，即数据量）、速度（Velocity，即添加和处理数据的速度）和多样性（Variety，从多个来源引出，可能是多种格式）（Chan & Bennett Moses，2016，p. 24）。这些方法，特别是如果在与其他（传统）数据源整合的混合方法设计中使用时，可以在合规研究中找到富有成效的应用。但也有一些需要注意的事项，即为什么在其他情况下成功使用的这些方法可能无法直接复制到合规研究中？接下来我们就来谈谈这个问题。

考察这些方法和数据集如何被用于研究犯罪和偏差中的情况，可以给我们关于大数据如何被应用于合规研究的提示。第一种研究思路是利用公开可用的数据集进行数据挖掘，以更广泛的地理或空间模式将犯罪学结构概念化；例如，有学者（Solymosi，2019）使用了人们在一个平台上参与报告的邻里问题的数据，以此来构建公共空间中主动监护的分布类型。模型分析的结论可以明确在特定活动空间中较为特别和积极的监护人，以此来作为推荐的对象。

第二种研究思路是建议将社交媒体流作为研究数据的一种类型（Chan & Bennett Moses，2016）。使用社交媒体作为数据来源，可以实时收集大量用户生成的关于其活动、感知和意见的数据（Edwards，Housley，Williams，Sloan & Williams，2013；Chan & Bennet Moses，2016）。然而，尽管在犯罪学领域，长期以来学者们多使用自我报告数据来研究少年罪犯和成年罪犯问题（Chan & Bennett Moses，2016），但合规研究者在研究不遵守商业法规的情况时可能很难采取这种办法。许多商业违规行为都是由合法的组织实施的，这使商业违规行为隐藏在组织的外衣后面；事实上，一家公司不太可能在推特上吹嘘他们自己不当销售的金融产品或他们所造成的环境污染。

大数据可以用来收集组织不合规的信息，该类信息可以补充更传统的社会科学数据,如传统上来自实验、调查和访谈的数据(Chan & Bennet Moses,2016)。例如,有学者分析了英国在特定年份发布的所有公司民事法庭判决的大型数据集,以提取地理信息并绘制“陷入困境的公司”的空间分布(Solymosi & Jordanoska,2021)。他们将这些有空间参照的数据与不遵守环境、健康和安全法规的进一步量化数据联系起来。从这个意义上来说,大数据研究还可以分析文献中与合规相关的因素的大型数据集,然后将其与合规结构结合使用,以测量或测试合规理论,或作为进一步进行解释主义研究的基础。

大数据方法还可以作为深刻洞察组织实践背后因素的线索,这些组织实践仅仅显示了表面上的合规(Krawiec,2013),例如,当组织被发现违反消费者法规时,其何时以及如何在推特上发布其“对消费者利益的承诺”。但研究者对此应当谨慎,与其他应用领域不同的是,大数据“提供人们在‘自然环境下’做什么和说什么的信息,而不是关注他们在被采访和调查时中说什么”(Tinati et al,2014,p. 664),在研究企业合规时,后者可能会提供有关企业内部实践和真实态度的更深入、更丰富的信息。

最后,由于自然语言处理软件的发展,量化文本数据方法提供了分析大量文本的机会。在认识论上,这种方法类似于在社会学和犯罪学研究中长期使用的定性方法,即进行内容分析(Chan & Bennett Moses,2016)。量化文本数据方法建立在上述前提基础上,但它在数据的规模和全面性上进一步扩大,使对假设的检验和理论的构建成为可能。在监管研究领域,其他方法的应用多用于研究不同权力集团如何对监管进行概念化的影响(Pagliari & Wilf,2021)。量化文本数据方法的应用在融合合规研究中的客观主义和解释主义传统方面有很大的潜力。而这些方法可以应用于处理大量的信息,例如,挖掘公司报表数据以便确定与合规有关的关键概念是如何构建的,以及明确这样的构建所进行的频率。

第四节　应用混合方法研究新冠肺炎防治规则的合规问题

在本节中,我们将讨论一些关于如何在新冠肺炎疫情的法规合规研究中使用混合方法设计的建议。

在这次疫情中,以“硬性法律”为外表的新的国家规定和没有正式强制执法性质的公共卫生指南激增,同时还有一系列用于实现合规的方法:如罚款、限制、公共诉请和“劝告”。由于合规要求经常变化而且不明确,以及其“仅具有”一种指南效力的差异,这使合规的表述变得更为复杂。在公开的科学证据和流行病学学理理解之间,以及在维持经济生活的政治权力和某种程度上的对民粹主义的考虑之间都存在着有争议的空间,在这些空间中有时也会发布类似于上述疫情中的规定。因此,个人如何遵守关于社会距离、自我隔离、戴口罩等有关新冠疫情防治的规定,成为学者和政策制定者关注的关键话题,而这并不奇怪。在这种情况下,关于普通人如何以及为何遵守有关新冠疫情防治的规定的研究开始出现,这些研究通常采用调查设计方法,并创造了大量的定量数据,如社交距离合规研究等(King’s College London Policy Institute,2020;Kuiper et al.,2020;van Rooij,de Bruijn,Folmer et al.,2020;Solymosi,Jackson,Pósch et al.,2021;Kooistra & van Rooij,2020)。

然而,在疫情时期对个人层面合规的研究将受益于多个层面的混合方法。首先,混合方法非常适合让不同学科的研究者(如监管、公共卫生和流行病领域)参与进来,并提出遵守与新冠疫情相关的法规意味着什么的问题,以便从交叉分析中获得对问题更深刻的理解,并全面掌握该领域合规的特定的社会复杂性。其次,在这种情况下,可以卓有成效地利用大数据来研究合规行为。例如,可以通过结合谷歌移动数据、实验设计、调查和深入的焦点小组方法,在特定的时间点(如公共卫生政策或指导意见出台或取消后)研究社交距离和/或旅行。同样,对调查数据的定量分析可以与社交媒体中的量化文本数据方法相结合,以确定当事人遵守或违反新冠疫情有关的规定的动机。阿姆斯特丹大学和荷兰犯罪与执法研究所(Netherlands Institute for the Study of Crime and Law Enforcement)已经开发了一个这样的项目(https://corona-compliance.org/)。该研究采用了多学科方法(如社会行为学、通信和计算机科学等)和混合方法,通过调查研究、视频监控、人工智能技术和媒体分析的结合,测量保持社交距离行为规则的合规性,并将其与社交媒体讨论中的个人层面态度和趋势的大数据分析联系起来。

对疫情的治理也为跨部门或跨组织的混合方法设计提供了机会,这些设计可以比较不同的组织监管者是如何构建该领域合规的特定概念并加以实施的。例如,在英国,我们常看到非政府机构被动员起来,制定"超越"国家法律与政策要求的内部规则和指导意见。例如,尽管政府当时的立场认为继续进行线下教学是安全的,但一些大学还是决定将教学转移到线上。对这一现象的研究可以采用混合方法设计,以掌握这些机构对新冠疫情相关规定的遵守情况,这些规定中既包括政府所发布的政策,也包括内部理解的解释主义方式(这种组织行为是"违反"了政府规定还是"超越"了政府规定?哪些机构实施了这种行为,为什么?如果国家的反应确实不如非国家行为者,这如何重新认识或强化我们对网络化治理模式的概念?)

最后,疫情使人们能够在另一个层面上对合规进行横断面和混合方法的研究:将个人对新冠疫情相关法规的的合规与组织对新冠疫情相关法规的合规进行整合研究。对于法人团体是否、如何以及为何组织和动员内部能力来遵守一系列与新冠疫情相关的法规,目前还缺乏研究。这些法规包括有关工作场所健康和安全的法规,采购和国家援助问题,以及与欺诈有关的法规,例如,假冒医疗设备和药品。在组织遵守健康和安全要求方面,整合合规方面的观点也许是最有成效的。例如,这可能会把个人层面的风险偏好、动机和对遵守新冠疫情一般公共法规的态度与组织对工作场所健康和安全风险的认知、态度和偏好联系起来(例如,管理层对风险的容忍度、保护资源的投资、员工压力等)。在方法上,这些研究可能要采用混合方法,将个人层面的调查数据与组织层面的访谈结果结合起来,反之亦然。

第五节　结　论

与一般的社会科学研究领域一样,合规的研究方法包括了各种哲学、战略、方法和概念方法。本章探讨了与合规性研究相关的各种混合研究策略和方法。尽管对合规的混合方法研究仍处于萌芽阶段,但使用混合方法来进行合规研究将对混合方法本身的发展带来积极影响,甚至可能推动以混合方法研究合规的专业文献的快速增加(Creswell,2009)。我们认为,由于理论和方法上的合理性,混合方法研究设计可以特别有效地用于合规的研究,因为合规是一种复杂的社会现象,经常需要学科、理论范式和行动研究等多视角的混合。通过对新冠疫情有关规定的合规性的案例研究,我们展示了如何使用混合方法在几个层面上将合规作为一种复杂的社会现象进行研究:在个人(一般)或群体层面,在跨部门或跨组织层面,以及在综合的个人和组织层面。

从方法论的角度来看,混合方法支持研究者利用定性和定量调查方法各自的优势,并克服各自的劣势(Mirchandani,2018)。它们还提供了创新研究的潜力,将不同的数据源集成到合规研究中。为了推动混合方法在合规研究中的使用,我们建议推动基于混合方法框架的几项研究创新,在此基础上来研究合规,包括审议方法(用于结构验证)、比较观点、时间序列分析等。

基于混合方法的研究模式设计应该对合规领域的政策制定者更有吸引力,因为它们为评估合规研究提供了一个可行的方法框架。在与合规相关评估的背景下,混合方法策略提供的研究创新将提供关于合规政策、计划或实践的实施和有效性的可靠数据。这是由于混合方法设计提供的三角测量的可能性,也是因为它们使人们能够确定文化和背景对项目或服务交付的影响(Nastasi & Hitchcock,2015)。

然而,采用混合方法不能被认为是所有合规研究的灵丹妙药。和其他研究领域一样,混合方法需要以一个清晰的理由来解释为什么这样的设计是必要的(Fielding,2012),并且比单一方法的效果更好(Bryman,2006)。考虑到与寻求理解社会复杂性和多维性的战略相关的各种现实、政治和资源问题,混合方法的基本逻辑必须是稳健的(Mason,2006)。如果选择使用混合方法,混合方法研究的设计必须严谨,必须包含基于方法论的各种模式的真正整合,而不是沉浸在混合方法框架其中一种方法之中(Bryman,2006)。此外,混合方法研究(和研究创新一般)应牢牢植根于构建它们的理论范式,否则它们可能会显得"缺乏坚实的哲学基础"(McChesney & Aldridge,2019,p. 227)。

最后,从现实的角度来看,出于资源方面的考虑,合规性的混合方法研究更具挑战性,混合方法研究通常需要更长的规划时间来选择最佳设计及其实施,并且需要更多的财政资源和更广泛的研究者技能(Creswell & Clark,2006)。因此,合规性研究中的研究者和决策者都必须通过考虑具体研究问题的复杂性和可用资源问题,仔细权衡采用混合方法的优势和挑战。总之,真正的整合、协作和多维混合方法策略具有挑战性并且在事实上难以实施,但是来自不同学科的研究者必须抓住在这样一种挑战所产生的机会,以增强我们对合规问题的理解。

参考文献

Almond,Paul and Mike Esbester. 2018. Regulatory Inspection and the Changing Legitimacy of Health and Safety. *Regulation & Governance*,12,46-63.

Black,Julia. 1997. *Rules and Regulators*(Oxford Socio-Legal Studies). Oxford:Oxford University Press.

Bowman,Megan. 2015. *Banking on Climate Change:How Finance Actors and Transnational Regulatory Regimes are Responding*. Alphen aan den Rijn,The Netherlands:Wolters Kluwer.

Braithwaite,John. 2016. In Search of Donald Campbell. *Criminology & Public Policy*,15,417-37.

Bryman,Alan. 2006. Integrating Quantitative and Qualitative Research. *Qualitative Research*,6,97-113.

Buckley,Jennifer A. 2016. Food Safety Regulation and Small Processing: A Case Study of Interactions between Processors and Inspectors, *Food Policy*, 51, 74-82.

Chan,Janet and Lyria Bennett Moses. 2016. Is Big Data Challenging Criminology? *Theoretical Criminology*,20(1),21-39.

Chanin,Joshua and Megan Welsh. 2020. Examining the Validity of Traffic Stop Data:A Mixed-Methods Analysis of Police Officer Compliance. *Police Quarterly*. doi:10. 1177/ 1098611120933644.

Creswell,John W. 2009. Editorial: Mapping the Field of Mixed Methods Research. *Journal of Mixed Methods Research*,3(2),95-108.

Creswell,John W. and Vicki L. Plano Clark. 2006. *Designing and Conducting Mixed Methods Research*,2nd ed. ,Thousand Oaks,CA:Sage Publications.

Creswell, John W. and Abbas Tashakkori. 2007. Differing Perspectives on Mixed Methods Research. *Journal of Mixed Methods Research*,1,303-8.

Currie,Wendy L. ,Daniel P. Gozman,and Jonathan J. M. Seddon. 2018. Dialectic Tensions in the Financial Markets:A Longitudinal Study of Pre-and Post-Crisis Regulatory Technology. *Journal of Information Technology*,33(4),304-25.

De Loë,Rob C. ,Natalya Melnychuk,Dan Murray,and Ryan Plummer. 2016. Advancing the State of Policy Delphi Practice: A Systematic Review Evaluating Methodological Evolution,Innovation,and Opportunities. *Technological Forecasting and Social Change*,104,78-88.

Dean,Olivia and Shelley Marshall. 2020. A Race to the Middle of the Pack:An Analysis of Slavery and Human Trafficking Statements Submitted by Australian Banks under the UK Modern Slavery Act. *Australian Journal of Human Rights*,26(1),46-73.

Denzin,Norman K. 2010. Moments,Mixed Methods,and Paradigm Dialogs.

Qualitative Inquiry,16,1-9.

Drahos,Peter. 2017. Social-Psychological Foundations and Methodological Issues. In Peter Drahos, ed. ,*Regulatory Theory*:*Foundations and Applications*. Canberra:Australian National University Press.

Edelman,Lauren B. and Shauhin A. Talesh. 2011. To Comply or not to Comply -That isn't the Question:How Organizations Construct the Meaning of Compliance. In Christine Parker and Vibeke Lehman Nielsen,eds. ,*Explaining Compliance*:*Business Responses to Regulation*. Cheltenham,UK:Edward Elgar,pp. 103-22.

Edelman,Lauren B. , Christopher Uggen, and Howard S. Erlanger. 1999. The Endogeneity of Legal Regulation:Grievance Procedures as Rational Myth. *American-Journal of Sociology*,105(2),406-54.

Edwards,Adam. 2015. Realist Criminology. *Criminal Justice Matters*,9(1), 26-7.

Edwards,Adam and Michael Levi. 2008. Researching the Organization of Serious Crimes. *Criminology and Criminal Justice*,8(4),363-88.

Edwards,Adam,Gordon Hughes, and Nicholas Lord. 2013. Urban security in Europe:Translating a Concept in Public Criminology. *European Journal of Criminology*,10(3),260-83.

Edwards, Adam, William Housley, Matthew Williams, Luke Sloan, and Malcolm Williams. 2013. Digital Social Research,Social Media and the Sociological Imagination:Surrogacy,Augmentation and Re-Orientation. *International Journal of Social Research Methodology*,16(3),245-60.

Enachescu,Janina,Jerome Olsen,Christoph Kogler et al. 2019. The Role of Emotions in Tax Compliance Behavior: A Mixed-Methods Approach. *Journal of Economic Psychology*,74,1-16.

Fielding,Nigel G. 2012. Triangulation and Mixed Methods Designs:Data Integration with New Research Technologies. *Journal of Mixed Methods Research*,6(2),124-36.

Frawley,Shayna. 2018. The Decision to Comply with Workplace law:A Mixed-Methods Investigation of Human Resource Practitioners, PhD dissertation, York

University,Toronto,Ontario.

Gilad,Sharon. 2014. Beyond Endogeneity:How Firms and Regulators Co-Construct the Meaning of Process - Oriented Regulation. *Law and Policy*, 36 (2), 134-64.

Gorski,Philip S. 2013. What is Critical Realism? And why should You Care? *Contemporary Sociology*,42(5),658-70.

Gray,David E. 2017. *Doing Research in the Real World*. Thousand Oaks,CA: Sage Publications.

Gray,Garry. 2006. The Regulation of Corporate Violations: Punishment, Compliance,and the Blurring of Responsibility. *British Journal of Criminology*,46(5), 875-92.

Gray,Garry and Susan S. Silbey. 2014. Governing inside the Organization: Interpreting Regulation and Compliance. *American Journal of Sociology*, 120(1), 96-145.

Gray,Garry and Benjamin van Rooij. 2021. Regulatory Disempowerment:How Enabling and Controlling Forms of Power Obstruct Citizen-Based Regulation. *Regulation & Governance*,15,800-21.

Gunningham,Neil, Robert A. Kagan, and Dorothy Thornton. 2004. Social License and Environmental Protection:Why Businesses Go beyond Compliance. *Law & Social Inquiry*,29(2),307-41.

Gunningham,Neil, Dorothy Thornton, and Robert A. Kagan. 2005. Motivating Management:Corporate Compliance in Environmental Protection. *Law and Policy*,27 (2),289-316.

Haines,Fiona. 2011. *The Paradox of Regulation:What Regulation Can Achieve and What It Cannot*. Cheltenham,UK:Edward Elgar.

Hawkins,Keith. 1984. *Environment and Enforcement:Regulation and the Social Definition of Pollution*. Oxford:Clarendon Press.

Hawkins,Keith. 2002. *Law as Last Resort:Prosecution Decision-Making in a Regulatory Agency*. Oxford:Oxford University Press.

Hawkins,Keith and Bridget M. Hutter. 1993. The Response of Business to

Social Regulation in England and Wales: An Enforcement Perspective. *Law &Policy*, 15(3),199-217.

Hutter, Bridget M. 1997. *Compliance: Regulation and Environment: Oxford Socio-Legal Studies*. Oxford: Oxford University Press.

Hutter, Bridget and Sally Lloyd-Bostock, eds. 2017. *Regulatory Crisis: Negotiating the Consequences of Risk, Disasters and Crises*. Cambridge, UK: Cambridge University Press.

Johnson, Burke R. and Anthony J. Onwuegbuzie. 2004. Mixed Methods Research: A Research Paradigm Whose Time has Come, *Educational Researcher*, 33(7),14-26.

Jordanoska, Aleksandra. 2021. Regulatory Enforcement Against Organizational Insiders: Interactions in the Pursuit of Individual Accountability. *Regulation & Governance*, 15(2),298-316.

KCL(King's College London) Policy Institute. 2020. Compliance or complacence? Attitudes to UK lockdown rules, King's College London Policy Institute. www. kcl. ac. uk/policy-institute/assets/attitudes-to-uk-lockdown-rules. pdf.

Kelly, Erin L. 2010. Failure to update: An Institutional Perspective on Noncompliance with the Family and Medical Leave Act. *Law & Society Review*, 44(1), 33-66.

Kooistra, Emmeke B. and Benjamin van Rooij. 2020. Pandemic Compliance: A Systematic Review about Influences on Social Distancing Behaviour During the First Wave of the COVID-19 outbreak. Working Paper Published in SSRN. https://papers. ssrn. com/sol3/papers. cfm? abstractid=3738047.

Krawiec, Kimberly D. 2003. Cosmetic Compliance and the Failure of Negotiated Governance. *Washington University Law Quarterly*, 81(2),487-544.

Kuiper, Malouke Esra, Anne Leonore de Bruijn, Chris Reinders Folmer et al. 2020. The Intelligent Lockdown: Compliance with COVID-19 Mitigation Measures in the Netherlands (May 6, 2020). Amsterdam Law School Research Paper No. 2020-20, General Subserie Research Paper No. 2020-02. https://ssrn. com/abstract=3598215 or http://dx. doi. org/10. 2139/ssrn. 3598215.

Lange, Bettina. 1999. Compliance Construction in the Context of Environmental Regulation. *Social & Legal Studies*, 8(4), 549–67.

Lewis-Beck, Michael S. and John R. Alford. 1980. Can Government Regulate Safety: The Coal Mine Example. *American Political Science Review*, 74, 745–56.

Linstone, Harold. A. and Murray Turoff. 2002. Introduction. In Harold A. Linstone and Murray Turoff, eds., *The Delphi Method: Techniques and Applications*, pp. 1–12. www. is. njit. edu/pubs/delphibook/index. html.

Losoncz, Ibolya. 2017. Methodological Approaches and Considerations in Regulatory Research. In Peter Drahos, ed., *Regulatory Theory: Foundations and Applications*. Canberra: Australian National University Press.

Maesschalck, Jeroen. 2021. Using Grid-Group Cultural Theory to Assess Approaches to the Prevention of Corporate and Occupational Crime: The EU as a Natural Experiment. In Nicholas Lord, Éva Inzelt, Wim Huisman, and Rira Faria, eds., *European White-Collar Crime: Exploring the Nature of European Realities*. Bristol: Bristol University Press, pp. 17–38.

Maggetti, Martino, Fabrizio Gilardi, and Claudio M. Radaelli. 2013. *Designing Research in the Social Sciences*. London: Sage Publications.

Mason, Jennifer. 2006. Real Life Methods Working Papers: Six strategies for mixing methods and linking data in social science research; ESRC / NCRM Working Paper Series, 4/06. http://eprints. ncrm. ac. uk/482/1/0406_six%2520strategies%2520for%2520mixing%2520methods. pdf.

McBarnet, Doreen. 2006. After Enron will "Whiter than White Collar Crime" still Wash? *British Journal of Criminology*, 46(6), 1091–109.

McChesney, Katrina and Jill Aldridge. 2019. Weaving an Interpretivist Stance Throughout Mixed Methods Research. *International Journal of Research & Method in Education*, 42(3), 225–38.

Mertens, Donna. 2007. Transformative paradigm: Mixed Methods and Social Justice. *Journal of Mixed Methods Research*, 1(3), 212–25.

Mertens, Donna. 2018. *Mixed Methods Design in Evaluation*. Thousand Oaks, CA: Sage Publications.

Mirchandani, Kiran, Leah F. Vosko, Urvashi Soni-Sinha et al. 2018. Methodological k/nots: Designing Research on the Enforcement of Labor Standards. *Journal of Mixed Methods Research*, 12(2), 133-47.

Monciardini, David, Nadia Bernaz, and Alexandra Andhov. 2021. The Organizational Dynamics of Compliance with the UK Modern Slavery Act in the Food and Tobacco Sector. *Business & Society*, 60(2), 288-340.

Nastasi, Bonnie K. and John Hitchcock. 2015. *Mixed Methods Research and Culture-Specific Interventions*. Thousand Oaks, CA: Sage Publications.

National Science Foundation. 2012. Solicitation 12-499: Core Techniques and Technologies for Advancing Big Data Science & Engineering (BIGDATA). www.nsf.gov/pubs/2012/nsf12499/nsf12499.pdf.

Pagliari, Stefano and Meredith Wilf. 2021. Regulatory Novelty after Financial Crises: Evidence from International Banking and Securities Standards, 1975-2016. *Regulation & Governance*, 15, 933-51.

Palinkas, Lawrence A., Sapna J. Mendon, Alison B. Hamilton et al. 2019. Innovations in Mixed Methods Evaluations. *Annual Review of Public Health*, 40(1), 423-42.

Parker, Christine and Vibeke Nielsen. 2009. The Challenge of Empirical Research on Business Compliance in Regulatory Capitalism. *Annual Review of Law and Social Science*, 5, 45-70.

Parker, Christine and Vibeke Lehman Nielsen. 2011. Introduction: From Regulation to Compliance. In Christine Parker and Vibeke Lehman Nielsen, eds., *Explaining Compliance: Business Responses to Regulation*. Cheltenham, UK: Edward Elgar, pp. 1-33.

Patton, Michael Q. 2014. Qualitative Research & Evaluation Methods: *Integrating Theory and Practice*, 4th ed., London: Sage Publications.

PRA. 2020. Report: Evaluation of the Senior Managers and Certification Regime, Prudential Regulation Authority. www.bankofengland.co.uk/-/media/boe/files/prudential-regulation/report/evaluation-of-smcr-2020.pdf? la=en & hash=151E78315E5C50E70A6B8B08AE3D5E93563D0168.

Reuters. 2017. Barclays, U. S. FERC near settlement of power market manipulation lawsuit. www. reuters. com/article/us - barclays - ferc - penalty - idUSKBN1CI21E.

Sayer, Andrew. 2010. *Method in Social Science*, revised 2nd ed. , London: Routledge.

Simpson, Sally S. 2002. *Corporate Crime, Law, and Social Control*. New York: Cambridge University Press.

Simpson, Sally S. and Christopher S. Koper. 1997. The Changing of the Guard: Top Management Characteristics, Organizational Strain, and Antitrust Offending. *Journal of Quantitative Criminology*, 13(4), 373-404.

Solymosi, Reka. 2019. Exploring Spatial Patterns of Guardianship through Civic Technology Platforms. *Criminal Justice Review*, 44(1), 42-59.

Solymosi, Reka and Aleksandra Jordanoska. 2021. Companies in Trouble: Exploring Debt, Insolvency and Corporate Noncompliance in the UK, Working Paper on file with the authors.

Solymosi, Reka, Jonathan Jackson, Krisztián Pósch et al. 2021. Functional and Dysfunctional Fear of COVID-19: A Classification Scheme. *Crime Sci.* , 10(4), 1-23.

Talesh, Shauhin. 2015. Legal Intermediaries: How Insurance Companies Construct the Meaning of Compliance with Anti-Discrimination laws. *Law and Policy*, 37, 209-39.

Timans, Rob, Paul Wouters, and Johan Heilbron. 2019. Mixed methods research: What it is and what it could be. *Theoretical Sociology*, 48, 193-216.

Tinati, Ramine, Susan Halford, Leslie Carr, and Catherine Pope. 2014. Big Data: Methodological Challenges and Approaches for Sociological Analysis. *Sociology*, 48(4), 663-81.

van Erp, Judith, Iris Wallenburg, and Roland Bal, 2020. Performance Regulation in a Networked Healthcare System: From Cosmetic to Institutionalized Compliance. *Public Admin.* , 98, 46-61.

van Rooij, Benjamin, Anne Leonore de Bruijn, Chris Reinders Folmer et al. ,

2020. Compliance with COVID-19 Mitigation Measures in the United States(April 22,2020). Amsterdam Law School Research Paper No. 2020-21, General Subserie Research Paper No. 2020-03, UC Irvine School of Law Research Paper No. 2020-33. https://ssrn. com/abstract = 3582626 or http://dx. doi. org/10. 2139/ssrn. 3582626.

van Rooij, Benjamin, Adam Fine, Yanyan Zhang, and Yunmei Wu. 2017. Comparative compliance: Digital Piracy, Deterrence, Social Norms, and Duty in China and the United States, *Law & Policy*, 39, 73-93.

Vickers, Ian, Philip James, David Smallbone, and Robert Baldock. 2005. Understanding small Firm Responses to Regulation. *Policy Studies*, 26(2), 149-69.

Williams, James W. 2012. *Policing the markets: Inside the black Box of Securities Enforcement*. New York: Routledge.

Winter, Søren C. and Peter J. May. 2001. Motivation for Compliance with Environmental Regulations. *Journal of Policy Analysis and Management*, 20, 675-98.

Wisdom, Jennifer and John W. Creswell. 2013. Mixed Methods: Integrating Quantitative and Qualitative Data Collection and Analysis While Studying Patient-Centered Medical Home Models. Rockville, MD: Agency for Healthcare Research and Quality. February 2013. AHRQ Publication No. 13-0028-EF.

Wu, Yunmei and Benjamin van Rooij. 2021. Compliance Dynamism: Capturing the Polynormative and Situational Nature of Business Responses to Law. *Journal of Business Ethics*, 168, 579-91.

第十五章　公司合规测量的荟萃分析和系统评价

娜塔莉·谢尔-布塞

第一节　引　言

次贷危机和随之而来的全球经济衰退提高了人们对公司犯罪及其潜在的金融破坏影响的认识。最近一些大公司的不法行为凸显了一个事实，即组织犯罪带来的后果不仅仅是财务问题。例如，孟山都公司和普渡制药公司被指控在导致严重疾病或大量死亡（James & Ortiz，2018；Bebinger，2019）产品的危险问题上误导公众。这些公司渎职案件被大加宣传，增强了人们对促进公司合规和防止组织犯罪的政策的兴趣。然而，鉴于公司犯罪的多样性和复杂性，以及缺乏对这一主题缜密的研究，目前还不清楚哪些法规或政策对控制公司行为有实际效果。

测量公司犯罪的最大障碍之一是缺乏可用的由国家设立的数据库（Simpson et al.，2014）。因此，许多研究都是基于定性方法的案例研究，而现有的定量研究检查了各种形式的公司犯罪（或合规）并以不同的方式测量犯罪(和合规)。合规通常使用不同的概念和不同的方法来进行测量。一些研究使用自我报告或主管和同行评议,而另一些则依赖官方数据或实验数据。使用内部数据进行研究的话,必须假设企业和相关个人均希望保持良好的形象;而使用官方机构数据进行研究的话,通常需要与在检查和正式监测工作之外未记录的"犯罪黑数"作斗争。以不同方式测量合规可能会产生不同的结果,因此尚不清楚研究者应如何测量合规才可以取得最优的结果。

系统评价和荟萃分析方法有很多好处,可以帮助我们理解公司合规,并且经常被用于制定循证政策。我们还可以使用这些方法来调查研究者如何测量合规,以及哪些措施会产生更可靠的结果。虽然这些方法论在犯罪学和刑事司法领域中很少用于研究公司犯罪,但其他领域(如商业和心理学)的研究者更频繁地使用系统评价和荟萃分析方法来研究组织和合规行为。利用上述在商业和心理学领域的研究以及在犯罪学和刑事司法领域进行的少量研究,我回顾了我们从与组织合规和测量合规相关的荟萃分析方法中获得的知识。我还考虑了这种方法的优缺点——无论是总体还是与合规研究相关的具体问题。最后,我就如何在检查公司合规时最好地使用荟萃分析方法提出建议。不过,首先,我从方法论的角度进行全面概述来开始本章。

第二节　什么是系统评价和荟萃分析

对某个主题的初步研究可以为我们提供一些新的数据和认识,但它也有局限性。例如,在从初级阶段进一步深入研究的时候,个别研究通常受到问题、范围、方法设计或背景的限制。此外,虽然一些个别研究可能会受到广泛关注,但其他研究可能不会被广泛阅读或传播(Gough, Oliver & Thomas, 2017)。这些限制使仅基于个人研究的成果将很难形成对该主题的全面理解。系统评价综合了多项研究的成果,以总结关于特定主题的已知信息。基于不同背景下的诸多研究,系统评价为进一步加深研究提供了更清晰的视野,并为解释个别研究提供了充分的背景知识(Gough et al.,2017)。通过这种方式,系统评价借提供对可用知识的更好理解来帮助制定政策。同样重要的是,系统评价揭示了关于某个主题的未知内容,这有助于指导未来的研究。

系统评价是指“使用明确、备有说明的严谨研究方法对现有研究进行的评价”(Gough et al.,2017,p. 4)。与传统文献研究的不同之处在于,系统评价提供了关于如何将这些研究纳入综述的详细信息。有多种方法可以进行系统评价。例如,有些是陈述性评价,“主要依靠使用文字来总结和解释综合的发现”(Popay,Roberts,Sowden et al.,2006,p. 5),使用特定的研究方法来回答一个特定的问题,并讲述一个关于已知和未知的令人信服的故事。另外还有计票方法,它对显著的积极结果、显著的消极结果和不显著的结果进行统计以得出结论。更复杂的计票审查可以对每项研究的方法进行排名,并在统计中给予更严格的研究方法所得出的结果更多的权重,如“马里兰科学方法量表”等(the Maryland Scientific Method scale,see Sherman,Gottfredson,MacKenzie et al.,1997)。

然而,无论采用何种形式,系统评价都应该有一个研究所针对的明确界定的问题和方法,并在事先发布的方案中进行概述。该方案通过指定用于查找已发表和未发表研究的关键词、数据库和步骤,提供了用于特定研究的透明程序。它还列出了纳入研究的标准,例如,日期范围、感兴趣的结果、方法要求和任何语言限制(如仅限英语)。该方案还描述了综合纳入研究和评估结果的过程。随着新证据的产生,研究成果将被进一步的发布和更新。系统评价的透明度性质将允许并有利于研究成果的复制,并有助于最大限度地减少偏差(Hanratty,2018)。

荟萃分析是综合系统评价结果的一种形式。荟萃分析不是使用前面所描述的定性叙述或计票审查,而是定量总结现有的研究成果。具体来说,每项研究的结果都可以被表达为效应量(effect size),这是一种以标准化方式对收集到的信息进行编码的统计方式,不同的值之间可以进行比较(Lipsey & Wilson,2001)。有了效应量,基于不同环境和不同大小样本所得出的研究成果相互之间就可以进行比较。因为效应量可以用于同时测量数据的方向和数据关系的规模,使荟萃分析比传统的文献综述更加复杂。传统的重要性测试,比如对于 P 值的测试结果,可以决定某种处理或者干预是否有效,但是效应量可以同时显示处理和范围的影响有多大。如果操作正确,荟萃分析可以纠正个体研究中的几个常见问题,如抽样误差和测量误差(Hunter & Schmidt,2004)。荟萃分析的另一个优点是它可以对研究结果与某些研究特征(如样本特征、研究设计和测量程序)之间的关系进行定量检查。通过这种方式,研究者可以识别文献中对特定问题出现不一致观点的原因,并产生新的假设(Mikolawjewicz & Komarova,2019)。它还提供了非常系统的、有组织的方法和程序来分析大型数据集,并可以随着时间的推进来更新这种方法和程序(Lipsey & Wilson,2001)。

然而,荟萃分析也有一些缺点。荟萃分析包含着综合的检索和乏味的筛查过程,以确定相关联的研究,这使荟萃分析需要消耗大量的时间,也容易出现人为的错误(Mikolawjewicz Komarova,2019)。另外,荟萃分析的优势受到所包含的研究过程的质量的限制,设计粗糙的荟萃分析可能会产生误导性的结果(Hunter & Schmidt,2004)。一个明确的方案和精心设计的策略可以尽量减少这样的限制。研究者遇到的另一个常见问题就是被选择用于研究的信息不明确或者不全面。在这种情况下,研究者必须在拒绝研究、从原始作者那里寻求数据或在缺失数据的情况下进行研究之间做出选择(Mikolawjewicz & Komarova,2019)。最后,荟萃分析会被在研究成果的发表中所存在的偏见削弱,与未发表的研究成果相比,公开发表的研究成果的影响力往往更大(Lipsey & Wilson,2001)。所以为了避免误导性结论,研究者将未发表的研究成果纳入荟萃分析中就很重要,这样已发表和未发表研究的结果和特征都可以进行比较。

荟萃分析在医学领域被广泛应用于评估卫生保健干预措施的影响,社会科学包括犯罪学领域的研究者也有采用。20 世纪 70 年代,在声称

“没有任何方法”可以改造罪犯的马丁森报告公开后,美国学界在犯罪学领域对系统评价的兴趣增加(Cullen & Gendreau,2000)。这场运动的高潮是美国国会要求确定在预防犯罪的措施方面“什么是有效的,什么是无效的,什么是有保证的”(Sherman et al. ,1997)。之后,“坎贝尔协作网络”建立起来,为了推动系统评价在多个领域的适用,以促使组织通过询证决策程序做出决定和政策。系统评价和荟萃分析方法已经扩散到对更普遍的刑事司法干预所进行的研究之中,包括执法策略(Mazerolle,Soole, & Rombouts,2007;Braga,Papachristos, & Hureau,2012;Braga & Weisburd,2012;Weisburd,Telep,Hinkle, & Eck,2008;Koper & Mayo-Wilson,2012;Wilson,Weisburd, & McClure,2011);法院与量刑选择(Feder,Wilson, & Austin,2008;Mitchell,Wilson,Eggers, & MacKenzie,2012;Villettaz,Killias, & Zoder,2006);矫正项目(Mitchell,Wilson, & MacKenzie,2006;Wilson,MacKenzie, & Mitchell,2005;Lipsey,Landenberger, & Wilson,2007);青少年犯罪干预(Petrosino,Turpin-Petrosino, & Guckenburg,2010;Tolan,Henry,Schoeny, & Bass,2008;Petrosino,Turpin-Petrosino,Hollis-Peel, & Lavenberg,2013;Garrido & Morales,2007;Higginson,Benier,Shenderovich et al. ,2015);以及毒品项目(Egli,Pina,Christensen,Aebi, & Killias,2009;Bøg,Filges Brannstrom,Jørgensen, & Fredrikksson,2017)。但是,直到最近才有刑事司法领域的学者利用荟萃分析检验公司犯罪干预措施的有效性(Simpson,Rorie,Alper et al. ,2014;Schell-Busey et al. ,2016;Rorie et al. ,2018)。然而在其他领域,荟萃分析被更加广泛地运用于公司合规研究。本章下一节将对这些研究进行探讨。

第三节　荟萃分析和合规

一、组织公民行为和职场偏差行为

在心理学和商业领域,荟萃分析经常用于调查组织行为的不同方面,其中一个领域是组织公民行为,包括有利于组织和组织内个人的自主行为(Chang,Johnson, & Yang,2007)。这些行为超越了支持组织环境和工作绩效的工作要求(Ilies,Nahrgang, & Morgeson,2007;Nohe & Hurtel,2017)。最初,组织公民行为包括利他主义和合规,即"忠实遵守有关工作程序和行为的规则"(Organ & Ryan,1995,p. 782),但是后来被解构为一个由五个因素所构成的分析模型,其中合规由其他因素间接测量。荟萃分析用于明确组织公民行为和工作满意度的关系(Organ & Ryan,1995;LePine et al.,2002;Whitman,van Rooy, & Viswesvaran,2010);领导支持或领导特点(LePine,Erez, & Johnson,2002;Ilies et al.,2007;Nohe & Hurtel,2017;Miao,Humphrey, & Qian,2018);情绪压力(Chang et al.,2007);以及各种各样的个人和组织后果(Podsakoff,Whiting,Podsakoff, & Blume,2009)。组织公民行为与企业合规存在重叠,但前者一般从个体层面进行研究,侧重于遵守组织规范,而不是社会或者法律规范。然而,组织公民行为与较少的反生产行为或职场偏差行为的实例相关(Dalal,2005;Berry,Ones, & Sackett,2007)。

职场偏差行为和反生产行为与异常行为或者犯罪行为的一般概念重叠,但是外延更广。职场偏差行为定义为"违反重要组织规范和威胁到组织、成员的行为"(Mackey,McAllister,Maher, & Wang,2019,p. 5);例如,组织革命行为,这些行为建立在组织规范的基础上,这些规范可能与更大的社会规范一致,也可能不一致。文献普遍认为,两种类型的职场偏差行为是有区别的。人际偏差行为以个体为目标,包括性骚扰、暴力、欺凌和同事盗窃等行为。组织偏差行为与公司犯罪(corporate crime)的关系更密切,尽管它属于职业犯罪(occupational crime),因为它通常以组织为犯罪对象,包括故意拖延工作、长时间休息、破坏公司财产、职场偷窃、泄露公司机密信息等(Berry et al.,2007)。职场偏差行为和反生产行为的荟萃分析表明情商(Miao et al.,2017)、组织正义(Cohen-Charash & Spector,2001;Colquitt,Conlon,Wesson,Porter, & Ng,2001;Dalal,2005;Colquitt,Scott,Rodell et al.,2013)和工作满意度(Lau,

Au, & Ho,2003;Dalal,2005)都与反生产行为呈现反相关关系,然而不良领导力与职场偏差行为之间存在强烈正相关关系(Schyns & Schilling, 2013;Mackey, Frieder, Brees, & Martinko, 2017;Mackey, McAllister, Maher, & Wang,2019)。上述研究表明,不良领导力增加职场偏差行为,然而情商、组织正义和工作满意度都降低反生产行为。研究还发现如尽责性和亲和性等指标都可以预测偏差行为(Salgado,2002),但人际偏差和组织偏差则存在不同的预测指标(Berry et al. ,2007)。

虽然与犯罪学中普遍使用的公司合规和犯罪的概念并不完全一致,但上述研究提供了一些如何用荟萃分析来确定定义和测量问题是否影响研究结论的视角。例如,有学者(Miao et al. ,2017)研究发现反生产行为缺乏统一的测量标准,这会导致效应量的差别,因为不同的量表是用来表达不同类型或者形式的反生产行为。同样,研究者报告了不同的发现结果,这些结果是基于组织公民行为和反生产行为是否分别作为单个概念来进行测量,而不是将组织公民行为和反生产行为都分别分为两个部分,都分别测量人际和组织行为(LePine et al. ,2002;Dalal,2005;Berry et al. ,2007;Chang et al. ,2007;Ilies et al. ,2007)。这种定义上的问题在合规研究中也是存在的,荟萃分析中的调节变量分析可以通过对使用不同定义所产生的研究结果进行定量比较,从而帮助解决这些问题。测量问题也是如此。

尽管一些研究也使用同行或主管(其他)评级的数据,少数研究使用组织记录的数据,但关于组织公民行为和反生产工作行为的研究主要使用自我报告数据来测量关键概念。一些荟萃分析调查了这些工具的选择是否导致共同方法偏差或者其他问题。[1] 反生产行为的研究结果似乎不受数据以何种方式进行测量的影响。比如有学者(Berry et al. ,2017)在荟萃分析中,在有和没有他人评级的情况下进行了分析,当他人

---

[1] 当使用自我报告同时从同一参与者收集数据时,通常会出现方法差异,特别是当预测变量和结果变量是从同一个人身上获得的,并且以类似的方式测量问题时。问题是,任何影响实际上都可能归因于类似的测量,而不是被测量的概念。据推测,用于测量变量的方法相似,会导致对关系的高估(Chang et al. ,2007)。

评级的数据被排除时，他们的报告明确说研究结果没有变化。作者还分析了只包含有他人评级数据的研究，发现一般情况下的结果是一样的。有学者（Miao et al.，2017）还特别调查了反生产行为的测量，发现他人评级和自我报告的结果相似，两者都表现出“相似的法则关系，显示出可忽略的增量方差”（p. 153）。

然而，组织公民行为的变量测量方式似乎更为重要。有学者（Organ & Ryan，1995）认为自我报告与他人评级的关键变量相比，夸大了许多变量的关联水平。也有学者（Chang et al.，2007）分析了自我报告和他人报告之间的差异，揭示了人际和组织测量的差异在方向上的不一致。在自我评价的组织公民行为量表中，压力型人际关系较强；而在他人评价的组织公民行为量表中，压力型组织关系较强。作者发现这种研究结果的模式很有趣，因为共同方法偏差通常被引用而导致对关系的过高估计，这意味着这些学者会期望自我评价的行为始终产生更强的联系（Chang et al.，2007）。他们得出的结论是，由于共同方法偏差，自我报告不能被立即否定，研究者“应该仔细考虑他们打算测量的目标行为，并选择最适合提供可靠和有效评估的打分者”（Chang et al.，2007，p. 325）。

二、内部控制的道德规范

荟萃分析也用于在与合规研究密切相关的领域中进行测量，如组织内部控制的道德规范，包括道德氛围、道德指导和道德规范。道德氛围似乎会影响职场的不道德行为，尽管这一发现的力度取决于是测量个人层面还是组织层面的氛围（Kish－Gephart，Harrison，& Trevino，2010）。有学者对职场的道德氛围进行了评估（Martin & Cullen，2006；Kish－Gephart et al.，2010）。有学者使用了 42 项研究，这些研究主要关注正相关的结果，这些结果创造了一个广泛的“职能失调行为”，包括逃避工作、撒谎、偷窃和伪造报告（Martin & Cullen，2006）。有学者使用 136 项研究对个人、道德问题和组织对伦理意图和行为的预测因素进行了全面的荟萃分析(Kish-Gephart et al. ,2010)。两个研究都报告了自私自利的道德氛围和不道德行为之间的正相关联系。他们还发现,若具有更仁慈的道德氛围,具有关怀、独立、守法和规范以及规则,将减少不道德的行为。此外,更强的道德氛围将对不道德的行为选择产生更大的心理阻碍。

不足的是,道德指导和道德规范被发现不如道德氛围有效,尽管某些条件可以提高这两种内部控制的有效性。有学者在他们所发表的25篇研究成果中对商业伦理指导进行了说明(Waples,Antes,Murphy,Connelly & Mumford,2009)。他们报告说,商业道德教育的总体效果很小,但是在专业而非学术环境下进行的商业道德教育则产生了更显著的效果。作者还证实,包括认知策略和基于案例的学习,都使商业道德教育更有效,就像处理遇到的潜在伦理问题一样。关于行为准则,有学者指出,虽然准则的存在对不道德的意图和行为的影响很小,但在执行准则和不道德的意图和行为之间出现了强烈的负相关关系(Kish-Gephart et al. ,2010)。具体来说,与意图相比,准则执行与行为的相关性要明显更强。谢尔-布塞对行为准则进行了更广泛的调查,包括道德判断以及意图和行为,并通过36项关于行为准则的研究来测量个人和公司的道德决策(Schell-Busey,2009)。作为对比,有学者对17个行为准则进行了研究(Kish-Gephart et al. ,2010)。谢尔-布塞的研究结果证实,伦理规范的存在对个体的伦理判断和行为有微弱的影响,但对个体的伦理意向有调节作用。在公司层面,行为准则与员工的道德意图和行为都呈正相关,与对行为的影响相比,对道德意图的影响也同样更强。谢尔-布塞(Schell-Busey,2009)报告了准则的执行对公司行为的微弱影响,但发现领导对规范的支持力度对公司道德行为产生了调节作用,并具有显著的影响。

有学者的荟萃分析使用的研究方法主要是自我报告方法(Martin & Cullen,2006;Waples et al. ,2009),因此本文作者没有将测量方式作为调节因素。但是上述学者中有人(Waples et al. ,2009)对研究设计进行了调查,发现实验性研究产生了最大的影响,而纵向设计产生了最小的影响。有学者认为,对于荟萃分析,不道德的意向通常是用自我报告进行测量的,但是道德行为通常是用自我报告、同事观察或者档案记录来进行测量。虽然作者调查了伦理氛围和职场之间关系的调节变量问题,如出版物来源、样本类型和研究策略(现场研究 vs. 实验室实验),但他们没有对测量问题进行调查。此外,在研究中,也没有推导出明确的调节变量模式(Kish-Gephart et al.,2010)。谢尔-布塞(Schell-Busey,2009)也检验了研究策略的影响,但作出了场景和问卷调查会推动道德行为的结论)。

三、安全氛围和领导风格

荟萃分析方法还可以被用来确定一个组织的内部控制机制是否可以确保员工的职业安全,防止发生健康事故或人身伤害。这些研究调查了组织内部的安全氛围如何影响安全绩效,包括员工参与和合规,以及安全结果,即事故和伤害的发生率。[1] 与迄今为止讨论的大多数研究一样,对于如何将安全氛围概念化还存在分歧(Leitao & Greiner,2016),它要么被狭隘地以"员工对与安全相关的政策、程序和实践的认知"作为标准进行测量,要么被更宽泛的"员工对基本安全文化的反映"作为标准进行测量(Clarke,2006,p. 315)。克拉克在 32 项研究成果中考察了安全氛围的影响,并报告说,安全氛围对事故发生率的减少略有相关,但对安全合规和安全参与的影响要大得多(Clarke,2006)。克里斯丁、华莱士、布拉德利和布克(Christian,Wallace,Bradley,and Burke,2009)对 90 项研究成果进行了综合分析,报告了在不同水平层次上的不同发现。在个体和群体层面上,安全氛围与安全绩效(员工的参加与合规性)有一定的相关性,但只有在群体层面上,安全氛围才可以适度减少事故和伤害,而集团(部门级)和组织(公司级)安全氛围与安全绩效的关系强

---

[1] 所有安全氛围的荟萃分析仅限于已发表的研究,因此可能存在发表偏倚问题。

于个体安全氛围。克里斯丁等人(Christian et al.,2009)假设,与克拉克(Clarke,2006)相比,他们在不同层面的分析中所得出的“集团(部门级)和组织(公司级)安全氛围与安全绩效的关系强于个体安全氛围”的结论可能是由于样本量更大。

克里斯丁等人(Christian,2009)也研究了安全领导对安全绩效和事故伤害的影响。他们确定安全领导与安全绩效呈适度的正相关,但与事故和伤害仅呈较弱的负相关。在另一项采用荟萃分析的研究中,克拉克(Clarke,2013)探讨了两种类型的安全领导的影响。交易型领导是指领导者明确期望和奖励,对员工行为实施监督,并在问题发生之前或之后采取行动。变革型领导者通过以身作则来鼓励员工实现超越预期目标的结果,鼓励高水平的安全,表现出对安全的关注,并提出新的、创新的方法来实现安全目标。克拉克(Clarke,2013)使用了 32 项已发表的研究,发现变革型领导在安全方面发挥了更重要的作用,而交易型领导在安全合规方面发挥着更强的作用。这两种领导风格都通过上述这些安全行为减少了组织内部的职业伤害事件。

对于测量问题,克拉克(Clarke,2006)收集和分析了自我报告中所记录的事故或人身伤害所造成的影响,并与官方数据进行比较,发现两者指出了相同的关系,但前者更具前瞻性,而基于官方数据的研究发现了更有效的结论。对于克里斯丁等人(Christian et al.,2009)的研究来说,在个人层面上,绝大多数(92%)的措施是在自我报告中检测出来的。而在群体层面上,只有 32%的措施是在自我报告中检测出来的,而大多数都是基于档案或由外部观察员或权威机构评定的。虽然研究结果没有显著差异,但在群体水平上,自我报告的安全绩效措施与安全氛围的关系较档案安全绩效措施更弱。在个人和群体层面上,安全氛围与事故和人身伤害的官方记录呈更强的负相关关系,而不是自我报告中记录的事故和人身伤害。克里斯丁等人(Christian et al.,2009)得出结论,由于差异并不显著,共同方法偏差可能不是有关安全氛围的研究文献中值得关注的主要因素。然而,上述学者的研究结果也表明,如果这种偏差确实存在,自我报告可能会产生轻微地向下偏差,而造成对这种联系关系的低估。

四、公司治理

荟萃分析的另一个常见领域是会计研究。其中许多研究关注的是公司特征的影响,如规模、利润、杠杆率等,但为了本章的目的,这些都被排除在外,而专注于公司治理对会计的影响。作者使用荟萃分析方法来调查公司治理和公司信息披露之间的联系(Khlif & Souissi,2010;Garcia-Meca & Sanchez-Ballesta,2010;Samaha,Khlif, & Hussainey,2015;Majumder et al. ,2017)、公司社会绩效(Byron & Post,2016;Ortas,Alvarez,& Zubeltzu,2017)和盈余管理(Garcia-Meca & Sanchez-Ballesta,2009;Lin & Hwang,2010;Inaam & Khamoussi,2015)。这些研究之所以被选择,是因为它们试图确定公司治理效果是否与公司遵守不同的会计要求有关。

关于披露,这可以是指财务信息、社会和环境行动、与战略和竞争优势信息相关的信息披露或者全部披露,包括多种类型的信息(Samaha et al. ,2015)。这些荟萃分析报告了审计师的特征,例如,审计公司的规模(Khlif & Souissi,2010)、审计师的可信度(Majumder et al. ,2017)和审计委员会规模(Samaha et al. ,2015),这都与信息披露有显著的正相关关系。例如,大型审计公司、较大的审计委员会和更可信的审计师鼓励更多的信息披露,这意味着这些特征会激励公司遵守更多的会计要求。这些荟萃分析师还确定了董事会特征,例如,董事会的规模(Samaha et al. ,2105;Majumder et al. ,2017);董事会的性别多样性(Majumder et al. ,2017);董事会的会议频率(Majumder et al. ,2017);董事会的独立性(Khlif & Souissi,2010;Garcia-Meca & Sanchez-Ballesta,2010;Samaha et al. ,2105)与信息披露显著相关。[1] 然而,在他们对 27 项已经发表的

---

〔1〕 相反,Majumder 等人(2017)报告了董事会独立性与披露之间的积极但不显著的关系,但他们只分析了社会披露,而其他分析包括各种类型的披露。

成果的分析中,有学者发现董事会的独立关系基于调节因素而发生变化。此外,在有保护投资者的法律且法律执行力度较高的国家,也就是在更积极主动地披露信息的环境中,董事会的独立性与更多的自愿披露相关(Garcia-Meca & Sanchez-Ballesta,2010)。

学者们也对企业所有权分散和首席执行官的双重身份进行了调查。[1] 卡里夫和索斯(Khlif & Souissi,2010)分析了 16 项已发表的研究,并报告了所有权分散与不完全竞争市场的信息披露显著相关,但与新兴市场的关联较为薄弱。其他研究证实,所有权集中度较高的公司自愿披露水平较低,尽管这一发现仅基于上述研究中的发展中国家(Majumder et al.,2017),且仅对上述研究中的盎格鲁-撒克逊国家和亚洲国家具有显著意义(Garcia-Meca & Sanchez-Ballesta,2010)。对于双重首席执行官,有学者分析了 64 项已发表的研究成果,发现了与自愿披露的显著负相关关系,但对智力资本信息披露的显著性不成立。投资者保护水平、地理位置和披露方式(年度报告与基于网络的披露)也存在差异(Samaha et al.,2015)。另外,有学者分析了 29 项已发表的研究成果,报告了双重首席执行官和社会信息披露之间不显著的负相关关系(Majumder et al.,2017)。

这些研究由于依赖于特定的财务信息和公司结构特征,因此面临的测量问题较少。然而,财务信息也可能存在测量问题,因此,他们仍然会遇到定义问题,导致研究需要使用不同的指标。这些荟萃分析证实了定义问题影响了一些研究的成果。例如,加西亚-麦卡、桑切斯-巴力斯塔和萨马哈等人都发现,董事会独立性和信息披露之间的关系因用于测量董事会独立性的指标而异(Garcia-Meca & Sanchez-Ballesta,2010;Samaha et al.,2015)。类似地,卡里夫和索斯报告称,当使用三种不同的指标测量所有权分散问题时,会影响最终研究结果的强度(Khlif & Souissi,2010)。此外,萨马哈等人发现,董事会规模对信息披露的影响因董事会

---

[1] 首席执行官双重性是一种潜在的利益冲突,当首席执行官兼任董事会主席时就会发生这种冲突,董事会被认为代表股东的利益并控制高管薪酬等事项。

规模是用董事数量测量还是作为虚拟变量测量而有所不同,但这对二分法测量的影响并不显著(Samaha et al. ,2015)。

一些学者在公司治理和企业社会绩效方面的研究也使用了荟萃分析方法。企业社会绩效可以包括上文中所载的对社会和环境信息披露的调查,但它是一个更广泛的概念,还包括工作场所多样性、慈善和慈善捐赠等(Byron & Post,2016)。实施这些社会责任行为的公司通常被视为"过度合规",有必要了解是什么原因导致这些公司过度合规。有学者对 84 项评估董事会性别多样性和公司社会绩效的研究成果进行了分析。女性在董事会中的比例与企业社会责任和社会声誉呈显著正相关关系,尽管这样一种正相关关系的影响较为微弱。在股东保护和性别平等程度更高的国家,女性董事比例和企业社会责任关系呈更显著的正相关关系(Byron & Post,2016)。有学者在分析了 87 项已发表的研究成果之后发现,公司董事会的独立性与公司社会绩效也呈更显著的正相关关系。关于测量问题,当使用自我报告而不是被观察的或者外部的企业社会绩效测量方法来测量企业社会绩效时,这种正相关关系更加显著(Ortas et al. ,2017)。

经常进行荟萃分析的最后一个合规领域是公司治理和公司盈余管理,后者与管理者因个人利益的机会主义影响而处理公司盈余有关(Garcia-Meca & Sanchez-Ballesta,2009),它是"内部人士对公司报告的经济绩效进行调整,以误导利益相关者或控制合同结果"(Inaam & Khamoussi,2015,p. 182)。不同的学者对于上述问题以不同的方式进行研究,例如,有学者依据组织的盈余重述和欺诈性的财务报告来进行研究,也有学者研究主要使用可支配性或异常应计盈余来进行研究(Lin & Hwang,2010)。荟萃分析表明,董事会独立性的加强显著降低了盈余管理,而设置双重首席执行官则对此没有影响(Garcia-Meca & Sanchez-Ballesta,2009;Lin & Hwang,2010)。学者们还发现董事会规模(Garcia-Meca & Sanchez Ballesta,2009)和财务专业知识的增加(Lin & Hwang,2010)与盈余管理呈现显著的负相关关系。有学者认为,审计委员会在组织中的存在感并不明显（Lin & Hwang，2010；Inaam & Khamoussi，2015），但是同时也发现审计委员会的独立性（Garcia-Meca & Sanchez-Ballesta，2009；Lin & Hwang，2010；Inaam & Khamoussi，2015）、召开的频率、专业性、规模和任期等对降低盈余管理都是有效的（Lin & Hwang，2010；Inaam & Khamoussi，2015）。另外，审计委员会持股比例与盈余管理存在显著的正相关关系（Lin & Hwang，2010）。

虽然这些荟萃分析对某些公司治理控制措施对减少盈余管理的有效性达成了普遍共识，但加西亚-麦卡和桑切斯-巴力斯塔在所分析的66项研究中，基于对应计盈余的测量，其认为董事会的独立性和规模的重要性各不相同（Garcia-Meca & Sanchez-Ballesta，2009）。一些研究使用可支配的应计盈余，而另一些使用总应计盈余或营运资本应计盈余。他们的研究结果证实，定义是解释文献中发现的异质性的重要调节变量，即使是荟萃分析人员对因变量也使用了不同的纳入标准；例如，有学者使用了48项已发表的研究，将盈余管理测量为欺诈、重述、异常应计盈余或可支配性应计盈余（Lin & Hwang，2010）。而也有学者对58项研究成果进行了分析，将盈余管理测量为可支配性应计、异常应计、当期应计、总应计和真实盈余管理，他们将其界定为“通过融资、投资的战略规划以及直接影响现金流的经营决策进行的操作过程”（Inaam & Khamoussi，2015，p. 180）。

波默罗伊和索顿（Pomeroy & Thornton，2008）在这一领域进行了一项荟萃分析，专门演示了在使用不同的概念的情况下为何会出现问题。在他们对27项研究成果的分析中，波默罗伊和索顿调查了公司治理和财务报告质量之间的关系。财务报告的质量与盈余管理相关，但是涵盖范围更加广泛，虽然它可能报告异常应计项目，但是它也会考察人们对财务报告质量的感知、低成本的债务融资、美国证券交易委员会会计和审计执行情况的发布并关注相关报道。波默罗伊和索顿发现，总体而言，审计委员会的独立性和财务报告质量之间存在显著关系，但用于界定财务报告质量的不同指标可能利用了不同的概念。他们分别对审计委员会独立性和财务报告质量的不同指标之间的关系进行了分析,发现不同指标的使用造成了一半以上研究成果之间的差异。波默罗伊和索顿(Pomeroy & Thornton,2008)强调了使用荟萃分析来研究这些问题的重要性,他们表示:“虽然非使用荟萃分析的文献可以讨论具有不同因变量指标的聚合研究的潜在局限性,但它无法识别、解释和量化此类聚合问题。”(p. 316)

五、外部控制:法律、检查和惩罚

在犯罪学领域内,学者们就法律和制裁对合规或犯罪的影响进行了三项综合分析。罗里(Rorie,2013)在环境合规和法律(法规、制裁/罚款、监管政策)、经济(合规成本、股票异常收益)以及社会(负面宣传)反应中使用了荟萃分析。罗伊斯(Roise,2013)分析了60项研究成果,得出了法律命令和控制措施具有最强效果的结论,尽管这种关系只有在自变量是二分变量(即存在罚款因素)而不是连续变量(罚款的数额)时才显著,对以说服或合作为主的法律措施和监管资源的支持也相对较弱。社会控制或者非制度化控制也减少了环境犯罪,但同样,这只是在测量方式是二分的情况下。罗里(Rorie,2013)报告中显示,在比较影响大小的量级时,法律命令和控制措施似乎对预防环境犯罪会产生最有力的影响。

谢尔-布塞、辛普森、罗里和阿尔珀(Schell-Busey, Simpson, Rorie & Alper,2016)基于63项关于个人和公司犯罪的研究对威慑力问题进行了荟萃分析。他们调查了通过法律规范和惩罚的可能性所产生的抽象威慑作用,以及通过对违法个人或公司所施加的惩罚和制裁所产生的具体威慑作用。由于在个人层面上尚没有足够的研究成果,而且在公司层面上的研究成果对于发表偏见很敏感,所以对于法律规范的影响,研究结果是不确定的。惩罚性制裁的效果也不显著,并且也对发表偏见敏感。监管政策所发挥的威慑作用好坏参半,其重点是监测活动(如视察)的影响,即监管所投入的资源和监管政策的变化(如放松监管)所造成的企业违法行为的变化。[1] 对监管政策所进行的纵向研究需要在多个时间点收集数据，但其效果并不显著且相互冲突。而对监管政策所进行的横断面研究在一个时间点收集数据，其表现出的平均效应的大小显示出显著的威慑效应。上述研究认为，产生威慑作用的主要在于监管政策对监管行业或相关的行业培训机制的密切渗透。然而，谢尔-布塞等人（Schell-Busey et al. ,2016）发现，多级处理研究（multitreatment studies，即检验多种干预措施的综合影响的研究）所得出的结果的相关性最强，而这些都是属于横断面研究。在个人和公司层面，有显著的威慑作用。这些研究的一个共同点是，都非常明确地提出了预期指标。谢尔-布塞等人考察了上述研究的方法论设计、样本选择和成果出版日期并得出结论，他们认为越是严密的研究所产生的威慑作用却越少。然而，上述学者没有调查测量问题。

罗里等人（Rorie et al. ,2018）利用来自上述谢尔-布塞等人（Schell-Busey,2016）在荟萃分析中所采用的 45 项研究成果，并专注于监管政策和惩罚性制裁的研究的子集，探索了定义和测量问题之间的联系。他们发现几个重要的测量差异似乎是由定义问题引起的。在他们的样本中，专注于盈利性组织的研究更有可能针对“违反规则的意图”而不是对实际行为的测量，在对一组性质更多元的组织进行调查时，没有一项研究是这样进行测量的。此外，调查行业或地理区域的研究更可能使用官方数据（75%），而不是自我报告。在企业层面的研究中，官方数据的使用也比个人层面的分析（18%）多得多（68%）。这些测量上的差异，可能是由定义问题引起的，因而在各个研究中产生了异质性，并影响了研究结果。惩罚性制裁对个人或企业的违法行为没有显著影响，但与官方数据相比，使用自我报告数据进行研究所产生的效应量更大。在个体层面，自我报告对犯罪意图产生了显著的威慑作用，而使用实际的行为结果统

---

[1] 如果监管机构拥有更少的资源（如资金和检查员），他们将进行更少的检查，这可能会导致更少的违规行为和制裁，因此假设这些机构的威慑作用会更小。同样，从理论上讲，监管政策向放松管制的转变会降低威慑力，因为监管力度会更少，而监管力度的增加会产生更大的威慑力。

计则导致了犯罪行为的显著增加。另外,对于监管政策,公司层面的研究在使用自我报告数据时产生了显著的正相关关系,而在使用官方数据时的效果则并不显著。就地理区域而言,自我报告数据的影响为正相关关系,而官方数据的影响则为负相关关系。因此,对变量的测量方式影响了研究结果,与官方数据相比,自我报告体现了更有效的威慑效果。

第四节　总结:从合规的荟萃分析中可以获得的研究成果

一、合规

荟萃分析的一个优点是,它们对特定主题的研究增加了统计能力和信心。来自一些荟萃分析的研究结果表明,一些内部控制有助于公司合规。围绕着关爱、法律、规则和针对专业人员的道德指导,以及专注于认知策略和案例学习所构建的组织道德氛围都可以作为对不当行为的有效控制措施。道德规范本身并不具有很强的效果,但当它们得到最高管理层的支持和执行时,它们就会变得更为有效。这些研究还表明,组织的安全氛围和对安全性的领导力将影响安全合规和员工对安全措施的参与,并可以减少事故和人身伤害的发生。荟萃分析得出的结论是,首席执行官同时担任董事会主席对操纵组织利润或积极的社会行为几乎没有影响,但董事会和审计师的身份则可能会产生较明显的影响。

例如,研究表明,更具独立性、更大规模和性别多样性的董事会可以增加组织合规和正向的社会行为。此外,更具独立性、更大和更专业财务知识的董事会会更少的进行对组织盈余的操纵。就审计师特征而言,审计师事务所的规模、审计师的可信度和审计委员会的规模可以鼓励组织更多的合规行为。类似的,审计委员会独立性、审计委员会会议的频率、审计委员会专业知识、审计师的任期和专业性这些特征也可以减少对会计报表的操纵。

荟萃分析还表明,一些外部控制可以产生合规。法律在某些领域可能有效,尽管谢尔-布塞等人(Schell-Busey et al. ,2016)发现,法律规则和惩罚性制裁对各种公司违法行为产生的威吓效果不显著,但罗里(Rorie,2013)报告称,法律规则要求和控制措施对环境违法行为产生的威吓效果最强。谢尔-布塞等人(Schell-Busey et al. ,2016)的研究没有调查犯罪类型的差异,但辛普森等人(Simpson et al. ,2014)进行了更大范围的研究,他们的研究成果支持了这样一个论断:法律规则本身(而不是惩罚性制裁的结果)对环境违法行为产生了威慑作用。因此,通过法律规则进行惩罚的威胁可能对环境违法行为特别有效,而在其他领域则不那么有效。当将一些监管政策与行业组织合作制定,并为行业提供教育指导,以增加对新政策的理解和遵守时,往往可以取得较好的效果(Schell-Busey et al. ,2016)。

考虑到公司犯罪的复杂性,多管齐下的方法可能是实现公司合规的最为有效的方法。马伦(Maroun,2015)指出,公司的决策是一种动态而混乱的平衡行为,必须在不断变化的社会背景下权衡多个利益相关者的利益。基什·格法特等人(Kish-Gephart,2010)在他们对不道德行为的三个不同层面的发生原因的调查中对此进行了详细阐述,即包括:个人特征(研究中称之为"坏苹果")、伦理问题本身("坏箱子")和组织环境("坏桶")。他们得出的结论是,每个层面都有多种不道德行为的来源,这使得公司可能发生的不道德行为非常复杂。其他的荟萃分析表明,可能还需要增加第四个层次(也许可以继续比喻为"坏地窖"),即不道德行为的发生与公司所在的国家、社会文化或法律氛围有关。本章回顾的公司治理的荟萃分析提供了证据,表明内部控制的有效性可能因国家、市场和法律环境而异。其他的荟萃分析侧重于公司信息披露与公司特征(如盈利能力和杠杆率)之间的关联,支撑了国家文化、法律制度和行业类型的影响。这一额外的层面增加了企业合规的复杂性,并强调不但需要多种策略来鼓励合规和防止企业犯罪,而且具体政策与规则的设计与实施可能需要考虑到社会背景,并符合特定的行业、国家、市场或法律体系的要求。

二、合规测量

荟萃分析的另一个优势是,它可以用来探索和识别重要的调节变量。在许多研究中,学者们使用调节变量来确定相关定义、测量措施和一些相关因素的差异是否会影响合规研究的结果。定义问题似乎困扰着合规研究的每一个领域,人们普遍认为这些定义问题影响了测量结果。对因变量使用不同的概念会导致组织公民行为的不同效应量和不同的结果。在组织公民行为和反生产工作场所研究中,使用不同的因变量构造会导致不同的效应规模和不同的研究成果(LePine et al.,2002;Dalal,2005;Berry et al.,2007;Chang et al.,2007;Ilies et al.,2007;Miao et al.,2017),收益管理研究也是一样(Pomeroy & Thornton,2008;Garcia-Meca & Sanchez-Ballesta,2010)。同样,使用各种指标的自变量,如董事会独立性、规模和所有权分散,都会影响信息披露研究的结果(Garcia-Meca & Sanchez-Ballesta,2010;Khlif & Souissi,2010;Samaha et al.,2015)。

在测量中出现的差异在合规研究领域中也很常见,尽管在一些领域的研究中,出于必要更依赖于自我报告,即收集关于员工道德观念的报告,但大多数研究都混合使用了自我报告、他人评级、官方或档案数据,以及一些场景测试和实验。这些测量差异是否以及以何种方式影响结果,因区域而异。在对反生产行为和职场偏差的荟萃分析中没有报告测量方式所造成的影响(Berry et al.,2007;Miao et al.,2017)。同样,对安全氛围的不同测量方式也没有改变研究结果,但是相对来说,基于官方数据的测量方式会产生更有说服力的结果(Clarke,2006;Christian et al.,2009)。在其他领域,虽然测量方式对结果产生影响的方向并不总是一致的,但测量方式的变化也常会影响到最终的结果。例如,在企业社会绩效研究中,当因变量是使用自我报告而不是使用观察数据或外部测量时,这种关系更强(Ortas et al.,2017)。同样,在关于惩罚性制裁的研究中,与官方数据相比,自我报告产生了更大的效应量或产生了显著的威慑影响(Rorie et al.,2018)。此外,当组织公民行为被测量为一个单一的概念时,自我报告则强调了关联程度(Organ & Ryan,1995)。上述这些研究发现表明,在合规研究的领域使用自我报告可能会产生结果上的偏差,特别是当自我报告是唯一被使用的测量工具并引入了共同方法变量时,这种偏差更加明显。

然而,当组织公民行为的测量被分解为个体层面和组织层面的设计时,其他评价变量会夸大对组织层面的测量结果(Chang et al.,2017)。在安全氛围的研究中,测量方法的差异没有改变结果,但基于官方数据的研究得出了比自我报告更有说服力的结论。就监管政策的研究而言,依据自我报告数据的研究得出了企业犯罪增加的结论,然而基于官方数据的研究则得出了企业犯罪受到了并不明显的遏制的结论。这些发现表明,在合规研究的其他领域(或当使用不同的测量设计时),自我报告并不总是将问题进行夸大,不应该因为一般性测量方法的差异或其他原因而自动忽略自我报告中所提出的问题(Chang et al.,2007)。

公司犯罪和合规研究与本章主题一样复杂,可能多种形式的测量与多种政策应对同样重要。显然,考虑到获取公司犯罪和合规数据的难度,并不总是能够选择测量方法。但是,如果可能的话,应该鼓励合规研究者使用多种策略来验证测量方法。例如,自我报告的测量方法可以通过他人评价、官方数据、研究者观察或实验数据来验证。在不可能使用多种策略的情况下,学者们可以依据荟萃分析的结果来确定测量差异是否存在问题。考虑到特定的研究领域和问题,并依据荟萃分析进行测量的可靠性,这可能会帮助他们选择最好的测量方式。

三、合规研究的荟萃分析问题

本章已经介绍了如何将荟萃分析用于合规研究,以及我们可以从研究中了解到什么,接下来将专门针对使用荟萃分析进行合规研究的问题进一步阐述,并为今后使用荟萃分析进行研究提供建议。在本章回顾的荟萃分析方法的过程中发现了其许多常见的缺点。例如,大多数学者提到了荟萃分析方法尚缺乏高质量的研究成果,同时也缺乏被参考或被忽略的研究成果中的特定信息的问题。虽然这是一个发生在大多数领域的常见问题,但在企业犯罪和合规研究中特别突出。如前所述,因为没有全国性的企业犯罪数据库。研究者往往必须依赖带有局限性的官方数据,或者使用企业内部数据,但企业通常不愿意提供这些数据。由于数据的缺乏,导致在企业犯罪和合规领域缺乏高质量的研究成果。在这些文献中经常提到的另一个很少被关注的问题,就是以横断面研究方法进行荟萃分析成为主流。但没有纵向研究,荟萃分析就无法有效得出因果关系的结论。[1] 虽然这一问题也不是合规研究所独有的,但它是在合规领域中一个值得重视的问题。

在公司合规研究中使用荟萃分析时,会出现几个具体的问题。在上文中已经提到的一个问题与定义问题有关。许多基于荟萃分析的研究成果都提到了用于测量自变量或因变量的不同方法设计。波默罗伊和索顿(Pomeroy & Thornton,2008)专门调查了这个问题,并认为测量方法设计的不同占据了研究中超过一半的变量。同样,罗里等人(Rorie et al.,2018)认为,在定义不明确的情况下使用荟萃分析是有问题的。上述学者认为,通过以不同方式对变量进行测量后得出的关系和政策可能会产生误导性。此外,他们认为定义问题会导致方法上的差异,从而影响研究结果。公司合规并不是唯一受到定义问题困扰的,但定义问题肯定是公司合规中一个众所周知的问题,会使荟萃分析的使用复杂化。

此外,上文所讨论的企业合规的多维性会使正确的对合规测量进行分析和评估变得困难。例如,若数据是在不同的分析级别收集的,如个人和组织级别,则不应该被合并起来进行分析和评估。同样,奥斯特洛夫和哈里森(Ostroff & Harrison,1999)对合并使用不同样本的研究成果进行评估的方式提出了担忧,例如,将在单个组织中进行的研究与在不

---

[1] 这里回顾的一些荟萃分析包括纵向研究,但 Schell Busey 等人(2016)和 Rorie 等人(2018)是在计算效应大小时区分纵向研究和横断面研究的唯一荟萃分析。然而,在大多数情况下,只有两项纵向研究可以进行比较,因此结果是暂时的。

同组织之间进行的研究相结合。为了说明这一点,本文作者也进行了荟萃分析,发现来自单个组织的相关性始终比来自多个组织的个体相关性更强。虽然上述二者的相关性之间的差异很小,但作者认为,考虑到在推动政策实施和研究深入的荟萃分析中对效应量的重视,这样一种相关性对于合规测量仍然是会具有的显著的影响。这些发现表明,盲目地将不同的抽样策略或不同的层面的研究相结合是存在问题的。

另一个问题是不同时期在不同司法管辖区的测量方式的可比性。有学者通过对财务绩效指标的研究说明了这一问题(Maroun,2015)。不同的国家可能有不同的报告标准,即使各国使用相同的标准,这些标准也可能随着时间的推移而发生变化,这可能导致用于计算关键变量的数据不一致,这些问题在合规研究中的多个种类的数据中都可能出现,因为针对监管政策和法规的合规策略可能因监管机构、地区和国家而异。

四、使用荟萃分析进行合规研究的进一步建议

虽然在组织合规研究中对个体研究进行完善将明显有利于荟萃分析在该领域的使用,但讨论如何完善个体研究则超出了本章的范围,有些学者已经提出了很好的建议(McLeod,Payne & Evert,2016)。相反,鉴于现有的研究,我们将主要关注如何提高荟萃分析的使用效果。

已经有很多学者呼吁在公司犯罪和合规领域进行更多的纵向研究,在荷兰和其他一些国家,一些学者们已经开始响应这种呼吁,使用纵向研究来探索公司犯罪的发展历程。有研究考察了白领犯罪的起因(van Onna,2020);发生欺诈行为的公司的高管档案(Schwartz & Steffensmeier,2018);公司的违规模式与特征(Kluin,Blokland,Huisman et al.,2018);董事会构成对违规行为的影响(Simpson,Galvin, & Layana,2018)。随着研究这一领域的文献数量的增加,研究者应该在荟萃分析中纳入这些研究成果,以进一步解决因果关系的问题。

在可能的情况下,其他许多问题都可以通过进行更狭义的荟萃分析

来解决。计划使用荟萃分析的研究者应该仔细考虑相关定义并创建纳入标准,以确保所纳入的研究使用了类似的测量设计方法。如果包含多种测量设计方法,则最好是根据测量设计方法的属性对研究进行分组,这样所进行的评估就是基于概念上相似的变量之间的关系。分组研究还可以解决上述学者所提出的分析水平和抽样程序问题(Ostroff & Harrison,1999)。然而,目前基于对现有文献的研究,还没有一项荟萃分析基于抽样程序对研究进行分组。因此,未来的荟萃分析应注意抽样程序和分析该类别的小组研究所引起的问题。

然而,由于公司合规研究的数量很少,并且分散于广泛的主题和合规形式中,因此,进行狭义的荟萃分析或基于特定概念或抽样程序创建小组并不总是可行的。幸运的是,研究者可以通过荟萃分析来评估研究成果之间的异质性,并确定是否某些变量导致了这种差异。因此,当狭隘的荟萃分析无法实现时,研究者可以使用调节变量来进行测量方法的设计、测量方法的类型(即自我报告、官方数据等)、分析的层级和抽样程序,而这是至关重要的。有学者承认,在荟萃分析中,会计标准和时间段也可以通过使用调节变量来控制(Maroun,2015)。作为一种结论性的建议,也有学者认为荟萃分析可以在确定基于分级的差异是否存在以及何时存在方面发挥作用(Ostroff & Harrison,1999)。

罗里等人建议,应该等到公司犯罪领域的学者明确了更清晰的公司犯罪定义,并进行了更多的研究之后,再进行荟萃分析的综合研究(Rorie et al.,2018)。虽然上述观点有一定道理,然而,荟萃分析实际上可以用于量化上述问题,并形成未来的研究议题。波默罗伊和索顿认为,荟萃分析通过量化文献中指标的异质性程度,以及识别不同指标和解释变量之间关联程度的差异,可以帮助学者理解不同测量设计方法对结果所带来的影响(Pomeroy & Thornton,2008)。因此,细致和目的性明确的荟萃分析可以帮助我们更好地理解定义和测量问题,并进一步指导未来的研究。

第五节 总 结

即使实质性结果有限,荟萃分析也可以在合规研究领域发挥积极作用。荟萃分析的结果可以告诉我们未知的领域有哪些,对于什么问题尚无法得出结论,以此来指导在合规领域的研究。当研究者试图通过定性分析方法来推导出结论时,荟萃分析则可以证明,因为不显著或微弱的效应量和无法解释的方差,而事实上无法推导出结论(Brierly & Cowton, 2000)。这些信息可以帮助指导未来的研究,指出哪些变量的数量足够用于研究,哪些在形成政策决定之前需要对事实和变量进行更多的调查。

这篇综述表明,在合规研究的多个领域存在着多种荟萃分析。一些实质性的研究发现表明,某些特定的内部和外部控制可以鼓励合规和减少犯罪。这些信息对于合规官员和政策制定者来说很有用。测量问题并不是一个普遍性的问题,在某些领域,如在反生产行为和安全氛围研究中,测量方式一般不会影响研究结果,而在其他一些领域测量问题则很重要。具体来说,自我报告数据(与官方数据或其他来源的数据相比)与组织公民行为研究、企业社会绩效研究和调查各种刑事和违规行为的企业犯罪研究中的关键变量之间具有更显著的关系,包括环境,职业安全和健康,以及经济犯罪等。因此,应当鼓励合规研究者尽可能通过使用多种策略收集数据来对测量措施进行验证。例如,自我报告措施可以通过收集他人评定、官方数据或研究者的观察所积累的数据来进行验证。以这种方式对测量措施进行验证将使结果更可信,因为已经证明,根据所使用的数据收集方法的不同,分析结果可能会有特定的区别。然而,由于官方数据的有限性和公司一般会对交出内部数据持抵触态度,因此并不总是能够采用自我报告的方式。在自我报告已经被证明夸大了关联性的领域,研究者应该提醒读者注意这种类型数据的局限性。

虽然测量问题只在某些领域存在问题，但几乎每一个合规研究领域都会受到定义问题的困扰，而这些定义问题会对研究结果直接产生影响。对自变量和因变量使用不同的指标始终产生不同的结果。解决跨领域的合规研究的定义问题是一项艰巨的任务，超出了本章的范围，但研究者可以通过特定的方式来缓和定义问题所带来的测量困难，如采取多种测量措施设计来验证研究结果，并讨论不同结果的含义等。

荟萃分析也可以在解决这些测量和定义问题中发挥关键作用。虽然在荟萃分析研究中使用的测量方法受到现有研究成果的局限，但荟萃分析可以对研究之间发生的变量进行定量分析，并使用调节变量来分析和操控这种变量。进一步来说，在可能的情况下，应该采用狭义的、谨慎斟酌的荟萃分析方法，以帮助研究测量问题并指导未来在合规领域的研究。

参考文献

Bebinger, Martha. 2019. Purdue Pharma Agrees to $270 Million Opioid Settlement with Oklahoma. National Public Radio. https://knpr.org/npr/2019-03/purdue-pharma-agrees-270-million-opioid-settlement-oklahoma? gclid=EAIaIQobChMI8_Ptm_rM6AIVkYrICh2mmAYIEAAYAiAAEgK mIPD_BwE.

Berry, Christopher M., Deniz S. Ones, and Paul R. Sackett. 2007. Interpersonal Deviance, Organizational Deviance, and their Common Correlates: a Review and Meta-Analysis. *Journal of Applied Psychology*, 92(2), 410-24.

Bøg, Martin, Trine Filges, Lars Brännström, Anne-Marie K. Jørgensen, and Maja K. Fredrikksson. 2017. 12-Step Programs for Reducing Illicit Drug Use. *Campbell Systematic Reviews*, 13, 1-149.

Braga, Anthony and David L. Weisburd. 2012. The Effects of Pulling Levers Focused Deterrence Strategies on Crime. *Campbell Systematic Reviews*, 8, 1-90.

Braga, Anthony, Andrew Papachristos, and David Hureau. 2012. Hot Spots Policing Effects on Crime. *Campbell Systematic Reviews*, 8, 1-96.

Brierley, John A. and Christopher J. Cowton. 2000. Putting Meta-Analysis to

Work：Accountants' Organizational-Professional Conflict. *Journal of Business Ethics*, 24,343-53.

Byron,Kris and Corinne Post. 2016. Women on Boards of Directors and Corporate Social Performance：A Meta-Analysis. *Corporate Governance：An International Review*, 24(4),428-42.

Chang,Chu-Hsiang, Russell E. Johnson, and Liu-Qin Yang. 2007. Emotional Strain and Organizational Citizenship Behaviors：A Meta-Analysis and Review. *Work & Stress*,21(4),312-32.

Christian,Michael,S. ,J. Craig Wallace,Jill C. Bradley, and Michael J. Burke. 2009. Workplace Safety：A Meta-Analysis of the Roles of Person and Situation Factors. *Journal of Applied Psychology*,94(5),1103-27.

Clarke,Sharon. 2006. The Relationship between Safety Climate and Safety Performance：A Meta-Analytic Review. *Journal of Occupational Health Psychology*, 11(4),315-27.

Clarke,Sharon. 2013. Safety leadership：A Meta-Analytic Review of Transformational and Transactional Leadership Styles as Antecedents of Safety Behaviours. *Journal of Occupational and Organizational Psychology*,86,22-49.

Cohen-Charash,Yochi and Paul E. Spector. 2001. The Role of Justice in Organizations：A Meta-Analysis. *Organizational Behavior and Human Decision Processes*,86(2),278-321.

Colquitt,Jason A. ,Donald E. Conlon,Michael J. Wesson,Christopher O. L. H. Porter,and K. Y. Ng. 2001. Justice at the Millennium：A Meta-Analytic Review of 25 Years of Organizational Justice Research. *Journal of Applied Psychology*, 86(3), 425-45.

Colquitt,Jason A. ,Brent A. Scott,Jessica B. Rodell et al. 2013. Justice at the Millennium,a Decade Later：A Meta-Analytic Test of Social Exchange and Affect-based Perspectives. *Journal of Applied Psychology*,98(2),199-236.

Cullen,Francis and Paul Gendreau. 2000. Assessing Correctional Rehabilitation Policy,Practice,and Prospects. *Criminal Justice*,3,109-75.

Dalal,Reeshad S. 2005. A Meta-Analysis of the Relationship between Organizational Citizenship Behavior and Counterproductive Work Behavior. *Journal of Applied Psychology*,90(6),1241-55.

Egli, Nicole, Miriam Pina, Pernille S. Christensen, Marcelo Aebi, and Martin Killias. 2009. Effects of Drug Substitution Programs on Offending Among Drug-Addicts. *Campbell Systematic Reviews*,5,1-40.

Feder, Lynette, David B. Wilson, and Sabrina Austin. 2008. Cour-mandated Interventions for Individuals Convicted of Domestic Violence. *Campbell Systematic Reviews*, 4,1-46.

Garcia-Meca, Emma and Juan P. Sanchez-Ballesta. 2009. Corporate Governance and Earnings Management: A Meta-Analysis. *Corporate Governance: An International Review*,17(5),594-610.

Garcia-Meca, Emma and Juan P. Sanchez-Ballesta. 2010. That Association of Board Independence and Ownership Concentration with Voluntary Disclosure: A Meta-Analysis. *European Accounting Review*,19(3),603-27.

Garrido, Vicente and Luz A. Morales. 2007. Serious(violent or chronic) Juvenile Offenders: A Systematic Review of Treatment Effectiveness in Secure Corrections. *Campbell Systematic Reviews*,3,1-46.

Gough, David, Sandy Oliver, and James Thomas. 2017. *An Introduction to Systematic Review*. Thousand Oaks, CA: Sage Publications.

Hanratty, Jennifer. 2018. What Is the Difference Between a Systematic Review and a Meta-Analysis? Campbell Collaboration UK & Ireland Meta-Evidence Blog. http://meta-evidence. co. uk/difference-systematic-review-meta-analysis/.

Higginson, Angela, Kathryn Benier, Yulia Shenderovich et al. 2015. Preventive Interventions to Reduce Youth Involvement in Gangs and Gang Crime in Low-and Middle-Income Countries: A Systematic Review. *Campbell Systematic Reviews*, 11, 1-176.

Hunter, John E. and Frank L. Schmidt, 2004. *Methods of Meta-Analysis*. Thousand Oaks, CA: Sage Publications.

Ilies, Remus, Jennifer D. Nahrgang, and Frederick P. Morgeson. 2007. Leader-Member Exchange and Citizenship Behaviors: A Meta-Analysis. *Journal of Applied*

Psychology,92(1),269-77.

Inaam,Zgarni and Halioui Khamoussi. 2015. Audit Committee Effectiveness,Audit Quality and Earnings Management:A Meta-Analysis. *International Journal of Law and Management*,58(2),179-96.

James,Michael and Jorge L. Ortiz. 2018. Jury orders Monsanto to pay $289 million to cancer patient in Roundup lawsuit. USA Today. www. usatoday. com/story/news/2018/08/10/jury-orders-monsanto-pay-289-million-cancer-patient-roundup-lawsuit/962297002/.

Khlif,Hichem and Mohsen Souissi. 2010. The Determinants of Corporate Disclosure:A Meta-Analysis. *International Journal of Accounting and Information Management*,18(3),189-219.

Kish-Gephart,Jennifer J.,David A. Harrison,and Linda Klebe Trevino. 2010. Bad Apples,Bad Cases,and Bad Barrels:Meta-Analytic Evidence about Sources of Unethical Decisions at Work. *Journal of Applied Psychology*,95(1),1-31.

Kluin,Marieke.,Arjan Blokland,Wim Huisman et al. 2018. Patronen in Regelovertreding in de Chemische Industrie. *Journal of Criminology*,60(4),421-56.

Koper,Christopher S. and Evan Mayo-Wilson. 2012. Police Strategies to Reduce Illegal Possession and Carrying of Firearms:Effects on gun Crime. *Campbell Systematic Reviews*,8,1-53.

Lau,Vivian C. S.,Wing Tung Au,and Jane M. C. Ho. 2003. Review of Antecedents of Counterproductive Behavior in Organizations. *Journal of Business and Psychology*,18(1),73-99.

Leitao,Sara and Birgit A. Greiner. 2016. Organisational Safety Climate and Occupational Accidents and Injuries:An Epidemiology-Based Systematic Review. *Work & Stress*,30(1),71-90.

LePine,Jeffrey A.,Amir Erez,and Diane E. Johnson. 2002. The Nature and Dimensionality of Organizational Citizenship Behavior:A Critical Review and Meta-Analysis. *Journal of Applied Psychology*,87(1),52-65.

Lin,Jerry W. and Mark I. Hwang. 2010. Audit quality,Corporate Governance,Andearnings Management:A Meta-Analysis. *International Journal of Auditing* 14,57-77.

Lipsey, Mark. W., and David Wilson. 2001. *Practical Meta-Analysis*. Thousand Oaks, CA: Sage Publications.

Lipsey, Mark W., Nana A. Landenberger, and Sandra J. Wilson. 2007. Effects of Cognitive-Behavioral Programs for Criminal Offenders. *Campbell Systematic Reviews* 3, 1-27.

Mackey, Jeremy D., Rachel E. Frieder, Jeremy R. Brees, and Mark J. Martinko. 2017. Abusive Supervision: A Meta-Analysis and Empirical Review. *Journal of Management* 43(6), 1940-65.

Mackey, Jeremy D., Charn P. McAllister, Liam P. Maher, and Gang Wang. 2019. Leaders and Followers Behaving Badly: A Meta-Analytic Examination of Curvilinear Relationships Between Destructive Leadership and Followers' Workplace Behaviors. *Personnel Psychology* 72, 3-47.

Majumder, Md. Tofael H., Aklima Akter, and Xiaojing Li. 2017. Corporate Governance and Corporate Social Disclosures: A Meta-Analytical Review. *International Journal of Accounting & Information Management*, 25(4), 434-58.

Maroun, Warren. 2015. Culture, Profitability, Non-Financial Reporting and a Meta Analysis: Comments and Observations. *Meditari Accountancy Research*, 23(3), 322-30.

Martin, Kelly D. and John B. Cullen. 2006. Continuities and Extensions of Ethical Climate Theory: A Meta-Analytic Review. *Journal of Business Ethics*, 69, 175-94.

Mazerolle, Lorraine, David W. Soole, and Sacha Rombouts. 2007. Street-Level-drug Law Enforcement: A Meta-Analytic Review. *Campbell Systematic Reviews*, 3(1), 1-47.

McLeod, Michael S., G. Tyge Payne, and Robert E. Evert. 2016. Organizational Ethics Research: A Systematic Review of Methods and Analytic Techniques. *Journal of Business Ethics*, 134, 429-43.

Miao, Chao, Ronald H. Humphrey, and Shanshan Qian. 2017. Are the Emotionally Intelligent Good Citizens or Counterproductive? A Meta-Analysis of Emotional Intelligence and its Relationship with Organizational Citizenship Behavior and Counterproductive Work Behavior. *Personality and Individual Differences*, 116, 144-56.

Miao, Chao, Ronald H. Humphrey, and Shanshan Qian. 2018. A cross - Cultural Meta - Analysis of How Leader Emotional Intelligence Influences Subordinate Task Performance and Organizational Citizenship Behavior. *Journal of World Business*, 53, 463-74.

Mikolawjewicz, Nicholas and Svetlana Komarova. 2019. Meta-Analytic Methodology for Basic Research: A Practical Guide. *Frontiers in Physiology*, 10, 203-22.

Mitchell, Ojmarrh, David B. Wilson, Amy Eggers, and Doris L. MacKenzie. 2012. Drug Courts' Effects on Criminal Offending for Juveniles and Adults. *Campbell Systematic Reviews*, 8, 1-87.

Mitchell, Ojmarrh, David B. Wilson, and Doris L. MacKenzie. 2006. The Effectiveness of Incarceration-Based Drug Treatment on Criminal Behavior. *Campbell Systematic Reviews*, 2, 1-56.

Nohe, Christoph and Guido Hertel. 2017. Transformational Leadership and Organizational Citizenship Behavior: A Meta-Analytic Test of Underlying Mechanisms. *Frontiers in Psychology*, 8, 1364-76.

Organ, Dennis W. and Katherine Ryan. 1995. A Meta-Analytic Review of Attitudinal and Dispositional Predictors of Organizational Citizenship Behavior. *Personnel Psychology*, 48(4), 775-802.

Ortas, Eduardo, Igor Alvarez, and Eugenio Zubeltzu. 2017. Firms' Board Independence and Corporate Social Performance: A Meta-Analysis. *Sustainability*, 9(6), 1006.

Ostroff, Cheri and David A. Harrison. Meta-Analysis, Level of Analysis, and Best Estimates of Population Correlations: Cautions for Interpreting Meta-Analytic Results in Organizational Behavior. *Journal of Applied Psychology*, 84(2), 260-70.

Petrosino, Anthony, Carolyn Turpin - Petrosino, and Sarah Guckenburg. 2010. Formal System Processing of Juveniles: Effects on Delinquency. *Campbell Systematic Reviews*, 6, 1-88.

Petrosino, Anthony, Carolyn Turpin-Petrosino, Meghan E. Hollis-Peel, and Julia G. Lavenberg. 2013. Scared Straight and other Juvenile Awareness Programs for Preventing Juvenile Delinquency: A Systematic Review. *Campbell Systematic Reviews*, 9, 1-55.

Podsakoff, Nathan P. , Steven W. Whiting, Philip M. Podsakoff, and Brian D. Blume. 2009. Individual-and Organizational-Level Consequences of Organizational Citizenship Behaviors: A Meta - Analysis. *Journal of Applied Psychology*, 94 (1), 122-41.

Pomeroy, Bradley and Daniel B. Thornton. 2008. Meta-Analysis and Theaccounting Literature: The Case of Audit Committee Independence and Financial Reporting Quality. *European Accounting Review*, 17(2), 305-30.

Popay, Jennie, Helen Roberts, Amanda Sowden et al. 2006. Guidance on the Conduct of Narrative Synthesis in Systematic Reviews: A Product from the ESRC Methods Programme. https://citeseerx. ist. psu. edu/viewdoc/download? doi = 10. 1. 1. 178. 3100 & rep=rep1 & type=pdf.

Rorie, Melissa. 2013. Testing the Influence of Various "Licenses" in Motivating Corporate Environmental Behavior. PhD Dissertation, University of Maryland, College Park. Digital Repository at the University of Maryland. https://drum. lib. umd. edu/handle/1903/14103.

Rorie, Melissa, Mariel Alper, Natalie Schell-Busey, and Sally S. Simpson. 2018. Using Meta-Analysis under Conditions of Definitional Ambiguity: The Case of Corporate Crime. *Criminal Justice Studies*, 31(1), 38-61.

Salgado, Jesús F. 2002. The Big Five Personality Dimensions and Counterproductive Behaviors. International Journal of Selection & Assessment, 10(1/2), 117.

Samaha, Khaled, Hichem Khlif, and Khaled Hussainey. 2015. The impact of Board and Audit Committee Characteristics on Voluntary Disclosure: A Meta-Analysis. *Journal of International Accounting, Auditing and Taxation*, 24, 13-28.

Schell-Busey, Natalie. 2009. The Deterrent Effects of Ethics Codes for Corporate Crime: A Meta-Analysis. PhD dissertation, University of Maryland, College Park. Digital Repository at the University of Maryland. https://drum. lib. umd. edu/handle/1903/9289.

Schell- Busey, Natalie, Sally S. Simpson, Melissa M. Rorie, and Mariel Alper. 2016. What Works? A Systematic Review of Corporate Crime Deterrence. *Criminology & Public Policy*, 15(2), 387-416.

Schwartz, Jennifer and Darrell Steffensmeier. 2018. Profile of Top-Executives in Fraudulent Firms Compared to Non-Violator CEOs. Presented March 2018 at the symposium Toward a Life-Course Criminology of Corporate Crime, Sponsored by European Society of Criminology's Working Groups on Organizational and Corporate Crime and on Development and Life-course Criminology, Leiden, Netherlands.

Schyns, Birgit and Jan Schilling. 2013. How Bad are the Effects of Bad Leaders? A Meta-Analysis of Destructive Leadership and its Outcomes. *Leadership Quarterly*, 24 (1), 138-58.

Sherman, Lawrence W., Denise C. Gottfredson, Doris L. MacKenzie et al. 1997. Preventing Crime: What Works, What doesn't, What's Promising. Research in Brief. National Institute of Justice. www. ncjrs. gov/pdffiles1/Digitization/165366NCJRS. pdf. doi: 10. 1037/e520922006-001.

Simpson, Sally, S., Miranda A. Galvin, and M. Cristina Layana. 2018. Transitions and Turning Points: Board Diversification and Corporate Crime. Presented March 2018 at the symposium Toward a life-course criminology of corporate crime, sponsored by European Society of Criminology's Working Groups on Organizational and Corporate Crime and on Development and Life-course Criminology, Leiden, Netherlands.

Simpson, Sally S., Melissa Rorie, Mariel Alper et al. 2014. Corporate Crime Deterrence: A Systematic Review. *Campbell Systematic Reviews*, 10(1), 1-105.

Tolan, Patrick, David Henry, Michael Schoeny, and Arin Bass. 2008. Mentoring Interventions to Affect Juvenile Delinquency and Associated Problems. *Campbell Systematic Reviews*, 4, 1-112.

van Onna, Joost H. R. 2020. From the Avalanche to the Game: White-collar offenders on crime, bonds and morality. Crime, Law and Social Change. https://doi. org/10. 1007/s10611-020-09899-x.

Villettaz, Patrice, Martin Killias, and Isabel Zoder. 2006. The Effects of Custodial vs. Non-Custodial Sentences on Re-offending: A Systematic Review of the State of Knowledge. *Campbell Systematic Reviews*, 2, 1-69.

Waples, Ethan P., Alison L. Antes, Stephen T. Murphy, Shane Connelly, and Michael D. Mumford. 2009. A Meta-Analytic Investigation of Business Ethics Instruction. *Journal of Business Ethics*, 87, 133-51.

Weisburd, David, Cody W. Telep, Joshua C. Hinkle, and John E. Eck. 2008. The Effects of Problem-Oriented Policing on Crime and Disorder. *Campbell Systematic Reviews*, 4, 1-87.

Whitman, Daniel S., David L. van Rooy, and Chockalingam Viswesvaran. 2010. Satisfaction, Citizenship Behaviors, and Performance in Work Units: A Meta-Analysis of Collective Construct Relations. *Personnel Psychology*, 63, 41-81.

Wilson, David B., Doris L. MacKenzie, and Fawn Ngo Mitchell. 2005. Effects of Correctional Boot Camps on Offending. *Campbell Systematic Reviews*, 1, 1-45.

Wilson, David B., David Weisburd, and David McClure. 2011. Use of DNA Testing in Police Investigative Work for Increasing Offender Identification, Arrest, Conviction and Case Clearance. *Campbell Systematic Reviews*, 7, 1-53.

第十六章　提高合规测量准确性的数据模拟方法

马修·韦斯特　梅丽莎·罗里

第一节　引　言

合规研究者、从业者和政策制定者面临着关于确定合规性的广泛问题，如“哪些行动、策略和政策提高了合规性?”以及“不合规的影响或‘成本’是什么?”为了回答这些问题，研究者通常会在一定程度上与他人合作，或在获得他人的帮助下进行实证研究，例如，使用由作为研究对象的组织所收集的数据或使用从政府或非政府组织获得的资金等。现有的研究成果考察了监管机构是否采取了具体的行动或实施了特定的政策，以对合规标准产生了影响(Johnson，2020；Shimshack & Ward，2005)，并评估了不合规事件对受害者的影响(Barrett et al.，2015)。尽管如此，实证研究也会产生出附加问题，如“合规措施有效可靠吗”“评估的效果准确吗”。“蒙特卡洛模拟(Monte Carlo Simulation)”作为一种预测不确定事件可能结果的数学技术工具，可以用来揭示合规研究者感兴趣的问题的答案。

在本章中,我们将介绍蒙特卡洛模拟,并举例说明如何使用。在简要介绍蒙特卡洛模拟的背景之后,我们将提供一个关于蒙特卡洛模拟如何被用来估计特定类型的违法行为(如白领犯罪或公司犯罪)相关的成本的例子。在第二个例子中,我们将演示如何使用蒙特卡洛模拟来设计一个合规研究。在第三个例子中,我们将展示如何使用蒙特卡洛模拟来解释模型中的偏差来源。虽然有些读者可能对在特定场景下的这些例子不感兴趣,但我们在本章中使用蒙特卡洛模拟的方式可以推广到多种场景之中。我们尽量避免技术上的术语,而更关注底层逻辑。通过对蒙特卡洛模拟的逻辑基础及其具体应用的基本理解,读者至少会对如何使用蒙特卡洛模拟有一个基本的理解,并对实证研究和通常伴随着的统计分析有更强的批判性思考能力。

第二节　蒙特卡洛模拟:背景和实用性

蒙特卡洛模拟属于一种"随机模拟",这意味着它们的目标是用随机变量来模拟和表示一个系统或过程,这些变量的值来源于实验的具体结果或可能结果(Grinstead & Snell,1997)。表示一系列抛硬币结果的变量,作为随机变量的经典例证,也同样是许多读者可能都熟悉的一种方法。抛硬币有两种可能的结果,"正面"或"反面"。一个人可以抛 10 次硬币,然后写下每一次的结果是正面还是反面,我们把这次抛 10 次硬币称为"试验"。假设一枚重量均匀的硬币,我们预计会有 5 次(50%)掷出正面,5 次(50%)掷出反面。

我们可以通过假设每一次抛硬币的结果都是不具有连续性的,并以此来模拟 10 次抛硬币的结果,而不是实际地重复抛硬币。抛硬币有两个可能的值(正面或反面),每个值的概率为 50%。为了做到这一点,我们将从该变量的分布中随机抽取一个值 10 次,从而产生"随机变量"。这可以在许多常用程序中实现,比如 Excel。表 16. 1 显示了 10 次投掷试验的模拟结果。可以看到,10 次投掷中有 6 次(60%)是正面。根据投掷 10 次试验的结果,我们可以得出一个简单但不合逻辑的结论,即我们实际上并没有模拟均匀投掷十次硬币的结果。然而,造成这种差异的原因是观测数据太少。这只是一次投掷十次的试验,如果我们增加观察的数量或增加试验的数量,我们将更接近 50%的真实比例,这通常被称为“大数定律”。

表 16.1　模拟投掷 10 次硬币的结果

抛掷次数	结果
1	正
2	正
3	反
4	反
5	正
6	正
7	反
8	正
9	正
10	反
正面向上百分比	60%

表 16.2 显示了 10 次试验的结果,每一次试验都包含 10 次投掷。虽然不是每次试验都有 50%的结果是正面,但在所有试验的平均数中,抛硬币的平均比例是 50%。正如预期的那样,模拟更多的试验使我们更接近真实的 50%,而在这个例子中,则是完全达到了这个比例。[1]

---

〔1〕 值得注意的是,如果我们重新运行这些模拟试验(像感兴趣的读者可能的那样),我们可能不会重现 50%的相同结果,但它会很接近。事实上,当我们重新进行模拟试时,大多数的平均比例是 51%。重要的是要记住,这只是 10 次试验。在接下来的例子中,我们进行了数千次模拟的“试验”。

表 16.2 模拟一系列投掷 10 次硬币的结果

实验次数	结果
1	50%正面向上
2	70%正面向上
3	40%正面向上
4	50%正面向上
5	70%正面向上
6	30%正面向上
7	60%正面向上
8	30%正面向上
9	60%正面向上
10	40%正面向上
平均正面向上百分比	50%

为了科学目的而使用随机模拟方法是一个相对较新的现象,可以追溯到 19 世纪甚至更早的时候(Stigler,1991)。[1] 然而,有人可能会说,随机模拟在某种意义上或形式上要古老的多。今天,随机模拟,特别是蒙特卡洛模拟广泛应用于各种学科、用于各种目的(Ferrarini,2011;Hunt,Anderson & Saunders,2017;Kenny,Kaniskan, & McCoach,2015;Metropolis & Ulam,1949;Sigal & Chalmers,2016)。有人可能会怀疑,蒙特卡洛模拟是用于模仿和模拟过程,不像投掷硬币的结果那么简单。然而,基本原理是相同的。类似地,下面的蒙特卡洛模拟示例针对的可能不是每个读者都特别感兴趣的主题,但所示的程序步骤可以应用于多种主题和用于多种目的。例如,尽管第一个例子使用蒙特卡洛模拟来估算在美国因身份信息盗窃问题带来的成本,同样的模拟过程也可以被应用来估算公司不合规所带来的成本或其他危害。[2]

在讨论示例之前,我们有必要先简要说明模拟一系列抛硬币试验与后续示例之间的一般差异。首先,这些示例包括模拟多个变量,在某些

---

〔1〕 然而,有人可能会说,在某种意义上或形式上,随机模拟要古老得多。例如,犹太—基督教经文提到的铸造抽签(例如,将有标记的石头或树枝扔到坑里产生结果)来确定上帝的旨意(e. g.,Acts 1:21-26)。

〔2〕 我们使用身份盗窃受害,因为它是少数几个有足够的成本数据的白领犯罪之一。

情况下，还模拟变量之间的关系。其次，这些例子涉及模拟成千上万的观察/试验。我们在之前抛硬币的例子中可以注意到，随着观察和试验次数的增加，结果更接近真实值（“大数定律”）。[1] 然而，这种关系是非线性的。例如，与模拟 100 次试验相比，模拟 1000 次试验将产生更准确的真实值估计值，而模拟 10,000 次试验将进一步产生更准确的真实值估计值；但是模拟 100,000 次试验产生真实价值的估计值，与模拟 10,000 次试验相比，其准确性的差异可以忽略不计。在这些例子中，我们模拟了 10,000 次试验，因此，就像其他学者所实施的蒙特卡洛模拟一样（Hunt et al. ,2017），我们在每一个示例中都进行了 10,000 次实验。最后，在这些例子中，我们考虑了单个估计之外的其他统计数据（例如，抛硬币过程中正面出现的平均比例），如整个过程中估计的方差模拟试验。在考虑到所有这些问题的前提下，我们现在转向说明蒙特卡洛模拟的三个应用示例。

第三节　示例 1：模拟变量以估算成本

估算犯罪成本是一项相对常见的工作（Cohen, 2016；Hunt et al. , 2017），它可以用来阐明一个社会问题的影响，并推动政策的完善，因此它会引起众多的关注和投入。另一个潜在的原因是，估算成本有助于战略规划。估算某一特定犯罪的成本的一个简单方法是事件或受害者的总体数量乘以按每一个事件或受害者的平均成本（Cohen, 2016）。然而，这种方法无法检测到不确定性对事件/受害者的数量和每个事件/受害者的成本的影响。使用蒙特卡洛模拟，可以通过使用模拟变量将这种

---

[1] 然而，这种关系是非线性的。例如，与模拟 100 次试验相比，模拟 1000 次试验将产生一个更准确的估计真实值；相比模拟 1000 次试验，模拟 10,000 次试验将产生一个更准确的估计真实值，但模拟 100,000 次试验产生的一个估计的真实值，其准确性与模拟 10,000 次试验的结果相比可以忽略。在这些例子中，我们模拟了 10,000 次试验，如其他进行 MCS 的人（e. g. ,Hunt et al. ,2017）。

不确定性也纳入统计中。在这个例子中,我们演示了如何使用蒙特卡洛模拟来估计在美国因身份信息盗窃的意外个人损失。

根据 2016 年“美国全国犯罪受害调查”(National Criminal Victimization Survey’s,NCVS)中的身份信息盗窃部分(Harrell,2019),2016 年,美国有 2595.24 万名身份信息盗窃行为的受害者,平均个人损失 690 美元,其中个人损失的中位数为 100 美元。估算损失总额的一个简单方法是将受害者总数乘以平均个人损失,即约 179.07 亿美元。同样,我们也可以使用实际支出损失的中值而不是平均值,得出一个更保守的估计,即损失约为 25.95 亿美元。与这两种方法相比,可以使用蒙特卡洛模拟来估算受害者和损失的总数。

在这里使用模拟变量的一个关键优势是,与简单地将受害者数量与身份信息盗窃损失的平均值或中值相乘相比,它允许将不确定性纳入估计。重要的是要认识到,身份盗窃受害者的估计人数和这些受害者的损失估计是基于一个样本。当从单一样本来推断总体结论时,总是会有一定程度的不确定性。这种不确定程度反映在估计的标准误差中。例如,“美国全国犯罪受害调查”估计 2016 年有 25,953,400 万名身份信息盗窃案件的受害者,标准误差为 454,520 名。从本质上说,这意味着 2016 年的“真实”受害者人数可能在 25,497,880(25,952,400-454,520)名和 26,406,920(25,952,400 + 454,520)名之间。而不是依靠单点估计的 25,952,400 名受害者估计总共的个人现金损失,我们可以更好地反映不确定性估计通过模拟受害者为正态分布变量的总数——“钟形曲线”(即正态分布均值 25,952,400 和 454,520 的标准偏差)。如果我们重复地从这个分布中得出一个值(在这里,我们这样做了 10,000 次),这些值的分布将反映一个平均值约为 25,952,400,标准差约为 454,520 的正态分布(参见图 16.1)。对于损失也可以这样做,其平均损失为 690 美元,标准误差为 60 美元。对于第一个模拟,我们假设自付损失也有一个正态分布。

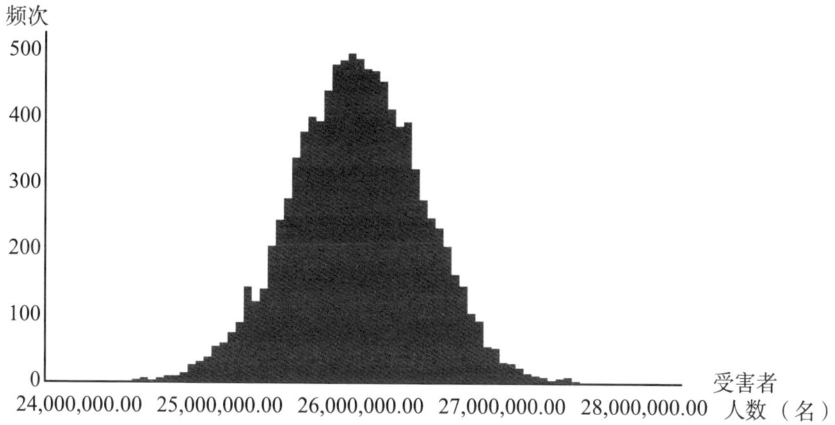

图 16.1 10,000 次模拟下的受害者人数分布直方图

为了估计个人损失的总量,我们从这两种分布中分别取一个值,将它们相乘,并重复这个过程 10,000 次。这就产生了总自付损失估计的分布直方图。如表 16. 3(模拟 1)所示,总损失估计的分布平均值为 179. 32 亿美元,标准差为 15. 77 亿美元,中间数为 179. 28 亿美元。我们还可以构建一个置信区间(由样本统计量所构造的总体参数的估计区间),显示 95%的估计下降的范围。基于此,我们可以说,2016 年身份盗窃受害者的损失可能在 150 亿美元到 210 亿美元之间。

表 16.3 估计总自付损失的两种模拟方法的结果

	平均数	标准差	中值	95%置信区间
模拟 1	17. 932	1. 577	17. 928	14. 856—21. 06
模拟 2	3. 555	3. 277	2. 608	0. 556—12. 649

注:单位为 10 亿美元。

尽管在最初的估计中也考虑了不确定性,但第一种模拟方法的结果可能是不精确的。这是因为在第一种模拟方法中,假设损失遵循正态分布,但实际上这样一种模拟没有反映现实,因为实际上受害者的个人损失数额分布是高度倾斜的。受害者的平均个人损失为 690 美元,而中位数为 100 美元,这清楚地表明了分布的高度扭曲。换句话说,尽管 50%

的受害者损失了 100 美元或更少,但仍有一小部分受害者的损失要高得多,因此将平均值“拖”到更高的值。因此,个人损失的实际分布不是对称的正态分布,而是向右长尾的非对称分布。反过来,在第一次模拟中,我们将个人损失模拟为平均值 690 美元、标准差 60 美元的正态分布,对个人损失总量的估计可能是高估了。

为了更好地反映个人损失的倾斜分布,我们在模拟 2 中将个人损失模拟为中位数为 100 美元的对数进行正态分布。图 16. 2 显示了通过 10,000 次测试进行估计的分布图,表 16. 3 以在模拟 2 中所估计的个人损失为基础显示了最终的损失总额。如表 16. 3 所示,总损失的平均值为 35. 55 亿美元,高于 26. 08 亿美元的中值。由于个人损失的分布是倾斜的,总损失估计的分布也是倾斜的。这里还需要注意的是,这一区间很宽,表明总损失可能在 5. 6 亿美元到 130 亿美元之间。

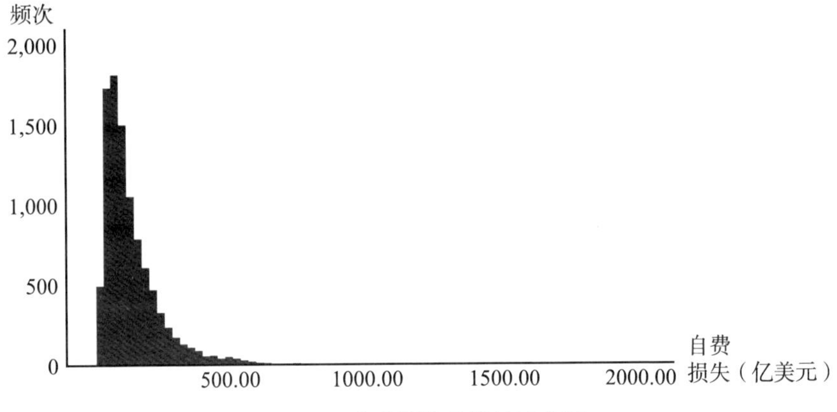

图 16. 2 个人损失估算的直方图

对于那些考虑使用蒙特卡洛模拟方法或使用模拟所得出的结果进行决策的人,上述示例可以总结出两条相关的经验。首先,如何对变量进行模拟非常关键。使用不同的分布来对变量进行模拟将产生不同的结果。其次,证明如何模拟变量是至关重要的。举例来说,第二种模拟方法的理由是,损失额有一个倾斜的分布。最后,由于身份信息盗窃而导致的“真实”的全部损失是未知的,正如社会科学中的许多事情一样。这并不是说蒙特卡洛模拟什么都没告诉我们。当试图对未知的事物进行预测和估计时，我们必须进行假设。当这些假设有强有力的理由支持时，蒙特卡洛模拟可以证明，在这些假设下，哪些值是可能存在的（反之，哪些值是不可能存在的）。根据模拟2我们可以估计出，真正的实际损失可能在5.6亿美元到130亿美元之间，而不是1亿美元。

第四节　示例2：以蒙特卡洛模拟确定研究规划的样本大小

蒙特卡洛模拟中有一种方法特别有利于合规研究，这就是确定研究计划所需的适当的样本量，并据此进行定量分析（例如，决定一个实验或调查需要在哪里招募参与者，或决定在一个内容分析中需要决定包括多少单元）。这个过程通常被称为“功效分析”（Power Analysis，see Cohen，1988，1992）。研究者旨在避免的两种错误是第一类错误（即“假阳性”，研究者发现变量之间表面上存在着显著的关系，但实际上变量之间没有关系）和第二类错误（即“假阴性”，当变量之间存在显著的实际关系时，研究者没有发现变量之间的关系）。

为了最小化第一类错误发生的可能性，研究者通常采用一个共同的阈值 $\alpha=0.05$ 作为他们的“第一类错误的发生率”，他们用此来评估p值和/或置信区间。当p值小于0.05且置信区间不包括0时，研究者通常会得出结论：变量之间的关系“具有统计学意义”。例如，如果一项研究得出的数据为一个人的性别与“超越”工作职责的可能性之间的相关性为0.30，置信区间有95%的比例为0.01—0.59。这意味着，如果研究者反复从相同的员工群体中抽取随机样本来评估相关性，95%的相关性评估数值会在0.01到0.59之间。

虽然研究者通常会对第一类错误进行关注，但对已公开发表的学术研究的综述表明，研究者往往没有对第二类错误产生足够的重视，正如一些对“功效不足”的研究成果所显示的那样（Button et al.，2013；Szucs & Ioannidis，2017）。功效可以被理解为一种能力，能够检测出存在于人群中的一个样本的关联关系。例如,让我们假设,国际学术界已经认可这样一种观点,即严格的监管督查将造纸公司的水污染显著减少 15%。我们想在美国所有 50 个州开展一项研究,看看监管督查在美国是否也有同样的影响,但我们知道,我们没有足够的资源从这些州的所有造纸工厂收集数据。而功效分析将使我们能够计算出我们需要从多少造纸厂获得数据,以便发现监管督查与污染之间的关联关系(如果这种关联关系在美国确实成立的话)。在形式上,功效定义为 1-β,其中 β 是"第二类错误率"(Cohen,1988,1992);当研究者将错误率降到最低时,发现显著关联关系的可能性就会更大。

假设公司高管的性别与公司的污染行为之间存在相关性,在对此的一项研究中,可接受的常规功效水平为 0. 80(β=0. 20)。这意味着,如果研究者反复从公司高管人群中抽取随机样本,并评估这两个变量之间的相关性,对这些样本的评估中将有 80%会被认为具有显著的关联关系(20%被认为是不具有显著的关联关系,将会认定是假阴性)。但不幸的是,如前所述,在对那些已发表的研究成果的检索中,经常会发现实际功效水平远低于 0. 80(e. g. ,Button et al. ,2013;Szucs & Ioannidis,2017)。这是有问题的,因为功效不足或"样本量不足"的研究产生了可能不可复制的偏差结果,并可能对包括这类研究的荟萃分析造成偏差(Crutzen & Peters 2017;Nuijten,van Assen,Veldkamp & Wicherts,2015)。

合规研究者可以避免其他学科面临的问题(例如,"复制危机",Open Science Collaboration,2015)的一种方法是在行动之前对合规研究进行彻底的规划(甚至进行预先登记,Strømland,2019)。进行这种规划的一部分是进行功效分析,而蒙特卡洛模拟是进行功效分析的有用工具(Muthén & Muthén,2002)。在之前的示例中,我们演示了如何使用蒙特卡洛模拟来确定分析计划所需的样本量。

首先,研究者需要的三个关键信息是:(1)变量特征(例如,每个变量是连续的,二分/二进制的,还是计数变量);(2)预期的分析模型和评估程序(例如,研究者是否使用普通最小二乘法评估线性回归,或是否进行最大似然估计的验证性因素分析);(3)变量之间关联性的预期数值,也称为“效应值”。这种量化的标准化计算通常被称为科恩系数 d(两个连续变量组之间的差异)或 r(当谈论两个连续变量之间的关系时)。确定标准化的关联性数值有助于研究计划的有效执行,以及其他益处(例如,比较和汇总研究的影响),因为它们与给定研究中变量的操作方式无关。平均差值 d=0. 20 是一个“小”效应,平均差值 d=0. 50。表示“中等”效应,d=0. 80 的平均值表示“较大”效应(Cohen,1988,1992)。当讨论连续变量之间的关联性时,对应的系数是 r=0. 10,r=0. 30,r=0. 50(Cohen,1988,1992;Rice & Harris,2005)。尽管探索性研究很难,但研究者通常可以根据先前研究的基础来决定他们是否应该为小型、中型或大型效应(或它们之间的某种组合)进行规划。

在这个假设的例子中,研究者计划检验两个连续正态分布的自变量(员工的工资和利他倾向)和一个连续正态分布的因变量(工作场所的“超越服从”行为)之间的关系。我们预期利他主义会与非合规行为具有显著的相关性,而工资与该行为的相关性较弱。研究者计划使用最大似然估计的回归模型,并(基于先前的研究)预期一组的效应量,一个小效应大小(意味着 r=0. 10)之间的关系,利他主义与超合规行为的效应大小为中等(r=0. 30),薪酬与利他主义之间的效应大小为强(r=0. 50)(可能存在共线性问题)。我们根据这些特征生成数据并估计一个回归模型,这个过程重复 10,000 次。我们使用不同大小的样本(n=50 个工人,n=100 个工人,n=200 个工人,n=400 个工人,n=800 个工人,n=1600 个工人)进行模拟,然后进行模拟以确定最佳样本大小。所有仿真都是在 Mplus 8. 0 版本(Muthén & Muthén,1998—2017)中进行的。

Muthén 和 Muthén(2002)确定了三个标准来确定最佳样本量。第一个标准是,所有参数估计显示偏差小于 10%。系数偏差的计算方法为:[(各模拟的平均系数估计值-总体假设的系数效应大小)/总体中假设的系数效应大小]×100。换句话说,我们将取 10,000 个估计值的平均数,然后减去我们认为在“现实世界”中员工关系的实际值。然后,我们会用这个数字除以我们认为在“现实世界”中员工关系的实际值,再乘以 100。这将产生一个百分比,表明计算出的估计值中的偏差量。

第二个标准是所有标准误差估计的偏差都小于 5%。在这里,标准误差偏差的计算为:[(各模拟的平均标准误差估计–各模拟系数估计的标准差)/各模拟系数估计的标准差]×100。换句话说,我们取 10,000 个计算出的标准误差的平均值,然后减去 10,000 个模拟中系数的计算出的标准偏差(这近似于在“现实世界”人口的关系(Muthén & Muthén, 1998—2017))。然后,我们用这个数字除以 10,000 个模拟中系数的标准差,再乘以 100,最后产生了一个百分比,表明在标准误差估算会中出现多少偏差。

第三个标准是覆盖率在 0. 91 和 0. 98 之间,换句话说,91%—98%的模拟系数估算落在原始(假定的)95%置信区间内。这只是偏差的另一个指标,例如,如果估算存在严重偏差,覆盖率可能会低于 0. 91。

一旦满足这三个标准,最优样本值是功效达到 0. 80。功效估算是系数被认为具有统计意义的模拟比例,在这里,当我们的 10,000 个模拟中有 8000(80%)的系数具有统计意义时,将达到 0. 80 的值。

表 16. 4 展示了模拟的结果。可以看出,Muthén 和 Muthén(2002)在 n=50、100、200、400、800 或 1600 时,上述三个标准都可以满足。为确定最佳样本量,重点是确认显著百分比,特别是对薪金和超合规行为之间的关系进行预期的小效应量。当 n=800 时,显著百分比为 0. 688。如果研究者对 800 名员工进行研究,就没有足够的权力来检测工资对行为的影响。当 n=1600 时,显著百分比为 0. 930。如果研究者对 1600 名员工进行研究,就可以获得足够的功效来检测薪酬对超出合规行为的影响。

表 16.4 在 MCS 例 2 中的系数偏差（Coefficient Bias）、标准误差偏差（Standard Error Bias）、覆盖率（Coverage）和显著百分比（% Significant）表

	系数偏差	标准误差偏差	覆盖率	显著百分比（%）
n=50 牺牲薪资	0.500 -0.600	-3.138 -3.538	0.938 0.939	0.109 0.455
n=100 牺牲薪资	0.000 -0.467	-2.115 -2.449	0.947 0.942	0.154 0.725
n=200 牺牲薪资	-1.000 -0.300	-0.109 -2.038	0.947 0.946	0.238 0.952
n=400 牺牲薪资	-0.800 -0.267	-1.701 -1.029	0.947 0.950	0.409 0.999
n=800 牺牲薪资	0.100 -0.167	-0.971 -1.449	0.948 0.943	0.688 1.000
n=1600 牺牲薪资	0.100 -0.067	-1.027 0.000	0.947 0.948	0.930 1.000
最佳 n=1060 牺牲薪资	0.200 -0.100	-0.838 -1.114	0.948 0.947	0.801 1.000

虽然对研究者来说，招募 1600 名受访者可以产生至关重要的研究功效，但在现实世界中收集数据的研究者在规划研究时往往不得不考虑功效以外的因素，比如时间和预算的限制。一般来说，一个“功效过大”的研究在某种意义上也会存在问题，因为在“实际上不显著影响”的研究有可能会被认为在“统计上具有显著性”。但更重要的是，一个“功效过大”的研究可能没有有效地利用资源（时间、金钱等）。当研究者在申请研究资助时，一份可以证明有效使用资金的申请书可能比一份不能充分证明资金使用效率的申请书更有吸引力。

虽然在性质上可能有所不同，但功效不足和功效过大的研究都会产

生研究成本。在 1600 名受访者的样本中,研究者检测到工资对行为的检测力为 0.930,远远超过了 0.80 的阈值。结果如表 16.4 所示,使功效等于 0.80 的样本规模介于 800—1600 名受访者之间。为了确定样本规模,研究者再次进行了模拟,这次将样本规模调整为 800—1600 之间。在样本容量为 1060 时,满足所有三个在 Muthén 和 Muthén(2002)的研究中所提到的标准,且显著百分比约为 0.80。

本例中所述的过程可能包括合规研究者在规划研究时可能考虑的其他因素,例如数据缺失等(在随后的蒙特卡洛模拟示例中进行讨论)。它也可以应用于其他类型的分析研究计划。例如,合规研究者通常感兴趣的是用多个“层级”作为计数变量,如公司内部的个别员工、行业或地区内的公司等,或在操作中的合规机制作为计数变量(例如,在一段时间内的罚款数量)。无论如何,关键因素是对研究进行规划。而进行蒙特卡洛模拟来对研究进行规划,需要研究者做出明确的假设并证明其可行性。对收集到的现实数据进行分析所得到的结果可能与对模拟数据的分析结果之间存在偏差,但可以证明二者之间的偏差是合理的。在某种程度上,偏差是可以预见的,但导致研究结果不可复制的一个因素是数据收集和分析中所隐含的灵活性(Simmons, Nelson, & Simonsohn, 2011)。如果假设是隐晦的,那就很容易证明事实背后所存在偏差的合理性。

在研究中进行蒙特卡洛模拟的一个显著效用是对假设场景进行处理,其结果可能有助于完善研究计划中的数据收集和分析模式。在某种意义上,这类似于进行试点研究,并依据试点研究的结果分析对研究计划进行调整。研究者可以考察测量变量的内涵,如通过不同的合规方式或对某些特定变量进行控制。即使在总样本量已知或从一开始就存在限制的情况下(例如,只能对二手数据进行分析),蒙特卡洛模拟在评估潜在偏差和功效(West, Rorie, & Cohen, 2020),以及在评估假设场景时极具价值。最后,在研究计划中使用蒙特卡洛模拟有助于在合规领域进行实证研究,并改善研究成果难以复制使用等问题。

第五节　示例3:蒙特卡洛模拟对偏差来源的解析

随着对合规性的实证研究的开展和越来越多研究成果的发表,对于在发现和结论中出现的偏差进行研究就成为重要的问题。在心理学和犯罪学等学科中,近年来,围绕着研究成果的可复制性问题进行了大量的讨论,但不同的研究者无法在可复制性问题的原因和解决建议方面取得一致性(Benjamin et al.,2017;Lakens et al.,2018;Open Science Collaboration, 2015; Simmons et al., 2011; Sweeten, 2020; Wasserstein, Schirm, & Lazar,2019;Cumming,2014,p. 14)。其中的一个建议是使用"荟萃分析",这意味着研究者应该做三件事:(1)在设计研究计划时就应考虑到可复制性(使研究中使用的所有方法透明,以易于在不同的条件和环境设置下重新复制);(2)确保他们以一种能够被理解和可以在未来的研究中再次使用的方式来展示他们的研究成果;(3)定期使用荟萃分析方法,对各种研究成果进行综合分析。荟萃分析通常被认为能够对一个大的研究领域(一个经常在一个主题的研究中产生不一致发现的领域)和对一个整体问题进行计算和评估,可以从基本上总结不同样本和方法论设计之间的变量之间的关系和效应值。事实上,随着对相关领域的实证研究成果的不断增长,研究者经常在此基础上转向荟萃分析,以得出对相关利益关系分析的可靠结论,但在荟萃分析的过程中也有必须考虑的问题(Schell-Busey,2018)。如谢尔-布塞、辛普森、罗里和阿尔珀(Schell-Busey,Simpson,Rorie & Alper,2018)讨论并说明了在进行跨领域研究时,概念以及研究方法的变化如何能够导致不一致的发现和结论(see also Kvarven,Strømland, & Johannesson,2020)。

在这里,我们使用蒙特卡洛模拟来展示荟萃分析中的一个特定问题,即数据缺失对效应量估算的影响。学界已经有对数据缺失的问题和处理建议进行分析的成果发表,例如使用多重归责方法等(American

Psychological Association,2019;Little & Rubin,2002;Schafer & Graham,2002)。但对上述研究成果的评论表明了这些建议和策略尚没有被广泛采用(Nicholson,Deboeck, & Howard,2017;Peugh & Enders,2004),而该问题对于进行荟萃分析的研究者来说尤其明显。在具体研究中缺失的数据,特别是当它属于“非随机缺失”(MNAR,Missing not at random)时,可能会导致评估结果的偏差(Graham,2012;Little & Rubin,2002;Schafer & Graham,2002)。如果多个研究均含有非随机缺失数据或未解决的“随机缺失”(Missing at Random)数据,则在荟萃分析中,结果偏差在大多数情况下都会加剧。在这最后一个使用蒙特卡洛模拟的例子中,我们将说明荟萃分析如何由于包含了非随机缺失数据的研究而导致偏差的效应量估计。鲁宾等人(Rubin et al. ,1976;Little & Rubin,2002)提出的对数据缺失的分类机制在现有的文献中占主导地位,即因变量数据缺失的三种机制包括完全随机缺失、随机缺失或非随机缺失。

为了说明上述机制,我们可以考虑一个假设的研究场景,通过调查来测量个人遵守工作场所规则的水平。在所有参与调查的受访者中,有一部分人没有回答调查中关于合规的问题,而其余的人回答了这个问题。符合性变量上的数据缺失表示为 *COMP*miss,基于该变量所观察到的数据表示为 *COMP*obs。虽然我们在实际变量上缺少数据,但我们可以有足够的数据来对合规变量进行假设,称其为 *COMP*com。我们不知道没有回答有关合规问题的调查受访者如果回答的话会怎么样,但我们可以假设如果所有调查受访者都回答了有关合规的问题,以此作为假设变量 *COMP*com。作为观察数据缺失的机制,包括完全随机缺失、随机缺失或非随机缺失等都指的是导致因变量数据缺失的具体原因。

完全随机缺失指的是数据缺失的原因只是偶然性的,更准确地说,是当 *COMP*obs 仅仅是 *COMP*com 的一个随机样本时。从这个意义上说,如果所有的被调查者都对调查的合规问题做出了回答,然后我们通过反复掷硬币的方法来决定被调查者的回答是否包含在样本中,我们就有了完全随机缺失数据。有完整的因变量数据是理想的,但这种情形并不常见。如果因变量的数据缺失,那么用完全随机缺失来处理则是理想的,因为它可以得出一般而言较为准确的估算结果,但遗憾的是,这种情况也很少发生。

当因变量上缺失数据的可能性与观测变量相关时,数据通常是处于随机缺失的状态。为了继续前面的假设场景,我们假设包括合规问题的调查还要求受访者报告他们在公司的职位。如果受访者在公司的职位与因变量上缺失数据的可能性相关,那么在这种情况下我们就可以获得随机缺失数据。例如,假设我们能够从公司的高管和中层主管那里收集完整的数据,但我们无法从所有低级别员工那里收集数据,因为在分发调查问卷的当天没有兼职员工在公司。值得注意的是,尽管有"随机缺失"的标签,随机缺失指的是由于某些系统过程而造成的数据缺失。如果在研究中能够获得完全随机缺失数据,这是较为理想的,但若是获得随机缺失数据就仍然无法解决问题。值得庆幸的是,有多种方法,包括多重归责和全信息最大似然估计方法,可以解决随机缺失的问题(Little & Rubin,2002;Schafer & Graham,2002)。

目前而言,问题最大的是数据非随机缺失。产生数据非随机缺失的一个原因是,一个未观察到的变量对因变量和因变量数据缺失的可能性。这里我们再次使用一个假设的场景,第三个未被测量的变量,如工资,可能与合规水平以及给定的受访者没有对调查中的合规问题做出回应的可能性有关(例如,也许高收入员工报告说他们更遵守规定,但他们也觉得有更大的义务或动力去充分的完成调查,因此更有可能回答有关合规的问题)。非随机缺失数据出现在假设场景中的另一个原因可能是,实际上不合规的员工不太可能如实回答调查中的合规问题。在这种情况下,因变量数据缺失的可能性更在于合规本身。非随机缺失造成最大问题的原因是它可能导致估算偏差,而目前解决这个问题的可行方案有限(Graham,2012;Little & Rubin,2002;Schafer & Graham,2002)。其中,有学者针对具体的分析模型,提出了数据非随机缺失的解决方法(Kano & Takai,2011)。

我们将这个例子(粗略地)基于谢尔-布塞所进行的荟萃分析,其目的是评估道德规范对各种因变量的影响,如个人的道德判断、意图和行为等(Schell-Busey,2009)。谢尔-布塞估计道德规范的存在或缺失对个人道德判断的影响效应量 r=0.186。对于这个蒙特卡洛模拟的示例,我们假设 r=0.186 是真实的总体估计。本质上,这是一个使用蒙特卡洛模拟来检验假设场景的示例,和前面的蒙特卡洛模拟示例一样,一个起点是对效应大小进行假设。正如我们前面所提到的,蒙特卡洛模拟可以告诉我们,在给定一组假设条件下什么是可能的。设想一个假设的场景,在这个场景中,我们可以用荟萃分析方法来检验道德规范和个人道德判断的存在或缺失所造成的影响。在研究计划的最初阶段,我们可以了解数据缺失的原因及其后果,因此我们考虑到,如果我们包括有问题的数据缺失的研究,我们计划的荟萃分析是否会产生偏差结果。为了找到答案,我们决定进行蒙特卡洛模拟。

我们假设小效应量 r=0.186,假设我们的荟萃分析将包括 10 项研究(k=10)。为了检验数据缺失机制可能会如何影响我们在荟萃分析中估计的效应值,我们对数据缺失机制进行了不同假设的模拟,包括数据处于完全随机缺失或非随机缺失状态,或是没有数据缺失的状态。同时,我们还想考虑样本量的作用,因此我们对荟萃分析中所包含的各个研究的样本量进行了基于不同假设的模拟。具体来说,单个研究是否有 50 名、200 名或 500 名受试者,以及是否具有给定样本量的研究的比例。条件 1 假设 10 项研究中有 6 项的样本为 50 名受访者,10 项研究中有 2 项的样本为 200 名受访者,10 项研究中有 2 项的样本为 500 名受访者。条件 2 假设其中 2 项研究的样本量为 50 名受访者,6 项研究的样本量为 200 名受访者,2 项研究的样本量为 500 名受访者。条件 3 假设其中 2 项研究的样本量为 50 人,2 项研究的样本量为 200 人,6 项研究的样本量为 500 人。值得注意的是,这种研究设计类似于 3×3×3 的实验设计。对于每种情况,我们都进行了 10,000 次模拟,计算了未加权效应量、加权效应量和效应量偏差。效应量偏差的计算方法与中系数偏差的计算方法类似上述的蒙特卡洛模拟示例2:[(0.186-estimate)/0.186]×100。表16.5显示了10项研究中有6项的n=50(以k1-k6表示),2项研究的n=200(以k7-k8表示),2项研究的n=500(以k9-k10表示)。

表16.5 大多数研究的估算和偏差值汇总表(n=50)

条件	未加权		加权	
	效应量	偏差	效应量	偏差
未丢失数据	0.183	-1.505	0.184	-0.822
k1-k6未丢失数据 k7-k8,MCAR k9-k10,未丢失数据	0.183	-1.505	0.184	-0.822
k1-k6未丢失数据 k7-k8未丢失数据 k9-k10,MCAR	0.183	-1.40	0.185	0.506
k1-k6,未丢失数据 k7-k8,MCAR k9-k10,MCAR	0.183	-1.40	0.185	0.506
k1-k6,未丢失数据 k7-k8,未丢失数据 k9-k10,NMAR	0.179	-3.98	0.171	-8.096
k1-k6,未丢失数据 k7-k8,NMAR k9-k10,未丢失数据	0.178	-4.09	0.179	-3.858
k1-k6,未丢失数据 k7-k8,NMAR k9-k10,NMAR	0.174	-6.65	0.165	-11.132
k1-k6,未丢失数据 k7-k8,NMAR k9-k10,MCAR	0.179	-3.98	0.179	-3.542

续表

条件	未加权		加权	
	效应量	偏差	效应量	偏差
k1-k6,未丢失数据 k7-k8,MCAR k9-k10,NMAR	0. 179	-3. 98	0. 171	-8. 096
k1-k6,NMAR k7-k8,未丢失数据 k9-k10,未丢失数据	0. 184	-0. 860	0. 185	-0. 633
k1-k6,MCAR k7-k8,MCAR k9-k10,未丢失数据	0. 184	-0. 860	0. 185	-0. 633
k1-k6,MCAR k7-k8,未丢失数据 k9-k10,MCAR	0. 185	-0. 735	0. 185	-0. 316
k1-k6,MCAR k7-k8,MCAR k9-k10,MCAR	0. 185	-0. 735	0. 185	-0. 316
k1-k6,MCAR k7-k8,MCAR k9-k10,NMAR	0. 180	-3. 333	0. 171	-7. 906
k1-k6,MCAR k7-k8,NMAR k9-k10,MCAR	0. 180	-3. 333	0. 180	-3. 325
k1-k6,MCAR k7-k8,NMAR k9-k10,NMAR	0. 175	-5. 914	0. 166	-10. 942
k1-k6,NMAR k7-k8,未丢失数据 k9-k10,未丢失数据	0. 169	-8. 925	0. 180	-3. 004

续表

条件	未加权		加权	
	效应量	偏差	效应量	偏差
k1-k6,NMAR k7-k8,MCAR k9-k10,未丢失数据	0.169	-8.925	0.180	-3.004
k1-k6,NMAR k7-k8,未丢失数据 k9-k10,MCAR	0.170	-8.817	0.181	-2.688
k1-k6,NMAR k7-k8,未丢失数据 k9-k10,MCAR	0.170	-8.817	0.181	-2.688
k1-k6,NMAR k7-k8,MCAR k9-k10,MCAR	0.165	-11.398	0.167	-10.278
k1-k6,NMAR k7-k8,NMAR k9-k10,MCAR	0.165	-11.398	0.175	-5.724
k1-k6,NMAR k7-k8,NMAR k9-k10,NMAR	0.160	-13.978	0.161	-13.314

注：总共 10 项研究。6n=50 的研究（k1-k6），2n=200 的研究（k7-k8），2n=500 的研究（k9-k10）。MCAR：完全随机缺失。MAR：非随机缺失。

表 16.5 可以得出三个一般性发现。第一，当研究非数据缺失、完全随机缺失数据或两者的组合时，估算通常是准确的。当在完全随机缺失状态下时，对于因变量的观测数据是假设因变量的简单随机样本，没有数据缺失。就像从总体的简单随机样本中得出的估计值应该是总体参数的一般准确度的估计值一样，基于没有缺失数据的假设因变量的简单随机样本也应该对完整数据的效应大小作出一般准确度的估计值。第二，当纳入荟萃分析的研究中有更多的非随机缺失数据时，无论是非加

权估计还是加权估计都倾向于发生更严重的结果偏差。例如,当所有纳入统计的研究都有非随机缺失数据时,未加权和加权估计的偏差为-13%到-14%,这意味着效应值被低估了。第三,当规模较大的研究存在非随机缺失数据时,加权估计会比非加权估计发生更大的偏差。例如,在那些有 500 名受试者的研究中存在数据非随机缺失,但有较少受试者的研究不存在数据缺失的情况下,加权估计的结果偏差大约是非加权估计结果偏差的两倍。但反过来也可以看到,当样本容量较小的研究中存在数据非随机缺失时,非加权估计会比加权估计存在更大的偏差。

正如在这个例子中所展示的,当荟萃分析中包括有问题的数据缺失机制的研究,特别是非随机缺失时,它所估算的效应量很可能会产生偏差。在这个假设的语境下,蒙特卡洛模拟的结果可以用来解释我们将要进行的荟萃分析的结果。例如,即使荟萃分析所包括的研究数据存在缺失,但同时我们没有发现数据缺失对效应值所造成的显著影响,因此这可以被认定为是存在一种假性偏差。我们也可以在完成荟萃分析后进行蒙特卡洛模拟,使用与我们实际分析相匹配的假设(例如,可能包括 15 个,而不是 10 个研究),并对潜在偏差进行评估(West et al. ,2020)。

这是一个相对简单的例子,仅说明了荟萃分析方法的许多潜在问题中的一个(参见本章中谢尔-布塞更多关于荟萃分析的局限性的研究)。数据缺失与其他问题相累积起来,如不同研究之间的概念差异等(Rorie et al. ,2018),可能会导致研究的协同问题。举这个例子的目的不是为了批判荟萃分析,而是展示蒙特卡洛模拟如何回答“假设分析”(what if?)这样一种方法论的问题。这是蒙特卡洛模拟的常见用法,经常被研究者引用来检验他们的分析判断和解释。蒙特卡洛模拟可以根据研究者自己的经验、专业知识和期望进行定制,以回答具体的问题。例如,与通过分析官方记录来研究合规的研究者相比,主要使用调查方法来研究合规的研究者可能有不同的方法和问题。如果研究者都获得了进行蒙特卡洛模拟的技能,那他们可以通过蒙特卡洛模拟来评估特定的方法问题和/或特征的影响,也可以进行蒙特卡洛模拟来测试针对特定方法问题的潜在解决方案。

第六节　结　论

本章的目的是解释蒙特卡洛模拟的内涵，并举例说明蒙特卡洛模拟在实践中的一些应用。作为一种随机模拟的形式，蒙特卡洛模拟的目标是使用随机变量来模拟和展示真实世界。在本章所举的例子中，我们展示了如何使用蒙特卡洛模拟来估算成本、确定计划研究的最佳样本量，并揭示了通过荟萃分析进行的估算如何因包含有问题的数据缺失的研究而产生结果偏差。这些方法可以推广到各种相似场景（Hunt et al.，2017；Kenny et al.，2015；Zhang，2014）。对于那些有兴趣并熟悉蒙特卡洛模拟中涉及的一些技术细节和步骤的读者，一些学者在他们的著述中提供了一些有用的资源（Gentle，2017；Hunt & Miles，2015；Sigal & Chalmers，2016；Thomopoulos，2013；West et al.，2020）；对于其他感兴趣的读者，我们希望本章能够帮助他们熟悉蒙特卡洛模拟的逻辑以及潜在的应用。总之，我们希望本章的研究将有助于对合规的实证研究和统计分析结果进行批判性评价。这样，合规领域或许能够将在其他领域面临的问题（如可复制性问题）的风险降到最低，并确保实证研究得出的结论是可靠的，进而为有效的政策、规划和决策提供依据。

参考文献

American Psychological Association. 2019. *Publication Manual of the American Psychological Association*, 7th ed., Washington, DC: American Psychological Association.

Barrett, Steven R. H., Raymond L. Speth, Sebastian D. Eastham et al. 2015. Impact of the Volkswagen Emissions Control Defeat Device on US Public Health. *Environmental Research Letters*, 10(11).

Benjamin, Daniel J., James O. Berger, Magnus Johannesson et al. 2017. Redefine Statistical Significance. *Nature Human Behaviour*, 2, 6–10.

Button, Katherine S., John P. A. Ioannidis, Claire Mokrysz et al. 2013. Power Failure: Why Small Sample Size Undermines the Reliability of Neuroscience. *Nature Reviews Neuroscience*, 14(5), 365–76.

Cohen, Jacob. 1988. *Statistical Power Analysis for the Behavioral Sciences*, 2nd ed., Hillsdale, NJ: Erlbaum.

Cohen, Jacob. 1992. A Power Primer. *Psychological Bulletin*, 112(1), 155–9.

Cohen, Mark A. 2016. The Costs of White-Collar Crime. In Shanna R. van Slyke, Michael L. Benson, and Francis T. Cullen, eds., *The Oxford Handbook of White-Collar Crime*. New York: Oxford University Press, pp. 78–98.

Crutzen, Rik and Gjalt-Jorn Y. Peters. 2017. Targeting Next Generations to Change Common Practice of Underpowered Research. *Frontiers in Psychology*, 8.

Cumming, Geoff. 2014. The New Statistics: Why and How. *Psychological Science*, 25(1), 7–29.

Ferrarini, Alessandro. 2011. A Fitter Use of Monte Carlo Simulations in Regression Models. *Computational Ecology and Software*, 1(4), 240–3.

Gentle, James E. 2017. *Matrix Algebra: Theory, Computations and Applications in Statistics*, 2nd ed., New York: Springer.

Graham, John W. 2012. *Missing Data: Analysis and Design*. New York: Springer.

Grinstead, Charles M. and J. Laurie Snell. 1997. *Introduction to Probability*. Providence, RI: American Mathematical Society.

Harrell, Erika. 2019. *Victims of Identity Theft*, 2016. *Washington*, DC: Bureau of Justice Statistics.

Hunt, Priscilla and Jeremy N. V. Miles. 2015. An introduction to Monte Carlo Simulations in Criminal Psychology: Applications in Evaluating Biased Estimators for Recidivism. *Journal of Criminal Psychology*, 5(2), 149–56.

Hunt, Priscilla, James Anderson, and Jessica Saunders. 2017. The Price of Justice: New National and State-Level Estimates of the Judicial and Legal Costs of Crime to Taxpayers. *American Journal of Criminal Justice*, 42(2), 231–54.

Johnson, Matthew S. 2020. Regulation by Shaming: Deterrence Effects of Publicizing Violations of Workplace Safety and Health Laws. *American Economic Review*, 110(6), 1866–904.

Kano, Yutaka and Keiji Takai. 2011. Analysis of NMAR Missing Data without Specifying Missing-Data Mechanisms in a Linear Latent Variant Model. *Journal of Multivariate Statistics*, 102(9), 1241–55.

Kenny, David A., Burcu Kaniskan, and D. Betsy McCoach. 2015. The Performance of RMSEA in Models with Small Degrees of Freedom. *Sociological Methods & Research*, 44(3), 486–507.

Kvarven, Amanda, Eirik Strømland, and Magnus Johannesson. 2020. Comparing Meta-Analyses and Preregistered Multiple-Laboratory Replication Projects. *Nature Human Behaviour*, 4(4), 423–34.

Lakens, Daniel, Federico G. Adolfi, Casper J. Albers et al. 2018. Justify Your Alpha. *Nature Human Behaviour*, 2, 168–71.

Little, Roderick J. A. and Donald B. Rubin. 2002. *Statistical Analysis with Missing Data*. Hoboken, NJ: John Wiley & Sons.

Metropolis, Nicholas and Stan Ulam. 1949. The Monte Carlo Method. *Journal of the American Statistical Association*, 44(247), 335–41.

Muthén, Linda K. and Bengt O. Muthén. 1998–2017. *Mplus User's Guide*, 8th ed., Los Angeles, CA: Muthén & Muthén.

Muthén, Linda K. and Bengt O. Muthén. 2002. How to Use a Monte Carlo Study to Decide on Sample Size and Determine Power. *Structural Equation Modeling: A Multidisciplinary Journal*, 9(4), 599–620.

Nicholson, Jody S., Pascal R. Deboeck, and Wayland Howard. 2017. Attrition in Developmental Psychology: A review of Modern missing Data Reporting and Practices. *International Journal of Behavioral Development*, 41(1), 143–53.

Nuijten, Michèle B., Marcel A. L. M. van Assen, Coosje L. S. Veldkamp, and Jelte M. Wicherts. 2015. The Replication Paradox: Combining Studies can Decrease Accuracy of Effect Size Estimates. *Review of General Psychology*, 19(2), 172–82.

Open Science Collaboration. 2015. Estimating the Reproducibility of Psychological Science. *Science*, 349(6251), 943-44.

Peugh, James L. and Craig K. Enders. 2004. Missing Data in Educational Research: A Review of Reporting Practices and Suggestions for Improvement. *Review of Educational Research*, 74(4), 525-56.

Rice, Marnie E. and Grant T. Harris. 2005. Comparing Effect Sizes in Follow-up Studies: ROC Area, Cohen's d, and r. *Law and Human Behavior*, 29(5), 615-20.

Rorie, Melissa, Mariel Alper, Natalie Schell-Busey, and Sally S. Simpson. 2018. Using Meta-Analysis under Conditions of Definitional Ambiguity: The Case of Corporate Crime. *Criminal Justice Studies: A Critical Journal of Crime, Law and Society*, 31(1), 38-61.

Rubin, Donald R. 1976. Inference and Missing Data. *Biometrika*, 63(3), 581-92.

Schafer, Joseph L. and John W. Graham. 2002. Missing Data: Our View of the State of the Art. *Psychological Methods*, 7(2), 147-77.

Schell-Busey, Natalie M. 2009. The Deterrent Effects of Ethics Codes for Corporate Crime: A Meta-Analysis. PhD dissertation. ProQuest.

Shimshack, Jay P. and Michael B. Ward. 2005. Regulator Reputation, Enforcement, and Environmental Compliance. *Journal of Environmental Economics and Management*, 50, 519-40.

Sigal, Matthew J. and R. Philip Chalmers. 2016. Play it Again: Teaching Statistics with Monte Carlo Simulation. *Journal of Statistics Education*, 24(3), 136-56.

Simmons, Joseph P., Leif D. Nelson, and Uri Simonsohn. 2011. False-Positive Psychology: Undisclosed Flexibility in Data Collection and Analysis Allows Presenting Anything as Significant. *Psychological Science*, 22(11), 1359-66.

Stigler, Stephen M. 1991. Stochastic Simulation in the Nineteenth Century. *Statistical Science*, 6(1), 89-97.

Strømland, Eirik. 2019. Preregistration and Reproducibility. *Journal of Economic Psychology*, 75. doi: 10.1016/j.joep.2019.01.006.

Sweeten, Gary. 2020. Standard Errors in Quantitative Criminology: Taking Stock and Looking Forward. *Journal of Quantitative Criminology*, 36, 263-72.

Szucs, Denes and John P. A. Ioannidis. 2017. Empirical Assessment of Published Effect Sizes and Power in the Recent Cognitive Neuroscience and Psychology Literature. *PLoS Biology*, 15(3), 1-18.

Thomopoulos, Nicholas T. 2013. *Essentials of Monte Carlo Simulation: Statistical Methods for Building Simulation Models*. New York: Springer.

Wasserstein, Ronald L., Allen L. Schirm, and Nicole A. Lazar. 2019. Moving to a World Beyond p <.05. *The American Statistician*, 73, 1-19.

West, Matthew P., Melissa Rorie, and Mark A. Cohen. 2020. The "Pliability" of Criminological Analyses: Assessing Bias in Regression Estimates Using Monte Carlo Simulations. *Journal of Quantitative Criminology*, 36, 371-94.

Zhang, Zhiyong. 2014. Monte Carlo based Statistical Power Analysis for Mediation Models: Methods and Software. *Behavior Research Methods*, 46(4), 1184-98.

附录：中英词汇对照

英文词汇	中文词汇
Abbott Laboratories	雅培公司(美国制药公司)
abnormal accruals	异常应计项目
accidental corporate misconduct	意外发生的公司不当行为
accreditation	认证
ACell,Inc	阿赛尔公司
acid rain program	酸雨计划
action research perspective	行动研究视角
actual control relationship	实际控制关系
actual relationship	实际关系
adequate procedures	充分程序
administrative search	行政搜查
aggregate level	总体水平上
AI-enabled monitoring system	人工智能监控系统
Alexander	亚历山大
algorithms	算法
Allis-Chalmers	阿里斯-查默斯能源公司
Alpert	艾弗特
ambient air monitoring data	环境空气监测数据
American Bar Association	美国律师协会

续表

英文词汇	中文词汇
Anglo-Saxon	盎格鲁-撒克逊民族
Anne Arundel Medical Center	安妮·阿伦德尔医疗中心
anti-bribery management standard	反贿赂管理标准
Anti-Money Laundering and Counter-Terrorist Financing	反洗钱和反资助恐怖主义法
antitrust case	反垄断案
arbiter	仲裁者
artificial	人为性的,人为的
association	关联性
attempt in good faith	善意尝试
audit policy	审核政策
Authorized Economic Operator (certificates)	经认证经营者(证书)
a neat linear process	整齐的线性过程
a race to the bottom	逐底竞争;恶性竞争;底部竞争
Baek	贝克
Bank of America	美国银行
Barak Ariel	巴拉克·埃瑞尔
Bari	巴利
basic social science	基础社会科学
Becker	贝克尔
bell curve	钟型曲线
Bernhardt	伯恩哈特
Best Available Techniques	最佳可用技术
bias	偏差
biased data source problem	有偏见的数据源问题
biased results	偏差结果

续表

英文词汇	中文词汇
binary variable	二值变量
Biological Oxygen Demand(BOD)	生物需氧量
Bisschop	比斯科普
Blue Bell Creameries	蓝铃乳品公司
Blundell	布伦德尔
Boolean algebra	布尔代数
Brein	布雷恩
British Petroleum	英国石油公司
Bureau of Ocean Management	海洋管理局
business community	商业团体
businesses and industries	商业和制造业企业
BuzzFeed News	BuzzFeed 新闻网
Caremark International	卡马克国际公司
Carrier	开利公司
censored bivariate probit model	二元常态概率单位模型
centralized actor	中心化行为者
certification	证明;鉴定;认证
certification and labelling schemes	认证和标签计划
certification or accreditation bodies	认证或认可机构
certification programs	认证程序
Chalmers Manufacturing Co	查默斯制造公司
chilling effects	负面影响
civil society	民间社会;公民社会;市民社会
civil society organization	公民社会组织;民间组织
Clean Air Act,CAA	清洁空气法
Clean Water Act,CWA	清洁水法

续表

英文词汇	中文词汇
Cocchi	科基
cognitive distortions	认知扭曲
cognitive interviewing	认知性问询
cognitive overload	认知过载
Cohen	科恩
Cohen's d	科恩系数 d/科恩 D 值(标准化均值差异)
combining methods	结合法
commercial manager	商务经理;业务经理
common methods bias	共同方法偏差
Community	群体;社区
comparative perspectives	比较视角
comparative research perspectives	比较研究视角
compliance	合规;合规性;遵从
compliance assistance	合规协助;合规援助
Compliance Assistance Center	合规援助中心
compliance audit	合规审核
Compliance Cockpit	合规控制室
compliance decisions	合规判定
compliance ethnographies	合规民族志
compliance manager	合规经理人
compliance measurement	合规测量
compliance monitoring	合规监测;合规监控
compliance monitoring strategies	合规监测策略
compliance officer	合规官;合规监察员
compliance practitioners	合规从业者
compliance research	合规研究

续表

英文词汇	中文词汇
compliance scholars	合规学者
compliance status	合规状态;合规现状;合规情况
compliance with rules	规则的合规
compounded annual growth rate	复合年增长率
Conditionally Exempt Small Quantity Generators(CESQGs)	有条件豁免的小产生源
Confidential Reporting and Internal Investigation	机密报告和内部调查
construct validation	结构验证;概念效度;建构效度
Consumer News and Business Channel (CNBC)	美国消费者新闻与商业频道
content analysis	内容分析
context	背景
continuous variables	连续变量
contrast effects	对比效应
control violations	控制违规行为
convenience sampling	任意抽样
corporate compliance programs	企业合规计划
corporate ethics	企业道德
corporate noncompliance.	公司不合规
corporate settlements	企业和解协议
costs of crime	犯罪成本
count variable	计数变量
counterproductive work behaviors	反生产行为
countries of origin	原籍国;原产国
COVID-19 pandemic	新冠大流行
criminal prosecution	刑事诉讼;刑事起诉;刑事指控

续表

英文词汇	中文词汇
critical realism	批判现实主义
cross-sectional	横断面研究
current accruals	当期应计
current inspection	经常性检测
dark figure	犯罪黑数
data collection	数据收集
Dc Marchi	德马尔奇
Deepwater Horizon	深水地平线
Deferred Prosecution Agreement(DPA)	暂缓起诉协议
deferred prosecution agreements	暂缓起诉协议
Delaware Court of Chancery	特拉华州衡平法院
deliberative methods	评议方法
Delphi method	德尔菲法
deontological	(伦理学中的)义务论的;道义论的
Department of Justice	司法部
Department of the Interior	内政部;内务部
dependent variable	因变量
detection	侦查
Detection-Controlled Estimation(DCE)	检测控制估算方法
develop programs	改进程序
dialogic research and	对话研究
dichotomous measure	二分测量法
differential attrition	不同比例损耗
digital twins	数字映射;数字孪生;数字分身
dimensions of sustainability	可持续性的维度
Disability Adjusted Life Years(DALY)	伤残调整寿命年

续表

英文词汇	中文词汇
discretionary accruals	可操控应计利润
Dominic Leone	多米尼克·莱昂内
DTZ	戴德梁行公司
Due diligence	尽职调查
dummy variable	虚拟变量
dynamics	动力
dysfunctional organizational behavior	失调(失常)的组织行为
Earnhart	恩哈特
earnings management	盈余管理
economic operators	经营者;经济运营商
Economist	《经济学家》
effect size	效应量
effect size bias	偏差效应量
Eifler	艾夫勒
Eli Lilly	礼来公司
elite interviews	精英面谈
Emphasis added	作者强调
empirical correlation	经验关系
empirical model	经验模型;实证模型
empirical research	实证研究
empirical studies	实证研究
employee turnover	员工流失率
endogenous approach to compliance	内源性合规方法
enforce	强制执行;强行实施(法律或规定)
enforced self-regulation	强制性自我监管
Enforcement and Compliance History Online(ECHO)	执法守法网站

续表

英文词汇	中文词汇
Enron	安然公司
entity	实体
Environment Protection Act(2009)	《环境保护法案》(2009)
environmental inspection	环境监测方式、环保督察制度
Environmental Integrity Project	环境完整性项目
environmental justice	环境正义
environmental performance	环境绩效
environmental preference	环境偏好
Environmental Protection Agency's Strategic Plan(2012)	《环境保护署战略计划》(2012)
EPA Measures Review Board	美国环境保护署措施审查委员会
EPA Measures Review Board(MRB)	EPA 措施审查委员会
ERC(Ethics Resource Center)	伦理资源中心
estimates fall	估计下降
ethical management strategies	道德管理策略
ethically ambiguous situations	道德模糊情境
ethics	道德
ethics code	道德准则
ethnographic	民族志
EU	欧盟
EU's 1989 Framework Directive	欧盟 1989 年框架指令
Eugene Soltes	尤金·索尔特
European Center for Disease Prevention and Control(ECDC)	欧洲疾病预防与控制中心
European Food Safety Agency(EFSA)	欧洲食品安全局
evaluation studies	评价研究
Evans	埃文斯

续表

英文词汇	中文词汇
Evert	埃弗特
evidence-and outcome-based compliance	基于证据和结果的合规体系
evidence-based policies	循证政策；基于证据的政策制定
evidence-based research	以证据为基础的研究
exceed a certain threshold	超过一定阈值/超标
exclusion restrictions	排他性约束
experimental study	实验性研究
explanatory variable	解释变量
exploratory studies	探索性研究
external validity	外部效度
facilitator	引导者
Factorial Survey Experiment	析因调查实验/因子调查实验
Fairtrade label	公平交易标签
False Claims Act	《虚假声明法》
false negatives	假阴性
false positive	假阳性
Federal Environmental Protection Agency	联邦环境保护局
Feinstein	范斯坦
fence-line monitoring	周界监测
field experiments	现场实验
field observation	实地观察
fieldwork	实地调研
Financial Industry Regulatory Authority	金融业监管局
Financial Intelligence Unit(FIU)	金融情报机构
FinCEN	美国金融犯罪执法局
firm motivation	企业动机

续表

英文词汇	中文词汇
firms’ internal compliance management systems	企业内部合规管理体系
fixed-effects specification	固定效应设定
focus groups	焦点小组/小组访谈
Food and Drug Administration	食品和药物管理局(FDA)
food-borne diseases(FBD)	食源性疾病
Foreign Corrupt Practices Act	《反海外腐败法》
Fraud Section	反欺诈科
from adjectives to measurements	从形容转向测量措施
FSC-label for sustainable forestry	全球森林管理委员会-可持续林业标签
GDPR(General Data Protection Regulation)	欧盟《通用数据保护条例》
Gemmell	盖梅尔
General Electric	通用电气公司
Gibson	吉布森
GlaxoSmithKline	葛兰素史克公司(英国制药公司)
Glicksman	格利克斯曼
Goeschl	格施尔
gold standard	黄金标准
Goldman Sachs	高盛
government actors	政府行为体/政府行为者
Government Performance and Results Act 1993	《1993 年政府绩效和结果法》
Government Performance and Results Act 1993(GPRA)	《1993 年美国政府绩效和成果法案》
Graham	格拉汉姆
Gray	格雷

续表

英文词汇	中文词汇
group administered surveys	集体填写调查
group dynamics	团体动力学;群体动力学
Gupta	古普塔
Hamilton	汉密尔顿
Hawkins	霍金斯
hazard analysis and critical control points (HACCP)	危害分析和关键控制点
hierarchical state-centered forms of control	以国家为中心的等级控制形式
High Performance Framework	高绩效框架
highly time and situation-specific	高度时间性和情境特异性
histogram	直方图
Hodges	霍奇斯
HSBC Holdings PLC	汇丰控股有限公司
Hugill	赫吉尔
identifying restriction	识别约束条件,识别限制
in binary terms of	二进制方式
incidents or accidents	意外或事故
incremental variance	增量方差
independent variation	自变量
indicator of bias	偏见指标
individual program components	单个项目组件
Industrial Emissions Directive 2010/75/EC	欧盟工业排放指令 2010/75/EC
industries, markets, and businesses	行业、市场和企业
inflation-adjusted	通胀调整

续表

英文词汇	中文词汇
informants or respondents criminal self-image	犯罪的自我认知
ING Group NV	荷兰安智银行
in-person surveys	面对面调查
inspection view	检查视图
insurance-like pitch	保险推销式的宣传
integrated Compliance Information System	综合合规信息系统
Integrated Pollution Prevention and Control	《欧盟综合污染预防和控制》
integration of experimental manipulations	实验操作的整合
intensive interviews	深度访谈
interaction	相互作用
interconnected	联立,相互关联
internal validity	内部效度
International Consortium of Investigative Journalists(ICIJ)	国际调查记者联盟(ICIJ)
International Finance Corporation	国际金融公司
International Standards Organization (ISO)	国际标准化组织
interpretivist or constructivist views	解释主义或建构主义视角
intervention	干预
interview	访谈;面试;采访
investigative authorities	调查委员会;调查机关;侦查机关
ISO	国际标准化组织
Jack in the Box	杰克盒子(全球知名快餐连锁店)
Jehn	杰
Johnson & Johnson	强生公司(美国制药公司)

续表

英文词汇	中文词汇
jointly estimate	综合估计;联合估计;共同估计
Jonsen	杰森
JP Morgan Chase	摩根大通
jurisdictions	管辖权;司法管辖区
Justice Manual	司法手册
Kelderman	凯尔德曼
Kreuter	克雷特
lab experiments	实验室实验
label	标签
lagged value	滞后值
lagging indicator	滞后指标
Laplante	拉普兰特
large effect	大效应
Large Quantity Generators,LQGs	大量危险废物产生源
law of large numbers	大数定律
leadership	领导力
legal entities	法律实体
legal noncompliance	不合规
legislation and regulations	法律法规
legitimate business expense	合法业务支出
leniency sentencing	宽恕判决
liaison organization	联络组织
liberalized and regulated markets	自由化和受监管的市场
limited inspection capacity of the state	国家有限的检查能力
limited set of data elements	有限数据要素
longitudinal designs	纵向设计

续表

英文词汇	中文词汇
longstanding governmental regulation	长期政府监管
Lord Blackstone	布莱克斯通勋爵
Mach IV assessment	马基雅维利主义人格量表
Maga	马盖特
magnitude	量级;大小
Major League Baseball	美国职业棒球大联盟
Malinowski	马林诺夫斯基
manage and monitor compliance	管理和监控合规
management-based regulation	基于管理的监管
manipulation	操纵
manufacturer suggested retail price	厂商建议零售价
Marshall v. Barlow[436 U. S. 307,322-24(1978)]	马歇尔诉巴洛案
Matthew West	马太·韦斯特
maximum likelihood estimation	最大似然估计法
Maximum Residue Levels(MRLs)	最大残留量
McLaren	麦克拉伦
McLeod	麦克劳德
measure	测量
measurement	测量
measurement of compliance	合规测量
mechanism experiment	机制实验
media programs	介质计划;传媒项目;传媒计划
median	中值
media-specific programs	介质特性计划
medical information requests(MIRs)	医疗信息请求
Medicare and Medicaid	医疗保险和医疗补助

续表

英文词汇	中文词汇
medium effect	介质效应
Mergers and Acquisitions	并购
Merrill Lynch Commodities, Inc	美林商品公司
Meta regulation	后设监管
meta-analysis	元分析
meta-analytic thinking,	元分析思维
meta-regulation	元监管
methodological approach	方法对
mini-Superfund program	小型超级基金计划
misconduct	不当行为;公司犯罪
missing at random(MAR)	随机缺失
missing data	缺失数据
mix method	混合法
mixed evidence	混杂证据
moderator	调节、调解人、仲裁人、主持人
moderator analyses	调节变量分析
monitor	监视;检查;跟踪调查
monitor and enforce compliance	监测和强制执行合规
monitoring and enforcement of compliance	合规监督与执行
monitors	监督员
Monsanto	孟山都公司
Monte Carlo Simulations	蒙特卡洛模拟
Muehlenbachs	米伦巴赫
multiple imputation	多重归责
multiple methods	多级法
multi-stakeholder initiatives	多方利益相关者

续表

英文词汇	中文词汇
Multi-treatment studies	多级处理研究
multivariate linear regression models	多元线性回归模型
multivariate regression	多元回归模型
National Pollutant Elimination Discharge System	国家污染物排放消除系统
negative externalities	负外部性
Neill Stansbury	尼尔·斯坦斯伯里
Netherlands Court of Audit	荷兰审计法院
networked governance	网络治理
new governance	新型治理
Nielsen	尼尔森
Nix	尼克斯
nodal governance	分节治理;差异性治理
nomological network	法则关系
noncompliance	不合规
non-confrontational questions	非对抗性问题
non-emerging markets	非新兴市场
non-government actors	非政府行为体
Non-Prosecution Agreement(NPA)	暂缓起诉协议;不起诉协议
non-respondents	无反应误差
nonresponse bias	无反应偏差
non-spurious	非虚假性
non-spuriousness	非伪性
normally distributed variable	正态分布变量
norms and standards	规范和标准
not missing at random(NMAR)	非随机缺失
objective truth	客观真理

续表

英文词汇	中文词汇
objectivist and interpretivist approaches	客观主义和解释主义方法
objectivist approach to	客观主义方法
observational assessment	观察性评估
observing country	观察国
Occupational Health and Safety Act	职业健康和安全法
Occupational Safety and Health Review Commission(OSHAC)	职业安全与健康审查委员会
Office of Enforcement and Compliance Assurance(OECA)	(美国联邦环境保护局)环境执法与合规办公室
Office of Inspector General(OIG)	监察长办公室
Oll	奥尔
omitted variable bias	遗漏变量偏差
operation	运营;开业
operational output	运营产出
operationalization of compliance	合规的操作
operationalized in practice	在实践中操作
Operator Pollution Risk Appraisal (OPRA)	运营商污染风险评估
optimal sample size	最佳样本量
orchestrating, coordinating, and facilitating governance	编排、协调和促进治理
Organisation for Economic Co-operation and Development(OECD)	经济合作和发展组织
Organizational Citizenship Behavior	组织公民行为
organizational climate	组织氛围
Organizational Sentencing Guidelines	《组织体量刑指南》
OSHA(Occupational Safety and Health Act)	《职业安全和健康法案》

续表

英文词汇	中文词汇
outlier/trend detection	异常值/趋势检测
out-of-pocket losses	自付损失
output measures	产出指标;产出衡量;产出测度指标
overview	概述
panel data	面板数据
parameters used to assess compliance	用于评估合规的参数
Parker	帕克
participant observation	参与式观察
participating country	参与国
particular facility	特定设施
Patrick J. Medeo	帕特里克·J. 梅迪奥
Payne	佩恩
Peanut Corporation of America	美国花生公司
Pelton	佩尔顿
percentage significant	显著比例
perceptions of legitimacy	合法性认知
performance	绩效
performance measures	绩效衡量
pervasively regulated businesses	普遍受监管业务
Peter H. Rossi	彼特·罗西
Pfizer	辉瑞公司(美国制药公司)
Phillips	菲利普斯
Pickett	皮克特
pluriform state of affairs	多元化的事态
policy changes	政策变化
policymaker	政策制定者

续表

英文词汇	中文词汇
polluting behavior	污染行为
polycentric governance	多中心治理
positive multiplier effect	积极的乘数效应
positive relationship	正相关关系;正向关系;积极关系
positivist approach	实证主义的方法
Potemkin Village	波将金村
power analysis	功效分析
preexisting conditions	既存条件
private actors	私人行为体;私人行动者;私主体参与者;私人团体
private company	私人公司;非公开公司
private entity	私人实体
private forms of social control	私有化形式的社会控制
private regulation	私人监管;民间准则
private sector	私营部门
privatization of governance	治理私有化
Profit-Maximizer	利益最大化方
proxies	代理权;代表权;代理人;受托人
public accountability	公共受托责任
public actors	公共行为体
public authorities	公共当局;政府当局;公共机构;公权力
public regulation	公共监管
public regulatory bodies	公共监管机构
Purdue Pharma	普渡制药
Qualitative comparative analysis(QCA)	定性比较分析
qualitative research	定性研究

续表

英文词汇	中文词汇
qualitative research methods	定性研究方法
qualitative study	定性研究
qualitative text analysis software	定性文本分析软件
quality assurance protocols	质量保证协议
quantitative analysis	定量分析
quasi-experiments	准实验
Randall	兰德尔
random variables	随机变量
randomized response technique(RRT)	随机应答技术
reactivity effects	反应效应
real-time flows of data	实时数据流
Rebecca Roiphe	丽贝卡·罗伊菲
Recidivism	再次犯罪;累犯
record review	记录审查;记录评价;备案审查
reduce negative externalities	减少负外部性
Referral	介绍人
regional offices	区域办事处;区域办公室
regression analysis	回归分析
regression model	回归模型
regulate	(用规则条例)约束,控制,管理
regulated community	受监管群体;受监管团体
regulated entity	受监管实体;受监管者
regulating compliance	合规监管
regulation	法规;监管
regulation,monitoring,and enforcement	监管、监测和执行
regulatory authority	监管机构;监管部门;监管当局

续表

英文词汇	中文词汇
regulatory bodies	公共监管机构
regulatory capitalism	管制型资本主义
regulatory capture	规制俘获理论；监管俘获理论；规制俘虏理论
regulatory enforcement processes	监管执法程序
regulatory governance	监管治理
regulatory inspection	监管检查；监管监测
regulatory interactions	监管互动
regulatory landscape	监管环境
regulatory pluralism	监管多元化
regulatory sandboxes	监管沙盒
regulatory supervision	监管监督
replication problems	复制问题
Resource Conservation and Recovery Act（RCRA）	美国资源保护与恢复法
responses	响应
reviews of records	记录审查
Ricardo Pellafone	里卡多·佩拉丰
Rilstone	瑞尔斯通
Risk assessment	风险评估
risk-based regulation	基于风险的监管
rival explanation	竞争性解释
robust regression	稳健回归
Roks	奥克斯
Rorie	罗里
Safe Drinking Water Act（SDWA）	安全饮用水法
Sage Therapeutics	赛格生物制药公司

续表

英文词汇	中文词汇
Saksena	萨克塞纳
sample	样本
Sarbanes-Oxley Act	《萨班斯-奥克斯利法案》
Schaeffer	谢弗
scoring models	评分模型
Scott	斯科特
Scottish Environmental Protection Agency	苏格兰环境保护局
Scottish Food Standards Agency	苏格兰食品标准局
scripted dialogue	脚本对话形式
secondary data	次级数据
secondary data analysis	次级资料分析
Security and Exchange Commission	美国证券交易委员会
selection bias	选择性偏差
self-administered electronic surveys	自填电邮调查
Self-administered mail surveys	自我管理的邮件调查
Self-Report Survey	自我报告调查
semi-structured interview techniques	半结构化访谈技术
Sex discrimination	性别歧视
Shadbegian	沙德贝金
shaky information problem	不可靠的信息问题
Sheriff	治安官
Shimshack	希姆夏克
Short	肖特
Sic	原文如此(sic erat scriptum 缩略语)
significant positive impact	显著正向影响
simulating multiple variables	模拟多个变量

续表

英文词汇	中文词汇
single estimate	单个估计
single numerical range	单一数值范围
site visits	实地访问;现场考察
Skansen Interiors, Ltd	斯堪森公司
small effect	小效应
Small Quantity Generators(SQGs)	小数量生产者
smart regulation	智慧监管
snowball sampling	滚雪球抽样
social desirability	社会期许性
Social desirability bias	社会期许偏见/社会赞许性偏差
social stigma	社会负面评价
socially stigmatic	社会污名化
Sparrow	斯派洛
spatial econometric	空间计量经济学
specific commands	特定命令
specific output measures	具体输出措施
Stafford	斯塔福德
standard deviation	标准偏差
standard error	标准误差
Staring	斯塔林
start-up	启动阶段
static linguistic	静态语言学
stationary sources	固定污染源
Staubli	史陶比尔
stimulus	刺激
stochastic simulations	随机模拟

续表

英文词汇	中文词汇
strategic approaches	战略方法
strengths and weaknesses	优点和缺点
strict liability	严格责任
subgroup	子组;亚组
supervisory bodies	监管机构
Suspicious Activities Reports(SARs)	可疑活动报告
sustainability certifications or accreditations	可持续性认证或认可
symmetrical	对称的
systematic review	系统综述
systems of self-regulation	自我管理体系;自我调节系统
systems-based regulation	基于系统的监管
Taco Bell	塔可钟(墨西哥快餐品牌名)
target inspection	目标检测
taxonomy of missing data mechanisms	数据缺失的分类机制
techniques of neutralization	中和技术
telephone surveys	电话调查
Temple Law Review	天普法律评论
Terms of debate	辩论术语
text-as-data	文本作为数据
that the ability to assess noncompliance with standards depends on the specific training of auditors	评估合规与否的能力取决于对审核员特定培训的质量好坏
The 4th AML Directive in the European Union	欧盟反洗钱第四号指令
the anticipated analytical model and estimation routine	预期的分析模型和估计程序

续表

英文词汇	中文词汇
the anticipated magnitude of the association between variables	变量之间关联的预期大小
the Anti-Kickback Statute	《反回扣法》
The Bank Secrecy Act	《银行保密法》
the Best Available Techniques(BAT)	最佳可用技术
The Clayton Antitrust Act	《克莱顿反托拉斯法》
The Commodity Futures Trading CommissionAct	商品期货交易委员会法案
the control group	控制组
The Criminal Division of USDOJ	美国司法部刑事司
The Department of Health and Human Services	美国卫生与公众服务部
the Dutch Central Bank	荷兰中央银行
The Eco-label Index of the European Union	欧盟生态标签指数
the EU's 1989 Framework Directive	欧盟 1989 年框架指令
the European Research Council	欧洲研究委员会
The Foreign Corrupt Practices Act	《反海外腐败法》
The Global Anti-Money-Laundering Regime(AML Regime)	全球反洗钱制度
The Great Depression	大萧条
the human resources department	人力资源部门
The Netherlands Public Prosecution Service(NPPS)	荷兰公共检察署
The Public Utility Regulatory Policies Act	《公共事业管理政策法》
The Rainforest Alliance	雨林联盟
The Robber Barons	强盗式资本家
The Sherman Act	《谢尔曼法案》

续表

英文词汇	中文词汇
The UK MOJ UKBA guidance	《2010 年反贿赂法指南》
theoretical approach	理论方法
therefore merely mirror enforcement capacities and priorities, not necessarily the impact thereof	仅仅反映了执法能力和优先事项,并不一定反映合规施加的影响
third-party monitors	第三方监测员
threshold	阈值
Tim McNeese	蒂姆·麦克尼斯
time ordering	时间顺序/时序性
time-series analyses	通过时间序列分析
Todd Haugh	托德·霍
Toffel	托费尔
Top-level commitment	最高管理层承诺
total accruals	总应计盈余
Total Suspended Solids, TSS	悬浮固体总量
Toxics Release Inventory	有毒物质排放清单
transactional leadership	交易型领导
transformational leadership	变革型领导
transnational private governance	跨国私人治理
transnational private standard	跨国私营标准
Transparency International	透明国际即国际透明组织
Travel and entertainment(T & E) spending	差旅和娱乐支出
treatment	处理
treatment group	实验组
Treatment, Storage, and Disposal Facilities(TSDFs)	废物处理、储存和处置设施
Trend and Outlier Detection	趋势和异常值检测

续表

英文词汇	中文词汇
triangulate information	三角信息测量
true experiments	真实验
typologies	类型学
UEM	不可避免的员工违法行为
UK Bribery Act	英国《反贿赂法》
UK Parliament's Treasury Committee	英国议会财政委员会
unannounced	不通知的
uncorrelated error terms	不相关误差项
underlying data set	基础数据集
underlying logic	底层逻辑
Understanding	谅解协议
undesirable behavior	不良行为
unit of interest	关注单位
United Kingdom's 1974 Health and Safety Act	英国 1974 年健康和安全法案
United Nations' Forum on Sustainability Standards	联合国可持续性标准论坛
United States Sentencing Commission	美国量刑委员会
unobserved heterogeneity	不可观测的异质性；未观测到的异质性
unscheduled inspection	非计划检测
unweighted effect sizes	未加权效应量
US Environmental Programs	美国环境计划
utility	实用性/实用程序
UTZ Certified label	国际互世认证标签
Van de Bunt	范德班特
variable characteristics	变量特征

续表

英文词汇	中文词汇
versatile	多用途
vested interest	既得利益
Vignette survey	场景调查
vignettes	场景
virtual reality	虚拟现实
Viscusi	维斯库西
visible presence	可视性存在；可见的存在
Voluntary Sustainability Standards	自愿性可持续标准
volunteer bias	志愿者偏差
Ward	沃德
warrantless search	无证搜查
waste from off-site for management	非现场废物管理
Watergate hearings	水门事件听证会
weighted effect sizes	加权效应量
West	韦斯特
Westinghouse	西屋电气公司
WHO	世界卫生组织
Workplace Deviance	职场偏差行为
WorldCom	世通公司
Wouters	沃特斯

后记:“蓝海”“风口”与合规研究

近年来,“合规”无疑是法律圈内中最热门的词汇之一。学术界合规领域新作层见叠出,实务界合规业务爆发式增长。很多业内人士将合规视为全新的“蓝海”,下一个“风口”,在传统理论研究日趋困难、传统律师业务竞争日趋白热的背景下,合规无疑为法律人提供了无穷的想象空间和全新的业务领域。

2020 年起,安徽大学法学院研究团队开始在合规领域布局,学院较早设立了合规研究与评估中心,先后申报并获批国家社科基金 2 项,企业委托项目 10 余项,并出版专著《企业合规管理理论与实践》,发表学术论文多篇。2022 下半年开始,安徽大学合规研究团队与上海锦天城(合肥)律师事务所合作,共同助力安徽江淮汽车集团股份有限公司完成 GB/T 35770:2022 和 ISO 37301:2021 合规管理体系国际国内双认证,这是中国国内汽车主机厂首次获得此项认证。

理论与实务领域的双重磨炼,使我们在收获经验阅历的同时,更深刻认识到,合规“蓝海”地带也遍布浅滩暗礁,风口附近更时常飞沙走石。没有“指南针”导航,在“蓝海”也可能触礁沉没;没有“定风丹”护体,在风口更可能跌落深渊。然而发现合规项目“指南针”和

“定风丹”并非易事,在过去的3年多时间里,我们一直在思考合规话题种种喧嚣之下的基础理论,探索合规体系建设与评估的科学方法,在取得点滴收获之余,最大的感受是“一入合规深似海”。与合规相关的理论问题除已引发热议的合规不起诉等刑事与程序法议题,更涉及公司治理、商业伦理等法学、管理学、伦理学诸多领域更为基础而复杂的理论;与合规相关的实践问题除已如火如荼开展的合规体系建设,一定还会延伸到合规体系认证与评估,专项合规服务、合规信息化建设等诸多延伸与细分领域。以上问题对法律人而言,都是既熟悉又陌生:明明合规是标准的法律概念,但合规的理论与实践中又充斥着法律人极少接触的概念和难以理解的方法。在合规体系建设服务中,我们被持续要求回应企业在合规与内控—风控体系如何协同运作等原本并不十分熟悉的问题,不停地利用各种资源学习、补课,不断地向相关专业人士求教,即便如此,仍时常处于困惑与纠结之中。

所幸,本杰明·范·鲁伊与梅丽莎·罗里编著的《合规评估与测量:基于企业犯罪与不当行为的防范》刚好为我们提供了很好的范本。2022年本书自剑桥大学出版社一经推出,我便第一时间找来英文版通读,读后顿觉通透,原来合规研究的“指南针”在于具有全球格局的大视野,多学科交叉融通的整合力;合规服务的“定风丹”在于定性加定量研判的科学思维,法学、数学与信息科学方法的综合使用。于是,我当即决定将本书译为中文,推荐给更多的中国同仁,期待能借此为更多关注合规,却为在合规热潮中自己可以做什么,如何做而长期困惑的同行提供若干启示。

感谢本书编者对我们翻译团队的高度信任,特别感谢本杰明·范·鲁伊教授亲自为本书的中文版做序;感谢当代中国出版社法治分社社长刘文科专门为本书的版权奔走联络,本书责编刘照从文字校对到封面设计细致入微的沟通服务;感谢江汽集团为我们将理论引入实践提供了最佳的舞台,集团法总王德龙,合规部林志承部长,赵中华、王松、李璐主管,从合规体系顶层设计到细节工作都与我们团队进行持续深入探讨,为我们深度理解相关理论和方法带来了诸多启发。还要感谢合作译者安徽大学法学院范晓亮博士、上海锦天城（合肥）律师事务所陆欢欢律师，以及安徽大学法学院研究生团队的卓有成效的配合与支持。

本书翻译工作分工如下：

朱庆：第一—四章、第十五—十六章，范晓亮：第五—十章；陆欢欢：第十一—十三章。由朱庆、范晓亮负责统稿。安徽大学法学院研究生团队（周雪梅、池天成、童传宇、刘韵逸、廖嘉诚、陈燕、张安妮、张童、张溪溪、万斌、叶颖、刘路、骆传宇、李慧腾、李雁翎、何淑贤、余洁、孙铭、刘通、刘东旭、刘楚楚等）提供了翻译初稿校对、修订及数学、社会学、管理学等相关学科专业词汇与知识的检索梳理工作。

如前所述，本书涉及多个学科知识、多种测量方法，翻译团队虽已尽最大努力保证相关译稿的准确性，但疏漏和错误仍在所难免，期待各位同行多多包容，随时指正！

联系邮箱为：zhuqing@ahu.edu.cn。

朱　庆

2023 年 8 月 2 日